互联网赢利模式研究

北京市互联网信息办公室　编

中国社会科学出版社

图书在版编目（CIP）数据

互联网赢利模式研究 / 北京市互联网信息办公室编. —北京：
中国社会科学出版社，2014.4
ISBN 978-7-5161-4134-2

Ⅰ．①互… Ⅱ．①北… Ⅲ．①网络公司—经营管理—
商业模式—研究 Ⅳ．①F276.6

中国版本图书馆CIP数据核字（2014）第066714号

出 版 人	赵剑英
策划编辑	李丕光
责任编辑	王　斌
责任校对	姚　颖
责任印制	王　超

出　　版	中国社会科学出版社
社　　址	北京鼓楼西大街甲158号（邮编 100720）
网　　址	http://www.csspw.cn
	中文域名：中国社科网　010—64070619
发 行 部	010—84083685
门 市 部	010—84029450
经　　销	新华书店及其他书店

印刷装订	三河市君旺印务有限公司
版　　次	2014年4月第1版
印　　次	2014年4月第1次印刷

开　　本	710×1000　1 / 16
印　　张	24.25
插　　页	2
字　　数	378千字
定　　价	69.00元

编 委 会

序

2014 年 2 月 27 日，中央网络安全和信息化领导小组在北京成立，中国互联网迎来了划时代的转折点。习近平总书记在会上强调指出，要"总体布局、统筹各方、创新发展，努力把我国建设成为网络强国"。这不仅确立了我国互联网发展的新的更高目标，还吹响了向网络强国进军的伟大号角。站在时代的交汇点上，面对浩浩荡荡的世界互联网发展大潮，实现建设网络强国的宏伟蓝图，不仅需要宏观上的顶层设计、市场上的开拓进取，更需要理论上的不断求索。

思想是行动的先导，理论是实践的指南，互联网的发展离不开互联网的理论研究。互联网理论研究应坚持战略思维、科学精神和问题导向，整体规划，合力攻关，锐意创新。但纵览我国当前互联网研究，个体研究的多，集体研究的少；技术层面研究的多，理论层面研究的少；微观层面研究的多，宏观层面研究的少。推进互联网科学发展、建设网络强国的战略目标，既需要我们从宏观上科学把握互联网的本质特点、基本规律和发展趋势，科学阐明互联网在人类社会发展进程中的战略地位、重要作用和深刻影响，科学揭示我国互联网所处的时代方位和阶段性特征，科学探索中国特色互联网发展建设管理道路，也需要从中观上深入分析影响和制约我国互联网工作的根本因素和难点问题，深入研究我国互联网的法律法规、产业政策、商业模式、管理机制，还需要从微观上追踪互联网新技术、新应用的前沿，探寻网络传播、产品服务和网民需求的特点，力争在基础研究上取得新突破，在理论创新上取得新进展，并将研究成果转化为指导推动我国互联网治理体系和治理能力现代化的科学理论，转化为适合我国互联网发展建设管理的科学政策，进而更好地推动我国网络强国建设伟大进程。

北京是中国"网都"，在网络强国建设进程中肩负着重要使命。北京市互联网信息办公室秉持历史责任，发扬首善精神，扛起"整合研究资源、搭建研究平台、研究行业问题、促进行业发展"的大旗。在充分调研论证的基础上，我们围绕互联网立法、赢利模式、信息安全、关键技术等方面的问题，于2013年4月确立了"互联网基础研究"系列课题，并分别组织中国人民大学、工业与信息化部、电信研究院等科研机构专家在相关领域开展深入研究。

在此基础上，我们组织编撰了互联网基础研究丛书：《国内外互联网立法研究》深入探讨了国内外互联网立法的现状，指陈各自的利弊得失；《互联网信息安全与监管技术研究》重在研究我国互联网监管领域的热点难点，并对全球主要国家互联网信息安全战略与监管手段进行了深入分析；《互联网赢利模式研究》通过考察当前互联网的十二种赢利模式，深刻阐述了各种赢利模式的经营理念及具体运作；《互联网接入服务现状及管理对策研究》回顾了全球互联网接入服务发展现状及经验启示，总结了我国互联网接入服务发展现状及存在的问题。四部研究专著均针对各自领域的难点问题，提出了建设性的对策建议。希望通过互联网基础研究丛书的出版，助力科研成果转化，启迪网络强国建设，指引未来发展方向。

《数字化生存》作者尼葛洛庞帝有一句名言："预测未来的最好办法就是创造未来。"纵观社会发展的每一次进步，人类开创的每一个未来，都离不开对事物规律趋势的精准洞察，对科学真理的执着追求。这既是理论研究的基础，也是实干兴邦的根本，更是贯穿于整个历史的成功真谛。

变化的是环境，不变的是探索。让我们共同思考互联网未来，携手推进互联网建设，共同分享网络强国的荣光。

是为序。

首都互联网协会会长　佟力强

2014年4月9日

目　录

导　论

一　赢利模式的概念

赢利模式，简单讲即获取经济收益的途径或方法，本书所研究的互联网赢利模式，指的是互联网这一传媒基于其自身的物理技术特性而产生的能据以获取经济收益的途径或方法。

二　赢利模式的类别

由于互联网技术与应用的复杂性，其赢利模式也极为复杂，不同的技术类别——固定与移动互联网，不同的应用——作为传媒、作为电子商务平台、作为游戏平台等，都会衍生不同的赢利模式。要对其赢利模式进行全面、巨细无遗的梳理，可能很难做到，这也让本书的研究充满了挑战性。而且，互联网技术一直在发展，未来还应该会有新的赢利模式出来，这也是每一个互联网赢利模式研究者应该意识到的。

总的来说，目前互联网赢利模式主要有如下几类。

（一）广告

广告是互联网最传统的赢利模式之一，也是占整个产业收入比例最大的赢利模式之一，其原理是基于网站的流量，向广告主出售广告资源，不过，由于互联网运作的复杂性，其内部又分若干种，主要如下。

1.传统展示广告

即基于流量向广告主出售自己的空间，广告主展示自己的信息。该模式任何网站都可以实行，但注意广告量不能过多乃至影响用户体验。

2.搜索引擎广告

搜索引擎网站出售其广告资源，比如关键字广告——广告主"购买"了某关键字，当该关键字被搜索时，其广告就被展示在搜索结果页面的相关位置；还有竞价排名，大家竞价获得搜索结果排序的靠前位置，谁出价高，谁的信息就能作为搜索结果出现在更前面的位置，而搜索引擎网站由此获得收益。

3.广告联盟

这个互联网借助广告的赢利模式包括两个主体，一是联盟的经营方，一是联盟中的各网站。经营方联合众多网站（实际多为中小网站）建立一个联盟，向众多广告主招揽广告投放，将广告主的信息投放在联盟中的众多网站上，广告主实现了广告信息更广泛地发布（往往比找大网站价格更低），而独立则难以获得广告投放的中小网站也获得了投放。在此过程中，经营方也可以获取分成。

（二）信息收费

指互联网上的信息需收费才能获得，如《纽约时报》、《人民日报》收费阅读，电子杂志的收费下载，一些短信收费，以及针对相关组织的相关信息收费等。互联网的主功能是信息传播，信息传播中的一部分是可以收费以获取收入的。

（三）游戏

即用户参加游戏，以此收费。也有的是游戏免费参与，但游戏中的一些装备、道具等需付费购买，以此作为游戏的收入来源。此外，游戏中也可以加入广告等。

（四）电子商务

电子商务简单指在互联网上从事商业交易，从中获利。电子商务包括两方面，一是自己建立网站销售自己的产品或服务；一是建立平台，吸引各方来交易，从中收取佣金。比如B2B的阿里巴巴、B2C的淘宝天猫商城、C2C的淘宝网以及团购网等，这些都是通过建立平台，供交易双方在上边交易，从中获取交易佣金。

（五）注册会员收费

这是指向注册会员收取费用，当然，不一定针对全体会员，往往是针对一部分，向他们收取费用，也往往提供额外的服务。如针对一些企业会员，会给它们提供一些市场信息、管理咨询信息等。

（六）互联网金融服务

这是指为企业进行贷款服务、或从事网上支付业务。如阿里巴巴做的小微企业贷款等，即通过网上平台进行操作，据企业的网上交易表现等定出其诚信等级，据此进行贷款、收取贷款利息等；而开展网上支付业务，则是让用户借助自己的网上支付系统支付，自己收取佣金。

（七）网络促销

这个的本质与广告一样，也是展示广告主信息，为其促销。不过，它不是简单地展示广告信息，而是有着更复杂的操作形式，如活动营销、"粉丝"营销、话题营销等等。它往往是专门的广告、公关类企业，通过在网上发起一些活动、借助相关渠道发布信息等来进行广告主的产品或服务等的促销，所以，它也可以单列出来，与广告赢利模式并列。

（八）增值服务

常见的如彩铃、彩信的下载等，这一类要根据用户与产品或服务的特点来设计，所以种类很多，其收入也不高，在此不一一列举。

（九）技术服务

比如为企业建设、维护网站，做域名注册、服务器托管等获取收益。

（十）"灰色收入"

指通过一些不正当甚或违法的行为获取的收益，如网络删帖、发送垃圾邮件、买卖粉丝、传播网络病毒、刷信誉度、网络推手、传播色情信息等，这些行为虽然不正当甚或违法，属于监管机构打击的对象，但一时也能获取收入。

三　互联网赢利模式的未来走向

互联网赢利模式的未来发展，会在目前其复杂性的基础上更为丰富，不过，总的来说，其大方向应为如下几条。

（一）基于移动互联网的赢利模式将占据更大份额

移动传播的受众信息获取的"随时""随地"与"随需"的特点让移动互联网的受众规模在近几年获得了迅速的扩展，截至 2013 年 6 月底，中国手机网民已经有 4.64 亿，占我国网民总数的 78.5%，我国移动上网的人数已有巨大的规模，而在未来，这一规模还将继续扩大，这样一个规模巨大的市场，其商业价值将极其可观。在移动互联网上，传统的有线互联网的所有赢利模式基本都可以进行，而且移动互联网还可以根据自己移动的优势有更多的创新，对受众有更大的吸引力，所以移动互联网的赢利规模将来肯定会占据整个互联网产业的更大份额。

（二）基于大数据的互联网赢利模式的创新与进步将成为热点

大数据技术已经发展得日益成熟，给互联网的赢利模式也带来了巨大改变。这主要体现在广告与促销方面，对于广告而言，其追求的目标在于精准地发现目标受众并对其投放，大数据通过对用户网上"踪迹"的追踪，通过用户的网上每一次点击，通过用户的搜索内容，通过用户在微博等社交网站上的自发信息与言论，能够准确地辨识用户的身份，从而能实现对广告的目标受众的精准投放。与此同时，大数据还能实现对目标受众实时情境的精准发现。它能通过社交网站上的用户信息、移动终端上传播出来的用户信息等，辨识出用户目前的情境，比如"在街上、饥饿""在运动、口渴"等，从而针对其投放广告，这样的广告投放，针对性更强，效果更好。总之，大数据能实现广告投放效果的质的提升。当然，这仅是大数据实现的赢利模式创新或进步的一个方面，其能实现的赢利模式创新与进步远不止此。

（三）电子商务的发展还有较大空间

电子商务为企业、人类的日常购买乃至日常生活带来了巨大便利，其营业额的迅速增加也是明证。在未来，随着互联网的进一步普及，电子商务安全性、便捷性的进一步提高，电子商务的发展，将更为深入人们的生活，电子商务的营业额肯定会进一步增加。

（四）网络游戏仍有巨大生命力

文化行业为人类提供精神产品，满足人们的精神需求，而精神产品又分两大类，一类是偏实用性精神产品，比如知识、硬新闻等，一类是偏娱乐性精神产品，比如影视剧、小说等，而网络游戏就属于这一类。人类对娱乐性精神产品的需求是会一直存在的，偏娱乐性精神产品一直有巨大的市场。从目前看，网络游戏的市场空间仍然巨大。

四　本书结构

本书是对当前的互联网整体的赢利模式做了一个梳理，互联网的技术发展日新月异，市场需求激起的赢利模式的创新也层出不穷，目前既有的互联网赢利模式的梳理还不能涵及已经新成长起来的，所以，本书的研究很有必要。

　　本书没有按互联网赢利模式的单一逻辑逐一梳理，而是列举了12个类别，这些类别，有的是目前互联网主要的运作模式，有些则本身就是赢利模式，这虽在列举的逻辑上不具有一致性，但是，它们都是目前实践中最重要的，对于我们认识、把握当前实践有一定便捷性。这12个类别分别是：综合性门户网站、微博、电子商务、视频网站、社交网站、垂直网站、搜索引擎，这主要是运作模式；其次是互联网金融、网络游戏、灰色收入、网络营销、互联网传统广告，而这些，就是赢利模式了。在每一类别里，我们又分了三大块，即一是概念、发展历程及赢利规模；二是赢利模式，这包括当前赢利模式、发展趋势以及评价，评价主要是针对其该怎么审视，其在商业文化、法律法规方面是否合理，从管理的角度又该怎样对其进行管理、规范；三是案例部分，本书基本每个类别都有4个左右的案例，一般情况下以国内为主、国外为辅，每个案例都会列举其赢利模式，然后逐一或整体分析其原理。

第一章　电子商务赢利模式

一　概念、发展历程及规模

（一）概念

1.电子商务与移动电子商务

电子商务 (Electronic Commerce) 广义上指使用各种电子工具从事商务活动，狭义上仅指利用互联网从事商务活动。实践中电子商务更多的指狭义的电子商务，本书中也是这样。狭义的电子商务具体指利用计算机技术、网络技术和远程通信技术，实现整个商务 (买卖) 过程的电子化、数字化和网络化。它在互联网开放的环境下，基于浏览器 / 服务器应用方式，使买卖双方不谋面地进行各种商贸活动，实现消费者的网上购物、商户之间的网上交易和在线电子支付以及其他各种交易活动、金融活动以及相关的服务活动，是一种新型的商业运营模式。[①]

移动电子商务 (Mobile-Commerce) 是指通过手机、PDA、掌上电脑等手持移动终端从事的商务活动，它由以 PC 机为主要界面的电子商务 ((Electronic Commerce) 的概念衍生出来，具有随时、随地、随需的便捷特性。

2.电子商务的分类

电子商务可以按交易或商业环节的参与方进行分类，当前主要有 5 类，分别为：企业之间的电子商务（Business to Business，简称 B2B）、企业与消费者之间的电子商务（Business to Consumer，简称 B2C）、消费者之间的电子商务（Consumer to Consumer，简称 C2C）、企业与政府之间的电子商务

---

① 百度百科：《电子商务系统》，http://baike.baidu.com/view/24159htm。

（Business to Government）。

（二）发展历程

1.全球发展历程

1990 年代计算机网络技术的突破使得互联网电子商务应运而生，它利用互联网虚拟空间建立网络信息中心、网络电子银行以及供产销一体的电子商务虚拟市场等，获得了极大的收益。当时亚马逊网上书店的营业收入从 1996 年的 1580 万美元猛增到 1998 年的 4 亿美元，一时电子商务成为互联网领域的最大热点。

2.中国大陆发展历程

中国大陆电子商务的发展同样始于 1990 年代，但是发展速度较快，其大致可以分为四个阶段，即启蒙期、冰冻期、发展期以及转型期。

（1）启蒙期（1997—1999）：业内公认的说法是，国内第一批电子商务网站的创办始于 1997 年。最初是从模仿国外电子商务的运作模式以及技术手段等开始的，在国内掀起了一场互联网与电子商务的潮流。几家先行者囊括了 B2C、C2C、B2B 三大主要模式，如美商网、中国化工网、8848、阿里巴巴、易趣网等。

（2）冰冻期（2000—2002）：当时在互联网泡沫破灭的大背景下，电子商务的发展也受到严重影响，包括阿里巴巴在内的知名电子商务网站进入寒冬阶段。

（3）发展期（2003—2007）：2003 年 5 月，"非典"的爆发使得网络购物显得"很安全"，各 B2B、B2C 电子商务网站会员数量迅速增加，并且部分实现赢利。当月阿里巴巴集团投资 1 亿人民币成立淘宝网，进军 C2C，同年 10 月即推出"支付宝"。随后，亚马逊以 7500 万美元协议收购卓越网，并更名为卓越亚马逊。京东多媒体网、腾讯"拍拍网"也在 2004、2005 年相继成立。

（4）转型期（2008 年至今）：全球金融海啸的不期而至，使我国相当多的中小企业尤其是外贸出口企业受到极大冲击。受产业链波及，外贸在线 B2B 首当其冲，以沱沱网、万国商业网、慧聪宁波网、阿里巴巴为代表的出口导向型电子商务服务商纷纷关闭、裁员重组或增长放缓。与此同时，内贸 B2B 与垂直细分 B2C 却获得了新一轮高速发展，这算是我国电子商务市场的一个转型。从长远看，C2C 转型 B2C 也是一种趋势，这无疑使 B2C 更加繁荣发展，也使电子商务向 B2C 的转型更为明显。据尚普咨询发布的《2013—2017 年中国网站市场分析及投资价值研究报告》显示，从中高端用户的需求来看，相较 C2C 多数人更加青睐 B2C，其原因是用户认为 B2C 更加具有保障。在美国、韩国、日本等网络起步较早的国家，B2C 业务超过 C2C 已是必然的结局。[①]

（三）赢利规模

1.当前规模

（1）整体规模

中国电子商务研究中心发布的《2012 年度中国电子商务市场数据检测报告》显示，截止到 2012 年底，中国电子商务市场交易规模达到 7.85 万亿元，同比增长 30.83%，与 2011 年 33.81% 的增速相比有所回落（2012 年受国际贸易不景气等因素的影响）。从数量来看，服装、纺织等大众化、市场需求较大的行业聚集的电商网站较多，紧随其后的是数码家电等适合开展电商的行业。

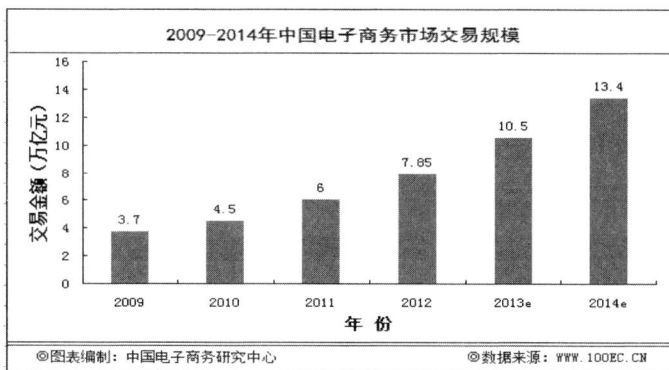

图1—1　2009—2014中国电子商务市场交易规模[②]

---

① 中国电子商务研究中心：《中国电子商务十二年发展史阶段划分及特征》，2009年9月17日。

② 中国电子商务研究中心：《2012年度中国电子商务市场数据检测报告》，2013年3月20日。

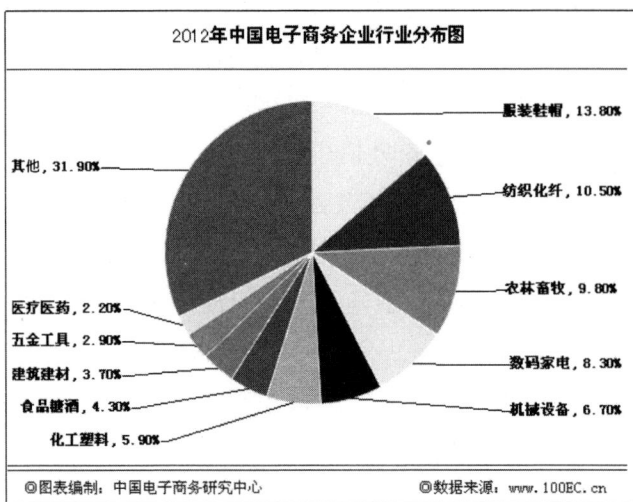

图 1—2　2012 年中国电子商务企业行业分布图[①]

电子商务正在创造新的经济增长点、新的市场、新的就业方式。根据中国电子商务研究中心监测数据显示，截至 2012 年 12 月，电子商务服务企业直接从业人员超过 200 万人，其间接带动的就业人数则超过 1500 万人。

（2）各行业规模

先说 B2B 行业，2012 年中国 B2B 电子商务市场规模达 6.25 万亿，同比增长 27%，相较 2011 年增幅则下滑两个百分点，同年服务商营收规模约为 160 亿。截止到 2012 年 12 月，我国 B2B 电子商务服务企业达 11350 家，同比增长 8%，增幅相较 2011 年则下降 6 个百分点。2012 年 B2B 电子商务服务商的营收（包括线下服务收入），阿里巴巴继续排名首位，市场份额则占 45%。

再说网络零售行业，2012 年中国网络零售市场交易规模达 13205 亿元，同比增长 64.7%，占社会消费品零售总额的 6.3%。同年，B2C、C2C 与其他电商模式企业数已达 24875 家，较去年增幅达 19.9%，预计 2013 年达 25529 家。

再说网络团购，截至 2012 年底全国团购网站累计诞生 6177 家，累计

---

① 中国电子商务研究中心：《2012 年中国电子商务企业行业分布情况》，http://b2b.toocle. com/detail6089755.html。

关闭 3482 家，死亡率达 56%。①

2.前景

电子商务赢利规模的前景可从以下几方面论述。

首先，2013 年电商行业进入了一个调整期，像京东、苏宁、当当等综合类电商平台在保持强劲发展的同时，将把发展的重点从规模向"赢利"方向靠拢。而在未来几年，作为阿里旗下的淘宝与天猫商城，依然会占据中国电子商务市场的绝对份额，但是阿里在 2013 年初对公司架构的重新划分，是否会影响到两者在行业内的发展还有待观察。由此可预测，综合平台 B2C 电商发展将依然强劲，垂直及细分市场的电商将逐步壮大。

其次，电子商务的外延也在不断地扩散，以金融产品、旅游产品、精品消费为代表的无物流电子商务将成为整个市场的重要补充力量。而金融产品中的基金业务、票务等细分市场经历了多年的积累，将成为和传统渠道相抗衡的重要流通渠道。

其三，2012 年商务部、工信部以及地方经信委等监管单位都已经将电子商务的发展规划纳入"十二五"规划的范畴之内。作为驱动国家产业结构升级、拉动 GDP 增长的新媒体经济典型模式，未来电子商务企业的发展将会得到更多政策资源的支持。②

其四，随着该市场的发展以及国家政策的导向等，更多的国有企业也将进入这个快速发展的市场，成为现有领先企业的竞争对手。③

二　赢利模式

（一）当前赢利模式

1.B2B赢利模式

在实践中，B2B 的赢利模式具体可分两种形式，即开设第三方销售平台

---

① 中国电子商务研究中心：《2012年度中国电子商务市场数据检测报告》，2013年3月20日。
② 《2013—2017年中国电子商务行业市场现状发展分级及投资》，2013年3月22日。
③ 同上。

式网站与自主开设销售网站，它们又分别有一些自己的进一步的赢利模式。

（1）开设第三方销售平台式网站

指开设一个网站，但不直接销售商品，而是给别人提供 B2B 的电子商务平台，自己则通过收取加盟会员费、广告费、交易佣金等来赢利。

我国中小企业有 3000 多万，由于中小企业自身的条件限制，目前拥有网站的只有 200 多万家。随着 B2B 网站在中国的影响力越来越大，中小企业也对其产生更大的重视，目前绝大多数的中小企业都通过第三方电子商务平台开展电子商务，从而进行网络营销。

开设第三方销售平台式网站的进一步赢利模式又主要有以下 6 种。

①会员付费

企业通过第三方电子商务平台进行电子商务交易，必须注册为 B2B 网站的会员，并缴纳一定的会员费，如此才能享受网站提供的各种服务，目前会员费已成为中国 B2B 网站最主要的收入来源。

②广告

广告是 B2B 网站的主要收入来源。根据艾瑞最新发布的 2012 年度中国互联网广告核心数据，当年中国网络广告市场规模达到 753.1 亿，较去年增长 46.8%，增长略微放缓，网络广告市场进入相对平稳的增长期。随着网民基数的增长，以及网民行为的不断变迁，广告主需要更精准的方式去触达更广泛的网民群体，而目前网络广告行业还有较大提升空间。[①]

目前 B2B 网站主要的网络广告类型包括：

文字广告。即以文字形式向公众宣传商品、服务、活动等的一种传播方式，包括关键字、文字链接、资讯文章嵌入不同颜色文字等。

图片广告。即以图片形式展示要宣传的信息的广告，是网络广告的基本形式之一。

动态广告。与静态广告相反，往往以 flash、gif 等形式展现，具有冲击力强、内容丰富等特点。

---

① 丁佳琪：《艾瑞：2012 年中国网络广告市场规模突破 750 亿元》，http://tech.hexun.com/2013-01-24/150543438.html。

广告联盟。指集合中小网络媒体资源组成联盟，通过联盟平台帮助广告主实现广告投放，并进行广告投放数据检测统计，广告主据统计数据向联盟会员支付广告费。[①] 目前在国内市场中排名第一的是淘宝联盟。

　　电子邮件广告。指通过互联网将产品或服务等信息发到用户电子邮箱的广告形式，具有针对性强、信息量大等特点。

　　商业调查投放。通常是企业、广告公司或个人、团体等为了获知某一结果而在特定网站上投放商业调查信息，也是以广告的模式运作，向网站交付广告费。

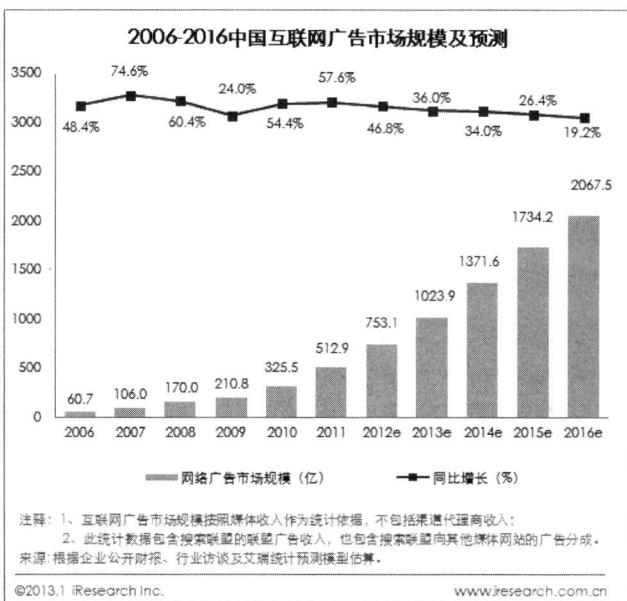

图1—3　2006—2016年中国互联网广告市场规模及预测[②]

③收取交易佣金

　　指企业等通过第三方电子商务平台进行电子商务交易，每完成一笔交易须向网站交付佣金，原因是你在这个平台上交易，享受了平台给你提供

　　① 百度百科：《广告联盟》，http://baike.baidu.com/view/330958.htm。
　　② 中国行业咨询网：《2006—2016年中国网络广告市场规模及预测》，http://www.china-consulting.cn/data/20130111/d7754.html。

的服务，一些拍卖网站往往以这种赢利模式为主。

④网上支付营收模式

网上支付属于一种电子支付形式，它通过第三方提供的与银行之间的接口进行支付，然后第三方即网站就要收取佣金。

⑤物流营收模式

目前中国 B2B 电子商务的交易规模很大，由此产生非常之大的物流市场。把物流纳为自身的业务内容，网站就可实现收入。

⑥信用认证营收模式

随着网上交易的盛行，人们对信用认证的需求也日益迫切。在国际上，信用认证已经逐步发展成一个行业，提供包括信用调查以及信用评估等系列服务，从而获取相应收入。我国的电子商务的信用认证刚刚起步，在这方面较为成功的是阿里巴巴，其通过"诚信通"开展企业信用认证而获取了一定收入。[①]

⑦线下服务

线下服务主要有两部分：

展会。通过展会，供应商与采购商可以面对面交流，一般的中小企业比较青睐这种方式。实践中，环球资源网的展会已经成为其重要的收入来源，占其总收入的三分之一左右。

期刊。期刊主要是关于行业资讯等信息，也可以发布广告。

⑧商务合作

包括与政府、行业协会、企业以及传统媒体等合作，大家共同挖掘市场机会。

⑨关键词搜索排名竞价

B2B 网站的商品丰富性决定了用户对于关键词搜索的广泛应用，从而也使得关键词搜索排名成为各商家非常关注的因素。搜索排名竞价即用户为特定的关键词提出自己认为合适的价格，以获得在搜索结果中排名靠前

---

① 赵涛，郑诗田：《我国电子商务赢利模式研究——基于B2C网站的分析》，道客巴巴，http://www.doc88.com/p-990390972471.html。

的位置，最终按出价高低进行排序，网站由此获得收入。[①]

⑩网店装饰费

指网站为各网店进行装饰，从而收取费用。

（2）自主开设销售网站

即企业自己开设网站、直接销售产品，这样做成本要高于利用第三方销售平台式网站。比如要建设、维护网站的运营，要构建仓储和物流配送体系或者发展第三方物流加盟商等。[②]

有关它的进一步赢利模式，与开设第三方销售平台式网站形式的大体一致，只需注意没有收交易佣金这一项。

2.B2C赢利模式

B2C电子商务即企业通过互联网为消费者提供一个新型的购物环境——网上商店，消费者在网上购物并进行支付。这种模式节省了企业和消费者的成本、时间与精力。

在实践中，B2C的赢利模式具体也可分成开设第三方销售平台式网站与自主开设销售网站，它们又分别有一些自己进一步的赢利模式。

（1）开设第三方销售平台式网站

指网站不直接销售商品，而是给别人提供B2C的电子商务平台，淘宝网的B2C购物平台——天猫（即淘宝商城）就是一个典型代表。

开设第三方销售平台式网站的进一步赢利模式与上文B2B的第三方销售平台式网站的基本一致。

（2）自主开设销售网站

即企业自己开设网站、直接向消费者销售产品，这样做成本要高于利用第三方销售平台，其原因与前述B2B网站的相同，这种形式的有京东商城等。

其进一步赢利模式与B2B的此类形式基本一致。

---

① 百度文库：《C2C网站的赢利模式》，http://wenku.baidu.com/view/0d7fa426bcd126fff7050bf1.html。

② 百度百科：《B2C电子商务》，http://baike.baidu.com/view/3998251.htm#2。

3.C2C赢利模式

该模式以淘宝网、拍拍网为代表，其赢利模式即开设第三方销售平台式网站供网民们自己交易，其进一步赢利模式与 B2B 该形式的基本一致。

（二）发展趋势

1. 移动电商份额将逐渐增加

中国电子商务平台对 2012 年之后的电商赢利模式的发展趋势做出了向移动电商进军的预测。手机用户以及用手机上网用户数量的攀升，廉价智能手机及平板电脑的大量增加，无线宽带增幅、资费下调等，这些都为移动电子商务的发展奠定了基础。应该说，移动电商份额逐渐增加是符合当前移动传播迅速发展，人们对其依赖度日益提高的现实的。

2.线上与线下互相渗透将成为零售业的发展趋势

实体零售和网络零售融合发展会实现优势互补，这必将成为众多零售企业未来的选择。一方面，传统零售企业将加快拓展网络零售业务，据悉 2012 年百强连锁企业中已有 62 家开通了网络零售平台；另一方面，网络零售企业也会加快网下配套服务的跟进，比如在物流、售后服务等方面有所加强。[①]

3. 网络融资将成为B2B市场新的增长点

中小企业融资难是当前比较突出的问题，各大在线 B2B 企业也看准了这一蓝海领域并试图率先抢占行业制高点。同时在中国人民银行、银监会、证监会和保监会联合发布的《关于进一步做好中小企业金融服务工作的若干意见》中，提出研究推动中小企业贷款网络在线审批，建立审批信息网络共享平台，旨在缓解中小企业融资难的问题等。可以说，当前形势使得网络融资在特定时间内出现其特有的价值，将成为 B2B 市场新的增长点。

[①] 参见《线上线下融合发展是趋势，零售业迎大变革时代》，《中国商报》2013年7月15日第3版。

4.B2C的市场份额将逐渐增加。

如前所述，由于许多用户如中高端用户们认为 B2C 更有保障，并不青睐 C2C，所以 C2C 的市场份额会有萎缩，更多的交易将转向 B2C，于是 B2C 市场份额会增加。

（三）评价

电子商务是依靠互联网进行的，而互联网所具有的匿名性、开放性以及共享性等特点给电子商务的安全带来了极大隐患，这些隐患目前已逐渐成为国内电子商务行业所面临的最大问题。下面笔者就电子商务所面临的安全隐患及针对性举措进行阐述分析。

1.电子商务面临的安全隐患

（1）网络系统安全问题

电子商务系统是依赖网络实现的商务系统，需要利用互联网的基础设施，所以构成电子商务安全框架的底层是网络服务层，这就决定了互联网所提供的信息传送的载体和用户接入手段，是各个电子商务应用系统的基础。

而网络自身所存在的缺陷同时也给电子商务系统带来了相应的问题，其中所面临的网络安全问题主要包括网络部件的不安全因素、软件不安全因素、工作人员的不安全因素以及自然环境的影响（如风雨雷电对传输线路的影响）等。

（2）电子商务运作中的安全问题

除了上述网络系统的技术性的安全问题外，在电子商务的运作过程中还存在一些商务上的安全隐患，如信息泄露问题、信息被篡改问题、身份识别问题、合同一方蓄意否认事实等问题，这些问题都会对电子商务造成极大影响，让商家受到损失。

2.应对策略

针对目前电子商务运作中所存在的安全问题，可以通过以下两个方面进行完善。

（1）完善电子商务系统的安全技术[①]

为了防范电子商务活动中的安全问题，可以利用安全技术为电子商务安全提供服务，主要包括以下三方面。

①网络安全技术：其涉及范围较广，包括防火墙技术、虚拟专用网VPN技术和漏洞检测技术等。

②加密技术：即对信息进行重新编码，从而隐藏信息内容，使非法用户无法获取的一种技术手段。

③认证技术：认证技术是保证电子商务安全的主要实现技术，是建立一个为用户的公开密钥提供担保的可信的第三方认证系统。目前主要涉及身份认证和报文认证两方面内容。

（2）健全电子商务法律法规

目前，电子商务法律法规也在逐步增加，例如为了使电子签名能具有合法性国家颁布了《电子签名法》等。总体来讲这方面的法律法规仍不完善，这是现在影响国内电子商务发展的重要因素之一。只有迅速完善相关法律法规，才能保证电子商务这一新兴的贸易方式按照其自身的规律安全、健康地发展。[②]

三　案例分析

（一）阿里巴巴B2B网站

本处讲的是阿里巴巴的 B2B 业务。

2013 年 5 月 4 日雅虎向美国证券交易委员会提交的文件中披露了阿里巴巴集团 2012 年第四季度的财务状况。该季度，阿里巴巴集团营收为 18.4 亿美元，同比增长 80.4%。公司毛利润为 13.5 亿美元，比去年同期 6.9 亿美

---

① 百度文库：《浅析电子商务网络安全技术》，http://wenku.baidu.com/view/956e3b0f76c66137ee061998.html。

② 百度文库：《电子商务中存在的安全隐患及其应对策略》，http://wenku.baidu.com/view/7a536d87bceb19e8b8f6ba82.html。

元增长 93.2%；运营利润 7.5 亿美元，比去年同期 2.8 亿美元增长 167%；净利润 6.5 亿美元，比去年同期 2.5 亿美元增长 160%；属于阿里巴巴集团的净利润为 6.4 亿美元，比去年同期 2.3 亿美元增长了 172%。[①]

艾瑞咨询统计数据显示，2013 年第三季度我国中小企业 B2B 电子商务运营商总营收份额中，阿里巴巴以 42.3% 的份额领跑。虽然较上一季度有所下降，但目前在国内 B2B 行业仍处于领军地位，内容如下图所示。

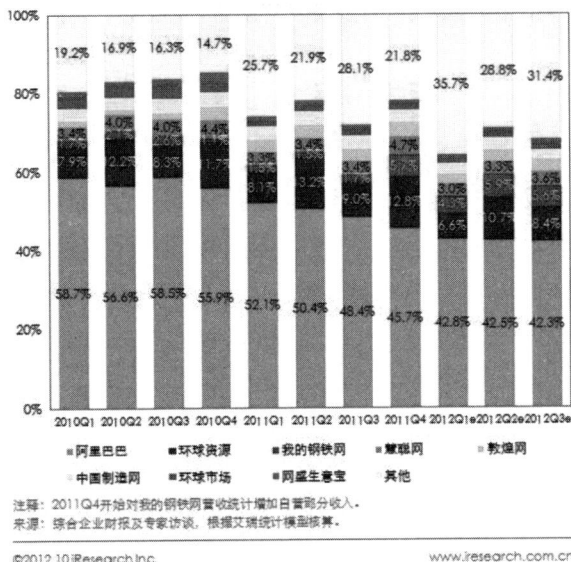

图1—4　2010Q1—2012Q3中国主要中小企业B2B
电子商务运营商总营收市场份额[②]

---

①　参见中商情报网：《阿里巴巴集团：2012年四季度财报业绩公布》，http://www.baidu.com/link?url=86oAO5FE1q-tUZJesguF3RXSXvgUHi0KaQg2HhKqvl6GgY9RLMGgilAqlIlVxwA7AKqRZpBHpRDaOKR0s2iyDq。

②　阿里研究中心：《2012Q3中国中小企业B2B电子商务市场营收40.7亿》，http://www.aliresearch.com/?m-cms-q-view-id-74070.html。

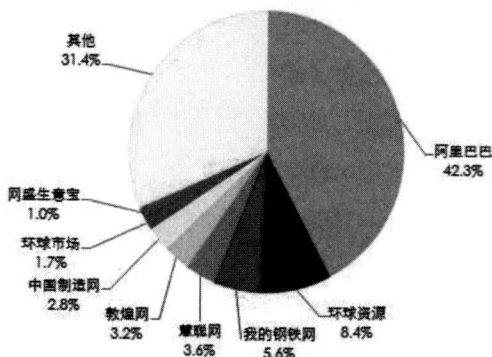

2012Q3中国主要中小企业B2B电子商务运营商总营收市场份额

其他 31.4%
阿里巴巴 42.3%
网盛生意宝 1.0%
环球市场 1.7%
中国制造网 2.8%
敦煌网 3.2%
慧聪网 3.6%
我的钢铁网 5.6%
环球资源 8.4%

注释：1、2012Q3中国中小企业B2B运营商营收规模为40.7亿元，为预估值。
　　　2、上述B2B运营商收入包含平台服务和自建平台部分的业务收入。
来源：综合企业财报及专家访谈，根据艾瑞统计模型核算。

图1—5　2012年第三季度主要中小企业B2B电子商务运营商总营收市场份额[①]

下面，笔者来梳理与解析阿里巴巴 B2B 网站的赢利模式。

1.付费会员制

（1）内容

阿里巴巴集团的创始人马云曾经说："好的赢利模式一定得简单，阿里巴巴现在的赢利模式很简单，就是收取会员费。"收取会员费是阿里巴巴初始的赢利途径，它先通过低价甚至免费吸收大量会员，然后提高收费标准剔除大量低效益会员，从而把握住可以用来收取会员费获取收益的会员。即使到现在，阿里巴巴 90% 以上的收入还是来源于会员费。

阿里巴巴现在的会员制度主要分为两类："诚信通"会员和"中国供应商"会员。

① "诚信通"会员

"诚信通"是阿里巴巴为从事中国国内贸易的中小企业推出的会员制网

---

① 阿里研究中心：《2012Q3中国中小企业B2B电子商务市场营收40.7亿》，http://www.aliresearch.com/?m-cms-q-view-id-74070.html。

上贸易服务，即为中小企业提供更多生意机会、创新营销方法以及提供全套网上贸易服务等。"诚信通"会员针对的是国内贸易，通过向注册会员提供第三方对其的评估，以及其自身在阿里巴巴的交易诚信记录，最终帮助"诚信通"会员获得采购方的信任。"诚信通"分为企业版"诚信通"和个人版"诚信通"两种，其会员费为3688元/年。据调查统计，有85%的买家和92%的卖家会优先考虑与"诚信通"会员合作，"诚信通"会员的成交率是普通会员的7倍。以下为来自阿里巴巴网站的截图。

图1—6 阿里巴巴网站截图

② "中国供应商"会员

"中国供应商"服务主要面对出口型的企业，它依托网上贸易社区，向国际上通过电子商务进行采购的客户推荐中国的出口供应商，从而帮助出口供应商获得国际订单，即帮助全球买家及卖家达成国际贸易合作。其服务包括提供独立的"中国供应商"账号和密码，建立英文网址，让全球240多个国家和地区的3200万家商人会员在线浏览企业。目前，就"中国供应商"的会员费来说，阿里巴巴的最低报价是4万左右，较大的方案是30万，平均每家的费用是8万元。

（2）原理解析

截至2011年9月30日，阿里巴巴共有7280万注册用户、960万个企业商铺以及787653名付费会员。阿里巴巴之所以能够拥有如此庞大的会员数量，一方面是基于其为会员所提供的增值服务，如培训以及阿里小额贷款等只针对会员提供的服务，企业如果希望享受到这些服务就必须成为付费会员；另一方面，阿里巴巴是目前国内最大的 B2B 网站，它的地位以及已经拥有的客户对于新加入的人来说无疑是非常有价值的资源，这也是阿里付费会员数量多的原因之一。

2.广告

（1）内容

广告是阿里巴巴主要赢利模式之一，也可以说广告是所有电子商务网站的重要赢利模式。根据易观智库 EnfoDesk 产业数据库发布的《2013 年第一季度中国网络广告市场季度监测》的数据，2013 年第 1 季度中国互联网广告运营商市场份额中，百度占到 31.8%，阿里巴巴紧居第二，占到 15.5%。[①]

（2）原理解析

广告收入在现在电子商务网站赢利模式中是不可或缺的一种。阿里巴巴的广告收入之所以可观，主要依靠其庞大的会员数、流量以及品牌等。

3.关键词搜索排名竞价

（1）内容

关键词搜索排名竞价是阿里巴巴"诚信通"会员专享的服务，能使企业在搜索结果中排在前面醒目的位置，以提高被关注概率，最终增加成交机会，排名竞价标王一般在 800～3000 元/月。所谓的关键词，通常是企业的主营产品名称，同时也是卖家搜索商品时最常用的名称，如"mp3""手机"等。排名竞价则是当买家在阿里巴巴网站搜索产品或服务信息时，竞价企业的信息将排在搜索结果的前列，从而易被买家第一时间找到。[②]排名竞价广告模式由阿里巴巴推出并获取成功后，被许多 B2B 电子商务企业所复制。

（2）原理解析

排名竞价的优势在于能够提升知名度以及提高成交机会等方面。供应商信息在买家搜索结果中的排名是至关重要的，如果买家搜索产品时能在上万条信息中第一时间看到某企业的信息，那将大大增加买家对该企业产

---

① 易观智库：《行业数据：2013 年第一季度中国互联网广告运营商百度、阿里巴巴、谷歌中国暂居市场前三位置》，http://www.enfodesk.coMinisite/maininfo/articledetail-id-359302.html。

② 网络营销教学网站：《阿里巴巴竞价排名》，http://www.wm23.com/wiki/26573.htm。

品信息的关注，从而提升知名度，提高成交机会。

4.黄金展位

（1）内容

黄金展位是2007年阿里巴巴专为"诚信通"会员提供的企业品牌展示平台。企业购买黄金展位后，在指定行业列表页的显著位置会以醒目的形式优先展示企业相关信息，提高企业曝光率。目前黄金展位的展现形式是以160×200象素的彩色图片展示，每次共6个展位。黄金展位的费用为800～10000元每月。另外，除了黄金展位外，还有白金展位，其费用为3000～50000元每月。

（2）原理解析

黄金展位的好处在于能以大照片醒目的方式展现企业的相关信息，算是优质广告资源。同时，黄金展位与产品所属行业分类结合，这样使其传播更具针对性。

5.金融服务

（1）内容

阿里巴巴的金融服务目前主要指"阿里贷款"。"阿里贷款"是阿里巴巴针对其"诚信通"会员或"中国供应商"会员推出的一项资金服务(也可称小企业贷款或者B2B网商融资服务)，其特点在于债务人无须提供抵押品或第三方担保，仅凭自己的信誉就能取得贷款，阿里巴巴从中可获得利息收益。

（2）原理解析

由于阿里巴巴的会员数量众多，所以，其这块的贷款利息收益也是数额可观的。同时，"阿里贷款"给阿里巴巴带来的不光是直接的利息收益，还有间接收益。这块贷款业务是针对阿里巴巴的会员所提供的，即获贷对象主要是"诚信通"或"中国供应商"会员，因此这一块业务也可看作是阿里巴巴获取收费会员的一个有效手段。随着B2B电子商务的迅速普及，使用B2B网站已经成为许多企业进行营销的重要组成部分，而在这一过程中，B2B电子商务企业也越来越重视服务平台的实际综合效用。市场决定服务方向，B2B行业网站在开发功能时就是要充分考虑到企业的需求，做到既好用又实用，这样才能吸引更多的企业加入。阿里巴巴的这项贷款服务，就体现了这一方向。

（二）淘宝网

淘宝网是目前亚太地区营业额居前的网络零售平台之一，由阿里巴巴集团在 2003 年 5 月 10 日投资创立，截至 2012 年 6 月，淘宝网拥有 8 亿多条产品信息和超过 5 亿名注册用户，是全球浏览量最高的 20 个网站之一。

淘宝网成立之初对所有商户实行免费。2008 年淘宝网合并阿里妈妈[①]，当月实现"收支平衡"，同年 8 月实现赢利。淘宝网现在主体业务内容主要是 C2C 业务（也称淘宝集市），另有 B2C 业务天猫（原名淘宝商城）、聚划算等。因为天猫等独立性渐强，所以现在有时也把淘宝网就称为 C2C 业务平台，不过本文仍将天猫等算在内。

淘宝网的赢利模式主要如下。

1.C2C 业务

（1）内容

截至 2010 年 12 月 31 日，淘宝网注册会员超过 3.7 亿人。2012 年 12 月 3 日，阿里巴巴集团宣布，截至 2012 年 11 月 30 日，该集团旗下淘宝和天猫（此处的数据统计方将淘宝与天猫分开统计，本案例则是将天猫归于淘宝之内）交易额突破 10000 亿元。据国家统计局发布的最新数据，截至 2012 年 11 月 30 日，社会消费品零售总额为 186833 亿元，淘宝和天猫 10000 亿元交易额占其 5.35%，该交易量甚至远超同期北京、上海等一线省市的消费品零售总额。此外，2012 年 11 月 11 日"双棍节"，淘宝单日交易额高达 191 亿元。[②]

专从 C2C 市场来看，淘宝 C2C 业务地位依旧稳固，截至 2012 年 12 月

---

① 阿里妈妈为阿里巴巴公司旗下一个全新的互联网广告交易平台，主要业务为网站广告的发布。

② 百度百科：《淘宝网》，http://baike.baidu.com/view/1590.htm。

其营业额已占到国内总额的96.4%。[①]

(2) 原理解析

淘宝C2C业务用户数量庞大，又背靠阿里巴巴集团，所以其营业份额增长很快；另外，淘宝网有支付宝作为支付工具，使网上交易的信用度提高，同时其网民又是实名认证，所以总的来说在淘宝上交易就比较可信，这也是它比其他C2C网站能赢得更多用户的优势之一。不过从目前来看，C2C业务是个人对个人的交易，卖方的信用很难比专门的企业更为可靠。这方面，B2C业务就更有优势，可以说，这也是影响C2C未来发展的一个重要因素。

2.B2C业务

（1）内容

根据艾瑞咨询的研究数据显示，2013年第一季度中国网络购物市场中B2C（含C2C推出的B2C商城）的交易规模为1200.8亿元，在中国整体网络购物市场交易规模中的比重达到34.1%，较2012年同期的23.7%提高10个百分点；从增长比率来看，第一季度B2C网购市场的同比增长为96.5%，远高于C2C网购市场17.9%的幅度。[②]

虽然B2C网站在中国网络购物市场交易规模中所占的比例远小于C2C，但是正如艾瑞数据分析所言，B2C网站从2011年第一季度至2013年第一季度增幅远高于C2C，预示在未来有很大的发展潜力。淘宝从一开始创办时属于C2C网站，随着2008年4月10日淘宝商城（后改名天猫）的创办，开始跨入B2C领域，并且成为其赢利的主要模式之一。2012年12月中国B2C网络零售市场（包括第三方平台式与自主销售式）上，排名第一的依旧是天猫商城，占52.1%份额；迄今为止，天猫已经拥有4亿多买家，5万多家商户，7万多个品牌。2012年11月11日，天猫销售额突破了100亿元，这个数字大幅超越了美国电子商务行业的最高纪录。

---

① 中国电子商务研究中心：《2012年度中国电子商务市场数据检测报告》，2013年3月20日。

② 艾瑞网：《艾瑞咨询：2012年中国网络购物行业十大热门数据盘点》，http://ec.iresearch.cn/shopping/20121226/190005.shtml。

天猫与淘宝网中的 C2C 业务的一些区别在于：首先，淘宝网 C2C 业务是任何人都可以开店，而天猫是以公司的形式注册的；其次，在天猫开店的店主，每卖出一件商品就要向淘宝支付佣金，而 C2C 业务的卖家就不需要，这也导致淘宝会力推天猫的产品；最后，天猫一直着重也着力宣传其诚信和商品质量，这也是其吸引了更多买家的原因。

（2）原理解析

最终实现更大赢利是促使淘宝从 C2C 转向 B2C 的主要原因。2007 年 12 月 26 日，淘宝网正式宣布进军 B2C 市场，在当时是为淘宝扫除赢利最大障碍的有效办法。尽管当时淘宝拥有庞大的客户，却迟迟无法解决赢利问题，而天猫的创办使得此问题得到解决。中国电子商务研究中心发布的《2012 年度中国电子商务市场数据检测报告》中也提到未来 C2C 网站的发展趋势之一就是综合 B2C 电子商务企业，完善商品种类，为用户提供"一站式"购物体验。淘宝网此举，确是又符合了规律。

3.支付宝

（1）内容

支付宝的赢利模式即为交易双方提供支付服务，从而收取佣金。当然，支付宝除了能收到佣金，还有另外一种赢利模式，即向商家贷款收取利息。

某种程度上淘宝网的成功可以称之为支付宝这一第三方支付平台的成功。支付宝（alipay）在国内首先使用了"第三方担保交易模式"，即由买家将货款打到支付宝账户，由支付宝向卖家通知发货，买家收到商品确认后指令支付宝将货款发放于卖家，至此完成一笔交易的支付。支付宝公司于 2010 年 12 月宣布用户数突破 5.5 亿，淘宝网上的绝大多数支付都是通过支付宝来进行的。

从互联网支付市场的企业交易规模的份额来看，2012 年第一季度整体市场格局处于相对稳定的状态，支付宝仍以 47.8% 的份额稳居市场首位。[①]

---

① 中商情报网：《2012 年一季度中国互联网支付市场核心企业交易规模市场份额》，http://www.askci.com/news/201205/07/0716231457129.shtml。

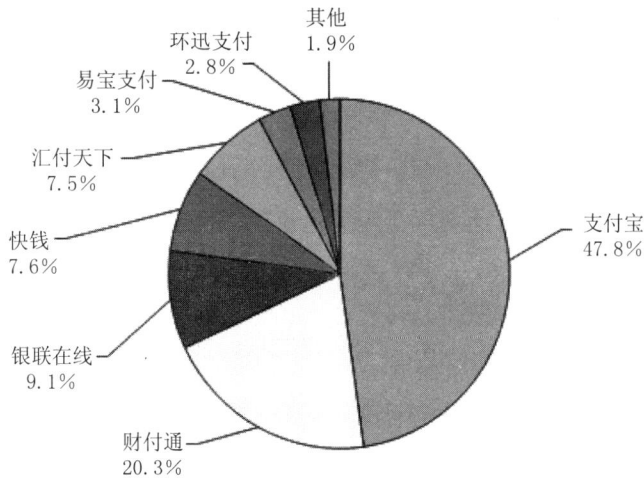

环迅支付
2.8%

其他
1.9%

易宝支付
3.1%

汇付天下
7.5%

快钱
7.6%

银联在线
9.1%

财付通
20.3%

支付宝
47.8%

图1—7　2012年第一季度中国互联网支付市场核心企业交易规模市场份额[①]

　　另外，由于绝大多数的交易由支付宝完成，所以在支付宝中沉淀了大量的资金。一般情况下，买家给卖家付款至少要三到五天时间，而这个时间差是可以被利用的，所以，淘宝还由此可以依靠支付宝巨额的预收款和自身的信用体系，进行放贷业务。由于从银行进行小额贷款手续繁琐，周期过长，而淘宝能够根据不同商家的信用设置放贷标准，又无需其他担保，因而深受各商家的欢迎。[②]

　　（2）原理解析

　　支付宝实质是为交易双方提供支付服务，而出此获取佣金。另外，支付宝的放贷业务之所以能进行，除了能删减银行渠道的繁琐手续外，还有一个很重要的因素是贷款者无须提供担保。支付宝之所以能做到这一点，又是因为淘宝有巨大的用户交易记录可以分析，通过分析从而获知贷款者的诚信情况，从而决定其放贷标准。应该说，利用自己的资源开拓赢利模式，淘宝这一点做得是比较好的。

　　①　中商情报网：《2012年一季度中国互联网支付市场核心企业交易规模市场份额》，http://www.askci.com/news/201205/07/0716231457129.shtml。
　　②　刘璇，张向前：《"淘宝网"赢利模式分析》，《经济问题探索》2012年第1期。

4. 广告

（1）内容

根据艾瑞最新发布的 2013 年第一季度中国互联网广告核心数据，该季度中国网络广告市场规模为 198.4 亿元，较去年第四季度下降 10%，同比去年第一季度上升 38.9%，整体增长态势良好。[①]

网络广告服务是淘宝官方正式宣布的首个赢利模式。淘宝网自 2007 年 7 月正式启动网络广告业务，2010 年总收入大概是 50 亿，其中广告收入占总收入 8 成，为 40 亿元，是淘宝网最主要的赢利模式。[②]淘宝网对客户提供的广告类型包括横幅广告、弹出式广告、文本链接广告、按钮广告等。

（2）原理解析

淘宝广告业务（包括淘宝网、天猫、一淘网在内的大淘宝广告业务）的产生基础在于淘宝巨大的流量，当一个综合网站有了巨大流量之后，就有了能够广泛传播的媒体潜质，从而具有发展广告业务的基础。淘宝在最初的三年实行对卖方免费开放平台的策略，在淘宝注册用户逐渐多起来之后，消费者也逐渐增多，此时广告业务自然成为最为合适的模式。另一方面，淘宝本身的卖家因为竞争激烈，希望得到更多的曝光率从而提升销量，于是它们也在淘宝网上发布广告，而这也发展了淘宝的广告业务。

5.增值服务

（1）内容

增值服务主要是针对淘宝网的 C2C 业务而言的。

淘宝网从 2003 年 7 月开始先后耗资数十亿以 3 年"免费"模式迅速打开中国 C2C 市场，并在短短 3 年时间内，替代 eBay 易趣成为中国最大的 C2C 交易平台。靠阿里巴巴不断的"输血"，2005 年至 2008 年淘宝相继"免费"三年，吸引了大量用户纷纷开设账号，并由此确立了强大的市场地位。而如何在占领大面积市场后能实现更好的赢利和发展，是淘宝面临的最大问题。淘宝也多次尝试过，类似 2006 年 5 月的"招财进宝"等收费实践，

---

① 艾瑞网：《艾瑞数据：2013Q1中国网络广告市场整体态势良好，进入成长周期》，http://a.iresearch.cn/new/20130508/199125.shtml。

② 刘璇，张向前：《"淘宝网"赢利模式分析》，《经济问题探索》2012年第1期。

虽然也得到一些支持，但大多数来源于大卖家，而不是来源于依靠网店收入获取微薄利润的人，这些实践最终都以失败告终。在考虑了网民的本土化特征后，淘宝绕开了备受关注的常规性费用，例如用户交易费、开店费、商品登录费和店铺月租费等，另辟蹊径，主要针对卖家提出，如提供有偿橱窗推荐位、店铺装饰工具、网店管理服务、付费广告等来实现赢利。虽然赢利规模不是很大，但这样容易被广大网民所接受，不会影响流量。总之，增值项目收费是淘宝赢利的一个新的增长点。

（2）原理解析

应该说，增值服务收费是针对卖家而言的，针对它们收取有偿橱窗推荐位、店铺装饰工具等的费用。卖家相对有一定经济实力，在收费不高的情况下是可以接受的，加之卖家数量众多，即使收费不高，总额也比较可观。从这一点讲，此赢利模式值得保持。不过卖家数量是电子商务网站的最重要资源之一，如果收费价格制定不合理，卖家嫌高而"用脚投票"，则对网站而言就是得不偿失了。所以，制定合理价格是淘宝乃至所有此类网站所面临的关键问题。

（三）美团网

美团网是成立于2010年3月4日的团购网站。所谓团购就是团体购物，指认识或不认识的消费者联合起来，加强与商家的议价能力，以求得最优价格的一种购物方式。根据薄利多销的原理，商家也乐于给出低于零售价格的折扣和单独购买得不到的优质服务。团购作为一种新兴的电子商务模式，通常有消费者自行组团、专业团购网站组团和商家自己组团等形式。[1]

据中国电子商务研究中心与领团网监测数据，2012年全年，团购市场（含聚划算）成交规模达到了348.85亿元，而这一数字在2011年仅为216.32亿元，同比增长61%。另据2012年团购市场份额统计，独立团购网站占据了团购市场58%的份额。独立团购网站排行榜中美团网排到第一位，

---

① 百度百科：《团购》，http://baike.baidu.com/view/16979.htm。

占据 12% 的份额，其次是高朋网、拉手网等网站。[①]

虽然团购网站是新兴网站，影响力及收益并不是很大，但是电子商务发展的特点就在于速度非常之快，从阿里巴巴和淘宝的发展不难看出这样的规律。目前，美团网成为中国销售额最大的独立团购网站，其注册用户接近 4000 万。美团网的官方数据显示，2012 年美团网完成销售额 55.5 亿。2013 年，美团网的销售额有望超过 150 亿元。[②]

美团网的主要赢利模式如下。

1. 佣金

（1）内容

佣金模式是现在大多数团购网站的主要赢利模式，同时也是美团网最主要的赢利模式。目前为止，美团网的主要收入来源都是通过佣金模式，广告模式占较小的比例。所谓佣金模式，就是通过促销商品进行交易抽成。美团网现在并不买也不卖，而是搭建起一个平台，让消费者与商家互相找到对方，并促成消费行为。如果参加人数不够，使团购失败，则款项会退还到消费者账户，而商家则只当做了一次免费的网络推广。在这种运作模式下，消费者先付款再进行消费，所以美团网和商家对于现金流也有更加主动的掌控权。

2013 年 7 月 15 日，美团网对佣金进行了调整，新用户按每月有效订单销售额的 2.5% 支付佣金，老用户则按每月有效订单销售额的 1.2% 支付佣金。

（2）原理解析

本部分笔者谈一下美团网与国外尤其是美国成熟的团购网站在佣金上的差别。目前在美国的团购网站中，佣金抽取比例比较高，例如美国规模最大的 Groupon 网站一般抽取 40% ～ 50% 之多，但是美团网现在选择的是一种低佣金的方式，总体在 10% ～ 15% 之间。其实并非只有美团网，中国

① 中国电子商务研究中心：《2012年度中国电子商务市场数据检测报告》，2013年3月20日。

② 中国电子商务研究中心：《美团网：不能只给巨头做嫁衣》，http://b2b.toocle.com/detail6114771.html。

到目前为止的团购网站都选择低佣金的模式，这主要因为国内团购网站与 Groupon 提供的团购内容有不同之处，Groupon 大多提供服务类的团购，而国内团购则主要集中于实物商品，服务类项目附加值高，所以商家可以交更多的佣金，而实物类商品附加值一般不高，所以自然支付不了高佣金。

2. 广告

（1）内容

现在广告在美团网的收入比例中只占不大的份额，但是在未来有发展潜力。美团网目前广告的类型包括横幅广告、按钮广告、文字链广告等，基本属于网络广告的一般形式。

（2）原理解析

美团网的广告模式与其他团购网站相比无特殊之处，目前在收入额中只占据非常小的比例，不过美团网在广告方面的潜力还是很可观的。首先，其会员多、流量大，这是被广告主所青睐的；其次，它的受众都是具备消费能力与欲望的人，这对广告主而言也很有吸引力；第三，美团网还是一个能专门覆盖各区域的网络平台，所以可专门针对区域做广告、降低广告主的成本，这也成为其吸引广告主的一个优势。

（四）App Store

App Store, 即 application store（应用商店），是 2008 年 3 月苹果公司为其 iPhone、iPod Touch 以及 iPad 等产品创建的数字化应用发布平台，允许用户从 iTunes Store 或 mac app store 浏览以及下载为了 iPhone SDK 或 mac 开发的应用程序。用户可以根据应用发布的不同情况，选择付费或者免费下载到 iPhone、iPod touch、iPad 或 mac，其中主要包含游戏类、教育类、生活类、商业类等不同类型的实用软件。

至 2013 年 7 月，苹果应用商店已经拥有 90 万个应用，并已突破 500 亿次下载量，App Store 经济生态系统在美国地区创造了近 30 万个就业机会。截止到 2012 年第三季度，苹果 app store 中免费应用占 66.22%，付费应用占 33.78%。据市场研究机构 Canalys 发布的最新数据显示，2013 年第一季度全球应用商店总收入为 22 亿美元，其中苹果 App Store 收入达 14.8 亿美元，占 74%，Google Play 以 18% 的比例排名第二，[①] Google Play 的收入相当于 App Store 商店的 38.5%。

App store 拥有三个交易主体，即开发者、苹果公司和消费者。在这三个交易主体中，苹果公司占主导地位，负责 SDK 开发包的发布、终端的更新换代、程序的审核发布和电子商务网站的运作；开发者则是开发软件并提交苹果公司审核，决定销售价格，并根据程序下载量获取利润；消费者则是下载和购买。

App Store 的赢利模式主要如下：

1.与应用开发者分成模式

（1）内容

在 App Store 平台上，应用开发者享有定价权，可以自由选择对所开发的应用进行定价，当消费者消费了某应用进行支付时，App Store 的平台会将收入按比例返还给程序开发者。在这一过程中，苹果提供平台和开发工具包，并负责日常的管理和营销服务。在分成中，苹果占有 30% 的收益，程序开发者得到 70% 的收益。

苹果 App store 中的涉及付费分成的应用包括两类：直接付费应用，即消费者在下载时根据开发商定价进行支付的应用；内置收费应用，即免费下载，但是当消费者需要升级等额外服务时需要支付一定费用的应用。

①直接付费应用

根据 2012 年第三季度 App Store 数据监测报告，直接付费应用数量在所有应用中所占比例为 33.78%，虽然远不如免费应用，但该模式仍是苹果通过 App Store 赢利的主要形式之一。

②内置收费应用

当时不收费而在应用内收费是目前开发者普遍采用的方法，其赢利甚至已经超过直接付费应用。即主要通过为用户提供常规功能之外的扩展性服务赚取利润，如提供虚拟道具、解锁关卡、存储空间扩充、用户权限

---

① Canalys, "11% quarterly growth in downloads for leading app stores", http://www.canalys.com/newsroom/11-quarterly-growth-downloads-leading-app-stores。

升级、隐私级别提升等服务,这种模式尤其广泛应用于游戏类应用。根据 Distimo 发布的最新数据,2013 年 2 月 iPhone App Store 美国地区通过内置收费模式获取的收入已经占其总收入的 76%,较 2012 年 1 月 53% 的比例上涨了 23%。而在中国的大陆和香港、日本以及韩国地区,内置收费模式已高达总收入的 90% 以上。根据 Distimo 另一项调查显示,在 iPhone App Store 美国地区应用构成中,71% 的应用是含有内置收费的免费应用,5% 的应用是含有内置收费的付费应用,只有 24% 的应用是不含有内置收费的付费应用。

（2）原理解析

苹果与应用开发者分成模式的成功在于其严密的审核程序。应用分析公司 App Annie 公布的报告显示,App Store 每月营收是 Google Play 的 4 倍。考虑到 Android 用户量已经超过 ios 用户量,如此大的差距的确令人费解。开发者认为,简单的回答就是苹果近乎苛刻的应用质量把控,因此 App store 拥有更高比例的高质量应用,这使得人们更加信任 App store 的应用,不会担心存在恶意代码或手机个人信息的被盗取等。相较之下,Android 市场无法保证应用质量或安全,所以用户愿意花钱购买苹果商店的程序,而开发商在这种情况下自然也愿意选择 App store 来展现推销自己的产品。

再谈现在成为应用程序中能带来巨大收入的内置收费应用,值得一提的是其中的游戏类程序,游戏类应用因为其自身的性质是非常适合做内置收费的。首先,当游戏免费推出时,没有付费门槛会让更多的人去试用游戏;其次,每个用户会根据自己与游戏的互动程度进行购物,而这种购买往往是持续性多次的,所以就给该应用带来更多的收入。根据苹果公司发布的 2013 年第一季度 App store 营收情况,游戏类别所贡献的营收继续爆炸式增长,在 App Store 应用总营收中所占比例高达 70%。[①]

2.广告

（1）内容

广告是 App Store 尤其在中国大陆市场所广泛采用的模式,这主要是基

---

① App Annie："App Annie index: Market Report Q12013-IOS App StoreRevenue2.6X That of GooglePlay"，http://blog.appannie.com/app-annie-index-market-q1-2013/。

于大陆不喜欢付费应用的情况，它在免费的应用中含有大量的广告。据市场研究公司 Stenvall Skoeld 的最新报告显示，2012 年第二季度，中国大陆用户为苹果 App Store 贡献了 18% 的下载量，但收入贡献仅为 3%。相比而言，美国为 App Store 贡献了 28% 的下载量，收入贡献却高达 42%。[①]基于此种心理，App Store 甚至采用在其他地区收费、在中国大陆则"免费应用 + 广告"的模式。

（2）原理解析

由上可见，苹果 App store 在国际市场的开发中把握住不同市场消费者的不同心理，就此制定了不同的销售模式。在中国大陆以外的市场，"免费应用 + 广告"的模式并不普遍，但是基于中国大陆喜欢免费的消费心理，App Store 在中国大陆市场很大一部分应用都采用了"免费应用 + 广告"模式。这种模式短期收益会低，但在中国大陆市场会有后劲。目前按下载量计算，中国大陆已是苹果第二大应用市场（用户下载的绝大多数都是免费应用），这庞大的用户数量会使"免费应用 + 广告"的模式具有后劲。

---

① IT商业新闻网：《报告显示中国App Store市场份额仅占3%》，http://mi.itxinwen.com/2012/0806/422250.shtml。

第二章　互联网金融赢利模式

一　概念、发展历程及规模

（一）概念

互联网金融，也称电子金融，从广义上讲，是指以互联网技术为支撑，在全球范围内所有金融活动的总称，它不仅包括在互联网上开展的金融业务，还包括网络金融安全、网络金融监管等诸多方面；从狭义上讲，是指在国际互联网上开展的金融业务，包括网络银行、网络证券、网络保险等金融服务及相关内容。本文所指的互联网金融，采用的是广义的概念。

目前，中国的互联网金融实践中，主要涉及的是支付业务和借贷业务，证券业务和保险业务还没有成熟的互联网实践经验。因此，下文主要介绍互联网支付业务和借贷业务。

（二）发展历程

20世纪90年代起，互联网在整个世界范围内开始发展与普及。进入21世纪后，社交网络、电子商务、第三方支付、搜索引擎等形成了庞大的数据量，云计算和行为分析理论等使大数据挖掘成为可能，这些技术的发展为互联网金融奠定了基础。随着电子商务的崛起，网银、第三方支付成为普通网民重要的支付手段，以PayPal、支付宝为代表的第三方支付企业迅速发展，形成各自的网络效应，相比传统支付手段，互联网支付能提高效率、节约交易成本，因此发展形势一时十分喜人。

此后，由于众多小公司更多利用网络从事市场活动与交易，他们需要的小微资金很难快速从传统的金融机构募集，于是便向小微贷款网站提出融资需求。在小微贷款网站的平台上，资金供需双方的信息直接在网上发布并匹配，供需双方通过网络平台直接联系和交易，不需要经过银行、券商或交易所等中介，于是便形成了以 Lending Club 为代表的人人贷（peer-to-peer lender，个人之间通过互联网直接借贷）模式。这种模式效率高，并且没有传统银行信贷需要担保等条件，因此发展也很快，许多国家包括我国都有效仿。

以上为互联网金融中支付业务与借贷业务的发展历程的简单介绍。

（三）赢利规模

当前中国互联网金融发展迅猛，以支付宝、PayPal、拉卡拉为代表的第三方及移动支付正在改变用户支付的入口，冲击银行的传统汇款转账业务；以阿里巴巴金融为代表的新型贷款模式正在改变银行赖以生存的公司贷款模式；以 P2P 网站为代表的新型人人贷模式正在绕开银行实现个人存贷款的直接匹配，成为未来互联网直接融资模式的雏形。下面，笔者主要介绍互联网支付业务和借贷业务的规模。

1.当前规模

（1）互联网支付业务

根据易观咨询数据，2011 年，中国网上银行市场全年交易额达到780.94 万亿元，网银注册用户数达到 4.34 亿，国有大行电子银行对柜台的替代率均超过 50%。互联网支付总金额实现了由 2010 年全年 10858 亿元，到 2012 年仅上半年即飞速跃进到了 15521 亿元，这其中第三方支付企业所占据的份额达到了近八成。2012 年，国内第三方支付业务交易规模达到35000 亿元，同比增长 57%。我国使用网上支付的用户规模达到 2.3 亿，使用率提升至 37.6%。

艾瑞咨询调研数据显示，2012 年网上银行直接支付在中国网民生活中仍然占据非常重要的地位，使用和最常使用的用户比例分别为 78.1% 和41.3%；其次为第三方网上支付，用户比例分别为 61.3% 和 29.7%。

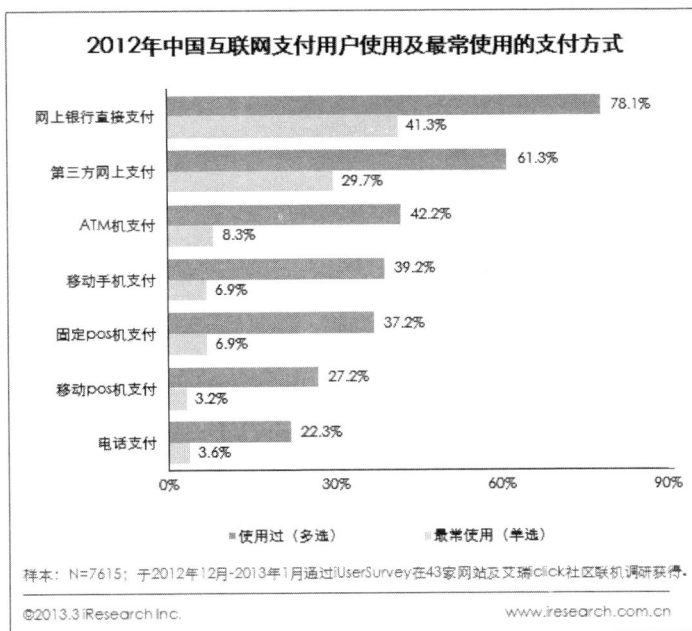

图2—1 2012年中国互联网支付用户使用及最常使用的支付方式[①]

（2）互联网借贷业务

中国电子商务研究中心 2011 年发布的《2010 年度中国电子商务市场数据监测报告》显示，2010 年针对中小企业的网络融资服务放款规模总额超过 140 亿元人民币，其中 2007 年至 2009 年分别为 2000 万、14 亿、46 亿元人民币。网贷之家创始人徐红伟在深圳举办的 2012 网络借贷行业高峰论坛上指出，2010 年至 2012 年，网络借贷平台无论是数量还是成交量，都呈现出井喷式的增长。据了解，今年以来整个网贷行业的成交量高达200亿元[②]。

2.前景

（1）互联网支付业务的前景

随着电子商务规模不断扩大，互联网支付将成为更多网民生活中不可

---

① 谢春：《2012—2013年中国互联网支付用户调研报告》，艾瑞网，http://ec.iresearch.cn/e-payment/20130401/196291.shtml。

② 邓莉苹：《模式求变 网贷平台细分趋势初显》，每经网，http://www.nbd.com.cn/articles/2012-11-27/697044.html。

或缺的一部分，而且，由于移动互联网的蓬勃发展以及低成本智能手机精致的软件可以处理更加复杂的任务，移动互联网支付前景也更加广阔，赢利规模会更为可观。不过，这同时也对支付安全、渠道管理等提出了更高的要求。

（2）互联网借贷业务的前景

随着传统企业互联网化程度日趋加深，互联网借贷业务必然有所发展。但在我国，这还要取决于一件事情的发展，即信用评价体系的建立。

我国金融监管机构对互联网借贷业务监管严格主要是由于全国的信用评价体系尚未建立，互联网借贷风险太大。在美国，通过查询一个人的社保号码，就能看到他所有的信用记录，信用记录不良，在全国各地都很难借到钱。但在我国，尚未有这样一套信用体系，所以同样的互联网借贷业务，我们要在风险规避方面下更多的功夫。因此，笔者认为，互联网借贷业务要在我国有大的发展，还有重要的工作要做，即建立完善的全国信用评价体系。

二 赢利模式

（一）当前赢利模式

目前，中国的互联网金融实践中，主要涉及的是支付业务和借贷业务。下面分别介绍其赢利模式。

1.互联网支付业务

（1）收取"收款方信用支付服务费 + 付款方逾期罚息"

这种赢利模式多适用于有信用额度的支付业务，同传统银行的信用支付业务的赢利模式类似。模式内容是：由使用该支付服务的商家缴纳收款方信用支付服务费，作为付款方的用户若逾期未还款，则要缴纳逾期罚息。

例如，阿里金融的虚拟信用卡规定，支付宝从合作商家处抽取 1% 的信用支付服务费。如果作为付款方的用户超过 38 天的免息期未还款，则全额罚息，利率为基准利率的 50%。

（2）收取收款方交易佣金

这种赢利模式多适用于拥有广大用户群体而受到电商平台主动选择的支付业务。模式内容是：由合作的电商平台向提供支付业务的公司支付一定数额的佣金。

例如，阿里巴巴的支付宝、PayPal、美国移动支付商 Square 都属于这种赢利模式。

2. 互联网借贷业务

（1）贷款利息

这种赢利模式适用于有放贷主体功能的互联网借贷业务。同传统金融机构很相似，这种借贷业务一般情况不收取额外费用，主要是收取借款方支付的利息，例如阿里金融的小微贷款业务。

（2）借贷平台服务费

这种赢利模式适用于只作为互联网中介平台参与的借贷业务。根据其参与借贷业务的程度的不同，费用的数量、种类可以有多种形式，少到服务费，多到服务费加管理费等。例如，中国的红岭创投在作为 B2B 中介平台的时候，对借贷业务参与较深，不仅参与到借方企业现场的考察中，还拥有自己控股的担保公司。在这种情况下，红岭创投就有更多的收费种类。

（二）发展趋势

从发展趋势上看，互联网金融有两点值得重视。

其一，在互联网金融的不断发展中，赢利模式的种类将随着业务的增加而不断丰富。例如，目前扮演投资者角色的互联网企业或许会在不久的将来同时扮演融资者，吸纳公众的闲置资金，从而在赢利模式上越来越靠近传统银行，即依靠利差赢利。不仅如此，目前较为独立的赢利模式在未来还有可能发生整合，出现一个互联网金融企业拥有互相融会贯通的多个赢利模式的情况，如目前受到广泛关注的"余额宝"，实际上就是支付业务、借贷业务相互融合的一种模式。用户将支付业务中产生的沉淀资金投资给互联网企业，而互联网企业又联合基金公司将资金打包成为基金产品，其收益互联网企业可以和用户分成，互联网企业从而实现赢利。

其二，再远一点看，当制度和技术都发展到一定程度时，我们可以想象，互联网金融的业务范围将和线下传统金融机构的业务范围几乎一致，只不过一切交易都通过互联网进行。

（三）评价

互联网金融由于其自身的特性以及当前的发展阶段，安全与监管问题一直是发展中的主要问题，下面就互联网支付与互联网借贷业务分作论述。

1.互联网支付业务

随着互联网金融在世界范围内如火如荼开展起来，银行等金融机构纷纷发展自己的网上金融业务，大大小小的第三方支付企业也都在为用户提供着各种不同的电子支付服务。电子支付市场呈现一片繁荣景象，与以往相比，用户可选择的支付手段和方式丰富了许多。

但是，互联网支付业务目前还有很多问题。比如，网络信息恶意被盗这个问题——在利益驱使下，很多商业机构或个人采取非法手段获取他人网络金融信息，加之部分金融机构保护意识和能力不强，导致近年来网络金融信息泄露行为时有发生。另外，木马制造、木马传播、密码窃取、洗钱等非法行为也侵蚀着互联网支付业务的安全。所以，构建安全高效的互联网支付流程监管体系，防范与电子支付相关的金融风险，是当下必须高度重视的事情。

2.互联网借贷业务

互联网借贷业务在我国发展尚不足十年，仍处于发展的初级阶段，我国目前还未出台针对此行业而制定的政策法规及管理办法，这就导致了这一领域无明确的准入门槛、无行业量化标准、无明确的监管机构等问题。因此，急速壮大的互联网借贷业务如P2P网络借贷等从一开始就很难避免良莠不齐鱼龙混杂的局面，行业风险着实令人担忧。目前，已经出现了一系列问题，如网贷公司恶意携款潜逃、持有账户的自然人死亡而无法处理后续事宜，等等。

总之，目前的互联网借贷行业急需规范化，例如需要国家立法来明确网络借贷平台的身份地位，需要对出借人、借款人和贷款平台三方的职责与义务做出相应的规定，还需要将整个平台的运作纳入金融监测和管理体系之中，由银监会、央行等金融主管部门介入监管。同时，还要抬高行业准入门槛以及对其经营范围做出明确细致规定，等等。

三　案例分析

（一）基于"大数据"授信的阿里虚拟信用卡

1.简介

虚拟信用卡有两个含义，一种是被称为虚拟 VISA 信用卡，是针对没有国际信用卡或者担心信用卡付款安全的用户需要国外网上购物、激活各类网上账号、充值等情况而推出的产品；另一种则是网络上的"信用支付"产品，即购物网站根据用户交易数据，对用户进行授信，信用额度可用于在该网站进行购物支付。本文讨论的虚拟信用卡专指后者。

阿里金融在 2013 年 4 月正式推出阿里虚拟信用卡，率先在浙江和湖南两省推出，目前仅对手机和平板电脑等无线移动终端开放。虚拟信用卡的初期授信资金来自上海农村商业银行，由于双方处于尝试阶段，初期授信资金约 1 亿元人民币。与此同时，阿里金融正在跟多家银行商谈合作，希望吸引更多银行资金。阿里金融从 3 月下旬开始对虚拟信用卡进行了内部测试，截至 2013 年 6 月，开通信用支付的卖家中，淘宝集市有 100 多万家，天猫商城有近 3 万家。

作为阿里虚拟信用卡的用户基础，支付宝目前已有超过 8 亿注册用户，日均交易额超过 200 亿元，日均交易笔数突破 1 亿笔，峰值时每秒的成交笔数达到 19 万。2012 年全年，支付宝的总成交额达到 1.8 万亿。[①]由此，阿

---

① 参见《支付宝公司简介》，http://blog.alipay.com/%E5%85%AC%E5%8F%B8%E7%AE%80%E4%BB%8B。

里虚拟信用卡业务一经推出，信用支付买家就能够达到 8000 万，超过国内任何一家银行的信用卡用户数。目前，国内银行信用卡发卡量最大的中国工商银行，其信用卡用户为 7000 多万，而最早开拓信用卡市场的招商银行发卡量则为 4000 多万。

阿里虚拟信用卡业务的操作，首先是对客户的相关数据进行收集和分析，它掌握着庞大的客户信用数据，这是它的一个极其宝贵的资源。目前，支付宝注册账户数为 8 亿户，淘宝则拥有 1.45 亿名会员，其中卖家有 600 万名。通过阿里巴巴、淘宝、天猫、支付宝等一系列平台，阿里金融可以获得卖家会员的商品交易量、真实性、商铺活跃度、用户满意度、库存、现金流甚至水电费缴纳等信用数据，相当于拥有了一个属于自己的信用评价资源库，这是传统银行无法比拟的。

阿里对虚拟信用卡的信用支付买家的数据分析主要包括注册时间长短、网上消费不良记录、实名认证、买家信用等级、购买习惯、手机号码使用时间等核心信息，最终根据用户的资质分成不同层级，进而根据层级决定最后的授信额度，最低为 200 元，最高可达 5000 元，相当于一张普通信用卡的透支额度，用户随买随贷，免息期为 38 天。

2.赢利模式：收取"收款方信用支付服务费+付款方逾期罚息"

阿里虚拟信用卡通过对淘宝、天猫等买家的数据分析，给实名买家 200 至 5000 元不等的信用支付额度，买家在购物时可使用信用支付额度购物，合作银行把钱支付给卖家。最终阿里虚拟信用卡从合作商家处抽取 1% 的信用支付服务费，而同时，如果用户还款逾期，则收取罚息——用户 38 天内还款免息，在超过 38 天免息期后须进行与信用卡类似的全额罚息，利率为基准利率的 50%。

实际上，阿里虚拟信用卡的赢利模式与普通信用卡基本一致，即向商家收取手续费（即收款方信用支付服务费）和收取用户的逾期罚息。

3. 原理解析

本部分，笔者将分析阿里虚拟信用卡对传统金融业的影响。

由于虚拟信用卡在赢利模式上与银行普通信用卡基本一致，那么虚拟信用卡是否会挑战银行普通信用卡的垄断地位？

笔者认为，阿里虚拟信用卡的推出对传统的银行信用卡业务会有所冲击，但是它侧重的目标用户群体与后者不同，它更多是对小额、零售贷款及个人理财业务展开"攻掠"，所以，它短期内并不会触及太多传统金融业的利益。

从操作上说，虚拟信用卡颠覆了银行原有的风险控制和信用评估方式。需要小额短期授信的电商用户长期游离于银行体系之外，他们需要的是数千元或数万元的小微贷款，虚拟信用卡能够以交易记录等"大数据"为参照给予这些用户无抵押的信用贷款，因为"大数据"有条件对这些用户的信用状况进行评估，所以，虚拟信用卡的用户群体是这些人，而传统银行的授信放贷用户主要针对的是汽车、钢铁等大企业大项目，二者的用户群体还是存在区别的。

因此，笔者认为阿里虚拟信用卡的推出在一定程度上可能会冲击传统信用卡业务，但是由于二者的授信放贷用户有着明显差异，所以，冲击不会太大。从另一方面说，虚拟信用卡的出现完善了互联网金融体系，让更多仅需数千元或数万元的小微贷款用户获取到了新的借款渠道。

（二）通过电子邮件支付的PayPal

1.简介

PayPal是一家总部在美国、覆盖193个国家及地区的世界上最大的第三方网上支付服务商，它允许用电子邮件来标识身份的用户相互之间转移资金，这区别于传统的邮寄支票或者汇款的方法。所谓第三方支付，是指在电子商务企业与银行之间建立一个中立的支付平台，为网上购物提供资金划拨渠道和服务。第三方支付能够通过一定手段为交易双方提供信用担保，从而化解网上交易风险，有效防止电子交易中的欺诈行为，增加网上交易成交的可能性。另外，它还可以在交易后提供相应的增值服务，从而为用户创造更多价值。

第三方支付运作的一般模式是：买方选购商品，使用第三方平台提供的账户进行货款支付；第三方收到货款后，代为保管，通知卖家货款到账，要求卖家发货；买方收到货物、检查商品并确认后，通知第三方；第三方将其款项转划至卖家账户上。

1998 年 12 月，PayPal 由 Peter Thiel、Max Levchin 和 Elon Musk 创立，于 1999 年 10 月开始运营，致力于让个人或企业通过电子邮件，安全、便捷地在线支付和接收款项。当时，美国有 1.4 亿人有 E-mail，为了提供一种直观而容易的形式呈现他们的支付方案，PayPal 推出了一项基于 E-mail 的支付服务。只要用户签约使用 PayPal，就给用户 10 美元的奖励，而用户每推荐一个人参加，再给他 10 美元。这样用户之间的口碑传播效果比通过广告宣传更好，"PayPal 在成立后 6 个月时间内，有 100 多万用户签约使用这项新的支付服务。2002 年中期用户的数量达 650 万人，美国每 12 个网民中就有一个是 PayPal 的用户，每 5 至 6 个使用电子商务的消费者中就有一个拥有 PayPal 的账号"。[①]

2002 年 7 月著名的电子商务网站 eBay 宣布出资 15 亿美元收购 PayPal。

2005 年 PayPal 推出了面向中国用户的贝宝，而贝宝最引人注目的是与银联的合作。由于银联几乎联合了中国所有的商业银行，所以 PayPal 就间接得到了 15 家银行、7000 万借记卡和 1000 万信用卡的用户，这些用户可以通过 20 多种不同的银行卡在 PayPal 平台上进行网上支付。另外，PayPal 还能够实现从银行账户到 PayPal 账户以及不同 PayPal 账户之间的实时到帐，甚至能够扩展到在线汇款、公益事业资助，以及个人之间发生的商业活动的支付等。

通过 PayPal 支付时，用户将一定数额款项从银行账户转至 PayPal 账户。启动付款程序时，用户进入 PayPal 账户，指定汇出金额，并提供收款人的电子邮件地址给 PayPal。由 PayPal 向商家或者收款人发出电子邮件，通知其有等待领取或转账的款项。从形式上看，PayPal 目前提供的基本模式是一种电子邮件支付方式，该付款方式是资金通过电子邮件方式汇入、汇出，完成付款流程。事实上，通过 PayPal 发出的电子邮件仅扮演通知的角色，PayPal 服务也只是对用户的信用卡账户进行借、贷记录，其运转离不开银行账户、电子资金转账以及信用卡等传统支付工具。因此，从本质上看 PayPal

---

① 雷保中：《PAYPAL：网上支付霸主》，《产权导刊》2006年第1期。

是一种基于其平台的虚拟银行账户的记账系统。

"截至 2013 年 4 月，PayPal 在世界上 193 个国家及地区范围内共有 1.28 亿活跃账户，支持 25 种货币服务，每天处理超过 760 万次支付交易。在移动支付方面，PayPal 预计在 2013 年将处理超过 200 亿美元的支付交易额。"①

但在中国目前的信用体系下，PayPal 资金收取方式不如中国本土的第三方支付服务商——支付宝方便。同时 PayPal 主要通过发送电子邮件确认每一笔账户交易，而在中国 E-mail 使用普及率不高，可信度也未被用户广泛认可，因此 PayPal 目前在中国市场份额还很小。

2. 赢利模式：对收款人收费

PayPal 运作初期实施免费服务，收入主要来自用户留存在 PayPal 账户中的资金的浮动利息。现在，PayPal 除利息收入外还收取交易费用——其运作时对付款人是不收费的，对收款人的交易收费是其最主要的收入，其主要向卖家收取商品展示费、交易佣金等与交易相关的费用，此外，还拥有少量广告及分成收入等。

PayPal 的收费结构中，个人账户的服务是免费的。高级账户和公司账户存款、取款、付款都不收费（仅对美国国内用户），只有当他们接受付款时需要付费，费率根据交易量的大小，从 1.9%+0.3 美元到 2.9%+0.3 美元不等。在中国，如要接收跨境商业付款，卖家需支付占总销售额 3.9%+0.3 美元的费用，另外，币种兑换可能还会收取额外费用。

3. 原理解析

本部分重点解析 PayPal 目前的弱点及其发展趋势。

PayPal 在全球的庞大用户数量使其享受着网络效应带来的好处，很多行业的大小商户都在使用 PayPal。所谓网络效应，是指信息产品存在着互联的内在需要，因为人们生产和使用它们的目的就是要更好地收集和交流信息，这种需求的满足程度与网络的规模密切相关。如果网络中只有少数用户，他们不仅要承担高昂的运营成本，而且只能与数量有限的人交流信息。随着用户数量的增加，这种不利于规模经济的情况将不断得到改善，所有

---

① 参见《关于PayPal》，https://www.paypal-media.com/about。

用户都可能从网络规模的扩大中获得更大的价值，此时网络的价值呈几何级数增长。

但 PayPal 远非坚不可摧，它自身也存在一些弱点。

首先，PayPal 在用户的使用便利方面还是存在一定问题。比如，PayPal 对于它认为有风险的商家会施加限制，比如会将其 10%～20% 的交易金额扣留，最长会被扣留 120 天，这些会导致商家现金周转时间增长等，最终会影响商家的使用体验，从而影响他们对 PayPal 的使用。

其次，PayPal 在解决措施和流程方面都太美国化。虽然其业务遍布全球，尤其是在欧洲和亚洲，但其市场份额远没有在美国那么大。其他国家有着明显不同的管制问题，有时还有截然不同的支付流程和习惯，比如在中国，PayPal 资金收取方式不如中国本土的第三方支付服务商——支付宝方便，PayPal 主要通过发送电子邮件确认每一笔账户交易，而在中国 E-mail 使用普及度不高，可信度也未被广泛认可，因此 PayPal 目前在中国的市场份额很小。PayPal 如何成为一家真正的国际公司，如何结合本地市场打造一个分布式网络，如何对服务进行调整是它遇到的难题。

最后，PayPal 有相当不错的固定互联网在线支付的品牌，但移动支付的积累却相当薄弱，巨大的规模使 PayPal 在技术创新上掉头较慢，移动互联网时代，移动支付已成为很多人的选择，PayPal 在此方面，就落后于 2009 年成立的移动支付企业 Square 太多。

因此，PayPal 的领先地位也面临着一定挑战。改进自身服务，提高用户体验，在不同的区域市场进行本土化改革，在移动支付方面进行技术创新，采取这些举措，才能让这家世界上最大的第三方网上支付公司走得更远。

（三）移动支付的创新者Square

1.简介

Square 是由 Twitter 联合创始人 Jack Dorsey 于 2009 年年底创办的一家移动支付创业企业，旗下拥有同名移动支付刷卡器产品。移动支付也称为手机支付，就是允许用户使用其移动终端（通常是手机）对所消费的商品或服务进行账务支付的一种服务方式。也可以说，是单位或个人通过移动设备、移动互联网或者近距离传感器等设备，直接或间接向银行金融机构发送支付指令产生货币支付与资金转移行为，从而实现移动支付。

移动支付将终端设备、移动互联网、应用提供商以及金融机构相融合，为用户提供货币支付等金融业务，主要分为近场支付和远程支付两种，所谓近场支付，就是用手机刷卡的方式坐车、买东西等。远程支付是指通过发送支付指令如网银、电话银行、手机支付等进行的支付。

Square 移动刷卡器配合智能手机使用，支持用户（消费者或商家）在任何 3G 或 WiFi 网络状态下，通过应用程序匹配刷卡消费，使得消费者、商家可以在任何地方进行付款和收款，并保存相应的消费信息，从而大大降低了刷卡消费支付的技术门槛和硬件需求。Square 的创始人 Dorsey 说："我们实现了整个支付过程并希望建立一个全新的（个人对个人的）支付系统。"

"Square 是一个有磁性的可以插入到 iPhone 耳机插孔中的一个小读卡器，当信用卡在读卡器上划过时，它读取信用卡中的数据并转换成声音信号，再由 iPhone 的话筒来识别声音并发送给处理器，然后发送给 Square 在 iPhone 上的 App，从 App 上加密的数据通过 WiFi 或 3G 网络与 Square 后端服务器通讯并最终完成支付。"[①]Square 使用者需要验证并绑定一个银行账户，接下来的支付流程就跟 PayPal 差不多，可以通过短信或邮件来确认支付。Square 读卡器一直保存每个买家的收据，允许商家通过手机短信和电子邮件把收据发给消费者。

Square 公司 2009 年底成立之初仅有 10 余员工，到了 2012 年 9 月，Square 估值已达 32.5 亿美元，每年处理的交易数额超过 60 亿美元。Square 被看好主要是它的理念将颠覆人们的生活方式，可以说，Jack Dorsey 希望的简化支付过程，让支付成为商业交易中最便捷的一环。

Square 存在是因为有三个宏观因素：移动互联网的蓬勃发展、电子支付系统使用的增加以及低成本智能手机精致的软件可以处理更加复杂的任务。可以说，计算机、移动设备和社交网络的结合等，将重新定义很多商业模

---

① 36氪：《移动支付创业公司Square的一些事儿》，http://www.36kr.com/p/25416.html。

式，Square 正是借着这个浪潮在前进。

2012 年 8 月 Square 与全球最大的咖啡连锁公司星巴克结成合作伙伴关系，Square 的支付技术被应用到星巴克在美国开设的 7000 家咖啡店中。2012 年 10 月，Square 走出美国本土，进入加拿大市场；2013 年 5 月，Square 正式进入日本市场。

除了通过读卡器刷卡收费，Square 还发布了"电子钱包"，该应用使用起来更加便捷。商家给用户发送一个下载链接，用户可以通过该链接把一个 Square 卡包下载到自己的手机上。下载完手机卡包之后，用户可以把各个商家的会员卡放到里面，然后在接受 Square 的商店里买东西。当用户点击某个商家的会员卡时，便可以看到该商家的位置地图、联系信息、自己的订单、购买历史、收据，以及每日产品目录，此外用户还可以在手机上看到商店内的其他消费者买了什么东西。同时，商家还可以根据用户的购买历史推荐产品。点击卡包里面的商家会员卡之后，用户可以点击"use tab"按钮通过 Square 完成购买。一旦点击该按钮后，用户的名字就会显示在电子银台上，商家后台的 Square 银台就会从卡中收取费用。当商家完成收费的同时，买家可以收到一条推送通知 。[①]

另外，Square 还推出了"说名字即支付"的功能，让用户感受到了更便捷更"酷"的支付体验。比如说用户想喝咖啡，当他到达 A 咖啡厅 100 米的范围内以后，A 餐厅的 Square 应用会通过地理围栏技术自动感知到该用户的到来，并调出其账户、名字和照片等资料。一旦用户购买了一杯咖啡，只需说出自己的名字，收银员据此确认照片上的人是否用户本人，确认后收银员就可以按下支付确认键完成支付，用户就可以取走咖啡了，很快用户也将收到一个消费金额推送告知和一份发票。应该说，这样的支付方式是很便捷的，给了消费者很好的体验。

2.赢利模式：更便捷低价的支付创新

Square 相对于传统刷卡支付的优点在于收费更加低廉。Square 的手机刷

---

① Leena Rao："Square's Disruptive New iPad Payments Service Will Replace Cash Registers"，http://techcrunch.com/2011/05/23/squares-disruptive-new-ipad-payments-service-will-replace-cash-registers/。

卡器可以实现个人（主要是个体商户）的信用卡收单，由于美国 POS 机十分昂贵，Verifone 一个信用卡终端需要 900 美元，而 Square 只要一个安装了 App 的智能移动终端与免费的 Square 读卡器就够了。这一功能大大降低了美国中小商户的交易成本，使 Square 得以迅速发展。

目前 Square 对使用其服务的用户收取 2.75% 的手续费，这个费率低于大多数信用卡刷卡的费率。为了达到更好的推广效果，Square 还面向小型商户推出了每月 275 美元的包月套餐，比 2.75% 的费率还要优惠。因为信用卡的种类多样，发卡行也不同，所以商户缴纳的刷卡费率往往各不相同。能搞明白自己究竟给银行扣了多少钱的商户不在多数，而 Square 以其透明的收费获得了商户的青睐。

除了刷卡支付，Square 也在尝试为用户提供转账服务。具体做法是发封邮件给要转账的人（不论它之前是否是 Square 的用户），同时抄送给 pay@square.com，在邮件主题中写入转账金额如 $100，接收钱时通过链接绑定借记卡即可，每笔交易转账人要支付的费用是 0.5 美元。

3.原理解析

笔者认为，Square 之所以在美国市场发展迅猛，除了不断更新技术，让用户有更便捷更"酷"的支付体验，还因为它已经找到了正确的市场进入策略。

首先，Square 顺应现有的顾客行为和支付网络——信用卡。消费者无须养成像使用手机应用这样的新习惯，他们和往常一样刷卡即可完成支付。因而从一开始，消费者对 Square 就有很高的接受度。此外，Square 推出的利用消费者的名字完成支付的手段，一旦被市场证明可行，就会比现金或者信用卡还要方便。

其次，Square 专注于解决商家的需求。比如从推出第一款刷卡器开始，Square 就同时帮助商家配套了 POS 系统和收银机，最近，它还推出了一个积分奖励计划，与现有的 POS 系统绑定，对达到一定积分的商家实施奖励。这样的做法，使商家更有使用 Square 的积极性，Square 也从而可以进一步拓展它的市场规模。可以说，Square 的这一做法让它走在了竞争对手的前面。

（四）阿里巴巴金融的小微企业信贷业务

1.发展历程

在外界眼里，阿里巴巴金融与小微企业信贷有着密不可分的关系。的确，小微企业信贷是阿里巴巴金融目前的专注点。而作为中国最大最有名的互联网公司之一，阿里巴巴选择小微企业信贷来试水金融业似乎是一个必然的选择。

首先，互联网公司进军金融业已成为不可避免的趋势。一方面电子商务的发展已经趋于成熟，互联网与金融业的交叉领域越来越明显。例如，许多第三方支付公司虽然不持有金融牌照，但在某种程度上已经在从事金融服务。一个由电子商务衍生出来的互联网"类金融"领域已经发展到需要重组和整合的阶段。① 另一方面，经过多年的累积，像阿里巴巴这样互联网巨头已经积累起雄厚的资本，手持大量资金，正热切寻求着适合拓展的领域。

其次，正如2010年12月5日阿里巴巴集团董事局主席马云对时任招商银行行长的马蔚华所说的"银行没做好的事情，我们来做"。② 小微企业从银行获得贷款难度很大，这一点作为一直服务中小企业的阿里巴巴来说，应该是非常了解的。银行贷款门槛很高，效率又不高，其过高的门槛以及繁琐的手续和较长的审批时间往往不能适应小微企业对资金的需求。

阿里巴巴集团于2013年6月对外宣布，其B2B中国事业部网站注册会员数突破了1亿，会员覆盖了包括港澳台在内的全国34个省级行政区，3000多个县（市），这些会员都可能是小微企业信贷的潜在客户。

同时，这意味着阿里巴巴建立起来的中小企业数据库和信用记录是国内资料最翔实的，这也使其在为小微企业提供信贷服务时，风险控制的可操作性较强。

---

① 关鉴：《互联网"类金融"公司暗战升级 搅动金融业格局》，《中国企业家》2010年第7期。

② 胡群：《阿里筹建小微金融服务集团 金融控股雏形渐显》，《每日经济新闻》2013年3月8日第6版。

因此，阿里巴巴早在2007年，就开始摸索开拓为中小企业及个人提供门槛更低、效率更高的金融服务。包括2007年，阿里巴巴与中国建设银行、中国工商银行共推的小企业贷款，以及2008年初，阿里巴巴旗下第三方支付平台支付宝和建设银行合作推出的支付宝卖家贷款业务等。在这些活动中，阿里巴巴虽然只起到了贷款中介的作用，但利用其掌握的企业数据，它建立起了一整套的信用评价体系与信用数据库以及一系列应对贷款风险的控制机制。

阿里巴巴正式进军小贷行业是从2010年在浙江成立中国首个专门面向网商放贷的小额贷款公司——浙江阿里巴巴小额贷款股份有限公司开始的，其后又于2011年在重庆成立了重庆阿里巴巴小额贷款股份有限公司。

此后，阿里金融相继开放出阿里信用贷款、淘宝（天猫）信用贷款、淘宝（天猫）订单贷款、淘宝（天猫）聚划算专项贷款等微贷产品，逐步构建出了针对微小企业需求、发挥自身数据优势的产品组合。

根据阿里巴巴提供的数据，阿里的信贷业务从2010年4月开始，截止到2013年4月，累计为22.7万家店铺提供了贷款服务，贷款数量累计700亿，户均贷款6.1万元；小微企业全年实际占用资金时长为123天，实际年化利率为6.7%。[1]

2.赢利模式

阿里金融小微企业信贷业务目前的赢利来源是贷款利息收入，早在2012年7月20日，小微企业信贷业务就已经实现单日利息收入100万元，[2]这个数据是所有普通小贷公司达不到的。当然，这个数额还不足以让该业务赢利，从现实情况看，其要真正赢利还需要很长的时间。好在阿里巴巴不缺钱，对于其来说，探寻一个更好的赢利模式或许才是最重要的。

总的来说，阿里金融的小微企业信贷业务的赢利模式有以下三个特点。

（1）用户信用的评估机制

小微企业在信息披露完善程度和财务制度健全程度等方面无法与大中

---

① 迟有雷：《阿里小贷效应》，《经济观察报》2013年4月7日第7版。

② 石俊：《阿里小额信贷总额过260亿 单日获利超100亿》，经济观察网，http://www.eeo.com.cn/2012/0802/231116.shtml。

型企业相比，银行传统的信用评估机制在对小微企业的信用进行评估的时候无法正常发挥作用。而对阿里金融的小微企业信贷业务来说，阿里巴巴平台上进行交易的小微企业成千上万，现金流、交易额、成长状况和信用记录等数据都可以被用来对其信用进行评估。

客户申请信用贷款时，无须担保，只需提供企业近一年的销售总额、经营成本、总资产、总负债等财务数据，以及其在阿里巴巴平台上的交易额占当年销售总额的比例。阿里巴巴依据客户提供的财务数据，再结合客户交易时平台上积累的订单数量、销售增长、仓储周转以及投诉情况等数据信息，对小微企业的真实信用情况进行定性定量分析，从而决定贷款与否。

（2）低廉的贷款成本

与阿里巴巴相比，银行贷款成本更高。例如，在无抵押物的情况下，500万以下贷款对银行都缺乏吸引力。这是因为，银行如果对小微企业提供一对一服务，则服务成本太高；而如果银行采取了集体审批的措施，即分行业、分类别，对同质化较高的企业采取批量化授信措施，则会发现，每家企业的具体经营状况不一样，所需银行提供的金融服务也不一样，要满足所有服务企业的要求，仍然需要较高的成本。

利用互联网技术，阿里巴巴打造了一条小额贷款流水线，像出售普通商品一样出售金融产品，采取批量式生产，大大降低了贷款成本，提高了贷款效率。利用其平台上积累起来的客户交易数据，通过大规模的运算和风险模型设计，阿里巴巴正在实现贷款的工业化流程。例如，客户申请贷款后，在阿里巴巴后台的操作屏幕上，工作人员便可以看到每个贷款环节客户的信用状况、滞留情况和推进速度等。

通常情况下，银行的客户经理每人服务100家小微企业已经是极限，而通过贷款工业化流程，阿里小贷每位工作人员最终能服务1000家企业，这大量节省了成本。同时，针对坏账，还有专门的电催部门进行催收。[①]

可见，掌握大量数据是阿里金融小微企业信贷业务赢利的基础，而大

---

① 叶盛，严露：《关于阿里金融小额贷款模式的探究》，《现代经济信息》2013年第5期。

数据时代的到来、云计算技术的迅猛发展，将为阿里金融小微企业信贷业务打造更低成本、更高效率的赢利模式带来更强大的技术支持。

（3）贴近小微企业的产品方阵

阿里金融小微企业信贷业务专注服务于阿里巴巴及淘宝平台上的微小企业和自主创业者，它陆续推出了淘宝（天猫）订单贷款、淘宝（天猫）聚划算专项贷款、阿里巴巴信用贷款和淘宝（天猫）信用贷款等一系列产品，无须抵押物，无须担保人，最低额度1元，最高额度100万元，从贷款申请、贷款审查、贷款发放到贷款回收，全部采取网络线上模式操作，最短3分钟放贷（淘宝订单贷款），最长申请后7天内获贷（阿里巴巴信用贷款）。[1]这一系列的产品形成了目前阿里金融小微企业信贷业务的产品方阵，这个方阵中主要有阿里信用贷款和淘宝贷款两个类别，针对阿里巴巴旗下不同平台的用户。

阿里信用贷款是阿里巴巴小额贷款公司推出的产品，服务对象是阿里巴巴电子商务平台上的网商小企业。贷款申请人须为企业法定代表人或实际经营人，可以直接登录阿里信用贷款的首页，提请贷款申请表，并提供企业资金的银行流水（可从所在网上银行下载）、企业法定代表人经过实名认证的个人支付宝账户及银行借记卡卡号、信用报告授权查询委托书（可从网上下载）。随后，工作人员会和申请人网上视频对话，进行面对面的调查和审核，通过之后即可放贷。从申请到审批完毕，一般为2～3个工作日，申请人获贷最快的只需2天。如果初审没有通过，第一次申请日30天后可再次申请。这个贷款的优点是完全不受地域限制，可复制性很强，发展潜力非常大，阿里巴巴电子商务平台上的网商小企业多达1000万家，理论上都是潜在客户。

淘宝贷款则分为以订单充当"抵押物"的订单贷款和以"信用"为保证的信用贷款两部分。其中订单贷款已针对全国卖家试运营，服务对象是淘宝网店。淘宝网店从发货到收到买家货款，快则2～3天，慢则几周，对小本经营的淘宝网店来说，资金流动会出现问题。由此，淘宝网店可抵

---

① 叶盛，严露：《关于阿里金融小额贷款模式的探究》，《现代经济信息》2013年第5期。

押订单收款权，依照订单金额即可拿到全额贷款。贷款的日息为万分之五，最长期限是 7 天。这个贷款完全在网上操作完成，速度快，成本低，很受淘宝网店店主欢迎。2011 年 6 月 22 日，即这款贷款试行近一年时统计，其已向全国 36382 家网店提供贷款，总金额超过 12 亿元，不良率几乎为零。[①]

3.原理解析

阿里巴巴金融小微企业信贷业务在互联网借贷业务中，扮演的是贷款人的角色，实质上是依托阿里巴巴资金优势和平台优势的小额贷款公司。

虽然舆论一再将阿里巴巴金融小微企业信贷业务与传统银行做比较，但是目前这两者之间还有着很大的距离，这个距离并不比普通小额贷款公司与银行之间的距离小。最重要的是，阿里巴巴金融小微企业信贷业务没有吸纳存款的能力，即使将最近广受关注与争议的"余额宝"算在内，它也只能吸纳碎片化的资金。

结合以上分析，在此处，笔者拟谈一下阿里巴巴金融小微企业信贷业务目前发展中遇到的困难。通过分析，笔者认为，其遇到的困难主要有以下几点。

（1）小额贷款公司身份不明，税务压力大

阿里巴巴金融小微企业信贷业务的小额贷款产品背后，仍旧是小额贷款公司的资质。

目前，银监会和中国人民银行还没有对小额贷款公司给出明确的定性。2008 年 5 月，中国人民银行和银监会同时出台《关于小额贷款公司试点的指导意见》，至此，小额贷款公司算是取得了合法地位，但其到底是定性为一般企业、民间金融组织还是银行业金融机构，仍不清晰。

这个定位对阿里巴巴金融小微企业信贷业务未来的发展来说至关重要，因为如果被定性为金融机构，则其小额贷款就能享受一系列金融机构相关的税收优惠政策，例如税前提取风险准备金等。而目前，阿里巴巴金融小微企业信贷业务是按照普通企业缴税的，这大大削减了它的利润。

---

① 潘意志：《阿里小贷模式的内涵、优势及存在问题探析》，《金融发展研究》2012年第3期。

另外，不明确身份，阿里巴巴金融小微企业信贷业务的小额贷款就不能纳入人民银行结算系统，就无法获取人民银行征信系统中的信息，对公业务难以开展，也不能按照"银行间同业拆借利率"从其他机构获得资金支持。[①]

（2）不能吸收存款，无法保证可持续的资金来源

虽然阿里巴巴金融小微企业信贷业务旗下的支付宝上有巨额的沉淀资金，但却不能直接作为阿里小贷的放贷资金。2010年6月，《非金融机构支付服务管理办法》出台，首次明确了"禁止支付机构以任何形式挪用客户备付金"，支付机构需要选择一家商业银行作为备付金存管银行，以保障沉淀资金的安全。这样，由于阿里小贷身份不清，支付宝也是非金融机构，所以阿里巴巴现在还不能利用支付宝上的巨额沉淀资金以扩大放贷规模，获取收益。

这意味着，由于无法保证可持续的资金来源，随着贷款规模的扩大，阿里金融小微企业信贷业务也有可能像其他小额贷款公司一样，遭遇资金瓶颈问题。根据《关于小额贷款公司试点的指导意见》的规定，小额贷款公司的资金来源仅限于股本、接收捐赠的资金以及不超过资本净额50%的借入资金。目前，阿里巴巴小额贷款公司的注册资本金总额为16亿元，加上其可向银行借入不超过资本金总额的50%用于放贷，其可供放贷的资金最多也只能是24亿元，在不考虑增加注册资本金的前提下，即使放贷资金的周转率非常高，放贷规模也依然是很有限的。[②]

（3）互联网金融的竞争日趋增强

互联网金融领域的竞争日趋增强也是阿里金融小微企业信贷业务面临的一个困难。

小微贷款是银行的潜力市场。面对小微企业，银行是强势一方，有很强的议价能力。目前小微贷款年利率高达20%左右，而大公司贷款利率甚至可在年基准利率6%上打上七折或八折。面对阿里金融小微企业信贷业务

---

① 潘意志：《阿里小贷模式的内涵、优势及存在问题探析》，《金融发展研究》2012年第3期。

② 同上。

的扩展，银行也会采取行动。

另外，其他互联网公司都已经跃跃欲试，有所行动。如京东商城 CEO 刘强东在 2013 年初公司内部年会上表示，在 2014 年，将组建京东商城的金融公司，提供各种不同的金融产品。小额贷款有可能成为这些金融产品之一。此外，线下的小额贷款公司也是阿里金融小微企业信贷业务的有力竞争者。

（五）Lending Club——传统银行的挑战者

1.简介

成立于 2007 年的 Lending Club（https://www.lendingclub.com/），是基于美国本土的一家 P2P 借贷网站。Lending Club 绕过银行，为贷款者和借款者搭建了可以实现在线小额借贷的平台。根据该网站提供的信息，截止到 2013 年 6 月，这家网站已经撮合了总量接近 20 亿美元的贷款业务，其中有接近 1.5 亿美元是前一个月的贷款额，而这样的贷款业务已经为贷款者带来了超过 1.7 亿美元的利息收入。

Lending Club 不是美国第一家 P2P 借贷网站，但凭着更谨慎的风险控制、更高的透明度和较好的贷款质量积累起了大量人气。目前，Lending Club 早已超过行业先驱 Prosper，业务占据美国 P2P 借贷市场 79% 的份额，成为美国首屈一指的 P2P 互联网借贷平台。[①]

P2P（peer to peer）是一个互联网概念，表示了互联网的端对端信息交互方式和关系发展特征。该交互是在对等网络中实现的，不通过中间工作站平台。相类似的，P2P 网络借贷的模式主要表现为个人对个人的信息获取和资金流向，无抵押、无担保，在债权债务属性关系中脱离了传统的资金媒介，[②]因此 P2P 互联网借贷在国内被通俗地称作"人人贷"。在该模式中，存在一个中间服务方——P2P 借贷网站，Lending Club 就是这样一个网站。

Lending Club 的创始人雷诺·拉普兰彻在第一次度假时头一次研究自己的信用卡条款，发现自己如果下月向开通信用卡的银行还清款项的话，必

---

① 房旭：《Lending Club:跳过银行做网贷》，福布斯中文网，http://www.forbeschina.com/review/201306/0026622.shtml。

② 李钧：《P2P借贷：性质、风险与监管》，《金融发展评论》2013年第3期。

须付出 18% 的利息。但自己如果把这个钱存到银行里，只能获得 1% 的利息。这个 18% 和 1% 之间的不平衡引起了他的注意，通过调查，他发现是银行高昂的运营成本吃掉了这 18% 和 1% 之间的差额。①

Lending Club 是带着为贷款者和借款者双方谋求更合适的利率的使命诞生的，受到了一大批希望绕过传统银行达到借贷目的的人们的欢迎。而许多眼光长远的人，包括笃信"金融脱媒"将成为趋势的人、认为互联网将改变傲慢自大的传统银行业的"技术至上"拥护者等，都成为了 Lending Club 飞速发展的推手。

Lending Club 是作为 Facebook 第一批应用之一于 2007 年 5 月面世的，三个月后，Lending Club 收到了一笔来自硅谷几家投资银行的风险投资。从那时候起，从摩根斯坦利前 CEO 约翰·马克到美国财政部前部长劳伦斯·萨默斯，再到被称为"互联网投资女王"的分析师玛丽·米克尔等等，都成为了 Lending Club 的投资人，并在公司董事会中占有一席之地。②

2012 年，Lending Club 宣布自己已经开始赢利。2013 年 5 月，以投资谨慎著称的互联网巨头谷歌以 1.25 亿美元投资了 Lending Club，使 Lending Club 的估值达到 15.5 亿美元。Lending Club 的创始人兼 CEO 雷诺·拉普兰彻表示，Lending Club 在过去 22 个季度中已经获得了客观回报，目前并不需要更多的资金注入，但他尊重谷歌公司，并希望与其合作。③

在 Lending Club 网站主页上，一个显眼的位置向访问者宣告，这家网站 2011 年和 2012 年被福布斯美国评选为最有潜力的公司。一家新兴互联网公司获得了如此殊荣，这使我们应该关注它的赢利模式。

2. 赢利模式

应该说，Lending Club 获取贷款利息的赢利模式主要有三方面特点，具体如下。

① Stephen Shankland，With rising revenues, Lending Club CEO plans expansion(Q&A),CNET, http://news.cnet.com/8301-1023_3-57588175-93/with-rising-revenues-lending-club-ceo-plans-expansion-q-a/。

② 同上。

③ 谭思：《谷歌1.25亿美元投资P2P网贷平台Lending Club》，腾讯科技，http://tech.qq.com/a/20130503/000059.htm。

（1）低运营成本

远远低于传统银行的成本是 Lending Club 赢利的保证。Lending Club 的营业费率不到 2%，而银行基本处在 5% 到 7% 之间。[①]

（2）严格的风险管控

Lending Club 在高科技的帮助下，目前仅靠 200 名雇员就能正常运营，这意味着借贷双方摆脱了银行的繁琐审核程序。而也由于此，如何降低风险受到各方关注。实际情况是，在有限的成本下，Lending Club 建立起一系列足以使借贷双方相互信任的风险控制体系，主要由以下几点构成。

首先，作为贷方的投资人设立自己的账户，设定自己的回报率（有选项提供），然后根据自己的需要创建起自己的投资组合，比如选择投资 5000 美元给 200 份不同的借款计划。投资组合越多样化，对投资人来说，风险就越小。网站所给的数据指出，94.19% 投资 800 份以上借款计划的投资人的回报率在 6% 和 18% 之间，而投资人只需要投资 20000 美元以上，就能够投资 800 份借款计划。

其次，这些借款计划根据风险的不同被分成了 A1 到 G5 一共 35 个级别，不同级别对应不同的收益率，级别越靠后收益率越高。投资人在选择借款计划的时候可以根据这个级别来选择。网站提供的如下图表，显示了 A 到 G 七个级别档次不同的收益率。

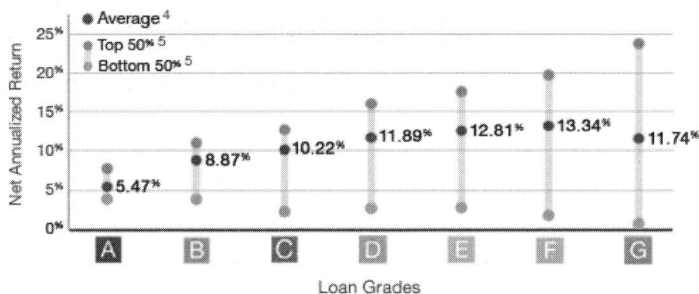

图2—2　借款级别

---

①　谭思：《谷歌1.25亿美元投资P2P网贷平台Lending Club》，腾讯科技，http://tech.qq.com/a/20130503/000059.htm.

网站数据显示，作为贷方的投资者平均能够获得8%的年收益率，这大大高于银行利率，而风险却小于证券市场。这样的投资机会吸引的人群很广泛，从追求固定收益的普通家庭投资者和保险公司，到为自己的退休做规划的个人，投资的数额也从几千美元到几百万美元不等。

雷诺·拉普兰彻在接受采访时透露三分之一的贷款来自个人投资者，还有三分之一的贷款来自投资基金，另外三分之一来自机构投资者，比如年金计划和保险公司。拉普兰彻还称，在借款计划挂到网上平均16小时之内，就会有贷款人认领投资，网站几乎没有时间核实借款人的收入报告。[①]

Lending Club 称自己接纳的借款者质量很高，它宣称90%的借款申请者都被自己严格的信用要求阻挡住了，能够成功申请的借款者都是优质借款者。网站给出的数据显示，2013年6月11日当天借款者的平均数据是：信用分[②]705分（600到720属于"好"，720以上属于"很棒"，Lending Club需要的最低分为660分），15.9%的负债占收入的比例（包括抵押贷款），14.7年的信用记录，70953美元的个人收入（美国前10%），平均贷款规模为13190美元。

不仅如此，借款者申请贷款时，还必须说明自己的借款目的，网站给出了一系列选项：信用卡再融资、债务重组、改善家境、大宗商品购物、家务开支、购车融资、绿色信贷、商务、度假、婚礼费用、搬家、医疗以及其他，因为明确贷款目的对衡量风险也非常重要。同时，Lending Club 鼓励借款者将借款用于信用卡再融资和债务重组，这非常符合美国人"今天花明天的钱"的消费习惯，因此大大扩展了适合 Lending Club 借款服务的人群。

Lending Club 通过借款者的以上数据来设定借贷利率，这种基于客户的家庭不动产情况、贷款期限、过往记录的风险计算方式是 Lending Club 开发

---

① 谭思：《谷歌1.25亿美元投资P2P网贷平台Lending Club》，腾讯科技，http://tech.qq.com/a/20130503/000059.htm。

② 费伊公司信用分，即FICO分数，是美国最常用的信用评级分数，统计模式中包括：付账历史（包括按时或延误、破产记录等），有待偿付的债务（包括信用卡额度的利用率），信用历史（开账户时间的长短），新贷款申请的查询次数和使用的信贷种类。

的风险识别系统 Lending Match 执行的。该系统使得 Lending Club 迄今为止的不良贷款维持在 2.7% 的低水平，而个人贷款数额已超过 10 亿美元。

当借款者输入自己需要借的数额、借款目的以及自己的信用评分后，Lending Club 生成利率，向作为贷款者的投资人发出借款计划，投资人根据自己对风险的承受能力选择一个或多个借款计划进行组合。网站数据显示，借款者被设定的借款年利率平均为 6.78%，而全美银行平均借款年利率为 11.06%，洛杉矶是 11.21%，芝加哥是 11.26%，纽约则高达 15.15%。

（3）其他费用收入

Lending Club 宣称在公布的借贷款利率中不会有隐藏的费用，但是，数据显示，Lending Club 的收入的确有其他费用，即对借款者收取的手续费和对贷款者收取的管理费，而且，这些费用在总收入中占重要地位。其中，对借款者的收费主要有以下几项。

① 贷款发放费。这种费用根据贷款级别和期限而变化，级别越低、期限越长，该费用的费率就越高。

② 支付失败费。这种费用是指当借款者选择银行账户自动还款时，如果银行账户拒绝支付（如账户余额不足的情况），借款者就需要向 Lending Club 支付支付失败费，支付失败费一次为 15 美元。

③滞纳金。Lending Club 的滞纳金是未付金额的 5% 与 15 美元中较高者。

④ 查询手续费。Lending Club 的查询手续费为每次 15 美元。

而对贷款者，Lending Club 收取的费用主要有两种：一种是服务费，费率大约为 1%；另一种是托收费，是指借款者逾期付款情况下的收费，费率约为 30%。

3.原理解析

综上所述，Lending Club 的赢利模式确有其特点，它能努力降低成本，又能实施有效的风险管控，应该说，这已经能够确保其获取成功。笔者认为，有效的风险管控是其成功的尤为重要的一个因素，深入研究后我们会发现，没有严格的风险控制机制，Lending Club 不可能从众多 P2P 借贷网站中脱颖而出，并且已经有了优秀的赢利表现。同时，它的其他费用收入其实也不可小觑，这些钱即使金额不高，但它起码是一种尝试，难保在将来不成为一种现金流很大的赢利模式。我们在审视其赢利模式时，也不能轻视其这一部分。

（六）红岭创投：P2P网络借贷平台的本土试验

1.发展历程

红岭创投是一个成立于 2009 年的 P2P 网络借贷平台，隶属于深圳红岭创投电子商务股份有限公司。在其网站页面上，红岭创投将自己定义为创新型金融服务平台。P2P 网络借贷是红岭创投最基础的业务，为借款人、贷款人提供网络供求信息匹配的服务。

红岭创投一开始具有一定的地域性，主要是服务于深圳周边的中小企业。但很快，互联网平台的优势便显现出来，目前的服务客户分布于深圳、广州、上海、北京、杭州、温州等国内金融交易较活跃的城市。

根据网站数据，截至 2013 年 6 月 29 日，红岭创投的借款总成交量约为 27.3739 亿元（约 13 万笔），投资人共获得利息约 8193 万元。而 2013 年 6 月 29 日当天借款成交量约为 646 万元（共 138 笔），投资人共获得利息约 16 万元。

在国内多家 P2P 网络借贷平台中，红岭创投的交易规模较大，运作比较成熟，有自己控股的担保公司提供担保，并且一定程度上参与到实体经济中去。目前，红岭创投是中国网络信贷行业规模最大的公司之一，交易规模名列行业前三。[①]2013 年 5 月 30 日，红岭创投通过挂牌前海股权交易中心，成为国内首家在场外市场（OTC）[②]挂牌的 P2P 网贷平台。红岭创投总经理周世平表示，在缺乏有效监管、数千家平台参差不齐的背景下，此举目的在于主动增强透明性，而非融资。[③]

---

① 参见《中国规模最大网络信贷之一红岭创投引关注》，东方财富网，http://finance.eastmoney.com/news/1586,20130624300393845.html。

② 场外交易市场，又称柜台交易市场或店头市场，对应的是交易所市场，OTC没有固定的场所，没有规定的成员资格，没有严格可控的规则制度，没有规定的交易产品和限制，主要是交易对手通过私下协商进行的一对一的交易。

③ 夏寅：《场外市场升温 创投争夺"制度红利"》，《21世纪经济报道》2013年3月12日第11版。

2.赢利模式

红岭创投是承诺保障本金的 P2P 借贷网站，借贷双方有三种借款标可以选择：担保标、信用标和快借标。

作为贷款方竞标借款项目的中介平台，红岭创投主要依靠费用来赢利。

首先，借款者必须是网站 VIP 会员，即必须缴纳 180 元/年的 VIP 会员费，借款成功以后扣除。

其次，投资者可自愿申请为 VIP 会员，VIP 会员费按 180 元/年收取，成为 VIP 会员期间的逾期借款标享受本金全额垫付，快借标由可信担保[①]垫付本息，担保标由担保人垫付本息（非 VIP 的普通会员投标后的逾期垫付为此逾期投标本金的 50%）。

另外，红岭创投还收取以下费用：

(1) 现场考察费

借款总额度达到 10 万元的客户，如需新增借款额度，必须向可信担保申请网站现场考察，现场考察费按新增额度的 1% 收取 (不增加额度不收取)，但借款用户需报销一个人的往返交通费用 (实报实销)，其他费用由可信担保自理。

(2) 借款管理费

管理费用按借款期限收取，每个月按借款本金收取 0.5%，管理费用不计息，不退还，在借款金额中直接扣除，按天借款标管理费用按每天 0.04% 收取。

(3) 投标管理费

用户成功投标后，在借款用户还款时，投资者利息的 10% 划归红岭创投网站所有，补充网站风险保证金。此为收取投标管理费，按天借款不收取投资人管理费用。

(4) 担保费用

担保费用由可信担保根据客户资信评级确定比率，借款成功后收取。

---

① 即红岭创投控股的担保公司。

3.原理解析

在此部分，笔者主要谈两点，这也是红岭创投在运作中两个比较突出的特点。

首先，红岭创投作为国内纯平台式借贷网站中的佼佼者，赢利模式并没有太突出的创新点，依靠的仍旧是各项服务费用。其中，会员费和自己控股的担保公司收取担保费用是其较为独特的赢利来源。

其次，在同质化竞争中，红岭创投主要依靠的是较完备的风险控制机制，这主要有以下几点。

第一，红岭创投设置了风险控制部门。该部门主要进行线下的风险控制，它设置了三个组，分别为项目考察组、资信审查组、贷后管理组。各组都建立了相应的工作手册，如考察手册、审核手册和贷后手册，进行流程化的制度管理。[①]

第二，红岭创投有自己控股的担保公司，可以为交易双方提供信息咨询，并提供交易有偿保障。

第三，为了强化资金催收，红岭创投还专门成立了资金催收部门。

必须看到的是，红岭创投采取了许多线下风控措施，这将耗费较多的人力物力，这样就提高了成本，这或许也是红岭创投对借款者强制收取 VIP 会员费的原因。但这笔并不低廉的费用使红岭创投的借款者大多限于商业融资者，这也限制了红岭创投的市场范围。

---

① 朱凯：《红岭创投：P2P网贷样本 构造小微企业一站式金融服务平台》，《经理人》2012年第12期。

第三章　微博赢利模式

一　概念、发展历程及规模

（一）概念

微博，即微型博客（micro-blog）或微博客，是基于用户关系的信息分享网络平台，用户可以通过有线或无线互联网终端发布简短的文字、超链接、图片、视频、音频等多媒体形式的信息，并可为其他网友共享。

微博的平台运营商是指提供微博应用服务的网络服务提供商，比如国内的新浪微博、腾讯微博以及国外的 Twitter 等。

（二）发展历程

1.全球发展历程

最早也是全球范围内最知名的微博是美国的 Twitter。Twitter 的设想始于广播公司 Odeo 的董事会成员组织的"全日智囊团"，最初只为 Odeo 公司的内部雇员提供服务，后于 2006 年 7 月向公众开放，并于 2007 年 4 月从原来的公司独立出来成为独立公司。

从 2007 年 4 月开始，借由 SXSW 音乐节等一系列活动，Twitter 开始获得媒体关注；2008 年美国大选让 Twitter 有了更多展现自身传播特点的机会，带动了访问量和用户数量的激增。截至 2012 年底，Twitter 的微博服务拥有超过 2 亿日均活跃用户，每天发送总量达 4 亿条信息。[①]

---

① 网易科技报道：《Twitter 宣布月活跃用户数达 2 亿》，网易科技，http://tech.163.com/12/1219/00/8J20SJCU000915BF.html。

Twitter 的成功引来了众多模仿者，比如 identi.ca、Jaiku、Qaiku、Pownce、Tumblr 等，其中的 Jaiku 与 Twitter 功能最为接近，是 Twitter 比较直接的竞争对手，这家网站本来为芬兰的，2007 年被谷歌收购，并对 Twitter 的用户独立访问量一度形成冲击，另外传统的社区网站如 Facebook 也是微博网站的竞争对手。

2. 中国大陆发展历程

中国的微博网站开始于 2007 年。

2007 年 5 月，饭否网测试版上线，向用户提供通过网页、手机短信、即时通讯软件等发布消息和私信等基本功能。[①] 随后，叽歪网、嘀咕网等类似的微博产品也陆续发布。同年 8 月，依托于庞大用户群的即时博客腾讯"滔滔"上线。2009 年 2 月，饭否网测试阶段结束，并于同年 6 月获得了网站的首笔收入——惠普公司成为首位付费用户。

2009 年，上述微博网站相继关闭或转型，7 月，饭否、叽歪、嘀咕网等相继停止运营，腾讯滔滔也于 2010 年 1 月开始将滔滔业务和 QQ 空间心情进行了整合。[②]

2009 年 8 月，门户网站新浪推出了"新浪微博"内测版，成为第一家提供微博服务的门户网站，而"新浪微博"也是目前大陆发展的最为成功的微博平台之一。除此之外，腾讯、搜狐、网易、人民网、凤凰网等几家门户网站也都相继推出了相应的微博产品，国内微博市场形成了以门户网站为主要运营商的竞争局面。[③]

（三）赢利规模

1. 当前规模

中国互联网络信息中心（CNNIC）发布的第 31 次《中国互联网络发展

---

① 互动百科：《饭否》，http://www.baike.com/wiki/%E9%A5%AD%E5%90%A6%E7%BD%91。

② 操刚：《腾讯"滔滔"悄然引退 微博发展敲响警钟》，比特网，http://net.chinabyte.com/62/11114562.shtml。

③ 艾瑞网：《2012年中国微博商业化研究报告（简版）》，艾瑞报告，2012年9月。

状况统计报告》显示，2012年全年，中国微博用户持续增长，用户逐渐移动化。截至2012年12月底，我国微博用户规模为3.09亿，较2011年底增长5873万，网民中的微博用户比例达到54.7%，在各类网络应用中用户规模排名第七。其中相当一部分用户访问和发送微博的行为发生在手机终端上，截至2012年底，微博手机用户规模达到2.02亿，即高达65.6%的微博用户使用手机终端访问微博。[①]

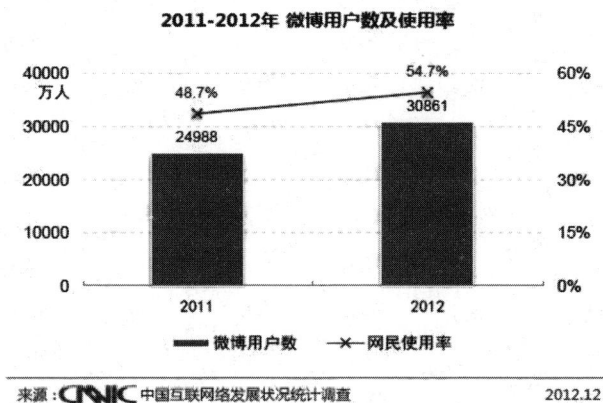

图3—1 2011—2012年 微博用户数及使用率 [②]

根据艾瑞咨询的数据，2013年3月，中国大陆的微博服务在PC端月度覆盖人数达到2.85亿，在App端月度覆盖人数达到0.88亿。[③]

微博早期的发展以用户的积累为主，随后面临赢利的问题。目前国内新浪、腾讯等几家微博已经全面启动商业化进程，赢利能力有所上升，但尚未出现扭亏为盈的例子。

以新浪微博为例，2012年上半年新浪微博开始获得广告收入，2012年整年，新浪微博营收约6600万美元，考虑成本之后亏损约9400万美元。[④]

---

① 中国互联网络信息中心：《第31次中国互联网络发展状况统计报告》，2013年1月。

② 同上。

③ 艾瑞网：《2012年中国微博商业化研究报告（简版）》，艾瑞报告，2012年9月。

④ 陈庆麟：《新浪微博影响力遭微信蚕食》，新快网，http://epaper.xkb.com.cn/view.php?id=845616。

2013 年第一季度，新浪微博广告收入为 1880 万美元，在总营收中占比达 14.9%；包括会员收费和游戏收入的微博增值服务分别有 200 万美元和 500 万美元的收入，两者的总和占总营收比重为 5.6%，并带动了非广告收入中除移动增值业务外的部分增长。2012 年第四季度和 2013 年第一季度，微博整体营收连续两个季度维持在新浪总营收的 20% 以上。①

2.前景

艾瑞咨询通过整理市场相关数据、综合微博市场上的相关因素预测认为，到 2015 年，国内主要微博运营商的营收规模预计达 23 亿元。艾瑞咨询预计，随着微博商业化的全面开展，广告和游戏在微博营收中的占比将有所减少，其他业务占比将逐渐提高，到 2015 年，广告和游戏业务在总收入中的比例分别为 61.6% 和 18.4%，其他业务占 20%。②

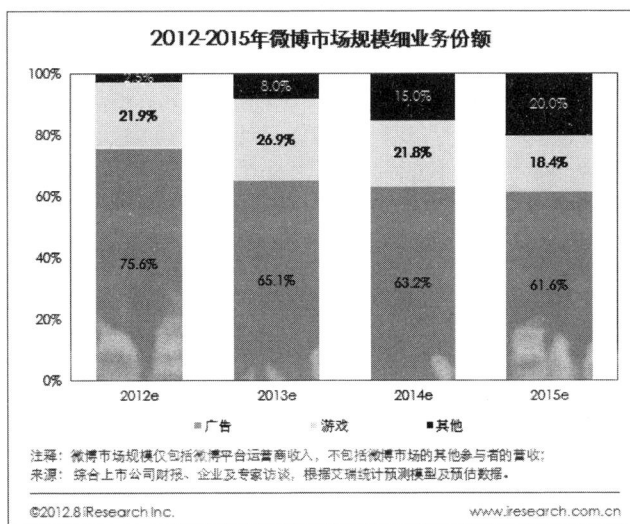

图3—2　2012—2015年微博市场规模 ③

①　杨雪斌：《艾瑞读财报：新浪微博营收占比超过20% 商业化进程稳步推进》，http://web2.iresearch.cn/weibo/20130522/200271.shtml。

②　参见艾瑞网：《2012年中国微博商业化研究报告（简版）》，艾瑞报告，2012年9月。

③　同上。

二 赢利模式

（一）当前赢利模式

目前，微博的赢利模式主要有以下几种。

1.广告

微博通过建立平台吸引用户，再以用户为基础吸引广告投放。

微博的广告主要包括以下形式。

（1）展示类广告

这类广告是最为常见的一种互联网广告，如微博首页、个人首页底部、应用页面均出现位置相对固定的广告，以展示信息为主，包括一些账号推荐、活动推荐等。

（2）搜索广告

用户搜索某些特定的关键字，会在搜索页面展示与关键字相关的广告。

（3）信息流广告

在微博的信息流或叫时间线中呈现的广告，通常随着信息流逐渐下沉。

2.游戏

游戏是微博提供的一种服务，也被称为"微游戏"。微博微游戏的核心商业模式是微博运营商向游戏开发者提供平台，用户来玩游戏，向开发者付费，而微博运营商作为平台提供者再从中抽取一部分赢利。

3.会员和专业账户收费

通过对部分用户收取会员费，用户可以获得身份、相关功能、手机及安全等增值服务。微博会员收费的本质是向部分用户提供这些增值服务，并进行收费。

而专业账户收费则是针对企业推出的服务，企业在微博上开通账号，微博可以基于自身用户产生的海量数据，为企业提供用户信息、用户分析、广告效果分析等，企业由此向运营商付费。

4.电商平台

微博也可以通过与企业合作，让各类企业的官方账号不仅仅可以在微博上进行广告、收集用户的反馈意见，还可以加入微博建立的品牌商城，在其上进行销售，从而运营商就可以获取佣金。

目前，在发展电子商务方向，微博的赢利模式主要有对企业账户进行收费、帮助企业进行营销活动，还有发展自身电子商务平台等。

5.用户数据出售

指微博通过将每日用户在其平台上产生的海量数据出售给企业和研究公司等获利。企业和研究公司获得了用户数据，可以用来详细分析用户对品牌和产品的态度，了解用户点击了什么网站、关注了什么广告，以及这些用户的人际关系，等等，从而对营销活动做出指导，进行精准营销。

（二）发展趋势

微博的赢利模式均在不断变化和调整之中，无论是 Twitter、新浪微博还是腾讯微博，目前均没有显现出清晰的赢利思路。整体来说，新浪微博在广告方面的模式和 Twitter 比较接近，而腾讯微博发展的模式则相对独特，但是随着时间的变化也显示出了从电商平台到以广告为主的转变。

在广告方面，国内的新浪微博和国外的 Twitter 均显示出了向移动端转移的趋势。2013 年初，新浪微博活跃用户中有 75% 的用户使用移动终端登录微博。新浪预计 2013 年上半年，来自于移动终端的广告收入增速会远超过 PC 端。[①] 根据市场研究公司 eMarketer 的预估，Twitter 在 2013 年的广告营收为 5.828 亿美元，其中约 53% 广告营收将来自智能手机或平板电脑上的移动广告，而到 2015 年时，移动广告的占比估计会超过一半，达到 61%。[②]

（三）评价

微博是一种基于用户关系的信息分享平台，这些信息大多内容短小而碎片化，凭借这一平台的海量用户和交互特性，信息可以得到迅速的传播。

---

① 参见《新浪微博影响力遭微信蚕食》，《新快报》2013年2月21日第23版。

② 参见eMarketer：*Twitter Forecast Up After Strong Mobile Showing*，eMarketer，http://www.emarketer.com/Article/Twitter-Forecast-Up-After-Strong-Mobile-Showing/1009763。

从某种程度上说，微博文化具有开放和共享的特点，比如发布微博时对内容几乎没有限制，其他用户对微博的传播也是自由的，但这并不意味着微博上的行为是完全没有限制的。首先，微博传播的内容实际是受到约束的。目前直接法规依据只有《互联网信息服务管理办法》、《电信业务经营许可管理办法》、《计算机信息网络国际联网安全保护管理办法》、《电信条例》等，不过其中大多颁布至今已超过10年，①需要适应微博传播的环境。具体到微博赢利模式的广告渠道，微博中的广告也面临着一定限制。比如，新浪的推广微博需通过审核后才能上线，而且有明确限制推广的行业，如医疗医药类、整容类行业（含减肥、丰胸）等。

在这种自由开放的文化之下，微博经营者面对赢利问题，主要选择通过广告、用户数据出售等途径，而其赢利依靠的主要资源是微博广泛的用户群。不过，经营者对这一资源的使用也不是完全自由、毫无限度的，你必须谨慎去把握一个非常高明的"度"。如果你在微博平台中加入大量广告，就可能会引起用户的反感，造成用户流失；同样，出售用户数据等赢利手段也可能导致用户隐私泄露，会打击用户使用微博的积极性。而微博中的大量用户恰恰是企业进行广告投放、进行用户数据购买的基础性动力，用户数量的下降就会直接导致这些收入下滑。因此，一方面，微博需要提高用户的使用体验比如降低广告信息对用户的干扰、保护用户隐私等，从而扩大用户群体、增强用户黏性；另一方面，也需要在微博中加入广告或者对用户产生的数据进行挖掘以赢利，而这些，关键是把握一个"度"。

三 案例分析

（一）新浪微博

新浪微博目前尚未出现大规模赢利。2012年底，新浪总裁曹国伟曾说明微博商业化的六大模式：互动精准广告、社交游戏、实时搜索、无线增

---

① 杨露：《浅谈法治维度下的微博文化发展》，《现代物业》2011年第10期。

值服务、电子商务平台以及数字内容收费。[①]目前新浪在广告、游戏、电商平台等方面有了较多探索。

2012年，新浪微博业务总成本近1.6亿美元，营收约6600万美元，亏损约9400万美元。在来自微博的6600万美元收入中，77%来自广告，23%来自微博增值服务，在2012年全年财报中，新浪称，早期的移动增值业务利润率已经较低，将把资源移出转向微博增值服务。[②]

2013年第一季度，新浪总营收达1.26亿美元，同比上升18.6%，这很大程度上得益于新浪微博的商业化成果。在这1.26亿的营业收入中，广告收入为0.94亿美元；非广告收入为0.32亿美元，同比增长14.5%，为连续8个季度增幅最大，这主要来自微博增值服务收入的快速增长。

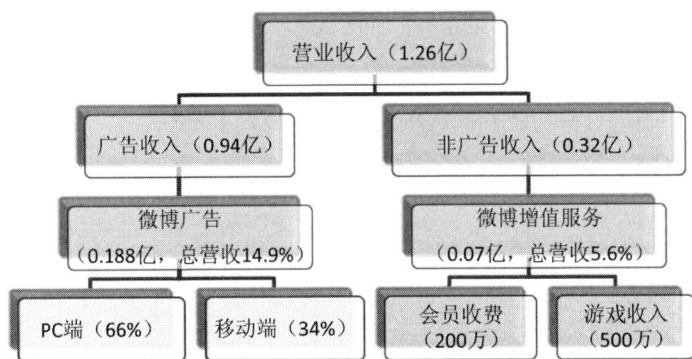

图3—3　2013年第一季度新浪收入构成（单位：美元）[③]

新浪微博的具体赢利模式如下。

1.广告

新浪微博的广告目前主要有两种形式，即展示广告与信息流广告。

（1）展示广告

①内容

微博展示广告是网络广告的一种，是企业等组织以微博为传播平台，

① 金琳：《新浪首次公开微博六大商业模式》，《上海商报》2011年4月28日第4版。
② 刘夏：《新浪微博去年"烧钱"10亿》，《新京报》2013年2月21日第7版。
③ 整理自新浪财报及电话会议。

通过占有固定广告位的形式，向微博用户传播品牌信息。

新浪微博广告从 2012 年 4 月起正式开放，按照广告位置的不同，新浪微博的展示广告主要分为 PC 端和移动客户端两种不同形式。在 PC 端，新浪微博的主要广告位包括"我的首页"的顶部、右侧和下部的区域等，企业等可以购买这些位置投放吸引用户的注意；在移动端，新浪微博的广告又分为手机微博的 WAP 端、APP 端以及 Ipad 的 APP。

从广告形式上，PC 端的广告可以分为"微新品""活动""微话题""微直播""微访谈""微游戏"等多种形式。下图为具体形式，[①]注意左上角的"微××"字样。

图3—4 PC端顶部广告位的各类广告形式

---

① 以下截图均来自新浪微博，http://weibo.com/u/3677429262?wvr=5&c=spr_web_sq_baidub_weibo_t001。

图3—5 PC端"我的首页"右侧广告位形式

通过点击上述广告位中的相应区域，微博用户可以进入相应的页面了解产品和品牌等的具体信息，还可以参与微访谈等活动，还可以关注企业等官方微博等等。

②原理解析

微博展示广告的实质和与传统媒体广告一致，都是出卖受众的注意力资源。企业等通过占有这些广告位，展示产品和品牌等信息，获得用户的关注。微博的用户越多，其曝光度越大，广告效果越好，而广告资源的价格就越高。

需要指出的是，新浪微博的展示广告也有自己的特点，如它的部分展示类广告，如PC端"我的首页"中的顶部公告和右侧的"推荐活动/视频"，以及移动端安卓、苹果微博客户端的首页顶部公告等，新浪微博也可以在这些平台上进行广告的定向投放，即广告主可以根据用户的地域、性别和兴趣三个维度，选择性地将自己的广告信息出现在目标受众的"我的首页"，从而实现更精准的营销。当然，广告价格也会相应提高。

(2) 信息流广告

①内容

信息流广告没有统一的定义，它是指企业等主动向微博用户发送推广信息，不同于展示广告的是，这些推广信息将会和微博上其他信息出现在一起，随着信息的增加而下沉，另外，它一般会在显著位置标明"微博推广"字样，以区别于普通微博。

目前新浪微博推出的信息流广告主要有"粉丝通"（又叫粉丝头条）和"橱窗推荐"两类。

新浪微博"粉丝通"是基于微博海量用户、把企业等组织的信息广泛传递给目标消费者或潜在目标消费者的广告模式。它会根据用户属性和社交关系将信息精准投放给目标人群，一般会出现在微博信息流的顶部或靠近顶部的位置，和普通信息一样刷新后便会下沉，并且24小时内不会再出现。为了将这类广告信息区别于普通微博，其左下方还会显示来自"微博推广"。同时，"粉丝通"也具有普通微博的全部功能，如转发、收藏、赞等。客户需要注册微博账户，并通过微博机构认证。

新浪微博"粉丝通"信息流广告具有如下特点。

第一，海量触达——将产品或品牌等信息广泛传递给目标消费者和潜在目标消费者，覆盖数亿微博用户。

第二，精准投放——根据用户属性、社交关系等信息更准确地找到目标人群。

第三，多维传播——微博在投放给目标用户后还可以被多次传播，使广告效果最大化。

在计价上，"粉丝通"的广告主可按照营销目标选择两种计价方式。[1]

一种是CPM（Cost Per Mille），按照微博在用户信息流中曝光人次进行计费，具体是指微博推广过程中，按照看到该微博的人次进行广告成本计算。

另一种是CPE（Click per Engagement），指按参与付费，是一种新的关于广告营销的计费方式，即按照微博在用户信息流中发生的有效互动计费，这里的互动包括转发、点击、加关注、收藏、赞这些用户行为。

根据2013年3月14日新浪微博对外召开的推介会，"粉丝通"的报价如下：按照CPM收费，每千次5元；按照CPE收费，每一次有效互动0.5元。[2]

但因为微博平台的信息具有很强的时效性，因此新浪微博的"粉丝通"也对进行推广的广告微博进行审核和管控。比如由于用户已经习惯在微博

---

① 参见新浪微博广告中心：http://tui.weibo.com/。

② 艾瑞咨询：《艾瑞咨询：新浪微博"粉丝通"广告报价披露 长尾营销市场策略进入实质阶段》，艾瑞网，http://www.iresearch.com.cn/View/195538.html。

上看到最新的信息，因此新浪微博规定只有 7 天内发布的广告微博才能进行推广，而一条广告微博的最长推广期也为 7 天，如果一条微博发布达到 7 天后，要继续推广则需更换新的内容。推广时间内客户可以随时更换广告微博。另外，也有一些行业的广告微博不能进行推广，如医疗医药类等。

除了"粉丝通"之外，新浪微博信息流广告的另外一类是与淘宝合作的"橱窗推荐"。该功能于 2013 年 4 月正式上线，每日在用户信息流中推送约 3 ～ 5 条商品展示橱窗。

这一操作是新浪微博与淘宝基于微博用户社交关系和兴趣图谱等进行的数据分析方面的深度合作，它对微博信息流中商品、用户等的相关数据进行深度挖掘，在此基础上进行相关内容的针对性推荐。如通过内容筛选机制，由微博平台与合作方共同对用户特征进行判断，据此向用户推荐可能感兴趣的相关产品，由此实现精准化推送。[①]

②原理解析

就信息流广告原理来说，笔者强调以下三点。

第一，新浪微博推出的信息流广告可算是对广告资本不足的中小广告主的重视。

网络展示广告投放费用较高，通常只适合有充足预算以及大批消费者的大企业或大品牌广告主。但对于投放预算有限的中小企业或者受众规模较小的产品广告等来说，就不适合这种模式。而信息流广告投放的是经过分析后的"小众"，收费也是按效果付费，这种模式就比较适合中小广告主，信息流广告的推出是对中小广告主的重视。

第二，信息流广告更为精准。

和传统的展示广告相比，信息流精准性更为突出。

新浪"粉丝通"以及"橱窗推荐"广告的原理是利用新浪微博庞大的社交媒体流量，向按照用户属性、社交关系等不同维度进行分类和聚合之后、符合产品目标人群的细分用户主动推送企业的相关信息，赢得这些用

---

① 王晶：《新浪微博商业化步伐加快：与淘宝合作 推信息流展示广告》，techweb，http://www.techweb.com.cn/internet/2013-04-18/1290446.shtml。

户的注意。这样，广告的投放是有的放矢，是针对目标消费者与潜在目标消费者的，所以，更精准。

第三，从实践中的表现看，信息流广告遇到的一个挑战是广告主对其的接受程度。实际上，新浪的信息流广告已经遭到了微博普通用户的批评。这些普通用户在没有"关注"对方的情况下就会收到其推广的广告微博，并且无法删除。部分新浪微博用户认为，新浪此举损害了自己的正当利益，并称新浪微博推出的广告推广业务为"流氓广告"①。就此，广告主对信息流广告到底持什么态度，还不明朗。这也是新浪微博信息流广告面对的挑战。

2.微游戏

（1）内容

微游戏是游戏开发商基于新浪微博提供的微游戏开放平台向微博用户提供的网络游戏服务，游戏开发商向游戏用户收费，新浪微博平台则向游戏开发商收取一定的平台使用费。

新浪微博所提供的微游戏开放平台利用了新浪微博的用户群，可以将游戏直接连接新浪微博超过3亿的用户，并利用社交网络的互动特性实现微游戏的互动功能。微游戏开放平台包含"成就"、"排行"、"支付"等功能，基于微博的社交特性和信息分享功能，用户可以邀请好友加入游戏，将自己在游戏中获得的成就分享给好友，还可以实现全站范围内或好友范围内的游戏成就排行。

在新浪微博移动客户端，微游戏平台有两个入口，一个是集成在新浪微博APP"广场"中的"游戏"，另一个是独立的微游戏APP，用户点击"游戏"选项或打开独立微游戏APP后就会进入到一个应用下载页面，通过搜索就可以直接下载安装。

新浪微博的微游戏服务和虚拟货币"微币"业务于2011年7月上线。最初为了鼓励更多的开发者加入微游戏平台，新浪微博采取的是"零分成

① 侯云龙：《新浪微博强推广告被斥"流氓"遭连番口诛笔伐》，《经济参考报》2013年1月30日，第8版。

政策"，即不向合作伙伴以及游戏开发者收取任何费用，除此之外，对于首批接入的开发者，新浪微博还在微游戏平台进行重点推广。

这一"零分成政策"持续了一年时间，2012 年 6 月 8 日，新浪微博正式启动了微游戏三七分成的政策，即新浪从游戏营收中分三成利润，游戏开发商占七成。新浪网游戏事业部总经理刘云利称分成所得的收入将用于微游戏开发商扶持和渠道运营。

除了"微游戏"之外，新浪微博中以应用形态呈现的"新浪玩玩"也有游戏的作用，其直接连接到新浪的网页游戏游联运平台。

微币是由新浪微博平台发行的虚拟货币，可用来进行游戏的增值和应用程序购买，1 微币可以用 1 人民币进行购买和充值。

凡是微博用户都可以进行微币充值和消费，所有新浪微博用户均默认开通微币账户，用户可以通过网上银行、支付宝等充值渠道为自己的以及已关注好友的微币账户进行充值，充值成功后，资金直接进入对应的微币账户，并可在微币首页查询微币余额、充值记录和消费记录。

据新浪方面数据显示，截至 2011 年 11 月底，即微游戏上线时间不到半年，微游戏活跃用户数为 2200 万，单款游戏最高单日结算为 50 万元，单款游戏最高月收入为 400 万元；[①] 截至 2012 年 6 月，微游戏平台已有约 350 款游戏入驻[②]，包括骏梦网络、博雅、九城等公司均是微游戏的成功开发商。[③]

（2）原理解析

微游戏的核心商业模式是游戏开发者以"微币"的形式向游戏用户收费，新浪微博再向开发者收取平台使用费。

新浪微博向游戏开发商提供微游戏开放平台，实质上也提供了新浪微博庞大的用户群。游戏开发商利用这一平台吸引用户的注意，使部分新浪微博的普通用户也成为游戏的消费者，应该说，选新浪微博这一用户众多

---

① 张睿：《新浪微游戏用户超两千万 开发者仍在找赢利之道》，TechWeb，http://www.techweb.com.cn/internet/2011-12-01/1125807.shtml 。

② 王碧莹：《新浪微游戏三七分成腾讯"叫板"开战》，《中国经济时报》2012 年 6 月 13 日，第 4 版。

③ 参见《新浪微博微游戏平台 6 月 8 日启动 3:7 分成》，Gamelook，http://www.gamelook.com.cn/2012/06/79437 。

的平台吸引消费者，是明智之举，而且，它还可以利用微博平台的社交功能如"邀请"、"排行"等来拓展用户群，增强用户群的黏性。

另外，易观国际分析认为，微币作为新浪微博深化商业化的重要手段，首先从游戏切入，其目的是以之培养用户的付费习惯，用户养成了付费习惯之后，新浪微博可能随后会推出以微币为中介的电子商务①。此举我们拭目以待。

3.会员收费

（1）内容

新浪微博会员制度的萌芽是2011年11月期间曾推出的微号服务，但真正的会员制度自2012年初开启，6月正式上线。加入会员需每月支付10元，使用期限超过3个月到2年时间，会有相应折扣。

付费成为新浪微博会员后，用户可享有15项增值服务，其中包括更多个性化设置、更多功能、语音微博和账号安全等。会员用户可以突破关注上限2000人，还可以设置更加炫彩的个人主页、关注更多微博用户、通过短信接收微博好友生日提醒以及密码提示等。

（2）原理解析

会员收费的本质是新浪微博向部分用户提供系列增值服务，并进行收费。

不过，新浪微博进行会员收费需要面临的主要问题是用户的支付意愿。在新浪微博会员体系刚推出的时候，有分析认为，在一个足够海量的平台上，只需要有那么一小群用户付费，就是很大的收入。新浪微博拥有超过3亿的注册用户，如果可以产生百分之一的付费用户，每年也可以有约5000万美元的会员收入。②但是，从目前的表现来看，新浪微博的会员制尚未带来如此的收益，说明用户的支付意愿不高。

而用户支付意愿不高可能是因为新浪微博向付费用户提供的增值服务并不能满足用户的潜在需求。目前新浪微博付费会员所能享受的增值服务

---

① 易观分析：《"微币"启动新浪微博商业运作》，易观网，http://data.eguan.cn/yiguanfenxi_114212.html。

② Letters：《解读新浪微博会员体系》，虎嗅网，http://www.huxiu.com/article/1172/1.html。

基本上是专属模板等个性化设置等，并没有太多的实用意义，并不能从根本上提高用户获取信息的效率以及使用体验。有新浪微博网友针对会员服务评论说："我认为目前的微博会员权益都没有吸引力，对我来说最重要的是能把用户界面上乱七八糟没有品位的广告、热门话题、活动和推荐全部去掉。"①

4.电商合作

（1）内容

新浪微博2012年下半年开始与小米、奔驰等厂商合作，试水社会化电商。新浪微博设置了展示广告、右侧的话题推荐等，用户可以点击参与、预定、购买产品。通过这种动作，新浪向企业展示了在微博平台上如何进行完整的营销闭环，满足经典的AISAS（attention—interest—search—action—share）模型，而具体的收费模式新浪表示"处于摸索阶段，暂时不便透露"。

在小米的案例中，从2012年12月19日上午10点至12月20日24点，是新浪微博开放小米手机购买预约的阶段，12月21日中午12点之后才正式开放销售。微博用户若要预订小米手机，就必须关注小米手机的官方微博，并转发一条活动的相关促销微博，相当于在预约购买的过程中也帮助小米手机向自己的粉丝进行了推广。

小米手机开放预约的当日，预约用户数达到50万，最终小米实际获得了1亿元人民币的销售量，其中90%的用户是通过微博钱包完成，另外10%的用户也选择了网银、银联等购买。并且，由于抢购机制，40%的用户选择了提前给微博钱包充值。②新浪微博把支付环节看成非常重要的基础服务，认为由此可以向用户提供完整、便捷的服务体验。据新浪内部人士透露，微博钱包开通的功能包括：银行卡充值和付款、部分城市的水电煤缴费、手机充值等，未来还会根据用户需求推出更多功能。③

---

① 李斌：《新浪微博推出会员收费服务》，《京华时报》2012年6月19日，第7版。
② 李妍：《新浪微博商业化专访:信息流广告成阶段重点》，i美股，http://news.imeigu.com/a/1358840524818.html。
③ 李斌：《新浪微博探路社交化网购》，《京华时报》2012年12月20日，第5版。

2012 年 12 月 24 日，新浪微博再次与小米公司合作，开启了 25 万台小米手机的圣诞专场售卖。在 3 分 8 秒之内，15 万台小米手机 2 售罄，10 万台小米手机 1S 也在 17 分 39 秒内售罄。[①]

2013 年 1 月 18 日，奔驰 smart2013 新年特别版于新浪微博正式开售，在 490 分钟内卖出了 666 辆新年特别版。在 5 天内话题被转发超过 14 万次，曝光率突破 5 亿，微博专题页面点击量超过 70 万。[②]在奔驰 Smart 的营销中，微博的作用是可以进行预订和缴纳定金，试车和选车则要在各地经销商进行，实际上微博是一个 O2O 的平台。

另外，2013 年 4 月底，阿里巴巴通过其全资子公司以 5.86 亿美元购入新浪微博 18% 的股份。投资入股后，阿里巴巴与新浪微博将在用户账户互通、数据交换、在线支付、网络营销等领域深入合作，并探索基于数亿微博用户与数亿阿里巴巴电商用户的社会化电子商务模式，此次合作预计在未来三年将给新浪微博带来大约 3.8 亿美元的收入。[③]

新浪微博在电子商务方面的潜力一直被看好，DCCI 发布的《2012 中国微博蓝皮书》显示，微博平台对于电子商务的导流效果明显，有超过半数的微博用户看到微博平台上的电子购物信息后会进入到电子商务网站，进一步了解和操作，还有接近 50% 的用户会主动点击微博上的电子购物产品的链接或者图片等。[④]而新浪微博《2012 年网站微博年度发展报告》显示，2012 年，新浪微博短链分享排名中，前 10 名网站共占总分享量的 27.2%，其中仅淘宝网就占到 8.2%；短链点击量排名中，淘宝网排第一占 7.6%，天猫占 0.5%。[⑤]

（2）原理解析

在 2012 年下半年与小米、奔驰厂商的合作中，新浪微博探索了将微

---

① 陈健：《微博首单一亿进账 15万台小米手机2三分钟再售罄》，环球网科技，http://tech.huanqiu.com/digi/2012-12/3412831.html。

② 张红：《smart携微博平台 每44秒售出1辆车》，《重庆晚报》2013年2月1日。

③ 车利侠：《阿里巴巴入股加速微博赢利》，北青网，http://bjyouth.ynet.com/3.1/1305/01/7983771.html。

④ DCCI互联网数据中心：《2012中国微博蓝皮书》，2012年10月。

⑤ 新浪微博数据中心：《2012年网站微博年度发展报告》，2013年2月。

博作为企业营销平台的可能性。在这两个案例中，微博不仅仅用于展示企业产品信息和品牌特点，甚至也用于进行支付。例如在小米手机的案例中，微博成为了一个 B2C 的平台，包括宣传推广、预约、下单、支付购买等整个营销过程均在微博平台上完成，特别是其中的购买环节可以通过微博本身的支付工具"微博钱包"来进行，无须跳转到第三方的电商网站。

阿里巴巴入股新浪微博，则被看作是新浪微博在社会化电商方面推进的一个重要标志。在阿里巴巴入股之前，除了少量而且不定期的营销活动之外，新浪微博基本上只是企业的营销平台，但与阿里巴巴合作之后，就可能加入支付等环节，将新浪微博进一步发展成交易平台，企业可以把商品直接卖给"粉丝"，于是，新浪微博作为电子商务平台功能又齐全了一些。

（二）腾讯微博

腾讯微博是一个由腾讯公司推出，提供微博服务的类 Twitter 网站。于 2010 年 4 月开始小规模内测，当时仅支持文字形式，字数限制为 140 字。5 月 1 日腾讯开始开放用户邀请注册。2011 年 2 月，腾讯对外宣布其微博注册用户突破 1 亿大关。[1]截至 2012 年年底，腾讯微博注册账户数已达到 5.4 亿，日均活跃用户数超 1 亿。[2]

和新浪微博相对强调媒体属性、将赢利重点放在广告上相比，腾讯微博更注重延续自己在 QQ、微信等平台已有的优势，打造关系链，沿着社交属性建造"开放式平台"，并拓展相关赢利模式，比如以收入分成的方式为主。[3]

2012 年 2 月，在腾讯事业部商业中心召开的一次会议上，腾讯微博事业部总经理邢宏宇确认了腾讯微博商业化的实质性启动，微博商业中心总监艾芳也明确了腾讯微博在 2012 年里商业化的主要路径：基于社会化营销、

① 百度百科：《腾讯微博》，http://baike.baidu.com/view/3264698.htm。
② 丰西西，李晓莉：《腾讯微博：目前还在亏损》，《羊城晚报》2013 年 1 月 19 日。
③ 辛苑薇：《腾讯微博开放平台：曲线超越新浪的暗箭？》，《21 世纪经济报道》2012 年 9 月 3 日。

社会化电子商务、开放平台的企业级服务平台。①据腾讯微博内部人士解释，这个服务平台的主要变现产品是指社交广告、电子商务及游戏。

就腾讯微博目前的赢利情况来说，邢宏宇于2013年初表示，目前，"微博运营有收入，但确实未达到盈亏平衡的状态"。而且赢利模式目前仍是依靠传统广告。②

目前，腾讯微博的主要赢利模式具体如下。

1.电子商务——"微空间"与"微卖场"

（1）内容

2011年7月15日，腾讯微博"微空间"正式上线，"微空间"是一个企业营销工具，可以让企业在建立官网的基础上通过微博推销自己的产品，并可以和消费者互动，进行客户关系建立与维护。整体界面上，"微空间"包含视频、互动活动、话题输入框、话题页卡等企业微博基础营销功能，同时增加了互动窗口，通过模块化功能互通使营销主题更为清晰、聚合，能够更有效地吸引用户参与。更重要的是，"微空间"在后台为企业提供了个性化定制、热点关键词订阅、数据分析报告、舆情监控等功能。首批"尝鲜"腾讯"微空间"服务的企业包括耐克、通用、可口可乐等。③

2011年11月15日，腾讯微博推出"微卖场"，首先引入的是腾讯公司曾经投资了的好乐买鞋城。

"微空间"和"微卖场"这两者结合起来，可以让企业进行产品推广，并最终形成一个电子商务社区，未来其上可搭载的赢利模式包括推广服务、分成模式、数据挖掘等。④

腾讯微博商业中心总监艾芳认为，在微博中开辟"微空间"，引企业入驻建立官方微博，并在官博基础上引入电子商务是微博变现的最佳方式。

① 杨阳：《"微卖场"：腾讯微博打造核心赢利点》，《经济观察报》，http://www.eeo.com.cn/2012/0210/220618.shtml。

② 丰西西，李晓莉：《腾讯微博：目前还在亏损》，《羊城晚报》2013年1月19日。

③ 陈平：《腾讯"微空间"正式上线 开启营销新通路》，《济南日报》2011年7月16日。

④ 杨阳：《"微卖场"：腾讯微博打造核心赢利点》，《经济观察报》，http://www.eeo.com.cn/2012/0210/220618.shtml。

短短几个月里，腾讯微博已经进驻了 3 万多家企业。①

在建立电子商务平台的过程中，腾讯微博尝试了多种促销手段，如"微团购"，限时、限量促销，收听、分享获取优惠券，②"转播降价"等，③"转播降价"就是参与微卖场活动的商品，用户每转播一次价格就下降 1 毛钱。这其中，有些产品必须价格降到一个固定标准之后，用户才可以进行购买，由此用户必须对其进行足够的"转播"，从而提高商品的知名度；而有些是在转播降价过程中，用户可以自由选择不同的价位购买。④

按腾讯的战略，腾讯"微卖场"除了不断引入传统品牌商之外，还将尝试汽车、房屋等大宗商品进行微博售卖。2012 年初，匹克、神州数码、韩国现代等 500 家知名品牌商家集体入驻腾讯微卖场。⑤

（2）原理解析

腾讯微博利用自己的平台做电子商务，是有有利条件的，而且，它的有些做法也确实是在利用微博平台的自有优势。

从本质上看，腾讯微博的"微空间"和"微卖场"意味着腾讯基于自己的庞大用户群建立了电子商务平台，消费者在微博平台上可以购物——这样的交易量应是不可小觑，企业也可以利用微博平台进行营销——它可以直接通过"微卖场"与消费者进行互动等，总之，微博平台做电子商务，还是有利之举。

另外，根据腾讯微博事业部总经理邢宏宇的说法，腾讯此前的 QQ 空间拥有良好的用户付费基础，而腾讯微博的用户大多从 QQ 空间延续过来，也习惯于用腾讯拍拍商城等付费系统，这是腾讯微博做电子商务有利的原因之二。而且，它的有些做法，确是在利用微博平台的自有优势。比如，腾讯微博利用微博的互动特性，加入了"转播降价""微团购"等多种促销手

① 杨阳：《"微卖场"：腾讯微博打造核心赢利点》，《经济观察报》，http://www.eeo.com.cn/2012/0210/220618.shtml。
② 刘爽：《微卖场 独辟蹊径谋双赢》，《网络导报》2012年第10期。
③ 杨阳：《"微卖场"：腾讯微博打造核心赢利点》，《经济观察报》，http://www.eeo.com.cn/2012/0210/220618.shtml。
④ 何菲：《腾讯微卖场：曲线赢利》，《IT经理世界》2012年第6期。
⑤ 刘爽：《微卖场 独辟蹊径谋双赢》，《网络导报》2012年第10期。

段，用户在互动转发中形成病毒式传播，在最终自己获得低价的同时，也使品牌得到宣传，也最终增加了产品销量。例如首批加入这一平台的易迅和好乐买，好乐买的微博在一周时间内新增了近 8 万粉丝，易迅的粉丝也在上线的 5 天之内增长了 6 倍，其微卖场的点击率和浏览量均有 100 倍以上的增长，最高时刻的 2 分钟内有接近 5000 次浏览量。[①]应该说，这样的做法，是把握了微博平台的规律的。

2.广告

（1）展示广告

①内容

2012 年 7 月，腾讯微博曾经以"微博连环画"模式为广告主肯德基展示了广告。该广告位于腾讯微博发布框下方，由三个话题共同组成，环环相扣，而且能够让观看广告的用户参与到活动中，与品牌进行互动。

在肯德基的案例中，在第一个话题中，用户可以选择自己喜欢的饮料。选择后就可以跳至第二个话题，与随机抽取的网友分享饮料，最后将这一活动分享给自己的好友。这三个话题共同将微博用户链接至肯德基的官方活动网站。据统计，在活动上线期间，"有料同享"话题下，共计有超过 125 万条微博，43% 的网民看到好友分享信息后会参与活动。[②]

图3—6　肯德基腾讯微博展示广告 [③]

---

① 刘爽：《微卖场 独辟蹊径谋双赢》，《网络导报》2012年第10期。
② 参见《"微博连环画"翻开"广告内容化"营销》，《解放日报》2012年8月5日。
③ 王昀：《肯德基借道腾讯微博关系链引爆社会化广告效果》，天极网，http://www.techweb.com.cn/news/2012-08-01/1221260.shtml。

2013 年 3 月，腾讯微博推出腾讯微博效果广告，广告展示在腾讯微博用户页面右侧热点区，以巨幅图片结合社交功能按钮的形式出现。广告采用精准定向、按效果付费的投放模式，广告主可以根据自身目标受众特征，按照区域、性别、年龄、时间段和上网环境等多种定向维度确定投放对象。腾讯还提供投放管理平台供广告主进行多维度的投放效果分析。[①]

4 月，腾讯微博为宝马推出了富媒体广告形式和皮肤加载视频广告。这些广告的图标位于腾讯微博页面右侧的位置，不影响用户正常微博阅读，并明确标明为广告推广。但如果有网友对此广告内容感兴趣，将鼠标移动到广告图片上，就会触发右侧呈现视频等形式的广告信息，具有很强烈的视觉效果。网友还可以在展开区域直接进行报名参与活动。据统计，该宝马汽车广告一天内的报名量超出预期47%。[②]

②原理解析

从以上几种广告形式可以看出，腾讯的展示广告主要特点为形式新颖，注重精准投放，注重互动，注重用户的体验等。就注重用户体验来说，宝马富媒体广告形式和皮肤加载的视频广告，位置不影响用户的微博阅读，并明确标明其为广告，用户感兴趣就可以打开广告而不感兴趣则广告不会出现。这些设计，应该是尽量减少了影响用户体验的因素。

（2）信息流广告

①内容

2013 年 5 月，腾讯微博事业部总经理邢宏宇表示，腾讯微博"正在产品结构上做减法，研发基于信息流的广告系统"，"腾讯微博未来将主推根据大数据分析呈现的信息化广告，即'广告要成为整个信息阅读的一部分'"。[③]

2013 年 8 月，腾讯信息流广告上线。用户的信息流中会偶尔出现一条

① 高翠玲：《借力平台优势 腾讯微博推精准效果广告》，中国广播网，http://biz.cnr.cn/sytj/201306/t20130627_512913080.shtml。

② 张廷军：《注重用户体验 腾讯微博创新广告模式获好评》，TechWeb，http://www.techweb.com.cn/news/2013-04-10/1288525.shtml。

③ 杨阳：《商业化转向腾讯微博做"减法"》，《经济观察报》，http://www.eeo.com.cn/2013/0531/244753.shtml。

有"微博推广"字样的广告，每次登录推荐的广告也有所不同，并且位置并不固定。①

值得一提的是，为避免广告信息突兀而降低用户体验，一般广告内容会附和用户信息流中的其他内容。比如 8 月 13 日七夕节当天腾讯微博信息流中有大量关于七夕的内容，那么腾讯也推出了相应的关于七夕与女友相处的攻略并推荐了一些礼物。②

②原理解析

信息流广告出现在用户所要阅读的一系列信息之中，其被阅读的几率比较大，广告曝光度会高，效果自然好，但是，这也会影响用户的阅读体验，也是有风险的，而且风险比一般的其他位置的展示广告要高。所以，不管谁做信息流广告，都要注意这一点，腾讯微博在投放信息流广告时注意内容与一般信息的相关性，也是审慎之举。

（三）Twitter

和新浪类似，Twitter 运营 6 年多也一直因缺乏明显的商业模式而被诟病，虽然最近有扭亏为盈的消息传出。③

2010 年 4 月 Twitter 开始推出广告服务显示出其商业化努力，2010 年当年，Twitter 的广告营收达到了 0.45 亿美元，2011 年达 1.395 亿美元。④2012 年，Twitter 的总广告营收为 2.88 亿美元，其中 90% 来自美国。⑤2011 年 12 月，Twitter 首席营收官 Adam Bain 透露，Twitter 广告商目前达到 2400 家，奥迪、派拉蒙、大众等企业均采用了 promoted tweets、promoted trends 和 promoted

---

① 《腾讯微博消息流广告悄然上线》，《南方日报》2013年8月13日。

② 《腾讯微博消息流广告悄然上线》，《南方日报》2013年8月13日。

③ 书聿：《投资人暗示Twitter已经赢利》，新浪科技，http://tech.sina.com.cn/i/2013-01-12/14597972779.shtml。

④ eMarketer，"After Strong 2011, Twitter Ad Revenues to Grow 86% to \$259 Million in 2012"，eMarketer，http://www.emarketer.com/newsroom/index.php/strong-2011-twitter-ad-revenues-grow-86-259-million-2012/。

⑤ eMarketer，"Twitter Forecast Up After Strong Mobile Showing"，eMarketer，http://www.emarketer.com/Article/Twitter-Forecast-Up-After-Strong-Mobile-Showing/1009763。

accounts 的广告形式。①

2013 年 5 月，美国投资公司 GSV Capital 表示，该公司持有 190 万股 Twitter 股份，价值 3520 万美元，照此计算，Twitter 在 2013 年 5 月的估值约为 98 亿美元。②

根据市场研究公司 eMarketer 的预估，Twitter 在 2013 年的广告营收为 5.828 亿美元，其中约 53% 将来自于智能手机或平板电脑上的移动广告，而在 2011 年 Twitter 还没有任何移动广告收入。eMarketer 估计，Twitter 的广告营收 2014 年为 9.5 亿美元，2015 年约为 13.3 亿美元。

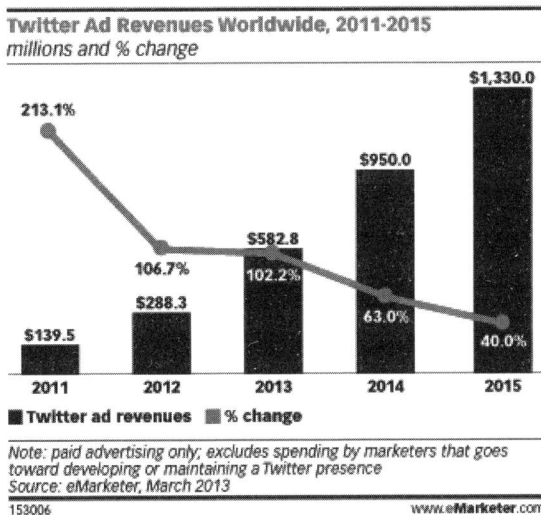

Twitter Ad Revenues Worldwide, 2011-2015
millions and % change

$139.5 2011 $288.3 2012 $582.8 2013 $950.0 2014 $1,330.0 2015

213.1%   106.7%   102.2%   63.0%   40.0%

■ **Twitter ad revenues** ■ **% change**

Note: paid advertising only; excludes spending by marketers that goes toward developing or maintaining a Twitter presence
Source: eMarketer, March 2013
153006   www.eMarketer.com

图3—7 twitter2011—2015年广告收入（2013—2015为预期值）③

eMarketer 在报告中还指出，Twitter 的覆盖范围看起来也正在扩大。目前 Twitter 大多数广告营收仍来自于美国市场，但该公司扩大全球销售业务

---

① 参见《Twitter首席营收官：截止到2011年11月Twitter广告商达到2400家》，199it网，http://www.199it.com/archives/19259.html。

② 张帆：《Twitter最新估值达98亿美元：上升约10%》，新浪科技，http://tech.sina.com.cn/i/2013-05-13/08178333100.shtml。

③ eMarketer，"Twitter Forecast Up After Strong Mobile Showing"，eMarketer，http://www.emarketer.com/Article/Twitter-Forecast-Up-After-Strong-Mobile-Showing/1009763。

之举会令其国际收入的份额增加。

Twitter 目前的赢利模式主要如下。

1.广告

（1）推广推特广告

①内容

2010 年 4 月，Twitter 正式推出名为推广推特（Promoted Tweets）的广告平台，这是 Twitter 成立四年来将微博服务转变成赢利业务的首次重大尝试。

推广推特（Promoted Tweets）广告平台推出的第一项服务是关键词广告。企业用户可以购买特定的关键词，当普通用户在 Twitter 上对该关键词进行搜索时，就会在用户搜索结果的顶部显示相关广告。[①]和普通信息相比，这些广告信息的区别在于其后边都会被标注出是广告信息，这些广告信息同样具备回复、收藏、转发的功能。

根据 Twitter 官方博客以及 Adage 网站的介绍，Promoted Tweets 的简要流程如下。

首先，购买了 Promoted Tweets 服务的广告主向 Twitter 提交和指定需要推广的信息；之后，Twitter 会对这条信息进行审核，并进行置顶和标记处理。当用户搜索相关关键词时，这条消息就会在搜索结果中置顶，并标记出相关的品牌和"广告信息"的"身份"。用户可以对这条消息进行转发、回复或者收藏等，Twitter 会对这些用户反馈进行跟踪监督，并根据广告效果向广告主收取费用。

Twitter 也对这些广告推广做出了一定限制，比如用户在搜索结果页仅会看到一条广告，而且这些广告都是实时的信息。同时，如果推广的广告信息在一定时间段中未能够在用户中引起回复、转发等响应，Twitter 将及时撤换该信息。[②]

---

① 赵美涵：《新浪微博"钱"景如何——新浪微博赢利模式探析》，《新闻传播》2011年第3期。

② 霍珊：《Twitter推出Promoted Tweets广告平台》，网易科技，http://tech.163.com/10/0413/23/646FJSJ7000915BF.html。

根据 Twitter 公司官网上的消息，第一时间参与到该平台中的企业有百思买、索尼、星巴克、维珍航空、Bravo 公司等。2010 年 9 月，这一广告服务正式起售，售价 10 万美元。[①]

2011 年 3 月，Twitter 宣布正在测试允许部分商家根据地区购买 Promoted Tweets 广告。即在全球范围内，商家可以按照不同的国家购买 Promoted Tweets 广告，而在美国则又可以缩小到城市。[②]

Promoted Tweets 的计价方式是 CPE（cost-per-engagement），即按照真实互动计价，2011 年底的单价在 0.75 到 2.5 美元之间。[③]

2010 年 6 月，在 Promoted Tweets 广告平台发布两个月后，Twitter 又为这一平台增加了"趋势推广"（Promoted Trends）的功能。[④]在 Twitter 主站侧边栏和它的官方客户端中，有一个趋势（Trends）列表，显示当前全球用户正在讨论的热门话题。广告主可以通过购买趋势列表中的广告位，将自己的广告作为趋势的关键词插入 Twitter 的趋势列表中，以备用户点击。在运作中，Twitter 是按天和按地区销售趋势列表的广告位置。

②原理解析

Promoted Tweets 目前的业务内容本质上就是关键词广告。这一广告的关键在于用户在 Twitter 上搜索关键词的行为，搜索次数的多少直接决定 Promoted Tweets 的广告曝光率。

尽管 Promoted Tweets 的互动率为 5%，远高于标准网页展示广告 1% 的点击率，[⑤]即用户的参与度更高——当搜索到相关关键词广告的时候，用户

① 黎旭：《Twitter 推广广告服务售价 10 万美元》，网易科技，http://tech.163.com/10/0928/02/6HKSKEEF000915BF.html。

② 李明：《Twitter 测试 Promoted Tweets 广告定制服务》，新浪科技，http://tech.sina.com.cn/i/2011-03-25/19265333011.shtml。

③ 参见《How Much Does a Twitter Follower Cost?》，网络新闻博客 Mashable，http://mashable.com/2011/12/06/cost-of-twitter-follower/?utm_source=feedburner&utm_medium=feed&utm_campaign=Feed%3A+Mashable+%28Mashable%29。

④ Peter Kafka，"Exclusive: Twitter's Next Moneymaker‐Promoted Trends"，allthingsd，http://allthingsd.com/20100611/exclusive-twitters-next-money-maker-promoted-trends/。

⑤ Michael Learmonth，"Twitter Boosts Marketer Reach With Plan to Blast Promoted Ads"，AdvertisingAge，http://adage.com/article/digital/advertising-twitter-boosts-marketer-reach-promoted-ads/146083/。

相比于普通的网页展示广告更加愿意进一步点击。但从用户反馈的具体内容上看，Promoted Tweets 的广告效果并不佳——Twitter Sentiment 提供的数据显示，在所有含有"promoted tweets"标签的 Twitter 信息中，有71%的信息都是负面的，[①]即大部分用户并不愿意在自己的搜索结果中看到 promoted tweets 的广告信息，针对这些广告信息所发布的信息中，大部分是对这些广告的抱怨和反感。可见，这些广告大部分并不能引起用户的认可。

（2）信息流（Timely Tweets 或 Promoted Tweets to Followers）广告

①内容

2011年7月，Twitter 宣布了新的广告模式：信息流广告，也叫 Timely Tweets 或者 Promoted Tweets to Followers 广告。Twitter 的信息流广告是指在 Twitter.com 的主页面上的信息流（或叫"时间线"）中加入广告。[②] 如果用户"关注"了某一推广推特（promoted tweets）中的广告，即用户"关注"了某一广告主的 Twitter 账号，则该用户每次登录 Twitter，该广告主的信息就会出现在信息流的最上方。当信息流更新，广告信息会正常下沉。同样，广告信息下面有一个橙色箭头，并有"promoted"的标注，以明确这是广告信息，并可以通过点击移除。

用户可以对这条以 Tweets 形式呈现的广告进行各种常规操作，转发、评论、点击其中的链接等等。如果用户不"关注"任何广告主的 Twitter 账户，那么也不会看到广告信息。[③]

2011年9月，Twitter 对上述广告政策进行了变动，用户即使没有关注相关广告主的账号，广告信息依然会出现在信息流顶部。[④]

---

① 明轩：《Twitter信息插入广告遭多数用户反对》，腾讯科技，http://tech.qq.com/a/20100414/000092.htm。

② Twitter官方博客，《Timely Tweets: Now easier to see》https://blog.twitter.com/2011/timely-tweets-now-easier-see。

③ Peter Kafka，"Twitter Pumps Up Its Ads Today With"Promoted Tweets to Followers""，AllThingsD，http://allthingsd.com/20110728/twitter-pumps-up-its-ads-today-with-promoted-tweets-to-followers/

④ 王崇旭：《Twitter 的广告之路：推广策略，营收状况，用户评价》，爱范儿网，http://www.ifanr.com/62032。

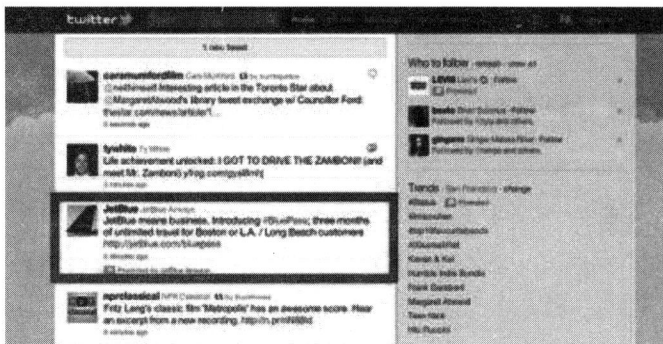

图3—8 Twitter的信息流广告，红色圈出部分为广告信息 [1]

②原理解析

在 Twitter 的信息流广告模式中，广告信息会出现在用户的信息流（时间线）中。虽然 Twitter 会以相关标志表明这是广告信息，但用户很难完全避免接触这类广告，所以其给用户带来反感、降低用户的体验是很难避免的。应该说，这对 Twitter 来讲是冒险之举。

实践中，Twitter 也采取了相关措施试图减少用户的反感程度，比如，Twitter 选择了信息流最上方的位置作为广告位，这相对减少了广告对于用户正常浏览信息的干扰；同时，Twitter 还强调其推出的广告包括商业广告和公益广告，以尽量模糊广告的赢利属性。[2] 不过，笔者觉得，这些举措可能并无太大效果。另外，在 2011 年 7 月刚刚推出信息流广告时，广告的出现是在用户主动选择"关注"该广告主的账户之后，但在两个月之后，用户即使没有关注相关的账号，其广告也会出现在信息流顶部，而此举，无疑更加重用户的反感程度。

因此，笔者认为，Twitter 的信息流广告有点过度，毕竟是在信息流中插入广告，长远看一定会影响用户的使用体验，所以 Twitter 对此举还需再作思考。

---

① Twitter官方博客，"Timely Tweets: Now easier to see"，https://blog.twitter.com/2011/timely-tweets-now-easier-see

② 积木：《Twitter 宣布新广告模式》，爱范儿网，http://www.ifanr.com/47710。

（3）账户推荐（Promoted Accounts）广告

①内容

2010年10月，Twitter开始出售"Promoted Accounts"的广告产品。这一产品允许广告主在Twitter的侧边栏购买一个广告位，用于向相关用户推广该广告主的Twitter账户，以冀增加广告主Twitter账户的受关注程度。Promoted Accounts通过用户所关注的账户类型，利用算法来决定是否向其推荐广告主的Twitter账户，即只有关注了与广告主相同或相近行业的其他Twitter账户的用户，才会收到关注广告主Twitter的推荐。尽管最初的消息显示，该产品将着眼于个人用户推出，但从初期情况来看，Promoted Accounts主要以企业客户为主。根据2011年一封Twitter发给其潜在广告商的邮件，Promoted Accounts的计价方式是CPF（cost per follower），即为所推荐账户增加一个粉丝所收取的费用在2.5～4美元之间。[①]

②原理解析

在账户推荐广告中，Twitter的做法实际上有精准广告的特点——Promoted Accounts只向用户推荐与其所关注的账户类型相近的广告主账户，即用户被推荐的内容是他本来就关注过、相对也比较关心的，这样，广告受关注的程度会更高，同时，这样的广告也不大会引起用户的反感。而且，其广告位位于Twitter的侧边栏，不影响用户正常浏览信息流，因此受到用户反感的可能性也小。所以，总的来说，这种广告形式的效果在Twitter的所有广告形式中会比较好。

2.出售用户数据

（1）内容

2012年底，Twitter的首席执行官迪克·科斯特洛（Dick Costolo）曾表示，目前Twitter的用户已经增长到5亿，平均每天发出超过3.5亿条的信息。[②]而

---

① Mashable，"How Much Does a Twitter Follower Cost?"，网络新闻博客，http://mashable.com/2011/12/06/cost-of-twitter-follower/?utm_source=feedburner&utm_medium=feed&utm_campaign=Feed%3A+Mashable+%28Mashable%29。

② 参见《Twitter官方数据：Twitter用户每两天半发送10亿条消息》，199it网，http://www.199it.com/archives/81776.html。

根据互联网分析公司 GlobalWebIndex 在 2013 年 5 月发布的报告，Twitter 当时的活跃用户数量为 2.97 亿。[①] 这些庞大的用户数据是分析消费者行为的宝贵资源。

实际上，已经有企业通过监控 Twitter 上用户的发言来掌握品牌舆情。比如戴尔通过 Visible Technologies 这家网络监控公司来掌握 Twitter 用户对自己产品的反馈。[②]

在实践中，Twitter 自身也利用其每日产生的用户数据进行赢利。

早在 2010 年 11 月，Twitter 就曾经与一家为机构提供社交网络数据的公司 Gnip 达成合作协议，以每年 6 万美元或者 36 万美元的价格出售 5% 或者 50% 的 Twitter 信息。[③]

2012 年初，Twitter 再次宣布向研究公司 Gnip 和 DataSift 出售用户所发的微博，以供这些公司进行分析。DataSift 公司的首席执行官罗布·贝利（Rob Bailey）认为，购买这些数据后，就可以看到特定话题的微博，其效果就像是拥有了大量有关品牌和产品的分散数据。[④]

2013 年 6 月，广告公司 WPP 发布公告称，其已经与 Twitter 达成协议，Twitter 的数据将被集成至 WPP 的媒体和产品分析系统，帮助该公司开展更有效的广告营销活动。[⑤]

2013 年 7 月初，Twitter 宣布允许广告主利用其用户的网页浏览记录及邮箱地址等个人信息投放精准广告。Twitter 的产品营收高级主管凯文·威尔（Kevin Weil）称，此举不会增加用户看到的广告数量，而会提高广告的

① 李明：《Google+活跃用户数量3.6亿:仍高于Twitter》，新浪科技，http://tech.sina.com.cn/i/2013-05-01/21018296006.shtml。

② 志伟：《Twitter的商业模式猜想》，新浪科技，http://tech.sina.com.cn/i/2008-08-19/03102398779.shtml。

③ 阳光：《Twitter出售数据信息：36万美元买50%的消息》，搜狐IT，http://it.sohu.com/20101118/n277713521.shtml。

④ Mitch Lipka, "Twitter sells your feed to Big Data", the globe and mail, http://www.theglobeandmail.com/technology/digital-culture/social-web/twitter-sells-your-feed-to-big-data/article550140/。

⑤ 维金：《Twitter与广告巨头WPP合作 开辟新收入来源》，新浪科技，http://tech.sina.com.cn/i/2013-06-06/22318419407.shtml。

质量，使 Twitter 能为用户提供更有效的服务。并表示用户可以通过更改账户设置和浏览器选项，退出 Twitter 这一广告计划。[①]

另外，Twitter 也曾经为诸如谷歌、雅虎和微软旗下的 Bing 等搜索引擎提供实时数据，并收取费用。[②]

（2）原理解析

企业和研究公司获得了用户数据，可以用来详细分析用户对品牌或产品的态度，对营销活动做出指导，从而进行精准营销。

但对于 Twitter 来说，一方面，这项活动会给它带来收益，对于其用户数据的市场需求不容忽视。根据与 Twitter 合作的研究公司 DataSift 的首席执行官的说法，在他们与 Twitter 达成合作的时候，还有 700 多家公司正在等待购买这些数据。[③]

但另一方面，这种模式会导致用户信息泄露，可能造成用户对于 twitter 的印象变坏。通过分析 Twitter 的用户数据，可以了解用户点击了什么网站、关注了什么广告甚至购买了什么东西，一些隐私保护组织或个人已经就此提出了异议，比如英国互联网安全公司 Sopohs 高级技术顾问格拉哈姆·克鲁利（Graham Cluley）认为，这种分析会逐渐地了解用户正在想什么，"这是个令人毛骨悚然的想法"。[④] Twitter 在操作此项赢利模式时，需要考虑到这一点。

3.专业账户（Professional Accounts）收费

（1）内容

此处的专业账户主要是一些企业的账户，Twitter 基于自身用户产生

---

① 叶佳：《Twitter 利用用户个人信息投放精准广告》，新浪科技，http://tech.sina.com.cn/i/2013-07-04/06488506287.shtml。

② 张婕：《Twitter 与微软续签数据许可协议 将力争成功达成》，艾瑞网，http://web2.iresearch.cn/87/20110718/144748.shtml。

③ Mitch Lipka，"Twitter sells your feed to Big Data"，*the globe and mail*，http://www.theglobeandmail.com/technology/digital-culture/social-web/twitter-sells-your-feed-to-big-data/article550140/。

④ Mitch Lipka，"Twitter sells your feed to Big Data"，*the globe and mail*，http://www.theglobeandmail.com/technology/digital-culture/social-web/twitter-sells-your-feed-to-big-data/article550140。

的海量数据，为企业提供汇总的产品舆情信息等增值服务，以供企业分析其广告信息产生的效果，并就此调整自己的广告策略。比如，Twitter 的 Professional Accounts 可以提供企业广告的点击、浏览量在时间线上的变化趋势，从而企业可以了解在哪些时段广告信息会产生比较好的效果，从而相应调整广告发布的时间。

（2）原理解析

专业账户收费其实是针对有一定经济实力的企业提供专门服务，从而从其身上赢利，这是比较可行的一种赢利模式。这些企业有一定经济实力，不是特在乎一些费用，同时，对自己的促销行为比较重视，所以，一旦有比较好的促销方面的参考信息，它们是会愿意出钱购买的。Twitter 的 Professional Accounts 为广告主提供广告点击、浏览量在时间上的变化趋势，是很好地利用了自己的技术优势开发出了新的赢利模式，Twitter 其实很有必要在日后坚持这种创新模式。

第四章　网络游戏赢利模式

一　概念、发展历程及规模

（一）概念

网络游戏是指由软件程序和信息数据构成，通过互联网和通信网提供的游戏产品和服务。主要包括以客户端、网页浏览器和其他终端形式运行的网络游戏，以及通过信息网络向公众提供的单机版游戏。

客户端游戏是指基于客户端—服务器软件体系的一种网络游戏。即用户玩客户端游戏时，都需要首先在电脑中安装该游戏专用的客户端软件；网页游戏则是基于浏览器—服务器软件体系的一种网络游戏，用户玩游戏无需下载专用的游戏客户端，使用浏览器打开网页即可进行游戏。[①] 其他终端，则包括移动电话、个人数字处理器、联网的游戏机和接入信息网络的各类信息设备。[②] 也就是说，随着平板电脑和智能手机等的普及，网络游戏已不再仅仅依托于计算机，而是走向了多屏时代。

（二）发展历程[③]

从营利模式来讲，中国的网络游戏呈现出从收费到免费的发展历程；

---

① 中华人民共和国文化部：《2012年中国网络游戏市场年度报告》，2013年4月。
② 同上。
③ 参见新浪网：《时间收费还是道具收费：网游收费模式大探讨》，第http://games.sina.com.cn/ng/sfms/index.shtml；人民网，《中国网络游戏发展史》，http://game.people.com.cn/GB/48644/48662/8724087.html。

从发展态势来看，中国网络游戏市场正在从快速发展的成长期向稳中求升的成熟期过渡。①

1. 起步阶段（1997—2000）

这一时期，是中国网络游戏的"史前文明"时期。当时网络游戏市场上只有一些小型的棋牌类私服游戏和以《侠客行》为代表的文字网络游戏。1998年6月，联众游戏世界架设游戏服务器，免费提供给国内上网用户围棋、中国象棋等共计5种网络棋牌游戏。

1999年，《网络创世纪》（Ultima Online）民间模拟服务器出现，从那时起，国内的玩家们才开始实质性地接触到了真正优秀的图形网络游戏。《网络创世纪》是真正意义上第一个大型图形Mud（Mud,multiple user domain多用户虚拟空间游戏），并开始进行收费模式的探索。

2. 发展阶段（2000年—2005）

2000年，网络游戏开始进入正式的商业化运作，第一款MMORPG（Massive Multiplayer Online Role-Playing Game）《万王之王》在大陆投入运营，它明确提出了后来网游企业普遍采用的"客户端免费、通过服务收费"的网游商业模式。

2000年中国的网络游戏销售额仅为0.38亿元，而2001年达到3.25亿元，2003年2月18日，中国电子信息产业发展研究院发布的统计报告显示，2002年我国网络游戏市场规模已达10.2亿元人民币，增长率高达213.8%。②

而据相关研究，2002年到2003年期间，中国网络游戏产业的发展呈现出统一性和协调性，逐渐形成了较为完整的产业链。同时，占据产业链上最关键环节的网络游戏运营商，开始趋向成熟和理智，在高速增长的过程中开始努力寻求稳定和持续的发展。③

---

① 李舫：《中国网游向成熟期过渡：一款游戏就是一个"梦工厂"》，人民网，http://gd.people.com.cn/GB/14458364.html。

② 择言：《网络游戏新一轮竞争走向何处？》，中国经营网，http://www.ce.cn/cysc/it/wljj/wlyx/fxpl/t20031013_150055.btk。

③ 寇晓伟：《网络游戏媒体化的商业价值——从网络游戏广告模式演变说起》，《传媒》2007年第12期。

3. 稳定成熟中求发展阶段（2006至今）

从 2006 年至今，我国网络游戏行业开始进入相对稳定成熟的阶段。自主研发的民族网络游戏显现出强劲的竞争优势，盛大、完美世界等游戏企业纷纷上市，中国网络游戏运营商在产品、渠道、市场推广以及营销方式上，展开了激烈的竞争，在不同层面上都展现了自己的特色。

在稳定成熟的基础上，各网络游戏企业也在积极谋求发展。从目前来看，客户端游戏逐渐转型、网页游戏精品化、移动网游戏崛起都成为网络游戏市场新的突出特点。[①]

（三）市场规模[②]

1. 当前规模

根据文化部 2013 年 4 月发布的《2012 年中国网络游戏市场年度报告》，2012 年，以互联网和移动网游戏市场计算，我国网络游戏市场收入规模达 601.2 亿元，同比增长 28.3%。其中，互联网游戏 536.1 亿元，同比增长 24.7%；移动网游戏 65.1 亿元，同比增长 68.2%。

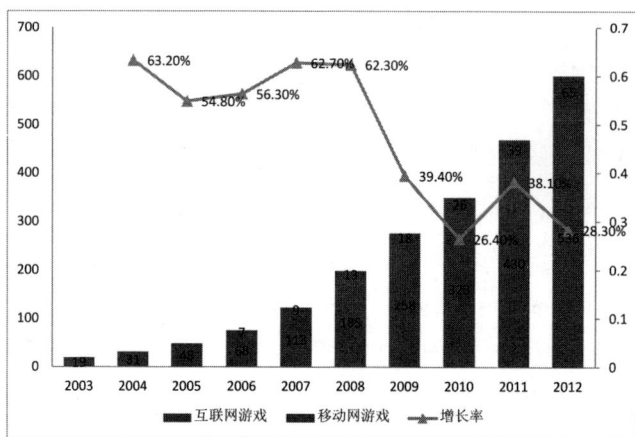

图4—1 2003—2012年我国网络游戏市场规模及增长（单位：亿元）[③]

---

① 中华人民共和国文化部：《2012年中国网络游戏市场年度报告》，2013年4月。
② 同上。
③ 同上。

就用户人数来说，2012年互联网游戏用户总数突破1.9亿人，同比增长18.7%；据2013年1月发布的互联网统计报告，我国网民规模达5.64亿，也就是说超过三分之一的人为游戏玩家。[①]

就市场份额来说，2012年的网络游戏市场中，互联网游戏仍然占据主导地位，市场份额达89.2%；移动网游戏比重继续上升，达10.8%，较2011年增长近2.5个百分点。

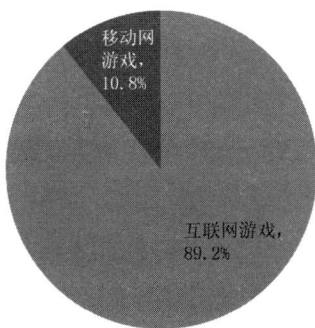

图4—2　2012年中国互联网游戏市场产品结构[②]

2. 前景[③]

（1）网络游戏市场规模将持续快速发展。

未来几年仍是中国网络游戏发展的机遇期，预计2015年末，网络游戏市场规模将超过1000亿元，年均复合增长率超过20%，不过市场规模的总体增速将会走低。

（2）客户端游戏市场趋于饱和，网页游戏、移动网游戏将继续发展。

目前来看，客户端游戏仍然是网络游戏产业的核心力量，2012年细分市场份额占到了80%以上。但是该市场目前已处于高位滞涨状态，长期增长速度缓慢，用户获取难度继续加大，并受到网页游戏和移动网游戏快速

---

① 中国互联网络信息中心：《第31次中国互联网络发展状况统计报告》，2013年1月。

② 中华人民共和国文化部：《2012年中国网络游戏市场年度报告》，2013年4月。

③ 这部分内容根据《2012年中国网络游戏年度市场报告》、《IDC：中国网络游戏企业必将与泛娱乐产业结缘》以及艾瑞咨询《2013年Q1中国网络游戏核心数据发布》整理。

发展带来的冲击。目前国内整体市场特别是一线城市市场，客户端游戏已趋于饱和，客户端游戏企业正在将精力放在二三线城市的市场拓展上。

2012 年，网页游戏市场规模大幅度上升，增长率高达 86.8%。随着游戏娱乐时间碎片化程度不断提高，一些传统客户端游戏企业甚至其他互联网企业也进入网页游戏市场，今后该市场的规模会继续扩大。

2012 年，移动网下载单机游戏用户达 8200 万人，增长率达 60.7%；移动网在线游戏用户则达到 2670 万人，增长率达 136%。在移动网网络环境改善、智能机日益普及的条件下，移动网游戏市场蓬勃发展。根据艾瑞咨询 2013 年第一季度数据显示，中国移动网游戏市场规模达到 24.3 亿元，环比增长 9.3%。未来一段时间，智能机移动网游戏可能迎来爆发。①

二　赢利模式

（一）当前赢利模式

1．计时收费

计时收费模式是网络游戏厂商最为传统而且行之有效的一种赢利模式，这种收费方式一直延续至今，比如在我国风头强劲的网络游戏《魔兽世界》依然采取这种模式，其收费标准是 30 元 66 小时。

计时模式包括两种：点卡收费和包时卡。

（1）点卡收费

即玩家购买游戏点数，通过计算在线游戏时间，将点数按一定比例转换成小时、分、秒进行消费，例如小时卡、分卡、秒卡。如果玩家不在游戏中，则不会形成消费，这种方式适合不定期短时间玩游戏的玩家。

比较早期的《石器时代》就只有这种收费方式，当时一张 620 点的点卡卖 30 元。这种收费方式商家利润大，但玩家不玩游戏就不收费，退出门槛低，所以也容易"黏"不住玩家，使他们容易流失。

---

① 曹迪：《艾瑞咨询：2013 年第一季度网络游戏核心数据发布》，艾瑞网，http://news.iresearch.cn/zt/202405.shtml。

（2）包时卡

网络游戏玩家在此收费方式下，只需要支付一定的费用，就可以在一段时期内，无限制地登录网络游戏。但需要指出的是，就算玩家在此期间一次都没有玩游戏，这部分费用还是要收取的，这种方式适合长时间都要玩游戏的玩家。

2. 道具收费

在此种模式下，网络游戏玩家在线的游戏时间是免费的，即进入游戏的门槛低，这也成为众多网络游戏厂商吸引玩家的一个最主要卖点。实际上，这些所谓"免费"的网络游戏只是在游戏时间上不收费，网络游戏厂商主要是靠售卖游戏中特殊的虚拟物品获得收入。

免费模式颠覆了过去"按时间收费"的玩家认知和业内认知，它对行业的核心意义在于进一步降低了玩家进入游戏的门槛，从而做大了网游的用户规模。但是，该模式对产品平衡的影响也一直为玩家所诟病。

2005 年之前，除了为数不多的几款网游免费，收费网游曾经一统网游市场。2005 年，盛大公司宣布旗下的三款网络游戏免费运营，从此，"免费模式"在业界大面积推广，此间投入运营的各款游戏，84% 采用了"免费模式"，该种模式最终所获得的收入约占整个网络游戏市场收入的 60% 左右。[1] 目前，道具收费是我国网络游戏的主流赢利模式。

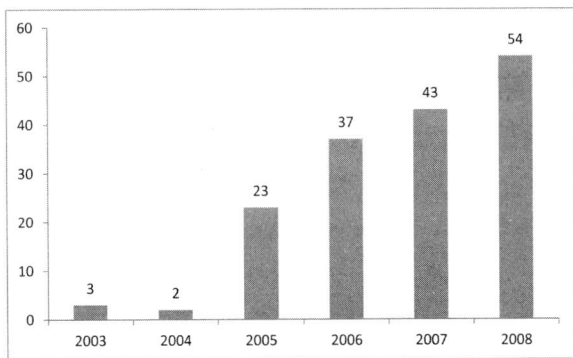

图4—3　2003—2008年中国免费网络游戏运营商数量（单位：家）

（数据来源：诺达咨询）

---

[1]　寇晓伟：《网络游戏媒体化的商业价值——从网络游戏广告模式演变说起》，《传媒》2007年第12期。

3. 收取交易税

交易税模式被誉为"第三代收费模式"，有别于时间收费和道具收费模式，它是厂商在玩家进行虚拟物品交易时，以抽取交易额一定百分比的方式来获取收入。

2011 年 4 月，最早使用交易税抽税模式的游戏——巨人的《征途 2》推出。巨人 CEO 史玉柱称其为"公平游戏模式"，即在免费基础上，取消游戏中的商城；游戏官方不再出售装备道具，玩家通过互相交易获得所需道具，游戏官方则收取 5% 的交易手续费。

交易税模式的前提是要求游戏中用户交易频繁且有一定额度，但用户对该模式的接受情况不易确定，游戏内部还需要稳定的游戏经济系统以支持大量交易的进行。

4. 游戏植入式广告（IGA）

游戏植入式广告（In-Game Advertisement, 简称 IGA）是一种依托于网络游戏呈现的广告类型，这种广告可以嵌入网络游戏中，结合游戏的场景、情节来进行传播。

国内大多数网游厂商保持着以玩家为终端用户的单一赢利模式。如何挖掘不付费或者付费较少的玩家的价值，成为网游厂商进行收费模式创新的突破点。游戏植入式广告模式将玩家资源通过广告资源的形式卖给企业获取收益，是在以长尾客户为主的玩家赢利模式基础上的一种创新。

与传统网游赢利模式需要直接或间接向玩家收费并依赖玩家在线人数和时间的特点相比，网络游戏植入式广告显得更加灵活和独立，也越来越受到游戏开发商和运营商的青睐，被誉为"网游发展的下一座金矿"。2008 年，中国网游植入式广告市场规模仅 1.3 亿人民币，与美国该市场规模 4.03 亿美元相比差距很大，这也在一定程度上显示了我国网络游戏植入式广告本身蕴藏的巨大发展潜力。[1]

5. 衍生品开发

衍生品就是网络游戏厂商授权制作的与游戏相关的一系列产品，包括

---

① 王颖：《中国网络游戏赢利模式研究》，《北方经济》2010年第12期。

日常用品、服饰、食品饮料、玩具、出版物等。这种赢利模式源自国外游戏，如日本的 RPG 类游戏，就将游戏中的道具搬到现实中，联合饮料厂商开发出与游戏中的药品相似的饮料。近年来，国内网络游戏业对游戏衍生品的关注度也在增加，像腾讯公司就推出了各种衍生品，如毛绒玩具、游戏中人物的玩偶服饰甚至化妆品等，这些衍生品为腾讯公司赢得了不菲的收益。①

另外，游戏也可以衍生电影或者电视剧，即以游戏的世界架构为基础，结合对游戏自有剧情的改编拍摄电影或电视剧。2012 年，盛大游戏便宣布拍摄《龙之谷》动画大电影《龙之谷之黑龙崛起》，以及与旗下游戏《传奇世界》相关的电影《百万爱情宝贝》。

6. 异业合作

异业合作，是指不同行业的公司，基于共同的用户群体、渠道及其他资源，展开联合市场推广的一种营销活动，资源互换是其最基本的运作逻辑。②

异业合作最为人津津乐道的范例，是 2005 年前后魔兽世界与可口可乐的"牵手"。二者开展了联合促销，消费者只要购买可口可乐，就可获得魔兽世界的游戏时间和虚拟宠物。除了与食品饮料行业的合作外，游戏和电脑行业的结合似乎也是"天作之和"。2009 年，网游厂商完美时空与硬件提供商 AMD 和 PC 厂商宏基结成战略营销伙伴，并推出 Acer-AMD- 完美游戏笔记本。2012 年，网易旗下推出的网游《天下 3》和宏基电脑开展合作，推出"宏基杯战神挑战赛"。除此之外，惠普与腾讯、华硕与盛大、戴尔与金山也曾纷纷结盟。

（二）发展趋势

1.已有赢利模式的发展趋势

从 2006 年兴起至今，"免费游戏"的不平衡性问题越来越突出。目前，按道具收费已经占据市场主流，但是按时间收费的网游也在悄悄回归。

---

① 李升哲，崔基哲，韩勇：《我国网络游戏产业赢利模式的探讨》，《才智》2012年第 13期。

② 刘晓云：《品牌玩游戏，异业合作如何掘金网游》，《成功营销》2013年第1期。

在网络游戏市场增速放缓的情况下，网络游戏服务商也开始重新思索赢利方式，类似于《传奇3》这样的游戏开始回归时间收费。盛大官方表示，这是因为大量玩家通过各种渠道反映，还是更为喜欢时间收费模式，它"更为公平"。一些游戏如《梦幻西游》等则采用了道具＋时间收费的融合性模式，向多元模式发展。

电脑游戏"教父"席德·梅尔(Sid Meier)曾说过："一个游戏是很多有趣的选择的集合。"而"是否丧失选择性"一直以来被认为是衡量一个游戏平衡与否的标准。有分析人士指出无论是收费游戏还是免费游戏，都在一定程度上使玩家丧失了选择性。比如在收费游戏中，玩家必须向运营商购买游戏时间；而在免费游戏中，玩家又必须购买道具。[①]这样又催生了第三种收费模式即交易税模式，但其也面临着初期运营成本高、游戏内经济环境调控难度大等问题，并没有在国内大面积铺开。

根据易观国际2011年《网络游戏市场用户数据调查》显示，46.4%的玩家认可道具收费，40.7%的玩家同意时间收费，[②]无论哪种收费模式都有一定市场。

可以说，随着网络游戏市场的日益成熟，玩家的消费会日趋理性，游戏中的用户体验才是最核心的制胜因素。今后的网游市场中，无论是哪种收费模式都会占据一定份额，重点在于如何打造精品游戏，吸引玩家驻足。

2.开放平台模式逐渐受重视，小企业进驻大企业平台行为将会进一步增加[③]

2011年开始，开放平台模式逐渐受到产业重视，腾讯、完美等大企业开始搭建自有平台，通过企业的自有用户资源以及展开海外运营等手段，吸引小企业前来合作运营网络游戏，参与营收分成。在网络游戏市场不大可能出现大型寡头垄断产业链的情况下，大企业为了弥补自己资源上的缺

① 曹昱晶：《产业观察：网友C2C交易收费，金钱与时间的平衡》，新浪游戏，http://games.sina.com.cn/y/n/2010-04-02/1508388138.shtml。

② 老意，龙诗思：《道具收费7年之痒 剖析国内网游收费模式迷局》，新浪游戏，http://games.sina.com.cn/y/n/2012-07-02/1625631574.shtml。

③ 中华人民共和国文化部：《2012年中国网络游戏市场年度报告》，2013年4月。

陷，实现自身的持续发展，通过开放一部分内部资源等与小企业合作实现共赢。这种模式未来会有所发展。

（三）评价

本部分笔者谈一下网络游戏的文化内涵以及其在运作中应遵循的规则。

1. 网络游戏的文化内涵

2011 年 5 月，美国政府下属的美国艺术基金会（National Endowment for the Arts）宣布，所有为互联网和移动技术而创造的媒体内容，包括电子游戏都属于艺术形式。[①]事实上，网络游戏在发展过程中，呈现出了自己独特的美学特征、艺术内涵，也展现出了浓厚的文化属性。

总体来说，网络游戏给予玩家沉浸式的审美娱乐体验，游戏玩家通过创建并操纵游戏中的虚拟角色，融入到由计算机技术、数字特技等营造的虚拟环境中去，借助动画、音乐等元素充分调动自己的各种感知，不知不觉地沉浸其中，在游戏的世界中产生精神愉悦感，达到休闲娱乐和交流的目的。[②]

具体来说，玩家在参与游戏中会产生一种潜移默化的心理依恋，从而步入属于自己的虚拟世界。在这个世界中，没有压力、金钱和地位等带来的焦虑；性别、身份也被模糊化，与现实世界产生了一种距离，从而使人得到休闲与放松。

而且，网络游戏的叙事是开放性的，故事的具体进展需要玩家自己在玩游戏的过程中完成，结果如何也由玩家的选择和水平来决定，这就使玩家有一种掌控感。

另外，网络游戏带来了参与式审美。大型网络游戏多为角色扮演类游戏，玩家创建并操控角色，完成角色使命，是在参与一场活动，其在活动中获得成功、胜利，这种体验与在现实世界中是一致的；但其参与的活动，又往往是现实世界中无法经历的，如战争、与怪兽交战等。因此玩家能获

---

① 孙佳山：《双重视野下的网络游戏的文化价值》，《快乐消费的文化底色——网络游戏评论文集》，人民日报出版社2012年版，第43～44页。

② 王伟平：《国产网络游戏现状及问题对策》，山东师范大学硕士学位论文，2012年。

得现实生活中获得不了的美好体验，这就是网络游戏给玩家带来的参与式审美。

最后，网络游戏也具有很强的社交功能。网络游戏玩家能够较长时间参与同一款游戏的一个重要原因是，在游戏中有一个相对稳定的社交圈子，有着和谐的人际关系和同甘共苦的团队战友。在很多游戏论坛上都能够看到游戏玩家对虚拟世界中获得的那份友谊进行记述，甚至"战友"离开游戏也会成为玩家退出游戏的重要原因。在游戏的世界里，良好的互动很容易使玩家产生愉悦的社交体验。

总之，以上就是网络游戏的文化内涵，也是网络游戏吸引人的重要原因。

2. 网络游戏应遵循的规则

笔者认为，基于网游自身的特点，其在运作时应遵循一些基本规则。具体如下。

（1）讲求公平性

玩家在游戏世界中寻找的，是不同于现实世界的另一种体验。机会均等，是网络游戏的感召力之一。"喜欢网游的人，往往会有寻求精神平等的动机，想寻找一片能寄存自己灵魂的净土，一个脱离世俗的江湖，寄托现实无法安置的悲伤和情感的驿站。"[1] 竞技性虽然重要，但是不合理的竞技也会给网络游戏带来负面影响。在前文所述的道具收费模式下，一些游戏出现"有钱就能独步天下"的局面，造成了网游虚拟社会的畸形发展。在有些游戏设置里，如果不愿付费，很多 PK 竞技和副本玩家都不能参加，也不可能获得游戏中的极品虚拟道具和装备，也就是说无法获得该款游戏的全部体验。"人民币玩家"在游戏江湖上可以呼风唤雨，使得游戏对"非人民币玩家"失去吸引力。

归根结底一句话，游戏失去了公平性，对玩家是一种伤害。

从玩家的角度来说，公平性本身能够带来更好的游戏体验；从企业的角度来说，公平性也是游戏生命力得以延长的基础，否则产品的生命周期

---

① 曹颖：《论网络游戏的文化承载》，《快乐消费的文化底色——网络游戏评论文集》，人民日报出版社2012年版。

会大为缩短。

中国移动通信联合会新媒体工作委员会执行理事长王鸿翼认为，竞技性是网络游戏不可或缺的要素之一，但关键是度的把握。这里所谓的"度"，也就是游戏的平衡性，这牵涉到开发者对游戏规则的设定。而规则设定是否公平，则是整个游戏竞技中的核心问题，这要求企业在做开发时必须深思熟虑。①

（2）保护未成年人

2010年6月22日，网络游戏的主管部门文化部发布了《网络游戏管理办法》(以下简称《办法》)，8月1日起开始实施。

《办法》是第一部专门针对网络游戏进行管理和规范的部门规章。《办法》第四条规定：从事网络游戏经营活动应当"遵守宪法、法律、行政法规，坚持社会效益优先，保护未成年人优先，弘扬体现时代发展和社会进步的思想道德文化和道德规范，促进人的全面发展与社会和谐"。

《办法》对网络游戏的运营消费等行为进行了规范，着重对当前的突出问题，提出具体的要求，其中重要的一条就是加强网络游戏未成年人保护。鉴于未成年人自制力和甄别力较弱，在网络游戏中易引发沉迷，影响学业和身心健康，《办法》坚决按照《中华人民共和国未成年人保护法》的优先保护原则，明确要求网络经营单位应当采取一系列未成年人保护措施。其中第十六条规定：网络游戏经营单位应当根据网络游戏的内容、功能和适用人群，制定网络游戏用户指引和警示说明，并在网站和网络游戏的显著位置予以标明。以未成年为对象的网络游戏不得含有诱发未成年人模仿违反社会公德的行为和违法犯罪的行为内容，以及恐怖、残酷等妨害未成年人身心健康的内容。网络游戏经营单位应当按照国家规定，采取技术措施，禁止未成年人接触不适宜的游戏或者游戏功能，限制未成年人的游戏时间，预防未成年人沉迷网络。第十七条：网络游戏经营单位不得授权无网络游戏运营资质的单位经营网络游戏。第二十一条：网络游戏运营商应当要求

---

① 周志军：《网络游戏需要怎样的竞技性》，《中国文化报》2012年4月6日，第4版。

网络游戏用户使用有效身份证件进行实名注册，并保存用户注册信息。^①

（3）保护玩家虚拟财产

网络虚拟财产是随着互联网络游戏的发展而出现的新名词，是指具有使用价值和交换价值的网络游戏 ID、装备、游戏币等网络物品。它是存在于与现实具有隔离性的网络空间中，但又能够用现有的度量标准度量其价值的数字化的新型财产。^②

2012 年，我国网络游戏虚拟物品交易市场交易总量约为 276 亿元，同比增长 35.3%，^③但其交易在我国仍处于灰色地带。据有关部门统计，目前我国网络游戏在线玩家中，76.3% 的人有过网络虚拟财产被盗的经历。^④从民法角度看，对于网络游戏虚拟财产的法律属性，学界各执一词，难以形成共识，还没有相关法律法规来规范虚拟财产交易。笔者认为，玩家在网络游戏中充当了消费者的角色，购买了游戏厂商提供的服务，游戏厂商应当在最大限度上保护玩家的虚拟财产安全。实践中，网络游戏服务商有时会因为游戏发生问题而进行回档，或者停止运营游戏，造成一些玩家通过正常渠道获得的高价物品化为乌有。就此，网游服务商与玩家应该制定相关赔付办法和赔偿标准。

目前，已有保险公司与游戏厂商联合推出"网络游戏运营商用户损失责任险"和"网络游戏玩家意外险"，其中"网络游戏运营商用户损失责任险"就是一款针对玩家账号被盗、装备被盗或意外丢失而提供保障的责任保险。该保险的保费由网游公司承担，如果网游玩家出现了账号被盗或者数据丢失的情况，如果管理数据的游戏运营商负有责任，那么它要进行赔偿，但保险公司会向网游运营商支付相关赔款^⑤这是一个比较好的模式，能够保护玩家的虚拟财产，值得推广。

---

① 中华人民共和国文化部：《网络游戏管理暂行办法》，http://www.gov.cn/flfg/2010-06/22/content_1633935.htm。

② 王刚：《浅析网络虚拟财产的法律保护》，《黑龙江教育学院学报》2006 年第 5 期。

③ 中华人民共和国文化部：《2012 年中国网络游戏市场年度报告》，2013 年 4 月。

④ 付五平：《网络虚拟财产交易问题探析》，《湖北第二师范学院学报》2010 年第 4 期。

⑤ 网易游戏：《网游虚拟财产谁保护 玩家的损失谁来买单？》，http://game.163.com/11/0713/00/78Q7IPCN00314J6L.html。

三 案例分析

（一）盛大游戏

1.公司简介

盛大游戏有限公司（NASDAQ：GAME）（以下简称"盛大游戏"）是中国领先的网络游戏开发商、运营商和发行商，致力于打造国际化的网游平台。盛大游戏拥有两千多名研发和运营人员，并与两万多名游戏开发者进行合作。它坚持优秀和丰富多样的产品线，向用户提供基于 PC 客户端、浏览器以及智能移动终端等平台的几十款大型网络游戏产品，以及四万余款 Flash 休闲游戏，其已连续多年赢得金翎奖、金凤凰奖等行业奖项。⑥

盛大游戏的游戏业务包括开发、运营、授权 MMORPG（大型多人在线角色扮演）以及高级休闲游戏、手机游戏和网页游戏。到 2013 年 7 月 12 日，盛大游戏官网（http://www.shandagames.com/web/）显示，盛大共运营 29 款大型游戏、11 款高级休闲游戏、4 款手机游戏和 2 款网页游戏，建立了比较丰富的游戏产品线。⑦

2009 年 9 月，盛大游戏在美国纳斯达克挂牌上市，首日开盘价 12.5 美元。此次盛大游戏 IPO 融资额达 10.4 亿美元，这也是当年美国融资规模最大的 IPO，也创下中国纳斯达克上市公司融资规模之最。⑧

从最近的财报显示，盛大游戏 2012 年第四季度 1.72 亿美元的净营收被搜狐畅游的 1.74 亿美元超过，盛大游戏四年来首度滑出市场前三的位置。不过，从全年的财报看，2012 年游戏市场格局未变，依然是腾讯第一，网易第二，盛大游戏位居第三。

---

① 盛大游戏官方网站：《2011年中国网络游戏市场年度报告》。

② 盛大游戏官方网站：http://www.shandagames.com/web/。

③ 范海涛：《盛大游戏25日登陆纳斯达克 融资10.4亿美元》，《投资界》，http://pe.pedaily.cn/200909/20090927107883.shtml。

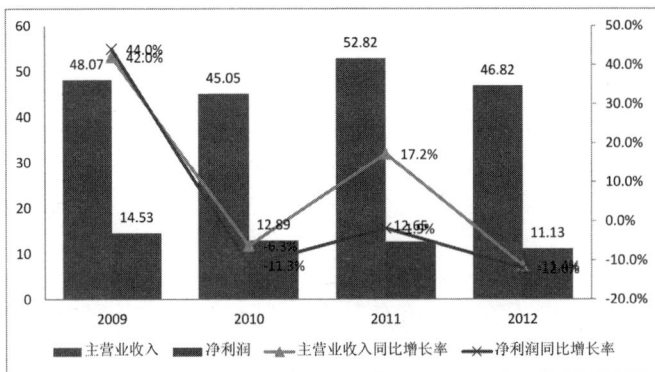

图4—4　2009—2012年盛大游戏主营业收入及其利润变化
（根据盛大游戏财务报表整理）

2.盛大游戏的赢利模式

（1）按道具收费

2005年11月，盛大游戏宣布旗下《热血传奇》《传奇世界》《梦幻国度》三款游戏采用"游戏免费，增值服务收费"模式，至此旗下游戏全面实行免费，并开创了网络游戏行业赢利新模式——CSP（come-stay-pay）。可以说，盛大游戏是我国免费网络游戏的鼻祖。在免费游戏模式下，玩家可以选择购买虚拟道具来提升自己的游戏体验，例如武器、服装甚至是配件和宠物。目前，盛大游戏运营的绝大部分游戏采取此种收费方式。

由于网络游戏具有庞大的世界，网络游戏厂商就可以设计各种增值游戏物品来满足游戏玩家的不同需求。在这些网络游戏中，无论是角色升级、完成高等级任务、打造某种特色装备还是让角色看起来更加漂亮，都需要应用到这些游戏增值物品，玩家也可以在游戏中不购买任何增值物品，但如此一来，游戏中的体验会大打折扣。网络游戏厂商在设计这些特定虚拟物品时，赋予了这些物品超过免费物品多得多的功能，如果网络游戏玩家不使用的话，就需要耗费更多的时间和精力才能获得购买增值物品同样的效果。在道具收费的网络游戏中，"道具决定实力"，投入上万元甚至数十万元到某一款游戏的"人民币"玩家也是不在少数。

（2）按时间收费

在运作中，盛大也打出了"怀旧"和"重温经典"的旗号，对部分游戏进行了时间收费，或者开设了时间收费服务区，如《热血传奇》和《传奇世界》等。盛大代理的游戏《时空裂痕》也使用时间收费的方法，每小时游戏费用为0.49元。近两年网游市场增长放缓，整体趋于稳定和成熟，各种不同的玩家群体也在逐渐形成，很多玩家群体对游戏的环境要求更高，中高端玩家渴望更加平衡和纯粹的游戏环境。在这种大环境下，《时空裂痕》选择计时收费，能够把更多的精力奉献给游戏玩法和游戏创新上去，而不用去思考如何卖道具。不过时间收费方式也有不足之处——对厂商来说，提高了游戏进入门槛，玩家很难在不了解游戏的情况下进入游戏，这样游戏的玩家吸引能力就差些。

3.存档收费

该模式预计在游戏《黑金》中使用。在游戏中，用户可以免费体验游戏产品，在这个过程中获得的奖励，会以类似单机游戏存档的形式，由系统自动或者用户手动生成并进行结算。"玩家可根据自己满意的存档收益来购买存档对应的游戏时间。对于不满意的游戏时间，玩家完全可以不付钱。"[1]《黑金》目前尚处于内测阶段，存档收费的效果如何还需要观望。

表4—1 2013年盛大游戏运营游戏收费方式一览表（数据来源：盛大官方网站）

游戏类型	游戏名称	知识产权情况	收费模式	运营状况	收费模式备注
大型游戏	热血传奇	代理运营（韩）	道具收费	正式运营	百区按照时间收费
	传奇世界	自主研发	道具收费	正式运营	88区按照时间收费
	九阴真经	双核运营	VIP+道具收费	正式运营	玩家可以在游戏中购买VIP月卡（30元/月）获得更多服务，也可以充值黄金在游戏商城中购买商品
	永恒之塔	代理运营（韩）	时间+道具收费	正式运营	0.45元/小时
	星辰变	自主研发	道具收费	正式运营	

---

① 17173游戏网：《开启自愿性消费时代〈黑金〉收费模式详解》，http://news.17173.com/content/2013-07-22/20130722105240674_3.shtml。

	龙之谷	代理运营	道具收费	正式运营	
	零世界	自主研发	道具收费	即将推出	
	新英雄年代	自主研发	道具收费	正式运营	
	风云	18基金企业自主研发	道具收费	正式运营	
	鬼吹灯外传	18基金企业自主研发	道具收费	正式运营	
	千年3	后续研发	道具收费	正式运营	3区、58区按时间收费，计时区玩家可以通过充值秒卡与月卡正常游戏
	彩虹岛	控股韩国公司开发	道具收费	正式运营	
	星尘传说	盛大游戏旗下星漫科技研发	道具收费	正式运营	
	魔界2	18基金企业自主研发	道具收费	正式运营	
	传世群英传	自主研发	道具收费	正式运营	
	新传奇外传	自主研发	道具收费	正式运营	玩家可向系统出售打怪爆得的道具，以此来赚取银两，其他玩家再从系统中购得该道具
大型游戏	传奇3	代理运营	时间收费/道具收费	正式运营	目前传奇3分为时长版和免费版，"时长版"收费标准为0.45元/小时
	传奇归来	自主研发	道具收费	正式运营	
	生肖传说	盛大游戏旗下金酷游戏开发	道具收费	正式运营	
	诸侯	盛大游戏旗下金酷游戏开发	道具收费	正式运营	
	魔界2	盛大游戏旗下金酷游戏开发	道具收费	正式运营	
	夺宝传奇	自主研发	道具收费	正式运营	
	传世无双	自主研发	道具收费	正式运营	
	最终幻想14	代理运营	不明	即将推出	或为时间收费
	时空裂痕	代理运营（美）	时间收费	正式运营	0.49元/小时 试玩账号20级以下永久免费
	猎天	18基金企业自主研发	道具收费	正式运营	
	守护之剑	代理运营（韩）	道具收费	正式运营	
	盘龙	自主研发	不明	正式运营	

	泡泡堂	代理运营（韩）	道具收费	正式运营	
	冒险岛	代理运营（韩）	道具收费	正式运营	
	热血英豪	代理运营（日）	道具收费	正式运营	
高级休闲游戏	疯狂赛车2	自主研发	道具收费	正式运营	进行异业合作，参与并赞助各类大型汽车相关赛事
	超级跑跑	代理运营（韩）	道具收费	正式运营	
	热斗传说	代理运营（日）	道具收费	正式运营	
	泡泡战士	代理运营（韩）	道具收费	正式运营	
	特战先锋	代理运营（韩）	道具收费	正式运营	
	极限火力	自主研发	道具收费	即将推出	
	魔界村	代理运营（韩+日）	道具收费	即将推出	
手机游戏	彩虹岛手机版	自主研发	不明	正式运营	
	悍将传世	自主研发	道具收费	内测	
	斯巴达	自主研发	道具收费	正式运营	
	百万亚瑟王	代理运营（日）	道具收费	即将公测	

3.盛大游戏公司发展的原理解析

就整个盛大游戏公司而言，其发展的原理可从以下三点进行解析，即从代理到自主研发、从收费到免费、从固定互联网到移动互联网。

（1）从代理到自主研发

从产业链的角度看，网络游戏产业主要由游戏产品研发、游戏运营（含虚拟货币发行）和游戏消费等环节组成，是一条从内容来源到游戏消费的价值传递链条。[①] 自主研发企业具有游戏的自主知识产权，而代理运营企业则不具有。盛大游戏，走的就是一条从产业价值链下游代理运营逐步走向上游产品研发的发展道路。

①代理运营企业与自主研发企业

代理运营类企业本身并不负责网络游戏的研发工作，它只是向网络游戏开发商支付一定的报酬，获得网络游戏的代理权，并通过负责该游戏在某一地区运行、促销、收费和售后等工作赢利的网络游戏企业。从网络游戏的产业链来看，可以把这类企业当成纯粹的网络游戏运营商，它在产业链中受制

---

① 中华人民共和国文化部：《2012年中国网络游戏市场年度报告》，2013年4月。

于网络游戏开发商。

代理运营的优势在于风险低、短期内可以获得高额回报。代理运营不需要承担开发网络游戏所耗费的巨额时间和资金成本，在一定程度上规避了风险；同时，代理运营回报周期较短，代理企业可以迅速获得收益。其劣势在于，受制于网络游戏开发商，在利润分配方面的议价能力低；同时，市场生存机会也受制于前者，生存风险高；此外，赢利空间有限，比如它无法开发游戏衍生品。

我们以第九城市为例来看看代理运营企业的生存风险。第九城市（以下简称九城）曾经是中国网络游戏市场上最为成功、最为彻底的网游代理公司，也是最早一批上市的公司。通过运营《奇迹》和《魔兽世界》，九城一度跃居我国网游龙头老大的位置。但代理运营游戏红火的同时，也埋下了九城危机的种子。

2009 年，在激烈的争夺战之后，美国暴雪公司将《魔兽世界》在中国内地市场的独家代理运营权交给网易，与九城 4 年的合作正式宣告结束，而九城的股价也应声下跌了 33% 以上。这是因为在九城代理《魔兽世界》的 4 年里，该款游戏的收入一度占据了九城所有营收的 90% 以上。投资研究机构 The Motley Fool 分析师穆纳里兹的分析报告显示，当一家公司的核心业务是被授权使用的财产时，投资者一定要心存警惕。盛大、网易和完美时空等网游公司主要依赖于自身所有的网游资产，而九城则是以《魔兽世界》和 EA 系列的游戏等代理为生，[①] 其生存风险肯定很高。

再看自主研发型企业，它们具有网络游戏开发商和网络游戏运营商的双重身份，不但具有开发产品的职能，而且对游戏的运营方向也具有主导权。这类企业相对于代理运营企业来说，赢利手段更加多样，从长期来看，具有更好的发展前景。

具体说来，自主研发型企业的优势有三项：一是赢利空间更加广阔，收入来源广泛。二是运作也很灵活，可以根据玩家需求和运营产品特点随

---

① 陈凯眉：《魔兽噩梦：网易挖走九城90%收入 两天暴跌33%》，搜狐网，http://it.sohu.com/20090420/n263502663.shtml。

时进行调整。三是赢利具有持续性。自主研发企业可以凭借好的游戏开发与运营口碑，使得自己推出的其他游戏也同样受到网络游戏玩家的关注，比如美国暴雪公司在网游界已经获得了"暴雪出品，必属精品"的声誉，这也会大大节省其市场推广成本。[①]

②盛大游戏的转型

2002 年，盛大代理韩国 Actoz 公司出品的游戏《热血传奇》，在中国市场取得了巨大成功。2002 年 11 月，盛大官方公布《传奇》在线人数突破 65 万，传奇注册用户则达到 7000 万，[②] 这在当时均是巨额数字。

同样是在 2002 年，《传奇》开发商单方面宣布，由于盛大网络连续两个月拖延支付分成费，终止与盛大网络就《传奇》网络游戏的授权协议。而从盛大就此事件做出的回应中，也可以看出游戏代理企业遭遇的尴尬与无奈："众所周知，在网络游戏产品的运营中，客户端程序仅仅是游戏虚拟世界的一个组成部分，而服务器端程序才是游戏虚拟世界的核心与防止盗版的关键。可以说，运营商每月向开发商支付分成费，就是基于其所获得的包括网络游戏服务器端程序在内的游戏软件的排他性权利。"而韩国开发商 Actoz 和 Wemade 公司连续三次泄露服务端程序，使得盛大网络遭受巨大损失。在盛大网络与该公司进行沟通和协商时，"韩国企业不但顽固地推卸全部责任，拒绝赔偿，拒绝道歉，拒绝提出任何协商方案，甚至单方面在韩召开新闻发布会，在绝口不提导致双方争端的私服事件的情况下，称拖延付款是盛大网络的单方面的霸权和违约行为"，而盛大"在处理纠纷时采取克制和忍让态度"，[③] 只是忍无可忍之下才拿起法律武器。

如上所述，由于在代理游戏的过程中长期受制于人，而且游戏供应商赚钱要比代理运营商容易得多，从 2002 年下半年开始，盛大就已经在秘密进行转型研发的准备工作，并在日美投资游戏开发公司。陈天桥曾在接受

---

① 王琦：《我国网络游戏产业的赢利问题研究》，首都经济贸易大学硕士学位论文，2009。

② 人民网：《中国网络游戏发展史》，http://game.people.com.cn/GB/48644/48662/8724087.html。

③ 新浪网：《盛大关于Actoz终止"传奇"授权协议的声明》，http://tech.sina.com.cn/i/c/2003-02-09/1524164405.shtml。

媒体采访时提到：“假如问我对同行有什么建议，我会说你应该自主研发，这种模式真的很赚钱。”①

2007 年，陈天桥在 Chinajoy 高峰论坛上，正式提出三个计划：“风云计划”"18 计划"（前两个计划后来整合为"18 基金"品牌）和"20 计划"。"18 基金"主要给游戏创业者提供充足的创业资金保障和开放式资源共享；"20 计划"则是指"游戏团队内部创业，盛大与项目团队共同分成"，其分成比例高达 20%。盛大游戏 CEO 李瑜如此形容 2007 年之后的盛大："从内到外，成为对外开放的平台公司，即让广大外部的公司与盛大共生。"②

所以说，从 2002 年开始至今，盛大完成了代理运营到自主研发的蜕变。

（2）从收费到免费

①网络经济运行规律——梅特卡夫法则

在讨论盛大选择的收费模式之前，可以先看一下网络经济的运行规律——信息网络扩张效应的梅特卡夫法则（Metcalfe Law）。按此法则，网络的价值等于网络节点数的平方，这说明网络效益随着网络用户的增加而呈指数增长。③

技术与知识的创新是网络产品的源泉，这也意味着网络产品在设计之初的研发费用投入巨大；一旦网络产品投入市场，进入销售阶段，软件的复制成本极低，因而进一步生产网络产品具有很低的边际成本。也就是说，网络产品的产量需要足够高，才能使网络产品的平均成本逐渐下降。④与此同时，网络产品的最大特点是用户能够互动，其边际效应是随着人数的增加而增加的。在网络游戏中，如果只有一个人玩，没有人与他组队或者对战，这种效用是极低的；只有吸引到了足够的用户之后，玩家获得的效用才会递增，即新用户的增加会提高原来用户的效用，这也正印证了梅特卡夫法则。

① 王吉鹏：《盛大转身：2 年转投研发解谜》，新浪网，http://tech.sina.com.cn/i/2004-12-25/1816484969.shtml。

② 张凯锋：《到盛大去创业》，《创业家》2009 年第 4 期，http://www.xyzlove.com/Transshipment/Market/dsdqcy/dsdqcy.htm。

③ 乌家培：《网络经济及其对经济理论的影响》，《学术研究》2000 年第 1 期。

④ 王琦：《我国网络游戏产业的赢利问题研究》，首都经济贸易大学硕士学位毕业论文，2009。

这也就意味着，在网络产品的竞争世界里，常会出现"赢家通吃"的现象：如果一款网络产品达到了足够的市场规模，用户就会更倾向选择它；而一旦一款网络产品已经获得很高的市场份额，用户如果转而使用其他产品，会付出较为高昂的转移成本，因此用户也不会轻易放弃该产品。

因此，网络产品厂商只有在锁定足够多的用户，达到一定的用户规模以后，才可能赢利。相比于利润，网络产品厂商首先更加关心的是用户规模，这就导致了网络经济的赢利模式具有滞后性，即赢利不会立竿见影；其次，在传统经济中，就算一个厂商的产品没有能够成为主流，该厂商也能够分得属于自己的一杯羹。但在网络经济中则不同，只有主导厂商才能够获得市场份额，并进而赢利；而对非主流的厂商来说，收入往往无法弥补产品前期的研发费用，没办法就会渐渐退出市场。所以，在网络世界里，只有占据足够的市场份额，成为赢家，才可以赢利。[①]

如此一来，网络经济运营的规律也就使得许多网络厂商会实行"主流化"战略。主流化战略的过程可以简单概括为先赠送产品，取得最大化市场份额，产品成为市场主流，从而锁定用户群，再通过产品升级、相关服务收费或会员费来取得利润。[②]

②盛大的探索

在网络游戏市场从收费到免费的运营模式转变上，盛大网络打了头阵。2005年11月，盛大宣布其旗下的几款主力游戏将永久免费。据盛大公司表示，决定免费运营，是因为网游同质化过于严重，希望探寻新的网络游戏运营模式。而业内人士则表示，盛大旗下的主力游戏在当时面临产品生命衰竭、收入和用户流失的情况，在营收和用户难以两全的情况下，盛大选择留住和吸引用户。[③]"免费"可以圈住大量玩家，让这些玩家养成玩盛大运营的游戏的习惯，日后总能赚到钱。这也正符合网络经济运营的规律——

① 王琦：《我国网络游戏产业的赢利问题研究》，首都经济贸易大学硕士学位毕业论文，2009年。

② 倪云虎、陈方中：《试论网络企业的主流化战略》，《商业经济与管理》2001年第1期。

③ 17173游戏网：《盛大网游免费 引发网络游戏行业大地震》，http://news.17173.com/content/2006-08-27/20060827175346407.shtml。

先要锁定足够多的用户。盛大实施免费战略也经过精心准备。首先，盛大用了近 2 个月的时间，收集市面上已有的增值服务模式，研究其具体设计；第二步，根据对其他游戏所采用的增值服务方式的借鉴，盛大自身对此模式的初步经验，甚至是"私服"所采用的一些经营方式，开始进行增值服务商业模式的游戏版本开发；第三步，开始进行新版本的更新与测试；第四步，经过大量而慎重的测试，如果数据表明，采用新的模式收入与原模式基本相当，则会考虑采用新的模式。[①]

（3）从固定互联网到移动互联网

盛大游戏在移动互联网游戏市场的布局基本是从零开始，盛大 14 年的累积搭建了整个固定互联网游戏从引进、发行、代理到用户服务一整套系统和服务。但从移动互联网来看，用盛大自己的话说，它只占产业链很小很小的部分。

盛大游戏总裁钱东海称，2012 年日本最大手机游戏公司 CEO 预测，到 2015 年全球游戏产业格局的 80% 都是手机游戏，剩下的 20% 包括固定互联网、掌机游戏在内的其他游戏。[②]而盛大游戏明显以固定互联网游戏尤其是客户端游戏为主打业务，再用盛大自己的话说，它已经成了传统行业。

盛大游戏在 2011 年就开始进行移动互联网游戏领域的战略布局，是老牌网游企业中布局移动互联网游戏最早的。整个 2012 年，盛大都在加大对移动互联网游戏的投入力度，以满足玩家需求的变化。在手机游戏领域，盛大的策略是"从海外开始"。盛大 2012 年年末推出的移动游戏《百万亚瑟王》已在韩国成功上线，并计划于今年上半年在中国内地、台湾、香港、新加坡、马来西亚等地区陆续推出。这款游戏自发布以来，已连续数月名列韩国 App Store 全部应用收入排行榜榜首。[③]

海外市场的关键在于本地化，盛大的切入点是当地的社交平台，包括

① 李效静：《盛大网络游戏免费模式研究——兼论网络营销新模式》，《工程技术》2013 年第 2 期。

② 何宗丞：《盛大游戏总裁钱东海：传统游戏公司如何赶上移动浪潮》，爱范网，http://www.ifanr.com/288690。

③ 刘健健：《钱东海：盛大手游从零做起》，《中国经济时报》2013 年 5 月 14 日。

Kaokao，Line 和微信，这应算是比较有效的本地化做法。

另外，手机游戏相对于大型固定互联网游戏来说，产品生命周期更短，所以盛大必须准备大量的游戏维持用户的新鲜感，这个时候所需的资金量和所承担的风险也是非常大的。就此，盛大游戏从风险控制的角度，与日本最大的游戏公司进行联盟，并希望更多机构加入他们的联盟。[①]

（二）巨人网络

1.公司简介

巨人网络集团前身上海征途网络有限公司成立于 2004 年 11 月 18 日，2006 年上海巨人网络科技有限公司在开曼群岛成立，宣布持有上海征途网络有限公司全部股份，上海征途网络有限公司由此更名巨人网络集团。

巨人网络集团是一家以网络游戏为发展起点，集研发、运营、发行、服务为一体的综合性互动娱乐企业。巨人网络于 2007 年 11 月 1 日顺利登陆纽约证券交易所，成为当时美国资本市场发行规模最大的中国民营企业之一。巨人专注于大型多人在线角色扮演游戏，坚持精品战略。[②] 根据巨人网络官方网站数据，巨人网络旗下有自主研发大型多人在线游戏 6 款，代理游戏 2 款，网页游戏 2 款；其最为主要的游戏产品为《征途》系列。

游戏列表		
征途2 [H]	征途 [H]	仙侠世界 [N]
艾尔之光	绿色征途	苍天2 [N]
万王之王3	征途怀旧版	巫师之怒
仙途	巨人	万神
光荣使命		

图4—5　巨人运营的游戏列表（来源：巨人网络官方网站）

---

① 17173游戏网：《盛大游戏总裁钱东海：传统公司的移动节奏》，http://news.17173.com/content/2013-05-08/20130508143207366.shtml。

② 巨人概况：http://www.ga-me.com/cn/page/view?s=about。

2012年，巨人网络总营收增长20%，连续12个季度保持营收环比增长，这主要得益于其"旗舰"游戏《征途2》的继续成长和其微端版本的推出。另据透露，2013年，手机游戏的研发将成为巨人网络新的战略重点。[1]

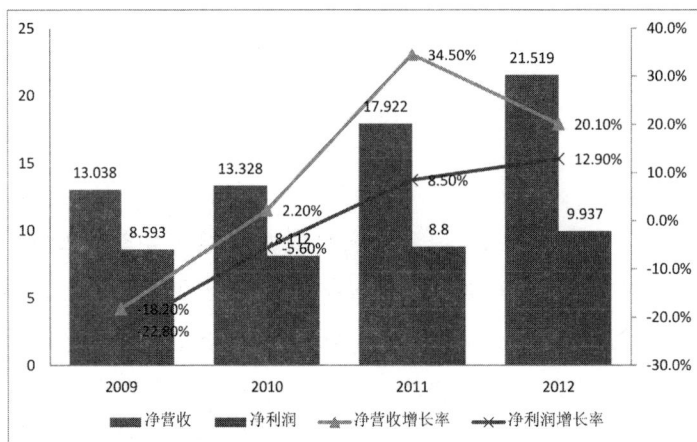

图4—6　巨人网络2009到2012年营收收入及增长状况（据巨人网络财报整理）

2. 赢利模式

巨人网络公司的赢利模式主要有如下几个。

（1）道具收费

巨人是最早采取道具收费模式的网游企业之一，如今，其旗下的《新征途》、《仙侠世界》、《征途》及其代理的俄罗斯网游《巫师之怒》均采取此种收费方式，道具收费也是我国网游最为主流的收费方式之一。巨人网络也特别强调，游戏中的商城会向玩家出售一些不破坏平衡的功能性道具，如装饰性用品、时装等。游戏中的常规交易有四种途径，分别是玩家间面对面交易、拍卖行、商店交易和商城购买。

以《仙侠世界》游戏为例，其宣传点在于游戏的所有装备都是通过打怪掉落以及副本产出的方式获得，这意味着非人民币玩家也能通过投入时

---

[1]　美通社：《巨人网络2012年第四季度及全年财报》，http://www.prnasia.com/story/75448-1.shtml。

间、提高技巧的方式在游戏中获得顶级装备。在宣传中，其也自称为一款"屌丝游戏"，即玩家不必付重金打造游戏装备，但愿意花钱的人民币玩家也能直接通过商城购买的方式获得，以节省自己在游戏中投入的精力，此为道具收费模式的一例。

另外，在 2009 年推出的《绿色征途》中，同样采取了道具收费的方式，但是革除了买经验、买装备的旧有模式，力求做到"健康绿色"。进行内测时，《绿色征途》中只有 5 种收费道具，而且均为辅助性质道具。

（2）交易税收费

交易税收费被称为继时间收费和道具收费之后的第三代网游收费方式。2011 年 4 月，第一个提出交易抽税概念的游戏就是巨人出品的《征途 2》。具体来说，《征途 2》继续实行巨人惯用的策略——全部装备、道具都可通过打怪或做任务获得，而付费玩家则可以充值购买游戏币并从其他玩家手中购买物品，系统按 5% 收"税"，此举彻底取消了原有的道具商城，即网游官方不再向玩家出售物品，但玩家之间可以交易，而网游官方只对此交易收"税"。巨人此举，试图在网游情境中创造一个虚拟社会，模拟现实社会的市场经济模式，它抛弃了原有的道具收费模式，使自己的收入来源变成征收玩家"交易税"。

巨人副总裁纪学锋认为："点卡模式相当于古代的人丁税，相当于你只要在这个国家生活，就必须每年纳税。道具收费就像封建社会的专卖制度，官方垄断道具专卖，导致游戏不公平。第三代商业模式则不同，所有物品由打怪掉落或任务产出，没有商城，玩家自由交易获得物品，官方只收取 5% 交易手续费。"[1]这 5% 的手续费由买方支付。因为道具卖家一般为非人民币玩家，希望通过出售道具来赚取一定游戏币，满足在游戏中的装备需求和日常消耗，巨人此举也让这部分非人民币玩家获得了益处。

---

① 178产业频道：《交易抽税：被虚化的网游赢利蓝海》，http://chanye.178.com/201202/123471026749.html。

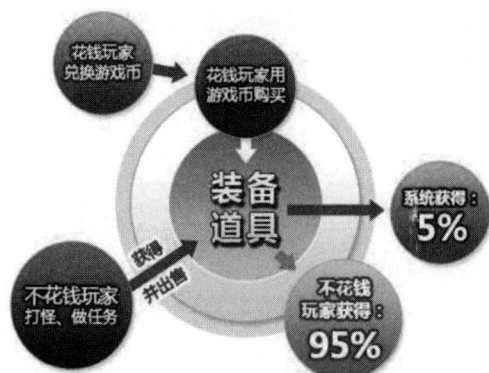

图4—7　交易税收费方式示意图（来源：征途2官方网站）

（3）全额宝

2013 年 8 月 1 日，巨人网络宣布正式推出"全额宝"业务，用户可把游戏中的消费金额存入全额宝账户，实现保值、分红、再次消费等功能。这被媒体评价为"深化网游消费变革、探索网游新商业模式"。①

据悉，全额宝业务将首先应用在 8 月中旬上线的《征途 2》正式版中，未来将拓展到巨人旗下其他游戏。全额宝业务上线之后，玩家在《征途 2》中所有的消费（购买道具等）金额将自动存入全额宝账户中，并据此收获分红，还可以进行再消费。全额宝中的金额，可以在《征途 2》新区以及巨人旗下不同款游戏中使用，打通消费账户。此外，玩家还将享受到《征途 2》正式版推出的高额利息等一系列独享福利。

3.原理解析

在本部分，笔者想谈两点。

（1）道具收费的原理

由于网络游戏具有庞大的世界，网络游戏厂商就可以设计各种增值游戏物品来满足游戏玩家的不同需求。在这些网络游戏中，无论是角色升级、完成高等级任务、打造某种特色装备还是让角色看起来更加漂亮，都需要

---

① 新浪科技：《巨人8月中上线全额宝业务 游戏花费可获分红》，http://tech.sina.com.cn/i/2013-08-01/03008594335.shtml。

应用到这些游戏增值物品，玩家也可以在游戏中不购买任何增值物品，但如此一来，游戏中的体验会大打折扣。

（2）交易税模式存在的问题

在交易税模式下，游戏环境更加公平，玩家之间也将更加频繁地进行交易互动，创造出交往关系等。总之，不管是人民币玩家还是非人民币玩家，都容易获得更加良好的游戏体验，而这，也延长了游戏生命周期。

但是，交易税模式也可能存在以下问题。

（1）初期游戏厂商很难赢利

游戏初期装备交易量不可能太高，因此，游戏商通过怎样的方式来平衡支出，撑过这一成长阶段是个值得考虑的问题。这种模式可能更加适合资金雄厚的游戏厂商。

（2）硬件要求较高

厂商要赚钱便需要大的交易量，而目前的服务器承载量是否能满足交易要求，使得交易抽税所得能拖动成本耗费并达到赢利，这是运营商面临的挑战。云游戏尚在建设阶段，因而服务器并不是独立的存在，仍需要运营商独立考虑其承载量以及运行成本，所以第三代收费模式是否能收支平衡也是需要注意的。

（3）收益难以得到保障

交易抽税模式的存在前提是交易量的存在，比如说《征途2》声称在线人数40万玩家，而其中有多少玩家是长期客户？会选择交易的玩家有多少？有多少是机器人挂机？这些都是需要考虑的问题。一旦交易量出现缓速发展，那运营商的赢利必将受挫。[①]

（三）腾讯游戏

1.公司简介

腾讯游戏是腾讯四大网络平台之一，是全球领先的游戏开发和运营机

---

①　参见178产业频道：《交易抽税：被虚化的网游赢利蓝海》，http://chanye.178.com/201202/123471026749.html。

构，也是国内最大的网络游戏社区。2003 年 8 月，《QQ 游戏》发布，标志着腾讯正式涉足网络互动娱乐业务。无论是腾讯公司整体的在线生活模式布局，还是腾讯游戏的产品布局，都是从用户的最基本需求、最简单应用入手，注重产品的可持续发展和长久生命力，打造绿色健康的精品游戏。在开放性的发展模式下，腾讯游戏采取内部自主研发和多元化的外部合作两者结合的方式，已经在网络游戏的多个细分市场领域形成专业化布局并取得良好的市场业绩。[①] 目前，腾讯游戏已拥有休闲游戏平台、大型网游、中型休闲游戏、桌面养成游戏、对战平台共五大类超过 60 款游戏。

　　2009 年第二季度，腾讯超越盛大成为国内网游行业第一，并且第一的位置被保持至今。

　　根据百度 2013 年 7 月发布的《2012—2013 年游戏行业白皮书》显示，过去一年中，在网游领域，腾讯一家独大，占据 58% 的市场关注度，并在休闲类客户端游戏中垄断前五席。而且，无论是在休闲类、神话类、武侠类还是角色扮演类游戏中，都能看到腾讯的身影。[②]

角色扮演		竞技游戏	休闲游戏	平台游戏	网页游戏
幻想世界	QQ仙侠传	地下城与勇士	QQ炫舞	QQ游戏	七雄争霸
大明龙权	轩辕传奇	穿越火线	QQ飞车	3366小游戏门户	烽火战国
寻仙	御龙在天	战地之王	QQ堂	小熊梦工厂	Q宠大乐斗
自由幻想	QQ西游	英雄联盟	QQ音速	QQ企鹅	QQ宝贝
QQ三国	QQ仙境	飞行战记			玫瑰小镇
QQ华夏	QQ封神记	英雄岛			…………
绿色征途		NBA2K OL			

图4—8　腾讯游戏部分产品示意图（来源：腾讯游戏官方网站）

　　在腾讯 2012 年的全年财报中，网络游戏收入 228.5 亿元，依然稳坐国内网游行业的头把交椅。同期，网易 2012 年游戏业务收入 73 亿元，盛大 46.8 亿元，畅游 38.7 亿元，完美 27.7 亿元，巨人 21.5 亿元，这五家公司收

---

　　① 参见腾讯游戏官方网站，http://game.qq.com/brand/value.htm。
　　② 265G网：《百度发布游戏行业白皮书：腾讯称霸端游，盛大垄断魔幻》，http://www.265g.com/news/gamenews/392380.html。

入总和 208 亿元, 比腾讯游戏一家仍差 20 亿元。①

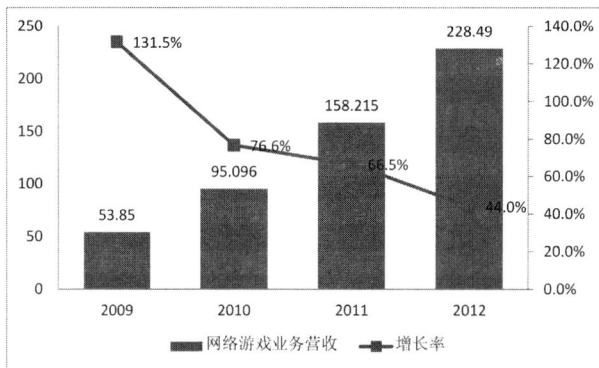

图4—9　腾讯游戏2009—2012年网络游戏营收状况（据腾讯财报整理）

2.赢利模式

除了惯常的时间收费、道具收费模式外, 腾讯游戏有以下赢利方式做得较为成功。

（1）游戏衍生电影电视剧

游戏衍生电影或电视剧, 指以游戏的世界架构为基础, 结合对游戏自有剧情的改变拍摄而成的电影或电视剧, 或是电影、电视剧与网络游戏都依据于同样的剧本和相似的世界结构, 并在网络游戏研发完成并上线后才推出的一类电影或电视剧。②

2012 年 3 月 21 日, 腾讯游戏在北京举办的"UP2012 腾讯游戏年度发布会"上系统公布了"泛娱乐"战略, 并推出了首个泛娱乐平台——腾讯原创动漫发行平台, 正式涉足与游戏关联度较大的动漫领域。

腾讯游戏的"泛娱乐"是指以 IP（Intellectual Property）授权为轴心, 以网络游戏运营为基础的跨领域、多元化商业开发模式。这里说的 IP 可以是某种有价值的形象或某个故事, "泛娱乐"就是使其以各种艺术形式呈现, 而不是仅仅局限于一个动漫形象、一款好玩的游戏、一部好看的动画

---

① 人民网：《透视腾讯公司2012财报 霸气尽显隐忧暗生》, http://game.people.com.cn/n/2013/0321/c163384-20871062.html。

② 中华人民共和国文化部：《2012年中国网络游戏市场年度报告》, 2013年4月。

片或者电影。腾讯游戏希望通过泛娱乐业务布局，率先打破行业间的壁垒，探索产业发展的新空间。①

这一点在"洛克王国"身上体现得很全面。《洛克王国》是腾讯公司专门为儿童打造的一个在线绿色社区，它以魔法王国为主题，小朋友可以在里面体验趣味小游戏，学习丰富的百科知识，还可以和其他小朋友一起交流玩耍。②据其开发团队介绍，它已发展成一个集儿童虚拟社区、电影、儿童剧、图书及周边产业为一体的一个娱乐产业链。

2013年，洛克大电影成为春节档票房黑马，其6812万元的票房仅次于《喜羊羊与灰太狼之喜气羊羊过蛇年》，而儿童音乐剧《洛克王国大冒险》获得95%的上座率，其系列图书的销售更是突破1.2亿元。在"洛克行动"中，腾讯更透露了接下来的大手笔——8部大电影，52集同名动画片，100场儿童剧巡演，还有更多的图书出版计划和公益活动等。③在腾讯互动娱乐推出《洛克王国2》时，还推出了观影促销礼品"压岁宝大礼包"，其中包括红包、学生电脑、游戏机、文具、玩偶和Q币等礼品。

2013年1月17日，腾讯互娱和集英社以及万代南梦宫达成战略合作。腾讯互娱获得集英社包括《火影忍者》在内的11部经典动漫的电子版发行权；同时，腾讯互娱与万代游戏合作，将著名漫画《火影忍者》改编成为网游《火影忍者Online》。④这是腾讯在泛娱乐领域另外一种形式的尝试：获得优秀的内容，再将这种内容转化成游戏，反向强化在游戏领域的竞争力。

（2）异业合作

腾讯游戏的商务合作，是通过挖掘市场运作的商业价值，增强部门自我造血功能，在不增加市场费用的基础上，通过和异业合作伙伴优势资源

---

① 苗炜：《"泛娱乐"的文化生产》，《三联生活周刊》2012年4月，http://www.lifeweek.com.cn/2012/0417/36915.shtml。

② 腾讯游戏：《腾讯推〈洛克王国〉打造儿童在线社区》，http://games.qq.com/a/20100531/000081.htm。

③ 李萧然：《腾讯主打泛娱乐战略，传统网游模式或被颠覆》，《IT时代周刊》2013年4月20日。

④ 腾讯游戏：《腾讯游戏与集英社、万代游戏达成战略合作》，http://comic.qq.com/a/20130117/000012.htm。

互换，来获得有力的市场推广支持。

在操作上，通常是将腾讯游戏强势的线上资源（主要包括游戏道具礼包、游戏官网和客户端广告、游戏内植入合作伙伴信息等），来置换合作伙伴的线下资源（主要包括游戏定制产品、游戏内容在合作伙伴产品包装和商超渠道上的曝光、实物和现金的活动赞助、电视和户外等媒介资源以及联合市场推广活动等）。

迄今为止，腾讯游戏已经和快速消费品、IT 产品、服装、电视媒体以及金融行业的多个异业品牌有了很多成功的合作的案例，这非常有力地促进了合作伙伴的产品销售。[1]

概括说来，腾讯游戏的异业合作模式包括如下几种。一是网吧终端联合推广。商家可以在网吧终端铺货并在活动现场促销，而腾讯游戏进行宣传资源投入，并可以提供游戏虚拟奖品支持。二是活动赛事冠名赞助。冠名全国或区域性的赛事，腾讯负责活动策划和宣传资源提供。三是交叉促销。商家可以在产品包装和产品网站上融入腾讯相关游戏的资讯或游戏本身。四是游戏内植入广告，即将品牌信息或促销活动植入腾讯游戏，如为了配合肯德基 2008 年暑期上市的五款饮料，腾讯游戏在《QQ 炫舞》中设计了 5 套主题游戏服饰。

3. 原理解析

就上述腾讯游戏的赢利模式，笔者认为其有以下两个特点。

（1）平台优势

目前，腾讯拥有中国流量第一的门户网站和即时通讯软件，即腾讯网和腾讯 QQ。其中 QQ 为腾讯游戏提供了强大的用户基数，2011 年腾讯财报显示，其即时通讯服务活跃账户数达到 7.21 亿，最高同时在线账户数达到 1.527 亿。曾有分析师表示，腾讯获得成功的关键因素在于占领了用户上网的入口。[2]QQ 具有庞大的用户覆盖率，它能够推动完成 QQ 用户向腾讯游戏玩家的身份转移。

---

[1] 参见腾讯游戏官方网站，http://game.qq.com/brand/bd/。

[2] 江怡曼：《腾讯：平台优势催动"利润发生器"》，一财网，http://www.yicai.com/news/2010/06/361964.html。

腾讯以即时通讯为核心，建立了庞大的社区和娱乐消费圈，而且这个圈子还一直在拓展。对腾讯来说，由于手中握有大量活跃的 QQ 用户，其只需在流行的游戏模式上加以继承和发扬，迎合用户们的口味，打造出百万人在线的网游比其他没有用户基础的网游公司要容易得多；另外，通过信息整理和挖掘，腾讯完全可以找到不同用户和网游之间的匹配点，与蓝钻、紫钻、黄钻等多个业务和产品进行多种模式的合作推广。总之，腾讯QQ 的平台由于具有人数众多等特点，就使腾讯的发展具有了几乎无可比拟的优势。①

（2）向相关产业拓展

腾讯游戏于 2012 年提出"泛娱乐化"战略，实际上就是试图在大的文化产业内部进行跨行业的商业模式探索。从 2009 年至今，腾讯已经稳坐网络游戏头把交椅，而只有从相对有限的网络游戏市场中走出，才能突破增长瓶颈，获得更大的发展空间。②

腾讯的"泛娱乐化"战略，正是试图打破产业壁垒的尝试，腾讯是试图将其触角伸向电影业、出版业等相关产业，以其平台优势和资金优势为后盾，从单纯的网游平台向互动娱乐实体转型，从单纯推产品到向资源运营推进。③

"泛娱乐"并不是腾讯的独创，在中国大文化产业发展背景下，"泛娱乐"这一概念已经广泛存在于中国互联网产业中。盛大游戏提出过构建"网络迪斯尼"，搜狐畅游也提出了"大文化战略"，虽然提法不同，但其核心都在于如何借助本身的核心业务，拓展多位一体的数字产品，吸引用户眼球。

广义而言，"泛娱乐"是一种内涵广泛的大文化生意。除电影、电视、戏剧等核心层外，它还包括以网络游戏、网络文学、网络视频、动漫等网

① 郝智伟：《腾讯——网游非典型样本》，《CEOCIO》2009年11月。

② 李立：《腾讯游戏"变形记" 泛娱乐化暂不考虑赢利》，凤凰网，http://games.ifeng.com/yejiehangqing/detail_2013_05/11/25193928_0.shtml。

③ 同上。

络服务为主体的文化产业外围层。国际知名咨询公司的研究结果认为，"泛娱乐"将成为中国互联网产业变革的重要方向。

所以说，腾讯提出"泛娱乐化"战略，符合这一发展潮流，是正确的发展方向。

第五章　垂直网站赢利模式

一　概念、发展历程及规模

（一）概念

垂直网站，也叫专业化网站，它并不求大求全，而是力求做到在一个特定领域内内容的全面和深入，这个领域外的"闲杂"信息不收集，也不提供这个领域外的服务。追求专业性与服务深度是垂直网站的特点，专业深入的服务可以有效地把对某一特定领域感兴趣的用户同其他用户区分，向他们提供高质量的"所得即所要"的专业化信息，以长期持久地吸引住这些用户。[①]

（二）发展历程

垂直网站是相对水平网站而言的。水平网站，也就是综合性网站、网络门户，它是集合了多样化内容和服务的 web 网站，目的是成为网民浏览的起始页面，成为网民上网的大门通路，同时也能满足网民在互联网络上对信息和服务的大部分的需求。它们的特点是信息全面、资源丰富，但不深入。随着互联网的迅速发展，网上信息资源呈"爆炸式"增长，出现了"信息过剩"的情况。随着网民的"个性化"需求日益增强，网上形成了许多不同兴趣的群体，网络门户浅尝辄止的信息不能满足这些不同群体的要求。因此一些网站从横向的大信息分类转向信息的专业化和深度加工，由此形成了垂直网站。垂直网站与互联网相生相伴，已有十多年的发展历程。在 1998 年以前，互联网可以说是综合性网站的时代；然而近年来，垂直网站大行其道。随着国外行业垂直网站的发展如火如荼，国内也开始出现采

---

① 赵志荣：《垂直网站与垂直搜索引擎》，《中国信息导报》2000年第11卷。

用垂直网站思路经营的各类行业网站，范围涵盖住房、汽车、交友、职业、IT 等各领域，提供的服务也日渐深入和全面。2006 年 12 月，网盛科技在国内 A 股市场上市，以中国化工网为代表的行业垂直网站旋即成为国内互联网行业关注的焦点和资本追逐的热点。[①]

"汽车之家"网站总裁秦致认为，从网站的内容和产品形态来说，可以分为三个时代：2000 年至 2005 年，是中国垂直网络的"1.0 时代"，专注于产业资讯和行业评论；2005 年至 2010 年，是"2.0 时代"，各个垂直网站将数据库、产品信息作为内容的重点，开始专注于对用户购买产品的服务；从 2010 年开始，垂直网站进入"3.0 时代"，3.0 时代的特征是个性化、互动性和深入的应用服务，站在用户角度，提供全程一站式服务，如移动终端接入、提供深度的应用服务、与 B2C 对接、社交网络接入等。

目前很多领域的垂直网站都已经发展到较大规模，培养了大量的用户并形成相对稳定的赢利模式，如旅游服务网站携程网、分类信息网站 58 同城、求职网站前程无忧、美容折扣网站聚美优品、汽车专业网站搜车网等。[②]

（三）赢利规模

1.当前规模

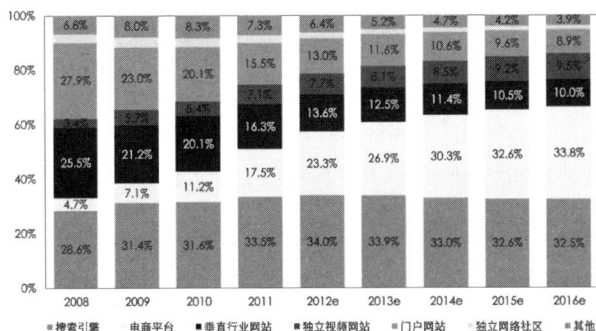

图5—1　2006—2016年中国网络广告细分媒体市场结构趋势及预测[③]

---

① 田剑波：《行业垂直网站各领风骚》，《计算机世界》2008年6月16日。
② 李瀛寰：《垂直网站进入3.0时代》，《时代周报》，http://time-weekly.com/story/2011-04-19/113852.html。
③ 艾瑞网：《2012年中国网络经济总结报告（简版）》，艾瑞报告，2013年1月。

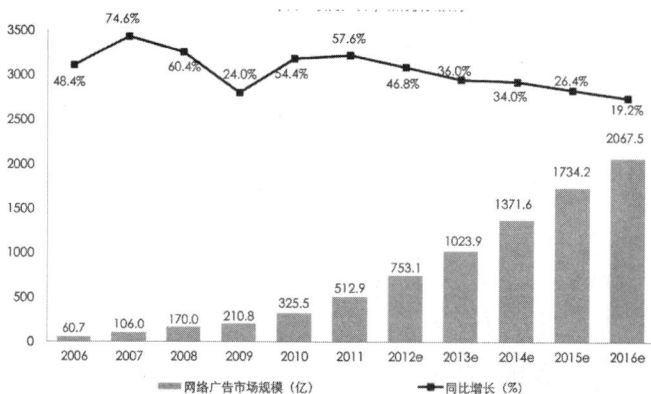

图5—2　2006—2016年中国互联网广告市场规模及预测 [①]

从图 5—1 对不同形式广告规模的统计数据可以看出，垂直网站虽然在整个网络广告细分媒体市场中的份额在逐渐减小，但是结合中国互联网广告市场整体规模的高速增长，垂直网站整体的广告规模在数值上实际是保持增长的。而且垂直网站整体上的一个突出情况就是垂直网站巨头多，对小网站来说存在多方面的壁垒，所以虽然垂直网站整体广告市场规模不及搜索引擎、电商平台等，但是由于较大的垂直网站数量少，每个优秀的垂直网站的广告规模还是较为可观的。

由于垂直网站的特点是"专业、细分"，通常针对所有垂直网站赢利规模的统计较为少见。在本研究所选择的案例中，在 2012 年财政年度携程网赢利 7.08 亿美元，TripAdvisor 赢利 7.63 亿美元，前程无忧赢利 2.427 亿美元，由此可以推知排名靠前的垂直网站的大致规模。

2. 前景

图 5—3 为 2006 年到 2011 年中国互联网核心企业营收规模的一个发展趋势。[②]

---

① 艾瑞网：《2012年中国网络经济总结报告（简版）》，艾瑞报告，2013年1月。

② 艾瑞网：《2011—2012年中国网络经济年度监测报告（简版）》，艾瑞报告，2013年3月。

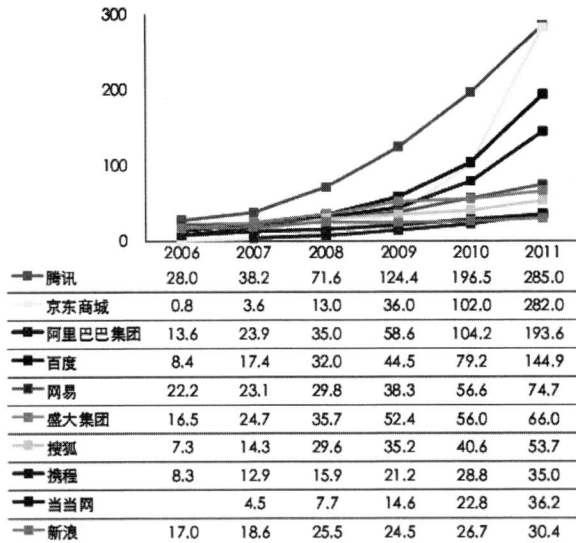

	2006	2007	2008	2009	2010	2011
腾讯	28.0	38.2	71.6	124.4	196.5	285.0
京东商城	0.8	3.6	13.0	36.0	102.0	282.0
阿里巴巴集团	13.6	23.9	35.0	58.6	104.2	193.6
百度	8.4	17.4	32.0	44.5	79.2	144.9
网易	22.2	23.1	29.8	38.3	56.6	74.7
盛大集团	16.5	24.7	35.7	52.4	56.0	66.0
搜狐	7.3	14.3	29.6	35.2	40.6	53.7
携程	8.3	12.9	15.9	21.2	28.8	35.0
当当网		4.5	7.7	14.6	22.8	36.2
新浪	17.0	18.6	25.5	24.5	26.7	30.4

图5—3　2006—2011年中国互联网核心企业营收规模趋势

图 5—3 中，统计了互联网核心企业营收规模的发展及趋势，由图可见携程作为垂直网站在 2011 年企业营收将达到业界第八名的位置，且其收益是稳步提升的。随着互联网及终端设备的普及，我国互联网网民人数不断增长，普及率较高，且至今已有较大群体的网民成为资深使用者，人们对网络的需求也不断多元化、个性化，且逐渐深入。垂直网站较好地满足了网民对某一特定领域信息的专业化需求，而且从行业整体情况看，综合性门户网站已经愈渐饱和，基本上被新浪、网易、腾讯等大型综合性门户网站所垄断，垂直网站的优势则更加明显，也更有发展前景。所以在近期将有更大的市场空间。

二　赢利模式

（一）当前赢利模式

垂直网站的赢利模式主要如下。

1.展示广告

所谓展示广告，就是一种嵌在用户阅览的网页中的广告，广告形式通常以图片和动画为主，并带有超链接。广告主可以预先设定自己需要投放给具有哪些特征的人群，以实现精准营销。展示广告当前比较成熟的收费方式有两种：一种是按点击付费，一种是按展示付费。

垂直网站最大的特点即是"专业"，和搜索引擎、综合性门户网站等相比，垂直网站聚集了一批在特定领域有信息需求的用户。用户在存在一定需求时才会使用特定垂直网站，因此用户群体的特征显著、商业价值大。因此，垂直网站从用户洞察力、用户定位等方面表现更为出色，从而具有"广告精准性"这一优势。

所以对于一些行业公司来说，在垂直网站投放广告是更好的选择。比如，一个用户有找工作的需求，他会主动去使用前程无忧、应届生等网站，相应的，这些网站的使用者主要是求职者，企业在上述网站发布信息会比在其他类别网站上发布信息更为高效。通过购买广告位，公司可以将自己的广告放在特定的频道或位置，以向用户展示，提高知名度等。

本章节案例中，TripAdvisor、58同城都包含广告这一赢利模式。

2.垂直搜索竞价排名广告

垂直网站具有大量的专业领域信息，用户要寻找到相应信息就会用到搜索功能，和搜索引擎相比，垂直网站搜索专业性更强，更易搜到与专业相关的内容，简化了用户对搜索结果的筛选。但是在垂直搜索的赢利模式方面，和传统的搜索引擎模式是相似的。商家为寻求更高的曝光率，更有效地吸引潜在消费者购买，需要支付广告费以使自己公司的名称显示在搜索结果比较靠前的位置，以吸引用户点击或消费。本章节案例中，TripAdvisor、58同城、前程无忧都包含垂直搜索这一赢利模式。

3.交易佣金

垂直网站还可以收取交易佣金。消费者每在垂直网站上完成一笔消费，垂直网站都会从商家处获得预先商定数额的佣金。垂直网站本身以专业化信息集成来吸引用户，大部分本身并不直接开设商品或服务的销售，因此在消费者的采购环节中，垂直网站更多时候充当的是"中介"的角色，那么垂直网站每"撮合"成功一笔交易，它理所应当获得相应酬劳，同时，除了"中介"之外，垂直网站还可能提供一些在商家和消费者之间沟通调节的服务，比如携程网的电话服务中心，消费者如果需要变更已购买的机票或酒店服务，就不需要直接联系酒店或机票提供商，而直接联系携程网的电话服务中心即可。

本章节案例中，携程网主要采用这一赢利模式，TripAdvisor 也部分包含此模式。

4.相关领域的扩展服务

垂直网站由于专业性强、用户数量多且忠诚度较高，具有发展专业领域相关业务的先天有利条件，所以可以通过发展所在领域的咨询服务及外包服务等来赢利。如前程无忧在相关领域的服务方面开发得较好，还出版了关于求职、人力资源等方面的书籍，并向企业提供校园招聘、社会招聘、员工测评、培训等服务，甚至可以提供人力资源部门的全部职责的外包服务。垂直网站本身具有大量的信息，对本领域专业知识从深度和广度上都有相当的掌握，同时，网站在其众多用户的长时间使用过程中形成了相对公允、有一定影响力的品牌，所以，完全可以凭借这些条件扩展业务领域。

不过，这一模式对垂直网站自身发展规模和专业水平有较高的要求，第一，进入门槛高，例如技术门槛、资金门槛等；第二，进入时间要准确，在需求没有成熟的时候太早切入，将难以获得收入来源，太晚当然就没机会了；第三，应保持专注，不被短期机会分散精力。

本章节案例中，前程无忧、携程网采用了这一赢利模式。

（二）发展趋势

鉴于垂直网站专注的领域不同，市场环境和面对的客户都有所差别，不同垂直网站面对的问题和未来发展的趋势也就存在着差别，但有一些趋势是普遍的。总的来说，垂直网站应在获得庞大的用户群、优秀的内容之后探索网站的新的商业化模式。网站并不一定在刚开始成立时就赢利，但是一个没有稳定的、可持续的赢利模式的网站将很难持续发展。因此，在已经拥有众多用户、较好的内容和品牌之后，怎样开发好的赢利模式将变得十分重要。以58同城为例，即使已经成为国内数一数二的分类信息网站，但是因为现有的赢利模式并不足以维持网站以现有方式持续运转，因此不断遭到质疑，并屡次传出危机。58同城一直未能上市也是其赢利能力难以得到投资者认同的结果。

鉴于以上因素，目前来看，垂直网站在赢利模式上还会采取以下举措。

1.向本专业领域的上下游扩张。

即通过兼并和收购等方法合并相关服务领域的公司，扩大业务范围，实现范围经济。如旅游网站携程网和TripAdvisor，前者于2000年收购了酒店预订为主要业务的现代运通公司，2002年又收购了北京最大的散客票务公司海岸公司，赢利模式开始转变，从单纯的信息服务提供商，变成以产品提供为主、信息提供为辅的旅游服务提供商。后者截至2011年7月共收购了16家网站，领域包括移动应用、点评社区、互动地图等。总之，这将成为一个趋势。

2.充分开发用户价值，向用户同样感兴趣的领域试水。

即根据自己的用户的兴趣与需要，开拓一些新的业务。

58同城在2011年"团购网站热潮"期间开辟团购业务，把自己从地方性信息提供商扩展为当地实体服务提供商，虽然58同城希望通过团购做大营收的总目标目前并没有实现，但是，根据自己用户的兴趣与需要试水新领域还是一个重要方向。

3.向社交化、移动化方向发展。

中国互联网web2.0已经取代了web1.0，在以人为中心的社会化网络时代，原有的网站运作模式无法建立起基于人际网络的关系链，而社会化媒体则非常有望帮助门户重构人际价值联系，建立起社会化媒体语境中的人—内容、人—人、人—网站的新型价值链。基于用户主动链接、分享、签到的社交广告网络，通过深入了解用户的行为和偏好，为用户提供更加个性化的广告服务，在用户所在社群产生口碑效应，[1]这种新型的广告模式，

---

① 参见易传媒：《2012年中国移动互联网网民第三次调研报告》，http://www.adchina.com/ComsumerInsights.aspx。

正是垂直网站未来需要重视并逐步实施的。

另外，据相关数据，到 2014 年，中国的移动手机用户将达到 10 亿，"移动"成为媒体和广告商的重点关注平台。[①]根据调查，用户对 APP 的使用黏性逐渐加深，其中，88% 的移动互联网网民都安装了 APP，APP 在移动网民中的普及率越来越高；51% 的用户每天使用 APP 的时长超过 1 个小时，每天使用 APP 超过 5 小时的重度用户已达到 10%。[②]App 快速成长，成为人人可建可用的工具。随着 APP 在智能手机中的普及，垂直网站需要推出更加适合移动接收的应用程序以满足人们不断变化的信息接收需求。而垂直网站的赢利模式，也得顺应这种移动化的潮流而有所转变。

（三）评价

鉴于垂直网站自身的特点，其在运作中应注意以下几点。

垂直网站是网站在主要内容和用户群体特征方面的一个定义，其形式可能与其他类别的网站有交集，但是其内容的领域专业性特点是共同的，因此内容资源是垂直网站资源的重要组成部分。互联网信息、内容方面，最为常见的问题就是内容的原创性和版权问题，垂直网站为了提高自身内容的质量，有可能借鉴、复制甚至照搬竞争对手的部分内容，所以垂直网站内容版权的保护和纠纷调解领域应当着重关注。

同样基于内容资源对于垂直网站的重要意义，一个有庞大用户群的垂直网站往往拥有海量的内容资源以及在自身领域内良好的评价和口碑，而这些都无法在一朝一夕获得，因此垂直网站虽然进入壁垒小，但是发展壮大很难，每个领域的垂直网站都往往存在几个寡头、甚至一家独大，这样将使得新生网站缺乏发展空间，巨头网站在与商家谈合作、广告业务时往往占有更大的话语权，这会影响相关行业领域的市场秩序，不利于整个行业的发展。比如，携程网曾经因为在酒店预订方面占有领先地位，而向酒店供应商要求极高的代理费，商家如果不同意、订单率将急速降低，所以

---

① Emarketer，"A Sample of eMarketer's Geographic Coverage"，eMarketer，https://www.emarketer.com/Coverage/Asia-Pacific.aspx。

② 同上。

不得不接受高比例佣金的"霸王条款"。

垂直网站往往是某一领域群体用来有针对性地搜寻信息的地方，网民对其上信息的信任度也比较高，如此，网站在此领域的内容准确、立场公正无偏就至关重要。如果网站出现了错误、偏颇的信息，对用户有所误导的话，用户将受到损失，从这一点讲，垂直网站必须时时注意保持自己内容的准确与公正无偏。

对于垂直网站来说，其绝大部分收益都来源于客户群体，当用户群体壮大之后，资源变现才可能实现，但在很多时候网站营收和用户体验难以两者兼得，如果过分开发网站的商业价值而忽视用户体验，不啻为竭泽而渔，网站将难以长远发展。垂直网站应该始终把用户体验放在重要的位置，避免用户资源商业价值的过度开发。

最后，因为部分垂直网站涉及金额交易，网站用户的账户安全也非常重要，所以应从制度和技术方面不断加强保护。

三　案例分析

（一）携程网

携程网创立于 1999 年，总部设在中国上海，员工 16000 余人，是中国领先的在线旅行服务公司。有注册会员六千余万，业务包括酒店预订、机票预订、度假预订、商旅管理、高铁代购以及旅游资讯等，[①]是中国最早的在线旅行代理商之一。它目前已在北京、广州、深圳、香港、南通等 16 个城市设立分支机构，在南通设立了服务联络中心。[②]2003 年 12 月，携程旅行网在美国纳斯达克上市，2012 财政年度总收益 37.26 亿元，[③]毛利润率一直保持在 75% 以上。

---

① 百度百科：《携程旅行网》，http://baike.baidu.com/view/937759.htm。

② 参见携程网：《关于携程》，http://pages.ctrip.com/public/ctripab/abctrip.htm。

③ 携程网：《2012年年报》，http://www.sec.gov/Archives/edgar/data/1269238/000110465913025802/0001104659-13-025802-index.htm。

携程网的主要赢利模式是在消费者对旅游相关项目的预定和购买过程中扮演"中介"的角色，并从中获得佣金。其预定和购买业务主要分为如下四大部分：酒店预订，包括国内和海外酒店；机票购买，包括国内、国际机票；火车票订购；旅游度假，分为国内及海外旅游度假查询、门票、旅游专卖店、签证咨询、邮轮旅行、代驾租车等。

表5—1　　　　携程2008—2011年收入构成 [①]（单位：百万美元）

		2008年	2009年	2010年	2011年	2012年
总收入	总额	217	291	437	592	708
	增长率	24%	34%	50%	35%	20%
酒店预订	总额	112	140	194	236	273
	增长率	13%	25%	39%	22%	16%
	百分比	52%	48%	44%	40%	39%
机票预订	总额	97	130	183	228	271
	增长率	31%	34%	41%	25%	19%
	百分比	45%	45%	42%	39%	38%
休闲旅游	总额	16	26	58	85	111
	增长率	53%	63%	123%	47%	31%
	百分比	7%	9%	13%	14%	16%
企业商旅	总额	6.5	11.6	20	26	32
	增长率		78%	72%	30%	23%
	百分比	3%	4%	5%	4%	5%

---

①　携程网：《2012年年报》，http://www.sec.gov/Archives/edgar/data/1269238/000110465913025802/0001104659-13-025802-index.htm。

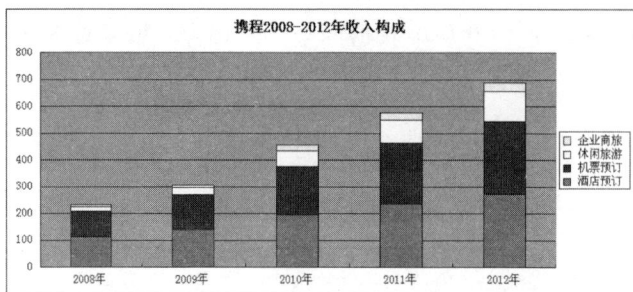

图5—4　携程网2008—2012年收入构成图[①]

下面具体分析携程网的赢利模式。

1.机票酒店预订

（1）内容

以酒店预订为例，用户在携程上预订酒店并不需要交定金，预订成功后即可入住，交费方式和普通住酒店类似，住宿结束时再与酒店结算费用。在这个过程中，携程仅扮演中介的角色，与用户之间没有直接的钱款来往。所有加入携程网的酒店，都会和携程签署佣金协议，用户在携程订酒店并成功入住且支付，酒店需要按照当初签订的佣金比例付给携程。同样的，航空公司通过携程每出一张票，会支付一定数量的佣金，所以如果用户在携程订飞机票，要改签或者有其他需求，只需直接打携程的电话，不用给航空公司打电话，因为携程收取了佣金，应该提供相应服务，因此携程有规模较庞大的呼叫中心。

至于航空公司、酒店返还携程的佣金比例，《通信信息报》报道称"消费者通过携程平台预定房间，酒店平均每间房就要付给携程网60元左右佣金"。[②]艾瑞咨询的研究则显示携程一般向酒店收取房间15% ~ 20%的佣金，

---

① 携程网：《2008—2012年年报》，http://www.sec.gov/cgi-bin/browse-edgar?action=getcompany&CIK=0001269238&type=20-F&dateb=&owner=include&count=40。

② 廖庆升：《"免佣金"冲击原有赢利模式 在线旅游市场面临变局》，《通信信息报》2010年5月26日。

机票预定的佣金比例大致在 10% 左右。[①]

（2）原理解析

所谓的"携程模式"，即通过先发优势，利用半互联网、半呼叫中心的平台，将数量众多的酒店产业资源供应商绑在一起，并聚集相当庞大的用户群，通过全国乃至世界范围内的酒店和机票等预订来获取销售佣金，其现存的赢利模式被证明优势明显。由于其成立时间早，拥有庞大的用户群，因此在机票、酒店等要素方面存在着强大的资源采购优势。携程有众多的使用者，其大量的需求习惯通过携程的平台来采购，因而使得携程在与航空公司和酒店在佣金比例的谈判过程中有更大的话语权，进而带来采购优势。携程互联网与呼叫中心结合的预订方式为其在成立初期赢得大量忠实用户，这成为携程进一步发展的坚实基础。

携程一直以来高利润、高增长的模式不可能一直维持下去，以佣金为核心收入来源的模式也存在很多挑战。首先，在线旅游产品和服务日益同质化，竞争越来越激烈，在与航空公司、酒店合作的过程中出现了很多的问题，自 2009 年起，携程网进入多事之秋：消费者梁玉翔买到假保单竖起"保单门"，格林豪泰酒店不满"携程封杀门"诉诸公堂，两会期间东航董事刘绍勇抛出"打工论"，"去携之争"连续不断。而且，外界一直对其收佣金的赢利模式存在质疑。目前，向线下供应商收取佣金的模式已经受到了冲击，其竞争对手去哪儿网对其供应商不采取收佣金模式，而是通过点击付费的模式赢利，这就造成了大部分供应商转移、哪里免费去哪里的状况。[②]

与此同时，直销及其他销售渠道日益占领佣金模式的旅游服务网站的市场，艾瑞近期发布的《2011—2012 年中国在线旅行预订行业发展报告》研究显示，在中国在线旅行预订市场中，随着用户对在线预订需求的提高，航空公司、酒店逐渐加大了直销的投入力度，同时凭借其"服务、信誉有保证"的优势，逐渐成为用户预订机票、酒店的主要渠道之一。

这些问题，都是携程当前急需解决的。

---

① 廖媚玲：《在线旅游市场巨变：点击付费冲击携程佣金模式》，《新京报》2012年4月18日。

② 吴桑茂：《携程为什么不再有高增长高利润》，i美股，2012年10月。

2.休闲旅游

（1）内容

随着消费者收入不断提高，生活质量上升，国内对旅游的需求在近些年不断增长。携程的休闲旅游业务较好地受益于这个趋势，发展迅速。携程旅游板块主要有两大模式，首先是"机票＋酒店"的"机＋酒"模式，携程整合了酒店和机票业务，赢利即是酒店和机票佣金的结合。除此之外，还有传统意义上的度假产品的销售，携程的自营度假产品赢利模式与传统旅行社相同，此外携程还代理出售相关度假产品以赚取佣金。和一般旅行社提供的服务内容相比，携程提供的旅游产品更为多元化，可以满足旅客跟团、半自助、自助游等不同的要求。通过开展休闲旅游业务，携程可以进一步开拓利润较高的实体旅游业务，增加赢利。通过携程旅游首页可以看到，其旅游业务包含了国内、国际、周边游、邮轮等线路，还有门票、租车、签证、火车票等仅包含旅游部分环节的服务。

图5—5　携程网旅游板块首页[①]

① 携程网，http://vacations.ctrip.com/。

图5—6　携程网三亚5日团队游搜索结果[①]

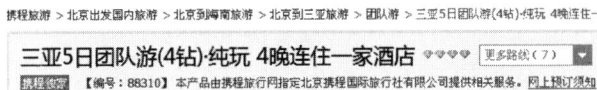

图5—7　三亚5日团队游携程自营产品示意[②]

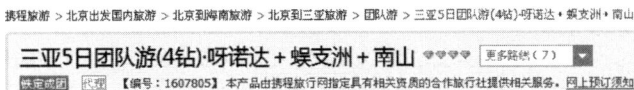

图5—8　三亚5日团队游携程代理经营产品示意[③]

以"三亚5日团队游"为例，携程提供具有不同特色的线路，以满足用户不同的出行目的。此外，携程的旅游产品包含了"携程独家"和"代

---

① 携程网，http://vacations.ctrip.com/grouptravel-1B64Z323-D-61-beijing-sanya#ctm_ref=va_grplst_1_tab2_p1_1_1_txt 。

② 携程网，http://vacations.ctrip.com/grouptravel/p88310s1.html#ctm_ref=va_grplst_1_prm2_p1_4_4_txt 。

③ 携程网，http://vacations.ctrip.com/grouptravel/p1607805s1.html#ctm_ref=va_grplst_1_prm1_p1_1_1_txt 。

理"等不同类别，其中"携程独家"线路由携程网指定的"北京携程国际旅行社有限公司"提供服务，而"代理"线路由携程网指定"具有相关资质的合作旅行社"提供服务。

（2）原理解析

与线下的实体旅行社相比，携程能提供更多的旅游线路以供选择，并且凭借其信誉使消费者对其规范程度、透明程度更加信任。但是，在休闲旅游产品的销售过程中，携程使用的是建立呼叫中心、使用人工接听电话并确认订单的运营模式，随着人工成本的上升，人力成本对携程运营造成的负担日益凸显。在早期，电话预订这一方式为携程带来了众多忠实用户，但是现在，越来越多的人通过网络预订，携程在电话预订流程上的服务优势无从体现；而且，中国人力成本上升的大环境下，携程呼叫中心的人员成本迅速增加，从而导致利润下降。目前，携程线上预订比例只有45%，呼叫中心的员工却接近1.5万人，劳动力成本极高。

此外，面对中国旅游消费市场的迅速变化，携程需要形成独特的竞争力，以面对同行业者的激烈竞争。面对淘宝、去哪儿、直销等的市场挤压，携程采取了多种措施力图维持市场份额，但从目前看，效果并不明显，携程的前景并不那么乐观。

3.企业商旅业务

（1）内容

携程网的企业商旅服务虽然占据份额小，但是曾经实现了高于70%的年增长率，并且还会有较大的增长空间，因此不容小觑。2006年，携程网正式进军商旅管理市场。所谓商旅模式，是一项针对企业客户的业务，主要为客户提供专业差旅预订和管理，通过建立和加强企业差旅制度，有效控制差旅费用，提升差旅费用使用效率。

携程网商旅业务的发展历程如下：2006年正式进军。2007年，发布了在线商旅管理系统"携程商旅通"，实现了商旅在线实时动态管理。2008年，携程推出了商旅通智能报告系统，通过自动记录、筛选及分析数据，提供丰富的在线智能化报表，帮助企业随时了解差旅支出状况。2010年商旅通升级，提供全时信息化商旅管理，但这些都是为跨国公司和大型企业提供的商旅服务。2011 年 6 月，携程又宣布进军中小企业商旅市场。

（2）原理解析

商旅业务是携程新开辟的一个业务领域，虽然仍处于起初阶段，市场和行业都不成熟，但是也存在很大的市场增长空间。从行业环境上看，商旅服务开辟了新的增长空间，那就是商旅模式；从市场需求上看，近年来经济活动日益频繁，大幅增加的企业差旅费用、繁杂的行程管理，使得越来越多的企业开始选择专业的商旅管理公司，这样不但能够有效实现企业差旅目标，还能优化差旅支出，节省大笔差旅费用；从竞争对手上看，在携程进入中国商旅业务市场时，差旅管理企业不超过 10 家，携程还具有本土化先天优势。

总体看，携程发展企业商旅业务有优势，具有较好的前景。

（二）TripAdvisor

TripAdvisor 是全球第一的旅游评论网站，月访问量达 3500 万人，同时拥有超过 1000 万的注册会员，并且数量还在不断增加中。旅行者的真实评论是 TripAdvisor 最有价值的资源，目前 TripAdvisor 已成为一个大型的在线"数据库"，它拥有大量关于旅游景点的 UGC，以及住宿和其他旅游相关信息，每月有 2 亿活跃用户。TripAdvisor 在美国、英国、西班牙、印度、中国等 30 个国家和地区设有分站，总共包含了全球超过 400,000 家酒店和90,000 景点的信息介绍。[1]

TripAdvisor 的主要赢利模式包括点击付费广告、展示付费广告、订阅和其他收入，在总收入占比分别为 77%、12%、11%，2011 年同期分别为79%、13%、8%。此外，还有部分赢利来源于其分站 SniqueAway 及 Tingo的酒店预订收入等。与 2011 年相比，2012 年赢利增长 1.26 亿美元，增长的主要动力是点击付费广告，增长额为 0.88 亿美元。点击付费广告增长的主要驱动因素是旅馆预订者人数的增长，比去年增加了 30%，即使平均每家

---

[1]　TripAdvisor：《2012 年年报》，http://ir.tripadvisor.com/annuals.cfm。

旅馆的点击减少、每次点击的收益降低，总收入仍然增长。①

TripAdvisor最核心的功能和价值是为旅行者的旅游产品购买提供决策帮助，其产品成立的逻辑是：获得一项旅游产品的真实情况很难（没有真实和及时的反馈），它的主要贡献是"缓解"用户在选择旅游产品（如酒店和旅游景点）时的"选择困难症"。一个典型的使用场景是，你心中已经有了一个目的地或一家酒店名称时，它为你提供了去过这个地方或住过这家酒店的消费者的点评（绝大部分是来自陌生人）——这就构成了"需求"。

去过某个地方或住过某家旅馆的游客，会形成独有的消费体验，可能是好的，也可能是负面的，其他人对自己去过、体验过的地方做出评价，再经过TripAdvisor的结构化呈现，就会变成对下一批用户有价值的参考信息，于是，就构成了"供给"。

TripAdvisor的赢利模式主要如下。

1.广告

（1）内容

在用户对旅游信息供需模式形成的基础上，TripAdvisor进行了较为成功的商业化。除自营交易业务以外，TripAdvisor的赢利主要通过广告获得，这个赢利模式的成功得益于它的平台属性——简单说，用户登录到TripAdvisor本来就是为了找酒店的，时机上100%精准匹配，因此其贩卖给在线旅游网站、连锁酒店网站的流量比搜索引擎贩卖的流量更精准，匹配度更高，距离交易情境也更近，向交易成功的转化率理论上也更高。

TripAdvisor的广告主要是点击广告和展示广告，都是展示在TripAdvisor页面上的，其主要区别在于收费标准的不同，点击广告以"点击"数量作为广告费的收取标准，而展示广告则以向所有使用者的展示次数作为广告费的收取标准。由于收费标准的不同，二者的展示位置、适用范围也有所不同。当用户看到一个链接，通常在其对广告相应的信息很有兴趣的时候才会进一步点击链接，所以点击广告的用户通常有较大可能产生购买行为，这样的广告收费模式更加倾向于"结果导向"，不管广告被展示了多少次，

---

① TripAdvisor：《2012年年报》，http://ir.tripadvisor.com/annuals.cfm。

真正吸引住消费者的才会被收费；而展示广告仅仅是根据广告主预先选择的用户的一系列特征标签进行广告推送，当满足这些特征标签的用户来到 TripAdvisor 的时候就将看到对应的展示广告，比如我是 24 岁的女性，想去纽约旅游并曾经在电脑上搜索过关于纽约的旅游信息、青年旅社，那么当我在 TripAdvisor 上搜索纽约酒店的时候，展示广告更可能向我展示纽约的廉价旅社的广告，而不是北京的五星级酒店。

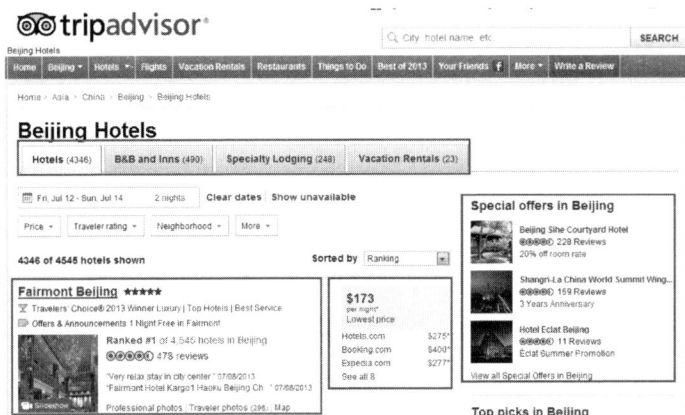

图5—9　TripAdvisor细节页面模块布局示意（来自该网站页面截屏）

以 TripAdvisor 酒店频道的使用与广告展示为例，频道包括首页、列表、细节展示三级页面。用户从频道首页到列表页面再到细节页面，每个层级页面的用户数逐级递减。如搜索"北京酒店"，结果界面分为几大板块：酒店分类标签、搜索结果列表、在线预订网站出价及链接、北京酒店推荐。页面中未显示出的跳窗广告为展示广告，用于将付费的广告主的产品向相关用户优先展示；而左边的搜索结果，如果用户点击链接并进一步了解详情，产生购买行为，则 TripAdvisor 将收取点击广告费用。

从上图搜索结果展示中可以看到，TripAdvisor 实现了用户体验与赢利的较好平衡：既提供了关于酒店足够的地理、排名、评价、价格等辅助决策信息，旁边的预定链接又可以便捷地实现预定并为网站带来收益；酒店之间竞争激烈，消费者不会有"非你不可"的忠诚度，所以网站信息的提供就显得十分重要，通过在边栏展示"北京优惠酒店"信息，消费者有可能被价格等方面的优惠吸引进而转化为购买行为，因此边栏广告位也有很大价值。

（2）原理解析

TripAdvisor 的商业表现已经证明其赢利模式的可行性，由于对潜在旅行者信息需求及供应的准确掌握，其完成了商业价值与用户价值的较好实现。无论何时，其已经建立起来的庞大的评价信息库以及评价中立、公允的声誉都是其能在竞争中胜出并保持良好发展的重要条件。

基于点击付费的相对单一的赢利模式也逐渐为 TripAdvisor 带来很多挑战，其重要赢利来源是点击付费广告，此项业务的广告主主要是在线旅游网站或酒店网站。但是现在 TripAdvisor 的赢利能力正在受到来自其曾经的广告主——在线旅游网站及上游网站的挑战。

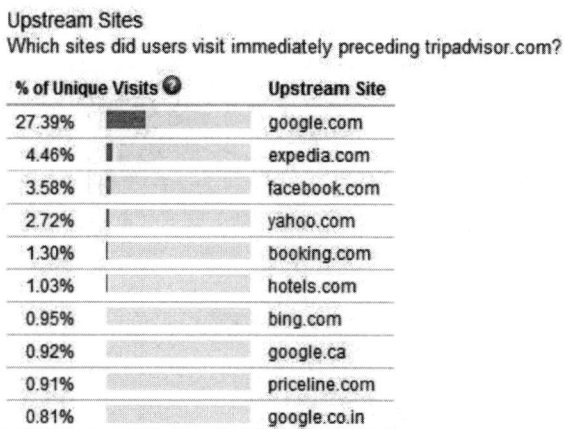

Upstream Sites
Which sites did users visit immediately preceding tripadvisor.com?

% of Unique Visits	Upstream Site
27.39%	google.com
4.46%	expedia.com
3.58%	facebook.com
2.72%	yahoo.com
1.30%	booking.com
1.03%	hotels.com
0.95%	bing.com
0.92%	google.ca
0.91%	priceline.com
0.81%	google.co.in

图5—10　2013年7月6日TripAdvisor网站上游来源分布(图表来源：Alexa)

上游流量即用户在点击 TripAdvisor 之前最后浏览的网站，这个网站很可能影响了用户点击 TripAdvisor 的决策。从上图来看，27% 的上游流量来自 Google，而 Google 是一个搜索开放平台，用户可以通过 Google 到达多种多样的网站，也可能跳过 TripAdvisor 这一中介而直接实现预订等行为。而且，Google 也开始构建自己的点评系统了，它收购并整合了图片分享网站 Panoramio 和点评网站 Zagat，并且这些服务已被越来越深地整合到 Google Places 和 Google Hotel Finder 等产品中了；虽然搜索引擎还是 TripAdvisor 流量的重要来源，但它的排名已经有所下降。而且，大型在线旅游网站在各自网站内部也开始搜集用户点评（如中国的携程整合了驴评网的点评）。用户通过 Google 可以直接完成的事情，为什么还要登录 TripAdvisor 呢？这对 TripAdvisor 来说是不小的挑战。

从 2012 年以来，TripAdvisor 频频有大动作。2012 年，TripAdvisor 推出了新的酒店预订网站 Tingo。如果酒店客房价格下降，该网站将自动向用户返还差价；而今年，TripAdvisor 更是以其多年来从未尝试过的方式对其业务进行调整，自该公司在去年第四季度在智能手机平台推出酒店元搜索功能后，它在 2 月 13 日称其将在平板电脑渠道和 PC 平台推出酒店元搜索服务，这一计划将在 6 个月内完成。这可以说是 TripAdvisor 应对多方面的挑战，以商业模式多元化的策略来应对，试图实现产品在商业价值与用户价值方面的完美结合。[①]

2.商户列表服务

（1）内容

据统计，自从 TripAdvisor 于 2010 年推出商户列表服务以来，采用这一服务的商户数量年增长率在 40% 以上，[②] 于 2013 年 2 月达到 50000 家，[③] 并且为酒店商户带来了较大的收益。商户列表即是一种新型的增强酒店信息展示、获得订单的方式，比如增加展示酒店链接、优先显示酒店优惠信息等，上图 TripAdvisor 界面中最右边栏的"特价酒店"展示即为商户列表服务。

（2）原理解析

从商户列表服务的操作来看，TripAdvisor 将广告放在更显著的位置，提供了更多细节，这便于提高广告主的曝光率，也便于顾客更充分地了解

① 雪球网：《2.0产品逻辑的思考碎片：TripAdvisor》，http://xueqiu.com/9255413612/21879206。

② Forrester Consulting：《The Total Economic Impact of TripAdvisor's Business Listings》2012年6月。

③ Kevin Carte："Over 50 Thousand Hotels Use TripAdvisor Business Listings to Promote Their Properties Online"，http://cn.reuters.com/article/pressRelease/idUSnPnNE62069+160+PRN20130219?symbol=TRIP.O。

信息，增加购买链接又便于消费者实施购买，这些方式，都有助于增加 TripAdvisor 的赢利。

西方的旅游基本上都是自助游形式，旅游计划的设置完全个性化，游客对目的地、住宿的信息需求大，且国外自助游发展较早，TripAdvisor 已经利用较长的时间形成了庞大的评价系统，建立了客观中立的形象，这对评价类网站是至关重要的。在"客观中立"的形象和口碑建立起来之后，合适的商业化赢利模式就不会招致用户的过度反感。笔者认为，TripAdvisor 的商户列表服务的就是一种比较合适、适度的赢利模式。

（三）58同城

58 同城网成立于 2005 年，总部设在北京，目前已经在全国 320 个主要城市开通分站，定位于本地社区及免费分类信息服务，同时，还提供精准营销等相关服务。目前 58 同城注册用户总数、日页面浏览量均过亿，日发帖量约 100 万。据最新的 Alexa 排名显示，58 同城访问量居国内网站的第 25 位，居国内分类信息网站第一名位。

58 同城的收入结构主要有三大部分来源：广告收入，通过售卖广告资源创收；用户增值服务付费，包括 58 同城推广、58 交易宝、58 余额、推广余额等；建立在产品基础上的商家付费，如会员网灵通、名店推广等。

下面是其具体内容。

1.广告

（1）内容

58 同城网的广告收入主要来自精准广告方面，其实商家对这类广告有着很强的需求。电视和报纸这些传统的广告媒介因为受众过于广泛，无法传达到目标用户，但 58 同城网可以提供很好的平台。58 同城网是一个服务型的分类信息网站，一直坚持本地化服务和探索，而且按行政区域划分，并将所有的行业进行分别归类做成黄页频道，它只将本地本行业的商家放在一起推广，在用户有需求时登录相关黄页就能看到。在其上做广告不但针对目标用户投放精准，对于用户来讲也更容易接受，因此对企业的吸引力还是比较大的。

（2）原理解析

事实上，从现在来看，由于用户浏览带来的流量被很多其他平台分流等，58同城目前的赢利模式也在不断受到质疑。首先，58同城即使拥有优势资源和品牌，却没有做到将手上的大量资源有效地变现[①]；而且，使用58同城的用户通常有一些方面的信息需求，如房产中介、交友、招聘等等，但随着互联网的发展，这些方面已经被其他平台所严重"侵袭"——房产中介流量被焦点网、搜房网等垂直频道分流，交友被人人网、微博、微信、甚至陌陌等应用平台分流，招聘网站与智联招聘、51job等专业网站相比也并无核心竞争力，这导致58同城吸引广告主的能力目前开始转弱。同时，随着互联网广告的发展，一些小广告主开始通过搜索引擎投放广告，使得58同城广告来源又被搜索引擎分流一些。

2.用户增值服务

（1）内容

为了更好地吸引用户、增加收入，58同城系列推出了58交易宝、58余额、推广余额等不同账户，让用户享受到了增值服务。用户可以通过在线充值等方式进行58交易宝余额充值，交易宝余额可用于团购、二手服务等电商业务；58余额则可用于网邻通会员开通等会员类服务，它不可转让，也不可退款提现；推广余额则可用于58同城自有服务性产品的购买，如置顶服务、定向推广、外链推广、精准推广等。

另外，只要注册为58同城网的用户都可以享受免费发布信息等基本服务项目，但是一些特殊服务项目，就需要付费才能使用。

（2）原理解析

用户增值服务对于实施者而言，往往耗费不大，因其是在既有业务资源上"增值"出来的，但是它却能获得收入，同时也很关键的是，这样也会改善用户的体验，增强其黏性，另外，增值服务也很有可能孕育着未来的赢利模式，所以，用户增值服务很值得重视，即使赢利金额不高。

---

① 罗小卫，徐婷：《58同城等网站疑患供血依赖症 赢利模式受质疑》，《华夏时报》2012年4月7日。

3.建立在产品基础上的商家付费服务

（1）内容

在 58 同城上，大部分商家的产品信息发布是免费的，并且是按照发布时间的先后顺序排列的。如果发布的时间早的话，很可能会被那些发布较晚的商家的产品信息覆盖掉，这样，如果不经常在网站上发布自己的产品信息，就很难被用户发现。因此，为了解决中小企业面临的这些问题，58 同城提供了会员网灵通、名店推荐等服务。

会员网灵通是为中小型商家量身定做的企业级会员服务，它拥有超强的网站建设和精准的网络推广功能，能够帮助中小商家快速提升网络推广效果，一站式解决生活服务类企业的互联网营销难题。网灵通会员享受的服务有：特有认证、排序优先、动态网站轻松管理、手机 WAP 站管理、显示统计效果、精准的营销等功能。

名店推荐是 58 同城专门提供的品牌推广服务。个性化大图片、高曝光度以及固定位置周期投放的形式，可以提升商家的品牌形象，有效提高知名度。

（2）原理解析

实际上，会员网灵通和名店推荐服务，是抓住"20% 有价值客户"的营销理念的贯彻。营销学的一个基本规律是，80% 的营业额是由 20% 的客户创造的，所以只对一些有实力的客户推荐一些特殊服务，"抓住"这些有价值的客户，对自己的赢利很有价值。

3.网邻通服务模式

（1）内容

据 58 官网介绍，网邻通是 58.com 的企业会员身份，与 58.com 普通会员相比拥有获认证、抢特权、建网站、享服务四大功能，能为商家提供更多的展示机会、更好的展示效果。

网邻通的服务模式更适用于中小企业。中小企业由于经济实力有限，较难在价格相对较高的传统媒体等之上投放广告，而如果能有网站做到提供系列手段匹配到位地进行网络营销，同时收费又不高的话，那么对中小企业而言就是一个"福音"。而 58 同城的网邻通服务包，就有这样的效果。

网邻通是 58.com 的企业会员身份，[①] 与普通会员相比拥有获特有认证、vip 入口、优先推送、双重刷新、专属客服、得动态网站、建手机 Wap 站、显效果统计等功能，它能为商家提供更多的展示机会、更好的展示效果。网邻通的主要优势在于服务优质、收费合理。

网邻通的服务优质有诸多方面，我们主要谈以下三点。

第一，网邻通的优先推送功能。在 58 同城网站上发帖后，可选择"优先推送"，将信息优先于普通信息进行推送。"优先推送"的信息优先于普通信息，按照更新时间的倒序进行排序，更新时间越晚越靠前。对于"优先推送"的帖子，系统将在 8：00—22：00 时间段内随机自动刷新 12 次。用户可选择优先时长：1 天、3 天、7 天，结束时间统一为当日 23:59。优先推送的帖子，推送不可修改时长，不可删除，可以修改帖子内容。除此之外，用户可以根据自己的需要来选择预约刷新的开始时间、间隔时长、刷新次数来刷新优先信息。

第二，网邻通还可以为客户提供多样的网络信息管理服务。以 2012 版的网邻通为例，用户有 89 套模板可选择，有 6 种版式、9 个信息频道（默认导航包括首页、企业简介、企业新闻、产品目录、分类信息、企业招聘、反馈信息、公司相册和资质荣誉 9 个频道）和多种系统级嵌入的在线通讯工具，如 QQ、MSN 等。对于用户的留言，它有好的处理方式，如留言能免费发送到商家手机，短信只提示留言标题，留言内容需到网站后台中查看。当然，如果商家未开通 WAP 网站，则无法享受此功能。

第三，网邻通还可进行流量统计，显出客户推广效果，帮助客户把控网站的整体流量变化趋势，及时调整推广方向。它主要通过自动统计昨日、平均每日、总访问量以及每条信息的访问情况、来路域名、今日受访页面等指标，然后汇总至后台进行相关计算，最后导出分析图表，帮助用户进行分析。如果用户不满意分析的结果，可以导出数据进行 SPSS 分析，使结果更为精确。

---

① 58同城网邻通：《本地中小企业网络营销一站式解决方案》，https://passport.58.com/pso/viplogin/?path=http://vip.58.com/。

另外，我们再说下其收费。网邻通是按时间计费、一次性收费，有限期内无限次使用服务。不像搜索引擎网站以点击次数计费等，这种一篮子买卖保证了用户的成本能够受到控制，而且从现实来看，成本也确实较低，这对经济实力不强的中小企业来说，自然是很有吸引力的模式。在服务期限内，58同城技术团队不断更新技术，客户能获得免费升级。网邻通各种类的明细收费如下表所示。

表5—2　　　　　　　　　　　各种类网邻通费用表[①]

网邻通类型	费用（元/年）
房产网邻通	3600
生活服务类网邻通	3600
宠物网邻通	6600
招聘网邻通	HR版12800 全年版3600
汽车网邻通	白银版13000 黄金版18000 白金版28000

（2）原理解析

网邻通的赢利模式对有营销需求而经济实力又不强的中小企业来说是有一定吸引力的。可以说，它总体上性价比较高。首先，它服务细致，确实紧贴中小企业要求，同时，其收费模式能让中小企业控制住成本，而且从现实看，价格确实也不高，这样很难不被中小企业欢迎。另外，目前许多分类信息网站收费标准没有统一的政策，而58同城的网邻通价格更加透明和公开，这也应该是其吸引客户的一个优势。网邻通这样的服务模式，应比较具有推广意义。

（四）前程无忧

前程无忧是中国的专业人力资源服务机构，提供包括招聘猎头、培训测评以及人事外包在内的人力资源服务，信息发布平台涵盖传统媒体、网

---

① 参见58同城官网，http://bj.58.com/。

络媒体等，[①]在全国 25 个城市设有服务机构。2004 年 9 月，前程无忧成为首个，也是目前唯一在美国纳斯达克上市的中国人力资源服务企业 (Nasdaq: JOBS)。[②]由前程无忧的年报数据可知，自 2008 年以来，前程无忧人力资源及相关服务处于缓慢增长的状态，而出版物广告则逐年缩减，5 年时间内缩减到了 2008 年的 30%，与此相对，网络招聘服务呈现高速增长的状态，达到 2008 年的近 2.5 倍。

其赢利模式主要如下。

1.求职者增值服务

（1）内容

除了提供职位信息发布、职位搜索等一系列免费服务之外，前程无忧还提供一系列收费服务。

比如简历增强显示，即把应聘者的工作经验、专业技能、语言能力等以图标形式展现在简历名称之后；比如手机职位订阅，即每周一、四早晨 8 点以手机短信形式发送最新职位资讯；比如求职助理，满足社会初级求职者对招聘信息的需求；比如求职讲座，提供求职讲座相关预告信息。求职者通过收费服务，可以受到更多简历方面的指导，提高简历的吸引力，进而增加应聘机会，同时还可以收到更多求职相关信息，防止错失机会等。

（2）原理解析

前程无忧的用户增值服务其实就是把用户求职时的需求尽量考虑得细一些，提供得更全面一些。服务业是"以人为本"的，为消费者考虑得越细越周到，越能解决其现实问题，则消费者越欢迎，赢利就有更好的前景，所谓"细节决定成败"。前程无忧为求职者提供的增值服务，即是很好的证明。

2.为企业服务

（1）内容

前程无忧为企业提供更为多元和广泛的服务项目。前程无忧在给求职者提供收费服务的基础上，也为招聘企业制定相应的配套服务，提升其招

---

① 前程无忧网：《关于前程无忧》，http://www.51job.com/bo/AboutUs.php。
② 百度百科：《前程无忧》，http://baike.baidu.com/view/77563.htm。

聘的效率。具体如下。

第一，招聘信息发布，企业用户可通过网站注册页面进行免费的注册，然后企业通过支付一定的费用来发布自己的招聘信息。这些步骤方便、快捷，尤其有利于小的雇主发布信息。

第二，简历信息的获得。企业可以手动检索简历，比如，企业可以选择要招聘人员的现任职业、学历等信息，在网站的简历库中检索出相应的简历，然后支付一定费用来购买这些简历。

第三，猎头服务。此项服务致力于为客户提供中、高级管理人员，特殊岗位的人员以及相关咨询，其工作流程为：一是网站通过对客户进行拜访，详细了解客户的企业文化、公司背景、行业和产品特点，与客户进行充分、有效的沟通，通过良好沟通，详尽获得所需招聘岗位的职责、任职条件、特别要求及相应的薪酬范围。二是制订并实施搜寻方案。利用网站庞大的候选人数据库、与各行业有关机构及人士的网络关系，对每一位潜在的候选人进行接触。对所有接触到的候选人信息进行分析、过滤，筛选出基本符合要求的候选人，并安排面试。三是在面试的基础上，撰写评估报告，对候选人进行综合评价。四是将评估过的候选人综合信息提供给客户，根据客户的要求安排候选人与客户面谈。五是当客户基本选定一个候选人时，网站将对候选人作背景调查。六是当客户正式聘用候选人以后，网站会与客户保持定期联系，协助其与候选人解决试用期间可能遇到的困难与障碍，确保候选人在客户公司能够适应并发挥其所长。猎头服务解决了招聘企业在高端职位方面空缺的问题。

第四，线下招聘。线下服务一是报纸招聘，企业可以在网站创办的报纸上发布招聘信息，然后在各个城市发放，尤其是在各大人才市场、高等院校发放，这有助于扩大覆盖面、提高企业的招聘效果；二是帮助企业策划校园招聘。可以帮助招聘企业制定完善的校园招聘解决方案，还会在网站上发布相关信息、开展校内宣传等。

（2）原理解析

虽然前程无忧业已成为国内较大的招聘网站，但是其现有模式还存在很多问题。

首先，是其目前的信息资源与招聘求职信息匹配度低。这也一直是困扰整个行业的问题，是制约网络招聘行业发展的瓶颈。筛选招聘与求职信息本身受限于信息处理技术，需要借助人力方能完成，这一点是产生匹配度低问题的基础，而虚假的招聘求职信息、信息更新的不及时等又进一步恶化了该情况。

其次，招聘网站同质化竞争严重，前程无忧面对激烈的竞争。现在很多人力资源网站的目标市场、赢利模式、运营管理制度等都趋向雷同，这就导致了现在网络招聘行业出现了严重的同质化竞争现象。

最后，员工数量多，人力成本高。与其他互联网企业相比，人力资源网站普遍拥有数量庞大的工作人员，这一点是人力资源网站区别于其他互联网企业最大的特点。普通的互联网企业一般"轻"人力而"重"技术，而人力资源网站则是"轻"技术而"重"人力，当然这是与网络招聘服务的本质直接相关的，因为网络招聘本质上是一个"销售＋服务"的模式，并不单纯依靠技术驱动，反而需要足够的人手，于是，人力资源网站就有数量众多的员工，并须长期持续投入大量资金在员工薪资等上面，从而就出现了人力资源成本高的问题。

3.人力资源相关服务

（1）内容

前程无忧还向企业提供一系列人力资源相关的其他服务。比如测评、咨询、培训业务等。

测评服务的目的是通过一般能力判定求职者潜能水平，通过性向测验判断其性格特征，通过职业倾向性测验勾勒其适合的发展方向，通过职业价值观判定其内心需求，等等。这包括为解决企业客户校园招聘工作量大、成效低等问题，专门开发的针对大学生的"校园招聘系统"，该系统能快速对个人能力素质进行识别，同时，针对测评结果还可以进行横向行业标杆类比与纵向成绩排名，从而大大提高校园招聘工作效率。

咨询服务主要包括：行业薪酬报告，如行业市场总体概述、薪酬结构分析、部门定位，以及详尽的岗位薪酬信息；岗位薪酬报告，如岗位任职资格信息及薪酬细分口径的数据信息；另外，当企业和招聘网站长期合作时，招聘网站会根据企业所处行业、企业本身以及岗位等特性综合分析，了解企业文化，为企业量身制定项目解决方案，等等。

培训业务，企业通过各种方式使员工具备完成现在或将来工作所需要的知识、技能和习惯，以此来改善员工在现在和将来职位上的工作业绩，并最终实现企业整体绩效提升。它有助于改善企业的绩效，有助于增进企业的竞争优势，有助于提高员工的工作满意度，有助于培育良好的企业文化。其主要流程包括培训需求调查、培训计划制订、培训计划实施等，并始终围绕企业的经营目标。其培训内容大致包括高层管理、管理技巧、销售技巧、人力资源和职业技能。

（2）原理解析

可以说，前程无忧获得到目前为止的成功不仅在于其注重建设简历库、获取客户资源以及建设品牌，还得力于有一些比较有效的市场运作。比如，其线上、线下多媒体形式结合的招聘信息发布使其能够较好地适应人们信息获取渠道的变迁，在互联网迅速发展的时期迅速把握住机会发展壮大；而且，前程无忧涵盖人力资源相关咨询等服务，这除了成为其赢利的渠道以外，还可以在业界建立起专业、可信的品牌，这一项运作是比较有价值的；同时，前程无忧多元化的业务板块使其面对招聘行业的发展变化能够较为灵活地调整适应，减少市场变化带来的风险。

第六章　互联网传统广告赢利模式

一　概念、发展历程及规模

（一）概念

1.互联网广告

互联网广告就是利用网站上的广告横幅、文本链接以及多媒体等形式与技术，刊登或发布广告，通过互联网传递到用户的一种高科技广告运作方式。或简言之，互联网广告是指利用国际互联网这种载体，通过图文或多媒体等形式，进行的广告信息传播。

2.互联网传统广告

互联网广告经过 16 年的发展后，我们可以根据其所体现的广告理念、计价方式、赢利模式以及所应用的技术手段等将其划分成两类，即互联网传统广告和新型互联网营销手段。其中，互联网传统广告指利用国际互联网经营主体发布的，以文字链、图片和富媒体等为主要形式的广告。

互联网传统广告具有如下特点。

第一，互联网传统广告的形式主要包括文字链、图片和富媒体等形式。

第二，互联网传统广告主要通过"Web1.0 时代"的技术手段实现，与"Web2.0 时代"的网络营销活动有区别。

网络技术革新、网络营销理念广泛传播后，在视频网站、SNS 网站和网络游戏的引领下，鼓励个人参与、创作与分享的"Web2.0 时代"的特征愈发明晰起来，在此基础之上衍生出的"精准营销""社区营销""口碑营销""跨媒体营销""事件营销"等成为网络营销的热点。网络媒体和网络广告公司不再就广告而谈广告，而是从广告主的营销战略出发，为其设计基于网络媒体的营销计划，利用"Web2.0 时代"用户自由发布信息、自主选择和接受信息以及相互传播信息的特性，结合市场营销学的理论和方法而产生出一种新的互联网广告形式。这既是市场竞争的需求，也是网络广告在经营上更加成熟的表现。新型广告由于克服了互联网传统广告承载信息量有限、交互性差和缺乏自主性等弱点，因此获得了相对高一些的点击率。网络营销活动相对于互联网传统广告，其营销理念、计价方式、赢利模式和所应用的技术，以及所依赖的传播学原理已经在本质上发生了改变，因此，以"Web2.0 时代"的网络营销为代表的网络广告不在传统广告的讨论范畴之内。

最后，我们需要指出的是，本部分研究的是互联网传统广告，但不包括那些互联网无偿发布的广告，因本书研究的是赢利模式，所以无偿发布的公益类广告等不在研究对象之内。

（二）发展历程

1. 概述

自 1997 年 IBM 在我国投放第一条互联网广告至今，互联网广告在中国经过 17 年发展，无论在经营思路和产品形态层面，还是在市场结构和市场规模层面，均呈现出多变的特征——其变化的速度和程度远超过传统的电波、平面及户外广告。例如，电视广告的经营收入从 100 亿到 200 亿用了 5年，而网络广告仅用 1 年；又如，电视广告市场中中央电视台一家独大的结构已经持续了 30 年，而网络广告的市场结构却在 16 年间不断变化。

在总量上，自 1997 年开始，我国互联网广告的市场规模从无到有，在2003 年因互联网行业的回暖，互联网广告的增长实现了跨越，突破 10 亿元；2004 年后，因搜索引擎的广泛应用，形成了搜索引擎广告发展迅速，与门户网站的广告成为互联网广告两大支柱的局面。之后互联网广告又于 2007年突破 100 亿元，在 2009 年已经达到 207.4 亿元的规模。

2. 网络媒体广告经营的变迁

互联网广告发展是内因和外因两个影响因素综合作用的结果：网络媒

体、广告主和广告公司作为广告活动主体，决定着网络广告的形式和市场规模，内在驱动互联网广告发展，对网络广告各发展阶段特点的形成起着主导作用；同时，包括技术、经济、社会等在内的环境因素，以及广告和互联网行业的发展，在宏观层面对网络广告产品的创新、市场机会的创造、市场结构的变化和市场规模的伸缩等产生影响，提供外在作用力。

互联网广告起源于 1994 年的美国。当年 10 月，HotWired.com 的首页上出现了 AT&T 等 14 家客户的横幅广告，世界上第一份网络广告正式上线。1997 年 3 月，中国的第一个商业性的网络广告上线，由 IBM 投放，传播网站是 Chinabyte，广告表现形式为动画旗帜广告。自此中国网络广告门户时代开始，但国内的网络媒体仍属于初创期。这时，由于基本广告观念和资金技术条件不足等限制因素，使得国内的互联网广告只是简单地模仿海外网络广告的经营模式，广告产品主要采用 gif 和 jpg 格式的 Button 和 Banner 等形式。

到了 2001 年，全球性网络泡沫破灭引发了互联网危机，整个广告行业竞争也在加剧，网络广告市场竞争愈加激烈，互联网广告经营者为了更有效地争取客户，开始加大广告产品的创新力度，以满足广告客户在投放效果方面的要求。若干有别于国际通行形式的、具备中国特色的网络广告形式开始出现，包括全屏广告、通栏广告、画中画广告、声音广告、全流量广告等多种创新型的广告形式。例如对联广告这种典型受中国传统文化影响和熏陶而产生的网络广告形式，它是以旗帜广告为出发点，利用网站页面左右两侧的竖式广告位置而设计的广告形式。目前，在中国众多的商业网站当中，对联广告已经是一种极为普遍的广告形式。对联广告在视觉上具有较强的冲击力和影响力，有助于维护和巩固企业与品牌形象。这些具有中国特色、形式新颖、引人注意的广告形式进一步促进了互联网广告产业的发展与扩大，在互联网广告的赢利总量上亦有所体现。

随着新技术开发和营销思维的普及，互联网广告的形式得以摆脱思想观念和技术的约束，开始进入新的时代。

在传播模式方面，近年来，搜索引擎在我国呈现快速发展态势。2003 年中国搜索引擎市场规模为 6.9 亿元，年增长率为 147%；2004 年中国搜索引擎市场规模达到 12.5 亿元，增长 81%。可见，搜索引擎在整个网络广告市场中所占的份额逐年增大，已成为中国互联网广告的又一强劲增长点。中国搜索引擎市场增长的主要原因是，随着广告主对于搜索引擎营销效果的认知不断加强，广告主加大了对于搜索引擎广告的投放力度。

2003 年后，"Web 2.0 技术"广泛应用，用户的身份不仅仅局限于接受者，更转向了传播内容的创作者。分享行为更一改大众传播单向传播的模式，将互联网传播转变成为一种人际传播、群体性传播和大众传播相融合的整合性传播。

在互联网广告形式方面，富媒体广告、视频网站广告和博客广告应运而生。随着互联网以及宽带在中国的日渐普及，富媒体广告正逐渐受到中国广告主和广告公司的关注。富媒体广告是指能达到 2D 及 3D 的 Video、Audio、JAVA 等具有复杂视觉效果和交互功能效果的网络广告形式，它能够提供更广泛的创意空间，提高用户与广告的互动性。好耶广告网络联合 iResearch 发布的《2004 年网络广告服务报告》的数据显示：2001 年、2002 年、2003 年和 2004 年中国富媒体广告所占图片式广告总量比例分别是 27.4%、42.3%、49.6% 和 52.7%。从上述数据中可以看出，富媒体广告所占比例正在逐年增长，具备复杂视觉效果和互动性的网络广告形式已经渐渐被网民和广告主接受。

同时，"Web 2.0 时代"的参与共享性凸显，产生一种包含"精准营销""社区营销""口碑营销""跨媒体营销""事件营销"等营销方式的互联网营销方法，成为一种全新意义上的"互联网广告"。

3. 互联网广告分期[1]

经过上述分析可知，互联网广告形式主要经过四个阶段的发展。

第一代互联网广告是 JPG 图片和 GIF 动图形式的简单的 Button 和 Banner 广告；

第二代互联网广告是在第一代简单的互联网广告形式基础上，进一步

---

[1] 黄河：《论中国大陆网络广告的发展分期》，知网空间，http://www.cnki.com.cn/Article/CJFDTotal-GJXW201101031.htm。

发展起来的全屏广告、通栏广告、画中画广告、声音广告、全流量广告等多种创新性的广告形式，在广告形式上更具有吸引性；

第三代互联网广告指的是大量采用视频和音频形式的富媒体广告；

第四代互联网广告是一种 Web2.0 时代全新的网络营销方式，竞争激烈的广告产业大环境要求网络媒体提供整合的营销方案，互联网广告的营销价值也不断延伸。Web2.0 技术的广泛应用，带来的营销变革，产生了一种 Web2.0 时代全新的网络营销方式，亦称线上营销或者电子营销，是指建立在互联网的基础上，以营销为导向、网络为工具，由营销人员利用专业的网络营销工具，面向广大网民开展一系列营销活动的新型营销方式。

中国计算机协会对于"Web2.0"的定义是："互联网 2.0（Web2.0）是互联网的一次理念和思想体系的升级换代，由原来的自上而下的、由少数资源控制者集中控制主导的互联网体系转变为自下而上的、由广大用户集体智慧和力量主导的互联网体系。互联网 2.0 内在的动力来源是将互联网的主导权交还个人，从而充分挖掘了个人的积极性，广大个人所贡献的智慧和个人联系形成的社群的影响，替代了原来少数人所控制和制造的影响，从而极大解放了个人的创作和贡献潜能，使互联网的创造力上升到了新的量级。"

相比"Web1.0"时代的网络传播，"Web2.0"时代具备三个显著的特点。[1]首先，用户为主的参与性与交互性特点。"Web1.0"时代，互联网广告是传播者向受众的单向、强势输出。"Web2.0"时代，这种信息不对称模式被打破，面对传播者希望传播的信息和发布的广告，受众拥有自主选择的权利。同时，还可以作为广告信息的制作者参与到广告传播的过程中，对广告传播产生更大的促进作用，从而承担起越来越多、越来越直接的营销任务。对一些类型的商品而言，受众从接受广告到完成购买行为的整个过程，都可包含在网络营销活动的功能中。其次，分众化的窄众传播，或者说小众传播的特色。"Web2.0"时代，网站在个人化、个性化的个人与个人的互动的基础上，增加了个人与团体、团体与团体之间的互动，形成非组

---

[1]　苏芳荔：《Web2.0时代的网络广告探讨》，豆丁网，http://www.docin.com/p-265563907.html。

织的社区化的倾向。第三，定位清晰，精准投放，针对特定的用户群，有的放矢地投放广告，产生直接而高效的效果。总之，"Web2.0 时代"主要包括"精准营销""社区营销""口碑营销""跨媒体营销""事件营销"等营销方式。是一种随着互联网广告发展，相对传统互联网广告形式，发生本质变化的一种新型"互联网广告形式"。

需要注意的是，每一代新的互联网广告形式的出现，对于原有互联网广告形式来说并非是根本性的取代，而是一种补充，是适应新的市场需求而对互联网广告形式的丰富。时至今日，以上四代互联网广告形式依然同时存在，共同构成互联网广告赢利模式的一部分。

通过分析我们可以得出，我们所研究的互联网传统广告主要是前三代互联网广告形式，不包括第四代以网络营销为主的互联网营销模式。

（三）赢利规模

1. 当前的赢利规模

艾瑞数据发布的 2009—2010 年《中国网络广告市场份额报告》[①] 显示，在 2009 年全球广告市场同比下降 10.2% 的背景下，互联网广告凭借其自身优势，成为广告收入唯一增长的媒体。全球互联网广告规模达到 540.7 亿，占全球广告总体市场份额的 12.4%，同比增长 2.3 个百分比。在中国市场，2011 互联网广告市场规模为 512 亿，超出报纸广告的 454 亿，同比增长 59%。根据艾瑞数据发布的 2012 年度中国互联网广告核心数据，2012 年度中国网络广告市场规模达到 753.1 亿，较 2011 年增长 46.8%，网络广告市场增速受到宏观经济影响略微放缓，网络广告市场进入相对平稳的增长期。从市场份额方面看，2012 年第三季度搜索广告市场份额达 36%，依然占比最高；品牌图形广告占比下降到 28%，视频广告份额增长到 6.9%，垂直搜索广告受电商购物促进，份额提升到 20%。

---

① 艾瑞网：《2009—2010年中国网络广告市场份额报告》，艾瑞报告，2010年4月。

表6—1 2004—2013年中国网络广告市场规模（亿元）

（数据来源：中国信息产业网）

年度	网络广告市场规模
2004年	23
2005年	41
2006年	61
2007年	106
2008年	170
2009年	207
2010年	321
2011年	512
2012年	751
2013E[①]	1050

根据互联网广告市场规模统计，2004年到2013年，互联网广告年增长速度一直超过50%，产业规模不断扩大，2011年至2013年由500亿增长到1050亿，翻了一番，是互联网赢利极为重要的组成部分。

根据艾瑞数据最新发布的《2013年第一季度中国互联网广告核心数据》[②]，2013年第一季度中国互联网广告市场规模为198.4亿元，整体市场进入新的成长周期。根据艾瑞咨询发布的《2013年第二季度中国互联网广告核心数据》，2013年第二季度中国网络广告市场规模达到232.6亿元，较上一季度增长17.4%，较去年同期增长27.4%。见图6—1。[③]

---

① E为预估，estimated。
② 艾瑞网：《艾瑞咨询：2013Q1中国网络广告市场整体态势良好 进入新成长周期》，艾瑞报告，2013年5月。
③ 同上。

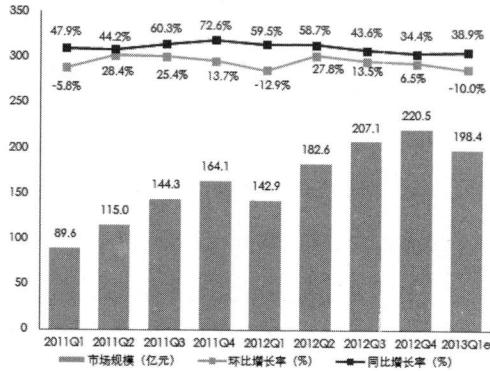

来源：根据企业公开财报、行业访谈及艾瑞统计预测模型估算，仅供参考。

©2013.4 iResearch Inc.　　　　　www.iresearch.com.cn

图6—1　2011Q1—2013Q1中国网络广告市场规模

2013年中国各类互联网广告形式所占的份额中，搜索引擎广告占比继续上升，达到36.4%；垂直搜索广告与品牌图形广告较上一季度略有下降，占比分别为22.4%与21.2%。视频广告保持良好的发展趋势，占比达6.7%。品牌图形广告、富媒体广告、分类广告和文字链广告等传统形式广告较上一季度均有所下降。

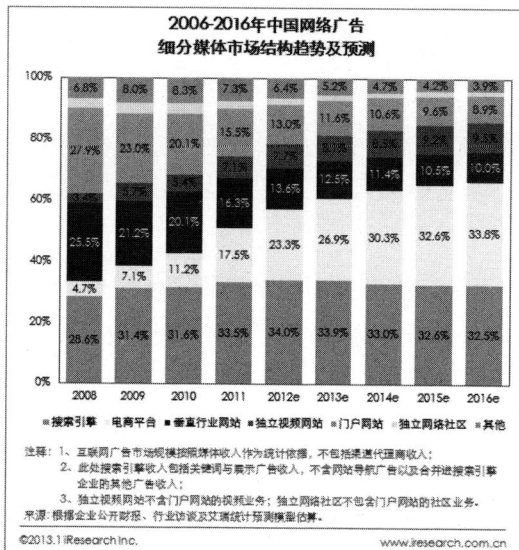

图6—2　2006—2016年中国网络广告细分媒体市场[①]

① 参见艾瑞咨询网站。

根据艾瑞数据发布的《2006—2016年中国网络广告细分媒体市场结构趋势及预测》，我们发现，互联网广告整体处于增长趋势，其中搜索引擎广告占有百分比基本不变，电商平台广告所占例快速增长，独立视频网站、垂直行业网站，独立视频网站等互联网广告占互联网市场的比例下降。

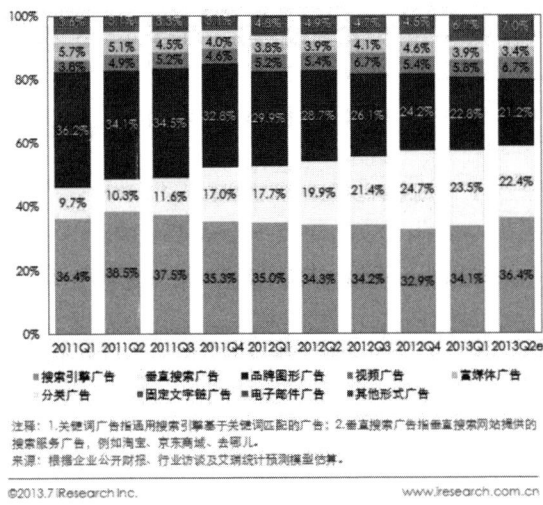

图6—3　2011Q1—2013Q2中国不同形式网络广告市场份额[①]

2.前景

2003年起互联网传统广告市场一直处于快速增长的过程，其增长速度一直保持在50%以上，2007年网络广告市场规模为106亿元，比2006年增长75.3%，占整个广告市场总额的6.7%左右；2008年受北京奥运会的影响，其增长率仍达50%以上；2008年至2012年增长速度亦保持在50%左右。因此可以预见，在不久的将来，互联网传统广告市场仍将处于高速发展的状态，其赢利规模亦将不断扩大，前景良好。

另外，随着"Web2.0"时代的到来和网络营销思想的普及，互联网传统广告将利用自身优势，与网络营销活动和现实社会中的传统广告相结合，

---

① 艾瑞网：《艾瑞咨询：2013Q2中国网络广告市场规模达到232.6亿元，整体市场回暖》，艾瑞报告，2013年7月。

从而达到更大的广告宣传效果，如必胜客、麦当劳、肯德基等餐饮连锁业开通了网上订餐送餐业务；网上购物产业急速发展，消费者足不出户就能够了解具体而详细的商品信息。同时，广告与购买相连接，促进广告效果的实现，传统广告和网络广告的结合，无疑将网络广告的发展前景推向了新的进步空间。

但是，互联网传统广告的发展也面临一定的问题。首先，广告行业，包括互联网广告整体竞争激烈，目标消费群局限；其次，互联网传统广告创建时间短，广告形式与传统广告类似；再次，网络病毒的横行、大量垃圾广告的蔓延、网络黑客盗取消费者网上银行密码等，降低了消费者对网络广告的信服力度；同时，网络法律体系不健全导致消费者维权困难；大数据时代，互联网广告受到效果良好的网络营销活动的冲击，市场紧张，等等。这一切都限制了互联网传统广告的发展，只有解决其自身的局限，才能发挥互联网传统广告的优势，开发市场的潜力

综上所述，互联网传统广告在未来，仍是互联网赢利中具备发展前景，有利于扩大互联网赢利规模的一部分。互联网传统广告应网络经营者和广告主的需求，发挥其自身具备的优势，结合新的技术与新的市场条件，解决限制自身发展的弊端，即能够扩大其产业和赢利的规模。

二　赢利模式

（一）当前赢利模式

为了更好地了解互联网传统广告的赢利模式，我们根据中国互联网广告市场具体的计费模式将互联网广告形式进行如下分类。

首先，按照是否具备衡量标准维度，可以将互联网广告赢利模式分为两类。

一是具备衡量标准的广告赢利模式，即网络经营者按照可量化的计费模式收费的赢利模式。

二是不具备衡量标准的广告赢利模式，即网络经营者按照不可量化的

计费模式收费的赢利模式。

例如一家网络营销公司，准备为广告主策划一个品牌推广活动，双方经过商议后即确定收费标准或具体的收费数额，不以具体的量化标准计费，此即不具备衡量标准的广告赢利模式。

互联网传统广告的赢利模式属于第一种。下面，笔者将具体介绍互联网传统广告的赢利模式。主要为以下四类。

1.全流量广告

全流量广告，是指广告经营者依据网站的点击流量为代售广告资源定价，然后以时间计算广告费用的一种计费方式。它是"Web1.0"时代主要的广告形态，又被称为"每广告位时间成本"，指分时段、分流量的一种计费方式，也指网络经营者按照时间段、时间长短和版面大小出售广告位的一种计费方式。这种收费模式类似于电视台收视率和报纸的发行量的概念，重展现，讲品牌曝光的范围（更广的地域或人群）及深度（到达频次）。但采用此种计费方式的媒体必须有强大的用户群体做支撑，必须具有较高的知名度及美誉度。因此，也只有具备浏览量优势的门户网站才采用这种计费方式。在此种广告形式中，广告主可以根据自身需求在特定时间段选取特定广告位进行有针对性的投放。

（1）计费方式

按照时间计费，即按天（全流量）购买，即在一天的24小时中，不论该广告位能够播放广告多少次，投放的都是同一则广告。目前，大多数国内网站的广告位是按天出售的，但此种方式对资源的运用并不一定有效。在此基础上目前也出现了基于全流量前提下的分时段购买和全天的轮替等新出售方式。此种模式完全参考电视广告的宣传方式。

这种收费模式简单易用，广告主自主选择的空间大，是对于互联网经营者来说最为有利的计费方式。只要拥有广大、固定的用户点击量，即可以获得高的单价，将一段时间的广告位出售后，无须进行任何效果统计。但是，CPT沿用几年后，广告主渐渐发现，这种收费形式缺乏说服力，无法保障广告客户的利益。由于各大媒介尚未能实时地公布其每天的不同页面的日访问量和日不重复访客数，广告主在衡量广告投放效果时，只能根据媒体公布的数据进行估算，这种评估方法难以体现广告所追求的精确性和实时性，而只是根据经验估算出广告所能传达到的用户数量及相应所需付出的费用。同时，一个越来越明显的趋势是，随着媒体页面访问量的不断提高，媒体却缺乏有力的第三方数据向广告主证明这种页面访问量增长的准确可靠性，只能被动地每半年或每一年调整一次价格，以提高自己的收入。最后，对于广告主来说这也是一种相对盲目的推广方式，虽然投放广告的广告位流量大，在受众面前出现的机会大，但所接触的受众并非全部都是有购买倾向和购买需要的受众，这样盲目的推广有效性肯定不行，因此，在按效果收费、竞价排名等方式不断发展的情况下，除了希望短时间内提高知名度的广告主外，按照时长出售广告位的全流量广告形式将逐渐被其他广告主冷落。

（2）广告形式[①]

全流量广告形式主要有以下几种。

①条幅广告（Banner）

条幅广告是网络上最常见、最基础的广告形式，和传统印刷广告类似，使用 Gif、Jpg 等格式，定位在网页中的一定位置，大多用来表现广告内容，还可以使用 Java 等语言产生交互性，用 Shockwave 等插件工具增强表现力。作为一种陈列广告，条幅广告对网民浏览的注意力构成了强烈的冲击，同时还拥有大内容的一次性展示空间，可以在目标受众点击之前就直接展示，因此成为互联网广告中最重要、最有效的广告形式之一。为充分利用网页广告空间，条幅广告通常以滚动形式出现在统一位置，分别卖给不同的广告主。条幅广告的价格相差很大，取决于所在网站或频道的访问流量与类型。

条幅广告按方向分可主要分为水平条幅广告（Horizontal Banner）和垂直条幅广告（Vertical Banner）。横幅广告一般出现在网站主页的顶部和底部，垂直广告一般设在网页主页的两侧。如果只分布在主页的一侧，则往往被称为"摩天大楼"，这通常出现在频道新闻内页中；如果主页两侧有两

---

① 宋安：《网络广告媒体策略与效果评估》，厦门大学出版社2008年版。

个垂直条幅广告如对联一样摆放，则被形象地称为"对联广告"，"对联广告"在很多网站首页十分常见。如图7—4。[1]

图6—4

如果按运动状态分，可分为静态条幅广告、动态条幅广告和互动式广告。静态的条幅广告是网页上显示的固定图片，其优点是制作简单，所有网站都能接受，通常容量较小，网页打开速度较快。但是由于是固定图片，信息量有限，呆板枯燥。动态条幅广告拥有运动元素，就是动画广告。动态广告一般采取 Gif89 格式和 Swf 格式，Gif89 格式的原理是把一连串图像连贯起来形成动画，优点是字节量小，大多数 Gif89 格式的广告由 2～20 帧组成。Swf 格式的动态广告则由 Flash 软件制作而成。动态广告可以携带更多的信息，通过动画形式加深受众影响，点击率通常要高过普通的静态广告。互动式广告则形式多样，比如 Flash 动画、游戏、插播广告、下拉菜单等，这类广告需要直接的交互，比单纯的点击包含更多的内容。

③通栏广告

通栏广告可以看作是条幅广告的演变和放大，它以横贯页面的形式出现，该广告形式尺寸较大，视觉冲击力强，能给网络访客留下深刻印象，特别适合活动信息发布、产品推广和庆典等。这种广告不仅仅版幅较大，如果在推出的广告中配上一些"讯息单元"（Messaging Units），这些广告就

---

① 参见中国纸网：http://www.paper.com.cn/。

如同一个小型网站，再利用普遍流行的 Flash 技术创建几个生动的画面，这些画面将被用在这些"讯息单元"中，从而使得用户直接在广告上通过鼠标点击这些画面就可以直接观看更多的信息，避免了链接到其他地方才能看的麻烦。

图6—5[①]

③画中画广告

画中画广告指在文章里强制加入的广告图片，其性质和印刷媒体中的插图广告完全一样，一般位于新闻内页的内容中间。比如在新闻里加入 Flash 广告，这些广告和文章混杂在一起，读者有时无法辨认是新闻图片还是广告。即使会辨认，也会分散注意力。该广告将配合客户需要，链接至为客户量身订作的迷你网站。大大增强广告的命中率。一般大小为 360×300，甚至可达到 360×408，在一台 17 寸的彩色显示器上可占到屏幕大小的 18%。虽然无法放到首页上，但在内页中可产生相当大的吸引力，加上使用 Flash 的动态与声音效果，点击率比旗帜广告 (Banner) 高，主要在网站的内容页面比如新闻、评论等页面投放。

---

① 参见百度图片搜索：http://image.baidu.com。

画中画广告是目前最常用的广告方式，是最有效的广告投放方式之一，是几乎所有门户站点均采用的广告投放方式。

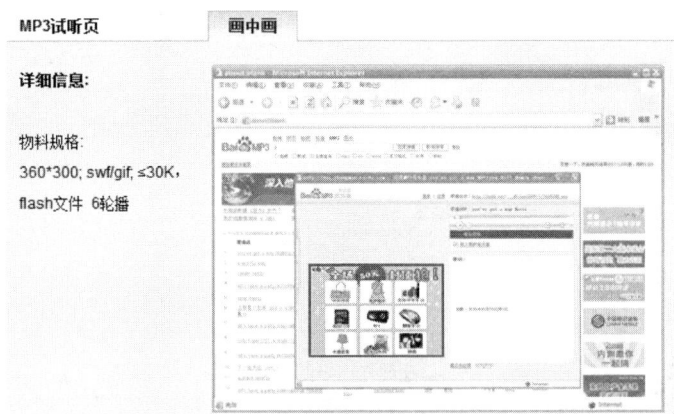

图6—6[①]

2.按效果计费广告

（1）按效果计费的形式

该种类型的广告，从按效果计费的形式看，有以下几种。

① CPM 模式

CPM（Cost Per Mille，也被称为 CPT，即 Cost Per Thound）即千人成本，即广告每被接触 1000 人次所耗费的费用。它所反映的定价原则是：按被接触到的人次给广告定价，这种定价思路与传统广告中的定价思路源出一脉。网上广告收费最科学的办法是按照有多少人看到你的广告来收费，按接触人次收费已经成为网络广告的惯例。

CPM 指的是广告投放过程中，每一千人次听到或者看到某广告所需平均分担的广告成本，传统媒介多采用这种计价方式。在互联网上的广告，CPM 的操作还稍有不同，它取决于"印象"尺度，通常理解为一个人的眼睛在一段固定的时间内注视一个广告的次数。比如说如果一个广告横幅的

---

① 参见百度MP3：http://music.baidu.com/?from=new_mp3。

单价是 1 元 /CPM 的话，意味着每一千个人次看到这个 Banner 互联网经营者要收取 1 元，如此类推，1 万人次访问的主页就是 10 元。CPM 定价的主要标准是该网站的浏览量，即热门程度，越热门的网站 CPM 就相应地越高，国际惯例是每 CPM 收费从 5 美元至 200 美元不等。国内根据网页浏览量的不同划分了价格等级，采取固定费率。

这种出售方式的优势在于：对于浏览量高的网站来说，这种收费方式简便而稳定，凭借自身高的访问量和浏览量即可获得高的广告收入，同时，网站不需进行广告效果的测量和评估，是对互联网本身最有利的一种计价方式；其次，可以为广告主合理节省广告费用，比如，对于一些价格较高的广告位，按 CPM 购买，再利用 Cookie 技术限定每人只能看到 3 次，可以避免广告多次播放给同一用户，浪费广告预算。也正是由于这个原因，CPM 成为互联网传统广告最传统也是最主要的收费方式。

CPM 指标比较符合业内人士的惯性思维模式，但是 CPM 指标也存在不足之处，比如它仅仅考虑了某一网络广告的浏览人数，却忽略了浏览者浏览网站这一行为与所投放广告之间是否有关，一些不具备浏览广告目的，或者其他可测度的浏览者行为，与具体投放广告的广告效果之间没有直接而明确的关系，不能作为广告效果评估的有效数据和指标。利用 CPM 指标来衡量互联网广告的效果，能在一定程度上反映网络广告的触及范围和受众数量，但是效果容易被夸大，可信度不高。相对于出售广告位时长的收费方式，CPM 模式更为科学，对于广告主来说，更为贴近其具体获得的广告效果，但是从广告推广效率上来说，仍然存在缺乏广告受众针对性的缺点，亦存在广告费浪费的现象。

② CPC 模式

CPC（Cost Per Click），每点击成本，即以每点击一次为收费单位的计价模式，利用网络广告被点击并链接到相关网址或详细内容页面的次数来衡量网络广告的效果。网络访客能主动点击广告主的网络广告，表明其对该广告感兴趣，也表明广告引起了目标受众的关注，找到了合适的目标受众，是广告效果实现的标志。CPC 的形式使广告主按广告点击数付费，广告主可以很清楚地了解自己投放的广告费到底是怎样花费的，大大满足了广告主对广告费有效使用的需求。同时，CPC 指标对作弊有一定的约束力，能够在一定程度上解决互联网广告效果统计准确性的问题。但是，另一方面其单位费用标准一般比 CPM 要高得多，因此在价格方面不具备优势。

③ CPA 模式

CPA（Cost per action），即由广告所带来的用户每次产生的特定行为的费用，根据每个访问者见到网络广告后所采取的行动进行收费的模式。此处的用户行动有特别的内涵，包括形成一次交易、获得一个注册用户或产生一次下载行为等。

网络广告的计费方式随着市场的变化而变化。随着网络游戏、电子商务的兴起，以及重视长尾流量的网盟的发展，CPA 的计费模式产生了，此模式直指游戏、电商广告主最核心的需求——产生注册及订单。从定义上来讲，"A"即"action"是投放前广告主和媒体协商制定的，因此"A"可以是注册，可以是下单也可以是点击某一个特定按钮或是提交问卷等多种形式。只要定义好，双方认可，并且双方都可以监测到相应数据即可。

CPA 指标是广告主与网络媒体双向选择的实现，是一座连接广告主与网络媒体的沟通桥梁，通过它广告主可以自定义广告投放所需要达到的宣传效果。通过 CPA 指标，广告主能较清楚地量化网络广告的销售效果，因此对广告主较为有利。

④ CPR 模式

CPR（Cost per reaction），每回应成本，以广告受众的回应作为收费标准的一种收费模式。它利用网络访客的回应次数来衡量网络广告的效果，回应的越多，表明网络广告的效果越好。

⑤ CPS 模式

CPS（Cost per sale），即基于广告引导用户所产生的成功销售收费的广告计费模式，也可算是 CPA 模式的一种特定形式。它在国内常用作电商广告投放时的计费方式，意思是只有在电商获得订单的时候，媒体才会得到推广费用。CPS 有两种收益计算方法，一是按照订单额的比例计算，一是不区分订单额，每个订单设有固定价格，订单固定价格乘以订单量即为网络广告媒体的收益。

⑥ ROI 模式

ROI(Return on Investment)，代表投资收益率或投资回报率，多用于电商、游戏类用户考核广告效果的标准。一般计算方法是由广告产生的收益额比投放额。ROI 形式也可算是 CPS 方式的另一种表示方法。

（2）按效果计费的广告种类[1]

①链接式广告（Link）

该广告通向厂商指定的网页（站点）的链接，也称为商业服务链接 (Premium Sites) 广告。链接式广告往往占用空间较少，在网页上的位置比较自由，广告形式多样，可以是一个小图片、小动画，也可以是一个提示性的标题或文本中的热点字（Text），经常看到的鼠标相应按钮、响应移动图标、流媒体移动图标都属于这种广告。

总的来说，链接式广告主要可分为图标广告（Icon）、按钮广告（Buttons）和文字链广告。

图标广告是从 banner 演变过来的一种形式，通常广告主用它来宣传其商标或品牌等特定标志。它能提供简单明确的资讯，而且其面积大小与版面位置的安排都较具有弹性，可以放在相关的产品内容旁边，是广告主建立知名度的一种相当经济的选择。例如，戴尔曾将一个广告图标放在一份科技类报纸的电脑评论旁边，当你选择点击这个图标的时候会被带到另外一个页面。

按钮广告也是常见的链接式广告形式，与图标广告类似，但是面积比较小，而且有不同的大小与版面位置可以选择，通过人们熟悉的按钮形式，引起用户的注意和点击。最早是浏览器网景公司提供给使用者用来下载软件的，后来这样的规格就成为一种标准，根据按钮式广告的尺寸大小通常分为"大按钮"和"小按钮"广告。

文字链广告即只有文字的广告。将这段文字链接的企业网站放置在各大门户网站的相应版块，浏览者看到并点击则可进入到企业的网站上。从实践看，这是一种对浏览者干扰最少，但却最有效果的网络广告形式。

---

[1] 宋安：《网络广告媒体策略与效果评估》，厦门大学出版社2008年版。

文字链广告的优势在于：首先，相对于图片、动画等广告，文件体积小，安排位置灵活；其次，通过加入的会员网站互相提供链接交换，可以几何级数地扩大一个网站的链接数量，广告效果好，传播速度快；最后，文字链广告由于只是文本，所以广告受众更容易捕捉广告内容。

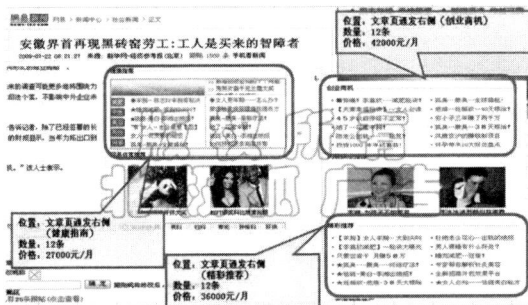

图6—7①

②游戏内置广告（In Game Advertising, IGA）

该广告指游戏中出现的嵌入式商业广告。IGA以网络游戏的固定用户群为基础，在游戏中适当的时间、适当的位置上出现。

③视频广告

指在网络视频上投放的广告。

视频广告可主要分为贴片广告、水纹广告、图文炫动型视频广告。贴片广告是在视频开始之前插播的广告，时间通常都较短，因为如果广告时间太长，容易引起视频观看者的不满。一般在土豆、凤凰、新浪、优酷等视频中都存在贴片广告，谷歌视频、移动视频等则是运用在移动应用（如手机应用、手机游戏）上的一种贴片广告模式，主要是在应用开启或过渡时插播。水纹广告是以透明的水纹界面出现在视频播放窗口旁边的广告形式，不会影响用户对视频节目的观看。图文炫动型视频广告是最常见也是最传统的网络广告形式，登录任何一个视频网站，都能在首页看到这种形

---

① 凤凰网：《安徽界首再现黑砖窑劳工:工人是买来的智障者》，http://news.ifeng.com/society/1/200907/0722_343_1262336.shtml。

式的图文广告。

3.竞价排名广告

竞价排名，是一种广告主竞争用户搜索结果信息条靠前位置的广告形式，谁出价高，谁可以获取较靠前位置出现的机会，从而被关注点击的概率就更大。主要包括以下两类。

（1）搜索引擎竞价排名广告

在搜索引擎上竞价获取较靠前位置，用户搜索时，力争使自己的广告信息出现在搜索结果的前几位。

（2）分类广告中的搜索竞价排名

互联网分类广告主要满足企事业单位和个人商户在互联网上发布各类产品和服务广告的需求。与传统媒体分类广告相比，网络分类广告容量大，表现形式多样化、立体化，可查询、收藏信息。在形式上，分类广告一般是指版面位置相对固定、规格较小的非工商广告，多数情况下"扎堆"出现，如按行业类别划分开，便于浏览者查找。它充分利用计算机网络的优势，对大规模的生活实用信息，按主题进行科学分类，并提供快速检索。

分类广告是一种按需广告，这是分类广告同其他形式广告的根本区别。传统的广告是强迫型广告，采取一种干扰的方式，并不一定处在浏览者期待或者寻找的范围内。

分类广告独立成板块，信息容量大，分类明晰，检索方便，分类广告浏览者会带着需求主动寻求自己需要的分类广告信息，标题能告诉有明确消费目标的浏览者在哪里可以得到他们需要的产品或服务。而在消费者主动寻求即搜索分类广告信息时，也可以进行竞价排名，当然，价格要低一些，这样，网络分类广告中也有竞价排名的形式。

（3）RTB 实时竞价[①]

RTB（Real Time Bidding）就是实时竞价，是一种利用第三方技术在数以百万计的网站上针对每一个用户的行为进行评估，以及出价竞争针对该

---

① 黄晓南：《互联网广告RTB视野下的大数据时代》，《声屏世界·广告人》2012年第8期。

用户的广告投放机会的行为的总称。一个高商业价值的网民打开互联网的某个网页时，广告交易平台就会迅速向各大 DSP（广告投放的需求方平台）发送广告投放需求（包括该网民的 ID、IP、URL 等），而 DSP 就根据自己数据库中这位网民的上网轨迹的数据进行快速的运算，计算出向其推送广告的合理成本，然后征集各广告主出价，谁在众多 DSP 中出价最高，谁就获得向这位网民推送广告的机会。这看上去虽然是一个极其复杂的运算过程，但在计算机的运算下，仅需 100 毫秒。

有个问题出现了，为什么广告主即买方会为了一个广告 PV 而竞相出价呢？秘密就在于，广告交易平台售卖的不是传统意义上的广告位了，而是访问这个广告位的具体用户，这个用户会有自己的兴趣爱好，广告如果能够投其所好，就能产生最大的收益。这样的用户在互联网海洋里可是稀缺资源，他完全有魅力让广告主来竞相竞价获得在其面前展现自己的机会。

RTB 技术及其商业模式的出现，正在改变着传统互联网广告买广告位、买投放广告时间的模式，并向着"购买人群"的模式转变。RTB 模式下，广告主可以只针对目标受众进行一对一的实时购买，既可以提升广告效果，同时又能节约广告费。在略显沉闷的互联网广告现状之下，基于技术创新RTB 广告模式，正在影响着互联网广告的整个产业链，同时也受到了投资机构的青睐。

国内的 RTB 广告从 2011 年才开始起步，虽然也形成了一定的产业链，但在每个环节中，成熟企业参与的还不是很多。2011 年 9 月，淘宝网专门成立了独立的展示广告团队，开发了一套适应国内广告环境的实时广告交易系统——Tanx；2012 年 4 月，谷歌正式宣布在中国推出 Doubleclick Ad Exchange 广告交易平台；而腾讯也即将推出 Ad Exchange 平台，加入实时竞价的阵营。

除上述行业巨头参与外，RTB 广告业也出现了一些新兴公司的影子。2012 年 3 月以来，品友互动、悠易互通、MediaV、传漾、易传媒等网络广告公司纷纷开始向 RTB 广告交易业务转型。RTB 广告交易模式让更多的中小企业都可以参与到展示广告中来，以往投放展示广告以天计算，动辄要几万元的投入，如今一天投入几百元就可以做展示广告。更重要的是，即使这么低的投入，也可以带来不错的 ROI（投资回报率）。

4.定向邮件广告[①]

这是基于用户信息数据库的广告投放。根据数据库中的客户信息，将产品广告定向发送给有产品需求或者会关注该种类产品的客户，具有效率高，效果好的特点。

（二）发展趋势

2008 年中国网络广告不同计费模式市场规模中 CPT 模式达到 85.3 亿元，增长 57.0%；CPC 模式为 57.0 亿元，增长率为 63.8%。CPN 和 CPA 模式虽然发展较晚，但是发展迅速，增速分别达到 93.4% 和 88.7%，同时在 2008 年到 2012 年四种计费方式的复合增长率都保持在 80% 以上。在历史上，中国的主要计费模式为 CPT 和 CPC，但是随着互联网传统广告市场竞争不断激烈，按效果计费方式逐渐受到广告主的青睐，占整个互联网传统广告赢利规模的比例不断增加。

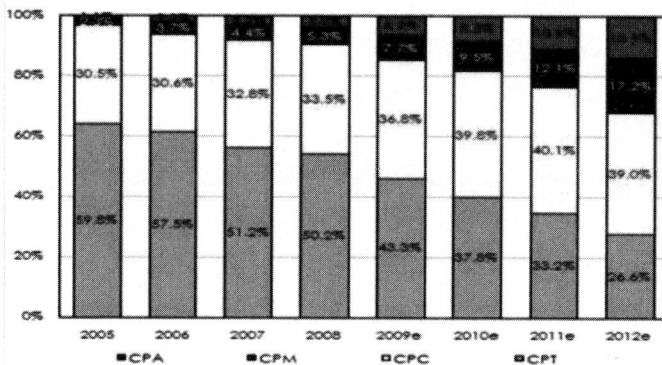

图6—8[②]

根据艾瑞中国网络广告行业 2008—2009 年发展报告，2005—2012 年，互联网广告计费方式的组成结构发生了很大的改变，CPT 模式大幅下降，跌

---

① 冯章：《网络广告》，中国经济出版社2008年5月版。
② 图表来自艾瑞咨询网站。

至 26.6%；CPC 模式比例变化不大，但是整体呈缓慢增长的趋势，在 2012 年战胜 CPT 模式成为互联网广告市场中最重要的计费模式，CPA 和 CPM 自出现便以极高的速度发展，在 2012 年分别占市场份额的 17.2% 和 13.9%。按照这个发展趋势，我们可以推断，在未来 CPA 和 CPM 模式将成为中国互联网广告的主要计费模式，CPT 和 CPC 模式将由于自身缺陷而逐渐降低使用比例，最终可能成为 CPA 和 CPM 的辅助计费方式，或者最终被互联网广告市场抛弃。因此，由历史数据的纵向发展可以得出，未来互联网传统广告的赢利模式的发展趋势是，在相当一段历史阶段内，仍以 CPT 和 CPC 与 CPA 和 CPM 相结合的计费方式为主，最终以 CPM 和 CPA 等效果计费方式为主。

同时，从发达国家的互联网广告赢利模式看我的发展趋势。互联网传统广告起源于西方国家，以美国为首的一些西方国家经过 20 年的发展，互联网广告的计费模式和赢利模式发展已较为成熟，通过分析美国互联网广告赢利模式的发展，很容易看到我国网络广告赢利模式的发展趋势。

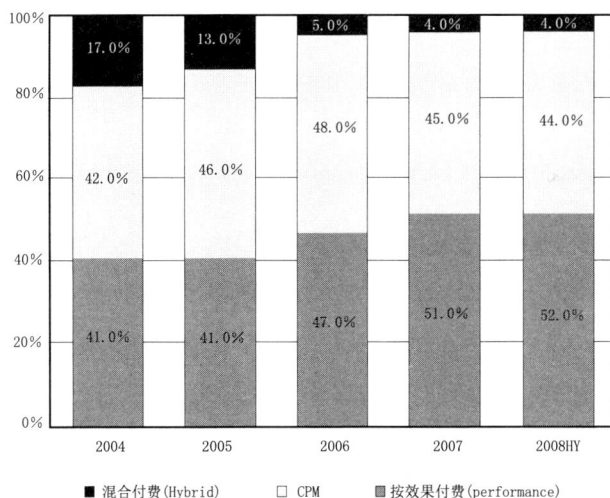

图6—9[①]

在美国互联网广告市场，CPT 和 CPC 计费模式基本消失。2006 年 CPA 和 CPM 模式比例相当，2006 ～ 2008 年 CPA 和 CPM 模式仍是美国互联网广

_____

① 图表来自艾瑞咨询网站。

告主要的计费模式，但是 CPA 模式所占比例不断上涨，CPM 模式逐年下降。到了 2008 年上半年，CPA 和 CPM 模式占市场份额的 96%，其中按效果计费模式 CPA 占 52%，CPM 模式占 44%。可以看出，美国互联网广告市场，按效果计费方式（CPA）不断发展，最终成为主流。经过分析近年来中国互联网广告市场赢利模式的发展趋势，我们可以推断出，CPA 模式由于其自身的优势，将在未来不断发展壮大，超过其他主要的计费方式，成为中国互联网广告市场中的主流计费方式。

（三）评价

互联网广告是新生事物，随着互联网的发展应运而生，任何事物都存有两面性，虽然互联网传统广告有众多优势，但也有劣势，其主要表现在：[①]

1.我国互联网用户总数位居世界第二，但网络媒体的价值没有得到相应的提高。

随着我国经济不断快速发展，互联网广告额也在逐年增长，但从广告业整体来看，网络广告市场所占份额仍不是最主要的，尽管网络广告绝对数量不断增加，却不能撼动传统媒体广告的主导地位，只是作为传统媒体广告的有益补充。

2.计价方式的选择和定价标准本身缺乏相应的行业规定和法律规范。

虽然国内现有的互联网传统广告的计费模式是应中国实际情况而产生的合理的计费模式，但是随着市场需求的增加，互联网广告功能的提升以及用户对广告效果的要求的提高，中国互联网传统广告的赢利模式要适应时代的发展，必须引入按效果计费的模式。一方面是现有模式的缺陷，一方面是先进计费方式引入硬件条件不完善，这样的矛盾决定了互联网经营者需要在过渡时期采取两种计费模式相结合的混合计费方式，度过中国互联网传统广告赢利模式的过渡期，此后，中国互联网传统广告将会提升到一个新的层次。

---

① 高清兰：《浅析中国网络广告市场的现状及发展前景》，《科技创新与生产力》2010年第11期。

由于我国互联网广告发展历史短，主流思想更新缓慢，我国包括三大门户网站在内的主要互联网经营者主要采用广告位置与广告形式挂钩的综合计费方式，同时，按效果计费的计费模式要求的对广告效果进行检测的技术手段并不完善，根据我国国情，按效果计费模式短时间内并不能成为我国互联网广告行业的主流计费模式。但是，根据以美国为例的西方发达国家的发展经验，按效果计费将成为未来中国互联网传统广告主要的计费方式，管理机关应着重开发按效果计费所必须的技术条件和保证其正常运转的检测技术，推动中国互联网传统广告计费方式的转型，早日适应互联网未来发展。全流量计费方式与按效果计费方式存在各自的优点与各自的不足之处，两种或多种计费方式共存是当今中国互联网广告现状所决定的，因此，现阶段想要实现互联网赢利最大化，就要合理地应用不同计价方式。①

3.广告效果监测需要加强。

互联网传统广告指向性不够明确，计费方式与广告效果之间联系不够紧密。对于按照效果计费的计费方式，广告效果的监测成为确保交易公平、行业诚信和秩序的决定性因素。但是，现阶段我国互联网传统广告市场由于相应的技术手段发育不成熟，对于类似消费者浏览网页与浏览广告之间、客户浏览广告的行为与接受广告后的行为之间的必然联系的监测很难实现，一些不法互联网经营者为了实现赢利，利用这一漏洞，雇佣人员制造虚假的预期广告效果（浏览量、点击量等），甚至虚报点击量，此种现象数不胜数，严重影响互联网传统广告行业的秩序与形象，需要管理机关采取以下解决途径：第一，根据互联网广告行业现实问题，制定或修订专门的法律规范，在立法角度上予以规制；第二，在执法方面，严格按照法律规定执行法律法规，违法必究；第三，在技术层面上，着重开发互联网传统广告效果的监测技术，完善效果反馈机制，实现互联网经营者与广告投放者之间的交易公平，在通过互联网广告实现赢利的同时，保障互联网广告经营者与广告投放者双方的利益。

---

① 黄慧，董梁：《我国三大门户网站的价值比较研究》，《金融经济》2008年第20期。

4.监管机制不完善。

互联网传统广告有众多优势，但是由于互联网广告是中国一个新兴的广告市场，加上网络传播主体的多元化、虚拟化等网络介质的特殊性，也导致了大量的违法行为。虚假广告、欺诈性广告、不正当竞争广告等充斥网络，严重影响了交易当事人、消费者的合法权益，破坏了正常的经济、社会秩序，给网络监管造成了一定的难度。国家对网络广告市场的监管机制还不完善，如，网络可以发布烟草广告，这与《广告法》相冲突。因此，完善网络广告监管机制已成为当务之急，否则必将影响其健康发展。

网络广告的发展势不可挡，是现代广告的继承和发展，作为一种全新的广告形式，在市场需求多元化、网络媒体继续高速发展的趋势下，凭借它不可比拟的优势将会得到越来越多广告主的认可。

5.大数据时代网络信息安全的保障受到挑战。

许多人都收到过电子邮件广告的骚扰，只要电子邮件的地址被广告发布者掌握，就躲也躲不掉，只能强制接受广告，电子邮件广告成了垃圾的同义词。因此，管理机构应当加大对互联网时代消费者个人信息的保护力度，禁止信息掌握者与广告主之间就消费者信息进行非法交易。由此看来，对消费者信息的保护与强制性广告的监管将成为管理机关的一大考验。这需要管理者健全、完善网络法律体系、增强消费者维权意识，等等。

三　案例分析

（一）新浪条幅广告

1. 内容

新浪条幅广告是全流量计费广告中的一个典型案例，是新浪网站经营者按照时间段、时间长短和版面大小出售广告位的一种广告形式。购买广告资源的商家，可以在一定时间内持续播放自己的广告。下面为两种主要形式。

（1）通栏广告（Full Column）[①]

尺寸：新浪首页通栏$1000 \times 90 < 30K$；

其他频道首页顶通栏$950 \times 90 < 30K$

投放文件格式：Swf，Gif，Jpg

价格如表6—2。

图6—10

表6—2

新浪首页			
首页顶部五轮播通栏	45万/轮/天	两轮播通栏01	40万/轮/天
	100元/CMP（1/5轮播）		
新闻中心首页			
新闻首页顶部三轮播通栏	35万/轮/天	新闻首页通栏01	30万/天
	90元/CMP（1/3轮播）	新闻首页两轮播通栏02	15万/轮/天
新闻首页三轮播通栏03	10万/轮/天	新闻首页两轮播通栏04～06	15万/轮/天
汽车频道			
汽车首页顶部三轮播通栏	25万/轮/天	汽车首页两轮播通栏01～03	28万/轮/天
汽车二级栏目页三轮播顶部通栏	40万/轮/天	汽车二级栏目页三轮播通栏01	38万/轮/天
汽车专题页顶部两轮播通栏	35万/条/周	社区版首页顶通栏	9万/天
财经频道			
财经首页顶部三轮播通栏	25万/轮/天	财经首页两轮播通栏01～04	25万/轮/天
股票图表最终页顶部通栏	10万/轮/天	财经专题页两轮播顶部通栏	18万/轮/天
	25元/CMP（1/2轮播）	财经专题页两轮播通栏01	15万/轮/天
娱乐频道			
娱乐首页顶部两轮播通栏	12万/轮/天	娱乐首页两轮播通栏01～03	12万/轮/天

[①] 本部分内容及右图均来自新浪网。

娱乐专题页顶部通栏	8万/天	娱乐专题页通栏01	6万/天
体育频道			
体育首页三轮播顶部通栏	15万/轮/天	体育首页三轮播通栏01	13.5万/轮/天
体育首页两轮播通栏02-03	20万/轮/天	体育首页两轮播通栏04	18万/条/天
体育二级栏目页两轮播顶部通栏	22万/轮/天		

（2）新闻内页画中画广告[②]

尺寸：300×500 Pixels Max File Size：< 50K

300×250 Pixels Max File Size：< 30K

投放文件格式：Swf，Gif，Jpg

价格如表6—3。

图6—11

表6—3

新闻中心	
国内新闻内页画中画00	100元/CPM
国内新闻内页三轮播画中画01	20万/轮/天
国内新闻内页两轮播画中画02	28万/轮/天
国际新闻内页军事新闻内页打通画中画00	100元/CPM
国际新闻内页军事新闻内页打通两轮播画中画01	14万/轮/天
国际新闻内页两轮播画中画02	14万/轮/天
社会新闻内页两轮播画中画00	28万/轮/天
社会新闻内页两轮播画中画01	24万/轮/天
社会新闻内页两轮播画中画02	24万/轮/天
汽　车	

---

① 　数据来自四方广告：《新浪网络广告2011年Q4—2012年Q1报价单》，四方广告网，http://www.sefve.com/article/2011/0902/article_80.html。

② 　参见新浪网，http://www.sina.com.cn。

2.原理解析

新浪 2013 年条幅广告的收费方式主要以广告投放的天数和轮放的次数确定，即通过计算广告在该网站上的投放时间以及占有的流量资源多少来确定向广告主收取的费用。这属于典型的全流量计费广告形式。因为这种出售方式原理简单，对于有充分点击量和浏览量的门户网站来说是一种简单易行同时赢利颇丰的模式，因此受到各主要门户网站的喜爱和追捧，成为互联网传统广告形式中举足轻重的一项。

（二）百度实时竞价推广

1. 内容

百度竞价排名是把企业的产品、服务等以关键词的形式在百度搜索引擎平台上集中，然后大家做竞价排名，百度在国内算是首家推出这种形式广告的。借助百度 87% 的中国搜索引擎市场份额和 60 万家联盟网站，企业在购买该项服务后，通过注册一定数量的关键词，并针对这些关键词进行竞价，其推广信息就会出现在网民相应的搜索结果中，而且出价高的会出现在靠前的位置。

展现形式：其特点为精确对接需求，推广信息显著展示。当企业推广信息与网民需求高度吻合时，会在百度搜索结果页以三种形式展现。

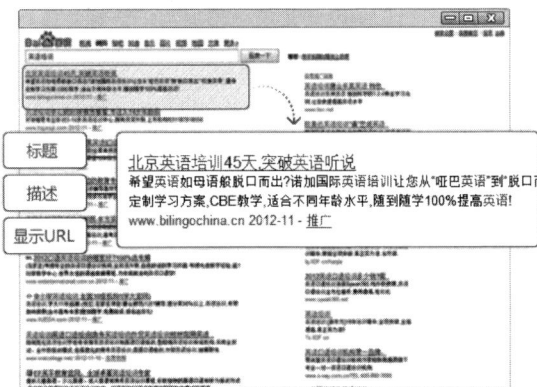

图6—12　形式一：左侧"百度推广链接"位置[①]

---

① 本图及下边两图均来自百度网站。

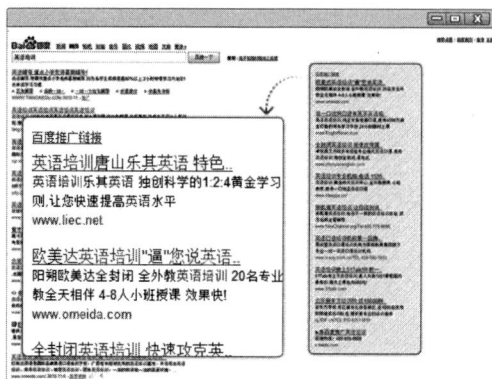

图6—13 形式二：右侧"百度推广链接"位置

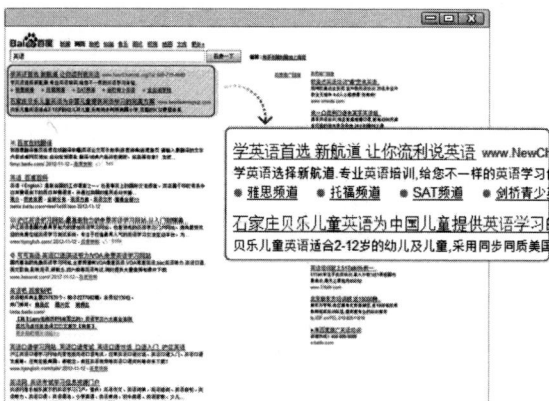

图6—14 形式三：左侧底纹"百度推广链接"位置 ①

推广信息出现位置：

推广信息出现在何处是由出价和质量度共同决定的，高质量、高度吻合网民搜索需求的推广结果，将优先展示在首页左侧，余下的结果将依次展现在首页及翻页后的右侧。

2. 原理解析

"当您找客户时，您的客户也在找您"，百度是全球最大的中文搜索引擎，占据达87%的中国搜索市场份额，超过5亿中国网民已经习惯了在有

① 参见百度推广，http://e.baidu.com/product/searchpro/zxxs/。

需求时"百度一下"。在百度，平均每天有约228万次农林牧渔类信息搜索，约355万次建筑及装修类信息搜索，约695万次机械设备类信息搜索，约127万次旅游及票务类信息搜索，约1343万次商务服务类信息搜索，约2807次图书音像类信息搜索。

以往的营销模式是互联网经营者将模糊的广告资源出售给广告主，广告主盲目不定向地向受众进行广告信息的推广，这样的推广活动由于不能有效地针对广告主的目标消费者投放，导致其效率低下，不能起到良好的广告推广效果，亦不能完全发挥广告资源的价值，而百度推广采用的竞价排名，将用户需求设置成互联网广告发布的前提，根据事先设定的关键词，只有用户主动搜索相应的关键词时，广告主的广告才会被推送给相应用户，这样的广告形式广告主自然喜欢。而且，广告主若有资金实力，可以出高价竞拍搜索结果的靠前位置，以增加自己被关注点击的比率，这样做，又满足了部分广告主的需求，它自然会对广告主有吸引力。

（三）Google Adwords

1.内容

Google Adwords[①]（Google 关键字广告）是一种通过使用 Google 关键字广告或者 Google 遍布全球的内容联盟网络，来推广广告信息的付费网络推广方式。可以选择包括文字、图片及视频广告在内的多种广告形式。是与搜索关键字挂钩的收费文字广告项目，显示在客户的关键词搜索结果页面右侧。采用的计费模式是 CPC——按点击付费，即只有用户通过关键字搜索并点击相应链接，Google 才向广告主收取费用。

例如在谷歌搜索栏中输入"打折机票"。搜索结果如图6—14所示。[②]

---

① 参见网络营销教学网站，http://www.wm23.com/wiki/48174.htm。

② http://www.google.com.hk/#newwindow=1&q=%E6%89%93%E6%8A%98%E6%9C%BA%E7%A5%A8&safe=strict。

图6—14

Google Adwords 出现在搜索结果的右侧，并标注有"广告"或"赞助商链接"字样，在每页搜索结果中最多显示 8 条广告信息。搜索结果页面左侧为自然搜索结果，即没有哪个商家可以通过付费方式将自己的搜索结果排列在自然检索结果中，这些自然搜索是根据 google 的搜索排名算法自动实现的。

2.原理解析

Google Adwords 广告的操作过程中，首先由广告主制作广告并选择关键词（关键词是与广告主的广告信息相关的字词或词组，谷歌公司会在广告主广告信息的基础上提供关键词建议）。

当消费者使用广告主选定的某个关键词在 Google 上进行搜索时，广告主的广告可能就会展示在搜索结果旁边。与传统展示型广告不同，Google Adwords 广告投放的对象是对所推广的产品感兴趣的特定消费人群，因此广告投放更为准确，极大地提高了关键词搜索广告的投放效果，同时广告计费与广告效果的实现相关联，满足广告主对广告效果和节省广告费的要求。

AdWords进入门槛低，广告客户可全自助投放，也可以通过选择区域和语言版本让广告触及全球潜在用户。AdWords为广告客户提供高度智能化的后台操作和关键词广告管理系统，方便进行广告效果跟踪和优化。

（四）hao123广告

1.内容

hao123免费收录各类优秀中文网站，提供网站分类目录检索、关键词搜索，提交网站即可免费快速提升网站流量。目前其广告形式分为图片、文字、软文3类。其中，文字广告可投放位置为首页"名站导航"、"热门排行"及详细页"品牌推广"等；图片广告目前首页和全站均有，规格为 960×90、200×200、728×90；软文广告处于网站首页黄金位置"网站资讯"。

另外，最关键的是，hao123为各网站提供展示位置，只要各网站被点击，hao123就可以收费。这是其核心赢利模式。

图6—15[①]

2.原理分析

网址导航是一个集合较多网址，并按照一定条件进行分类的一种网站。网址导航方便网友们快速找到自己需要的网站，而不用去记住各类网站的网址。现在的网址导航一般还自备常用查询工具，以及邮箱登陆、搜索引

---

① 参见好123官网之产品介绍，www.hao123.com。

擎入口，甚至还有热点新闻、天气预报等功能。

在长期的发展过程中，hao123 逐渐形成了自己的赢利模式——网站加盟方式的广告赢利模式。首先，相应的网站将自己的网址放在同类网站中靠前的位置，或者出现在收录的列表中，需要向 hao123 支付相应的费用；其次，通过 hao123 实现的点击量，网站也需要向 hao123 支付费用。

hao123 为网民提供了最便捷的上网体验，收录的网址经过精心挑选，只收录优秀的；好 123 网址收录的覆盖面广，以方便各个层次需要的用户使用；同时，hao123 之所以成功，是因其搜索便捷，它针对性地满足了最广大网民的根本需求，如分类广告浏览者会带着需求主动寻找自己需要的分类广告类项，而在他搜索时，可以按照"类别标题→项目标题→小项标题→单条大分类广告的标题"的层次进行搜索，这就很方便了。

第七章　综合性门户网站赢利模式

一　概念、发展历程及规模

（一）概念

门户网站是指通向某一类互联网信息资源并提供有关信息服务的应用系统。[①]综合性门户网站属于门户网站大类中的一种，是具有综合性质的网站，与专业性较强、涉及内容较为单一的垂直网站相对。一般可以这样定义综合性门户网站：以为用户提供全面、及时、详尽的信息为目标，电子邮件、网络社区等多项核心业务为支撑，从而帮助用户有效地从互联网获取信息的综合性信息服务网站。[②]

本文主要指国外的 Yahoo、中国的新浪、腾讯、网易等综合性门户网站市场的主要参与者。

（二）发展历程

门户网站最早在美国由搜索引擎发展而来，最初被认为是各种链接的收集者。

我国最早的民营互联网服务提供商（ISP）和网络内容服务商（ICP）是1997年2月开通的瀛海威全国大网，其在3个月内开设了8个城市的分站，

---

① 熊瑞，王伟军：《我国综合型门户网站的发展及赢利比较分析》，《科技创业月刊》2007年第5期。
② 宋秋实：《门户网站产业发展研究——以腾讯、新浪、网易、搜狐为例》，2009年硕士毕业论文。

成为中国互联网行业的领跑者。1998年起，搜狐、网易、新浪等综合性门户网站相继推出，凭借早起步、平稳运作，成为我国占据绝对市场份额的三大门户网站。2003年，靠即时通讯发家的腾讯加入了门户网站市场份额的竞争中。依靠数量惊人的QQ注册用户群，腾讯打破了三大门户寡头竞争的局面，跻身综合门户市场份额大户。

目前，我国综合性门户网站发展愈发成熟，各大主要综合性门户网站也形成了自身的运作方式与赢利模式。

（三）赢利规模

1.当前规模

根据咨询机构波士顿（BCG）发布的《网络连接世界》报告，2010年中国的互联网经济价值按照占GDP（国内生产总值）比重计算，以占GDP的5.5%位居全球第三位，约为3260亿美元。在如此庞大的互联网经济行业中，综合门户性网站占据了不小的份额，并已经逐渐走向成熟。近年来，中国互联网综合门户营收规模逐年上升，增长率虽有所波动，但仍保持在相对稳定的水平。

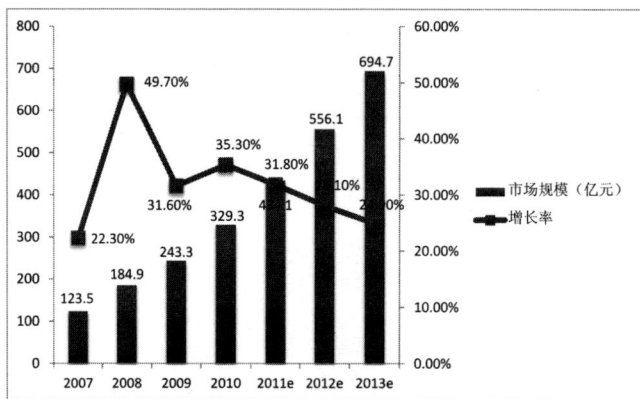

图7—1 中国互联网综合门户市场规模与增长率[1]

---

① DCCI互联网数据中心：《DCCI2010—2011年度中国互联网市场细分数据报告》，DCCI互联网数据中心，2011年。

2.前景

在未来，综合性门户网站的赢利可谓挑战与机遇并存。

一方面，垂直领域网站的壮大正不断侵蚀门户网站，PC业的衰落也一定程度上影响了门户网站。曾经被认为是集结了所有功能的综合性门户网站，在细分的垂直网站和多元的移动终端面前遭遇受众分流。若仅依靠传统门户业务，如网络广告、网络游戏等，其市场前景与赢利规模会逐渐减小。

但另一方面，中国有庞大的网民规模，网民的需求是综合性门户网站的赢利点所在。从目前看，各大综合性门户网站均积极应对挑战，在移动终端与细分业务中大手笔布局。而综合性门户网站在长时间的业务开展中所积累的用户忠诚度与网站信誉度在无形中成为其开发新赢利点的有利资源，在新业务面前，用户更倾向于选择有声誉的综合性门户网站。腾讯的微信以及新浪的微博所获得的巨大成功，就是很好的例子。当然，这与业务程序本身的好坏也有很大关系。

由此看来，综合性门户网站的新赢利点所带来的赢利将弥补其传统业务营收的衰落，因此未来综合性门户网站的赢利规模或有所波动，但应是稳中有升，不断扩大的。

二 赢利模式

（一）当前主要赢利模式

1.广告

网络广告指广告主在互联网刊登或发布广告，利用网络技术将广告传递到用户的一种广告运作方式。[①]网络广告近年来备受青睐，成为广告主的一种非常重要的选择。网络广告一般包括如下形式。

（1）网幅广告（Banner、Button、通栏、竖幅等）。以 GIF、JPG、Flash

---

① 参见百度百科：《网络广告》，http://baike.baidu.com/link?url=nnG0rzJv6io0vlOU-RK4S FhsPoDG9kblQlG0NRzleAaFWAysAKCtXI9KwPfiGV7v。

等格式建立的图像文件，定位在网页中，展现广告内容为主，包括静态、动态、交互式三种类型。图7—2 为 2013 年 8 月 2 日新浪网站中的网幅广告（Banner）。

图7—2①

（2）文本链接广告。指以一排文字作为一个广告，点击链接即进入相应广告页面，此类广告对网页浏览者干扰较小。

（3）电子邮件广告。指采用文本格式或 html 格式，将广告发送到用户电子邮箱，可包含文字图片等，类似于直邮广告。

（4）动型广告。指在页面中随机或按照特定路径浮动的广告。

（5）弹出式广告（插播式广告）。指用户在请求登陆网页时强制插入或弹出的广告页面或窗口，包括不同的尺寸与互动程度。

（6）特殊广告形式。指包括视频广告、定向广告、富媒体广告等在内的广告。

网络广告被认为是互联网门户最稳健的赢利模式，也有人将其称为大部分网站的头牌赢利武器以及生存法宝。

2.游戏

其内容具体见本书网络游戏赢利模式部分。

3.增值服务

综合性门户网站的增值服务分无线增值与基于固定互联网平台的增值服务。

（1）无线增值服务

无线增值服务基于手机这一媒体展开，指建立在移动通信网络基础上的除了语音以外的数据服务，由 SP 公司（Service Provider）即服务供应商提供内容服务。为用户提供的内容服务主要包括两大部分，第一部分是个

---

① 图片来源：新浪网站。

人应用，如彩铃、彩信、短信、手机报、手机电视、手机音乐、手机游戏、手机博客等，第二部分是行业应用，分为移动政务、移动商务和无线营销（移动营销）。[①]

（2）固定互联网增值服务

固定互联网增值服务以网络社区为基础平台，提供除域名注册与虚拟主机等基础服务以外的服务。通过激发用户自我表现与娱乐的需求，网站为用户提供个性化增值服务和虚拟物品消费等收费服务，比如会员服务、社区服务、虚拟形象服务等。[②]

固定互联网增值服务赢利模式通过吸引大量忠实用户，针对其中一部分人提供增值服务而赢利。该模式可以帮助门户摆脱纯SP的定位，从实际情况看，在成熟的社交平台上拥有稳定及数量庞大的用户，并为其提供互联网增值服务能为网站带来不错的收入。

4.收费邮箱

收费邮箱是相对免费邮箱而言的。网站为用户提供收费的、基于计算机和通信网的信息传递业务，传送电子信函、文件数字传真、图像和数字化语音等各类信息。[③]

另外，网站还能通过向用户提供附加功能而收费，此类功能包括大容量、大附件、个性化功能、防病毒能力等。此外，随着电邮用户数的增长，部分综合性门户网站还可以依托邮箱资源进行孵化，将其作为电子商务的重要营销平台，为用户提供电商优惠券等。

5.API开放平台

API（Application Programming Interface）开放平台指提供开放API的平台，即把网站的服务封装成一系列计算机易识别的数据接口开放出去，供第三方开发者使用。[④]网站能提供对Web网页的简单访问以及复杂的数据交

① 朱海松：《中国无线增值服务商的战略转型和重新定位》，http://www.iresearch.cn/。

② 百度百科：《互联网增值服务》，http://baike.baidu.com/link?url=1VlOeaHniGaoELR8E-sXco3hssNsPxMd4wxYDKmSwC-TdbFFRICDB6Rm92Yq1b4sw3Jp-aRoMprBWc6Z63tzEK。

③ 百度百科：《收费邮箱》，http://baike.baidu.com/view/4339641.htm。

④ 百度百科："OpenAPI"，http://baike.baidu.com/link?url=f00DyaqbnewzMcxuJWNTf3_xSssRmEfOskqmZhRREFNBOrQfRXcsiEI8Oo28Pq1p6wjNVCxyHDSKOMQ_rMIdWq。

互，第三方开发者可基于这些已经存在的、公开的 Web 网站开发各类的应用程序。而根据开放类型的不同，可将主流开放平台分为三类。

（1）开放 APP：在平台上引入第三方应用，赚取更多的用户和流量，并与第三方分成用户提交的费用，如 360。

（2）开放 Login：降低用户进入第三方的注册门槛，同时圈住核心用户群，如腾讯。

（3）引入第三方优质数据源填充搜索结果，并进行一定的展现方式优化，通过第三方赚取流量、平台赚取数据的方式共赢，如百度。[①]

如上，主流开放平台除了与第三方应用就用户收费进行分成，还可以通过给用户提供增值服务、吸引广告投放等来赢利。

6.电子商务

电子商务（Electronic Commerce）指通过使用互联网等电子工具，在全球范围内进行的商务贸易活动。电子商务涵盖的范围很广，一般传统的可分为企业对企业 (Business-to-Business，即 B2B)、企业对消费者（Business-to-Consumer，即 B2C）、个人对消费者 (Consumer-to-Consumer，即 C2C)、企业对政府（Business-to-Government，即 B2G）等模式。目前还有较为新兴的 O2O 模式（Online-to-Offline），即将线下商务的机会与互联网结合在了一起，让互联网成为线下交易的前台。[②]团购就是典型的 O2O 模式，消费者在线上订购商品或服务，然后通过二维码等对接方式到线下领取。

此一部分的内容详见本书电子商务赢利模式部分。

7.卡通形象授权业务

综合性门户网站一般都有作为吉祥物的卡通形象，如腾讯的企鹅形象以及新浪的独眼公仔，而综合性门户网站有的会将卡通形象向外授权，从而实现赢利，主要包括两种模式。

（1）促销授权：受权方可以运用商标、人物及造型图案，与自己的促销活动结合，促进自身产品或服务销售。

---

① 参见《国内主流开放平台发展状况与赢利模式分析报告》，51CTO调研中心。

② 百度百科：《电子商务》，http://baike.baidu.com/view/757.htm。

（2）产品开发授权：受权方可以商标、人物及造型图案为主题，生产玩具、文具、服装等相关产品。

8.频道外包

频道外包指综合性门户网站或因不擅长做或因其他原因而把频道外包给更专业的垂直门户等机构，使自己更加专注于某些重点频道。2004 年，频道外包模式在中国互联网行业开始出现，2005 年，中国各大门户网站开始试水频道外包模式。例如新浪将财富之旅外包给 e 龙，将招聘频道外包给中华英才网，网易将房产频道外包给搜房网。最典型的是 MSN 中文网，其在新闻、社区、拍卖、图铃下载、汽车、游戏等 9 大频道上和北青网、猫扑、淘宝、指云时代、人来车网、联众等 9 大专业网站达成了合作入。[①] 在频道外包过程中，综合性门户网站获得外包方支付的费用，所以此也算一种赢利模式。

（二）发展趋势

综合性门户网站的赢利模式将紧随互联网发展趋势，愈发多元化，目前各大门户在炙手可热的电子商务与移动互联网两大业务板块均已有所布局投入。随着受众个性化需求的日益发展，内容服务针对性的增强，各大门户将向"智慧型门户"转型，以下赢利模式的形成或计日可期。

1.用户数据信息与服务

大数据，或称巨量资料，研究机构 Garnter（高德纳）这样定义它：需要新处理模式才能具有更强的决策力、洞察发现力和流程优化能力的海量、高增长率和多样化的信息资产。业界将大数据的特点归结为 4V——Volume、Variety、Value、Velocity，即数据体量大、数据类型多、商业价值高与处理速度快。

根据中国互联网信息中心（CNNIC）发布的《中国互联网络发展状况统计报告》，截止到 2013 年 6 月底，我国网民规模达 5.91 亿，较 2012 年底增加 2656 万人，互联网普及率为 44.1%。我国庞大的网民基数决定了数据

---

① 参见《弃儿MSN：中国团队权限不足 赢利模式单一》，《新京报》2012年11月20日。

丰富度。借助跨平台多产品线的优势，综合性门户网站在海量数据中分析、挖掘出有价值的信息，分辨用户偏好、行为模式等，将用户精准细分，这样产生的数据信息，是广告主与营销者非常感兴趣的，他们可以就此进行精准广告投放以及个性化增值服务提供等，从而实现从群体化营销转向个性化营销。在这个过程中，综合性门户网站就实现了赢利。

2.实时搜索

实时搜索（Real Time Research）指对互联网上的最新信息进行即时、快速搜索，实现即搜即得的效果，是网民对即时资讯实时性获取的高要求催生了实时搜索的概念。[①]

实时搜索需要巨量、即时的信息资源，而这是综合性门户网站的强项，同时，实时搜索对于吸引广告投放是有很大好处的，实时搜索时的关键词体现出用户意图，实时搜索后台数据系统可以据此检测用户偏好，从而实现精准广告投放，广告效果自然会好。而这样，无疑会受到广告主的青睐。搜索市场产品公司 Marin Software 调查表明，搜索巨头谷歌推出实时搜索以后，用户反映广告印象增加 9%，点击量增加 5%，广告主投入增加 2%，[②]广告效益有所增加、效果明显。所以，综合性门户网站可以采用实时搜索赢利模式。

（三）评价

综合性门户网站在赢利的同时，也应遵循相应的商业规则，从目前看，主要有以下几条。

首先，综合性门户网站应注重保护客户隐私，保障客户信息安全。腾讯 QQ 以及新浪微博等产品都基于庞大的用户注册量来实现赢利，特别是微博新近挖掘的利用用户数据分析以达到更好广告推广效果的赢利模式，这对其保障用户私密信息提出了挑战。若能合理运用，用户数据服务能为综合性门户网站带来赢利，否则只会让用户失去对其的信任，最终对网站不利。

---

① 百度百科：《实时搜索》，http://baike.baidu.com/view/2739393.htm。
② 参见《调查显示：谷歌实时搜索收入已经突破百万》，凤凰网，http://tech.ifeng.com/internet/detail_2010_10/27/2909311_0.shtml。

其次，综合性门户网站应遵循传播的相关原则，防止为了增加点击量与流量而歪曲事实、刻意营造噱头等。综合性门户网站现在正成为越来越多网民浏览新闻、了解信息的渠道，这对其传播的专业性提出了更高的要求，网站篡改新闻标题使其与新闻事实不符合等行为都是需要杜绝的。最后，综合性门户网站应注意防范虚假广告。网络广告成为越来越多广告主的选择，而网络广告是综合性门户网站传统的极为重要的赢利业务。虚假广告包括欺诈性虚假广告与误导性虚假广告，其一旦发布，则对消费者、传媒公信力以及市场公平竞争均有所影响。因此，作为广告发布者的综合性门户网站应严格审查广告主及产品本身，防范虚假广告带来的不利影响。

三　案例分析

（一）新浪

新浪 (NASDAQ:SINA) 是一家服务于中国及全球华人社群的领先在线媒体及增值资讯服务提供商，前身是四通利方信息技术有限公司和华渊资讯公司，以网络时事新闻发家，被称为"新浪模式"。新闻曾经是新浪参与市场竞争的重要支柱。目前，作为一家综合性门户网站，新浪通过门户网站新浪网 (SINA.com)、移动门户手机新浪网 (SINA.cn) 和社交网络服务及微博客服务新浪微博 (Weibo.com) 组成的数字媒体网络，帮助广大用户通过互联网和移动设备获得专业媒体和用户自己生成的多媒体内容，并与友人进行兴趣分享。

2013 年第一季度，新浪总营收 1.26 亿美元，同比上升 18.6%。其中广告营收 0.94 亿，较上年同期增长 20%；非广告收入 0.37 亿，同比增长 14%；移动增值业务营收达 1590 万美元，同比下降 17%；其他非美国通用会计准则非广告营收同比增长 180%，达到 1110 万美元，该增长主要来自包括网络游戏营收和微博会员收费在内的一些增值服务。[①]

---

① 参见新浪2013年Q1财报。

2012 年底，新浪 CEO 曹国伟宣布 2013 年新浪将把产品线的聚焦点从原来的以 PC 为中心转向移动互联网，全面推进"移动为先"的战略。[1]

目前，新浪的赢利模式主要如下。

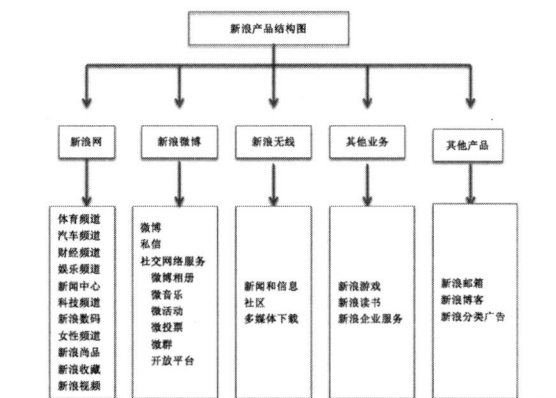

新浪产品结构图

新浪网	新浪微博	新浪无线	其他业务	其他产品
体育频道 汽车频道 财经频道 娱乐频道 新闻中心 科技频道 新浪数码 女性频道 新浪尚品 新浪收藏 新浪视频	微博 私信 社交网络服务 微博相册 微音乐 微活动 微投票 微群 开放平台	新闻和信息 社区 多媒体下载	新浪游戏 新浪读书 新浪企业服务	新浪邮箱 新浪博客 新浪分类广告

图7—3　新浪主营业务结构图[2]

1.广告

（1）内容

新浪常见广告形式包括通栏广告、按钮广告、文字链广告、翻牌广告、EDM 直邮广告、富媒体广告、流媒体广告、插片广告、视窗广告。新浪属于综合门户，具有信息丰富、全面等特点，其用户行为以浏览资讯为主，因此广告业务以品牌展示广告为主，广告主投放的目的多为品牌塑造。从终端上看，新浪广告覆盖了 PC 端和移动端。从计费方式看，主要包括 CPM（千人成本）计费和计时计费两种方式。

PC 端广告位分布于新浪网首页（包括要闻、财经等子栏目首页）以及新闻内页的顶部、底部、左右侧等各位置。移动端包括手机新浪网 WAP 端、手机第三方 APP 以及 Ipad 上的 APP。手机端广告位包括报头广告、全屏广

---

① 参见新浪2012全年财报。
② 参见新浪网站简介。

告、Banner广告，iPad端广告位则包括焦点图、栏目条赞助、通栏等。

至于新浪广告业务最新的发展，2013年4月，新浪首页实施改版，试图打通门户与微博两大平台，[1] 改版后的新浪对首页、内页以及无线资源也进行了调整。就门户来看，调整后的资源增大了广告曝光面积，优化了广告环境，使广告效果更为显著。同时，在收费上由分时售卖变化为轮播售卖，增加了有效曝光时间。下图为新浪首页顶部通栏广告调整前后的截图。

图7—4　新浪首页顶部通栏调整前

图7—5　新浪首页顶部通栏调整后

另外，在目前，"移动为先"的策略使新浪将更多的广告业务专注在移动终端上。新浪微博是移动终端广告业务的主要发力方向，微博推出的广告系统针对不同规模的客户提供不同的定价策略，对于大客户采取基于千人成本（CPM）的定价模式，对于小型客户则按点击次数计费（CPC）、按用户参与计费（CPE）或按粉丝数计费（CPF）。[2] 此外，手机新浪网新增了WAP端广告资源，为企业主提供更为丰富的广告形式。

---

① 参见《新浪杜红：打通两大平台，拓展门户边界》，新华网，http://news.xinhuanet.com/2013-04/02/c_115251706.htm。

② 参见《新浪电话会议：微博广告20％来自移动端》，搜狐IT，http://it.sohu.com/20121119/n357999212.shtml。

表7—1

手机新浪网新增资源报价[①]

频道	页面	产品名称	刊例价格	售卖单位	轮播数
WAP首页	WAP首页	WAP首页顶部通栏	15	CPM	16,500
WAP首页	WAP首页（触屏版）	WAP首页（触屏版）焦点图	150,000	天	1
WAP首页	WAP首页（触屏版）	WAP首页（触屏版）流媒体	30	CPM	13,000
WAP首页	WAP首页（触屏版）	WAP首页（触屏版）全屏	120,000	天	1
WAP新闻中心	WAP新闻中心首页（触屏版）	WAP新闻中心首页（触屏版）流媒体	100,000	天	1
WAP新闻中心	WAP新闻中心首页（触屏版）	WAP新闻中心首页（触屏版）全屏	60,000	天	1
WAP体育	WAP体育首页（触屏版）	WAP体育首页（触屏版）流媒体	80,000	天	1
WAP体育	WAP体育首页（触屏版）	WAP体育首页（触屏版）全屏	50,000	天	1
WAP体育	WAP体育首页	WAP体育首页底部通栏	28,000	天	1
WAP娱乐	WAP娱乐首页（触屏版）	WAP娱乐首页（触屏版）流媒体	50,000	天	1
WAP娱乐	WAP娱乐首页（触屏版）	WAP娱乐首页（触屏版）全屏	35,000	天	1

（2）原理解析

网络广告是新浪收入结构中非常重要的一部分。门户网站为广告主提供广告服务，广告主的诉求目的是凭借门户网站聚集的流量推广相关产品。

有关新浪广告业务，笔者谈以下两点。

首先，从目前来看，新浪微博的出现与微博广告系统的运行表示新浪正在搭建一个社交化媒体平台运行广告。艾瑞咨询分析师认为，国内中小企业数量庞大，中小企业网络营销市场还具有相当大的挖掘潜力，新浪微博庞大的社交媒体流量，是吸引中小广告主的最大筹码。[②] 这一块，应是新浪广告一个很有前景的增长点。

---

① 参见新浪广告报价。

② 艾瑞咨询：《新浪微博粉丝通广告报价披露，长尾营销市场策略进入实质阶段》，艾瑞网，http://a.iresearch.cn/new/20130321/195538.shtml。

另外，新浪广告业务面临如下挑战：第一，门户广告收入中移动端的贡献率远低于 PC 端。数据显示，2012 年门户广告方面来自移动端的贡献率仅为 5%～8%。[①] 从流量上看，来自多平台的微博流量已经高于门户流量。新浪试图通过改版使微博与门户产生协同效应，从而打通门户边界。有分析称，新浪此次改版的目的在于实现门户与微博的流量导流，并将两者利益进行捆绑。[②] 第二，目前门户广告与微博广告相互挤压，微博或蚕食门户广告业务。[③] 微博作为新出现的广告平台，有更多更新的广告营销方式，这会吸引到一些新客户，同时，原先属于门户的客户会乐于尝试这些新形式，因此产生门户与移动端之间对于广告客户的抢夺。

2.无线增值业务

（1）内容

新浪无线于 2002 年 4 月推出，作为线上整合商提供无线增值服务。目前新浪无线部门主要有两部分业务，一是微博等应用的移动客户端开发运营，微博增值服务包括微博会员收费、微游戏"微币"收费；二是通过运营商等渠道提供彩铃、主题、手游等 SP 服务，包括新浪短信、新浪彩信、新浪 IVR（Interactive Voice Response，互动式语音问答）、新浪 WAP、新浪回铃音以及新浪百宝箱。

（2）原理解析

目前，新浪无线增值业务中对比显著的是 SP 业务的衰落与微博增值业务的崛起。

基于手机的 SP 业务曾经无限风光，帮助新浪度过互联网泡沫并实现赢利，现在却面临尴尬的境地：低流量贡献率与营收边缘化。流量方面，Alexa 数据显示，SP 服务（sms.sina.com.cn）仅贡献了全站 0.69% 的流量，和门户的资讯版块差距甚大，且移动端的活跃度偏低，PV（Page View，页

---

① 参见《曹国伟解读新浪业绩：门户与微博广告挤压》，凤凰网，http://tech.ifeng.com/internet/special/aliweibo/content-3/detail_2012_11/17/19247411_1.shtml。

② 参见《新浪欲借微博吸引门户流量？》，《羊城晚报》2013年4月2日。

③ 参见《曹国伟解读新浪业绩：门户微博广告存在挤压》，腾讯网，http://tech.qq.com/a/20121116/000144.htm。

面浏览量）仅 1.36。① 新浪余正钧在分析师会议上表示，运营商为了减少用户投诉关闭了原有的一些推广渠道。SP 业务的衰落与智能手机及系统（Android 与 IOS）的普及以及移动互联网时代日益丰富的终端应用息息相关，用户的诉求是快捷、及时地获取信息，2g 网络下缓慢、付费的增值业务对他们已没有什么吸引力。新浪明确表态 SP 服务不会是今后的侧重点，本质上还是因为其低利润贡献与流量贡献。②

微博增值业务的崛起，则是移动互联网时代下新浪探索社会化媒体平台赢利的商业模式的表现。自微博启动收费模式以来便陷入"自掘坟墓"与"有益探索"的双重争议中。其同行搜狐第一时间表态称，"搜狐微博将永不收费"，一些行业分析人士将新浪此举定义为"危险行为"，认为国内微博市场将出现洗牌。③ 移动互联网专家项立刚则认为，如果微博在为付费会员提供特权服务的同时，并不对普通微博用户现有的功用造成影响，那么其收费是无可厚非的，微博用户可以自主选择是否成为付费会员，与腾讯 QQ 会员无异。④ 爆米花网创始人兼 CEO 吴根良认为任何网络平台，在追求商业营收的同时都还要适度关注用户体验，任何强势推出的激进改良措施很可能会招致用户的反感，从而对平台造成一定负面影响。⑤

根据新浪的规划，未来，门户和微博两大板块将同时包括移动和 PC 端业务，并拥有各自的产品、技术和运营，同时又与商业化紧密结合；新浪会探索多样性解决方案，方便微博用户搜索等。⑥ 除了内部产品研发，新浪在微博商业化上积极借助第三方力量，今年 4 月，新浪宣布与阿里巴巴达成战略联盟，在账户互通、数据交换、在线支付、网络营销等领域进行深

---

① 参见《消息称新浪无线裁员：SP业务成重灾区》，网易，http://tech.163.com/12/1214/01/8IL8HM7A000915BF.html。

② 同上。

③ 参见《新浪微博收费陷入自掘坟墓与有益探索争议》，IT新闻网。

④ 参见《商业化是微博发展的必然趋势》，人民网，http://www.022net.com/2012/7-3/425730132823787.html。

⑤ 参见《新浪微博收费是一柄双刃剑》，艾瑞网，http://web2.iresearch.cn/87/20120709/176324.shtml。

⑥ 参见新浪2012全年财报。

入合作，[1]新浪正在探索"媒体＋社交＋电商"的复合化转型。[2]应该说，这些举措，都有利于新浪无线增值业务的发展。

（二）腾讯

腾讯公司成立于1998年11月，靠即时通讯发家，于2003年10月正式进军门户网站领域，推出腾讯网（www.qq.com）业务，属于门户后入者。与靠新闻业务成名的新浪不同，腾讯以即时通讯来带动整体发展，围绕QQ确立市场地位。

腾讯的业务体系主要包括七大部分：即时通讯业务、网络媒体、无线互联网增值业务、互动娱乐业务、互联网增值业务、电子商务和广告业务。

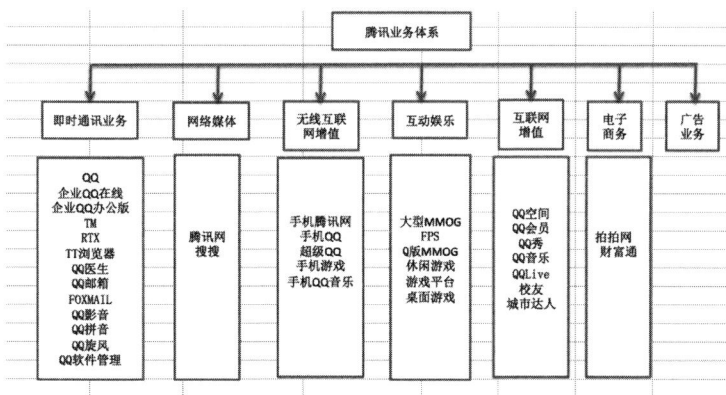

图7—6　腾讯主营业务结构图[3]

根据财务报告，2013年第一季度腾讯总收入为人民币135.476亿元，比上一季度增长11.5%，比去年同期增长40.4%，互联网增值业务以及网络游戏业务是腾讯最重要的收入来源。[4]值得一提的是，作为传统综合性门户网

---

① 参见《新浪微博一季度会员收入200万美元》，《京华时报》2013年5月18日。
② 参见《媒体＋社交＋电商，新浪尝试复合转型》，搜狐网，http://it.sohu.com/20130807/n383553904.shtml。
③ 参见腾讯网站简介。
④ 参见腾讯2013年Q1财报。

站营收法宝的网络广告在腾讯的收入结构中所占比重并不大，随着近年来腾讯对电子商务领域的重视，其在电商方面的营收反而后来居上，超过网络广告业务营收。

腾讯的赢利模式主要如下。

1.社区增值业务

（1）内容

腾讯拥有强大的社交网络服务产品线：即时通讯软件QQ、社交网络服务QQ空间、腾讯微博以及独立社交网络腾讯朋友。其互联网增值业务是基于腾讯公司的核心服务——即时通讯平台进行开发，用户通过付费可获得个性化增值服务，如会员特权、网络虚拟形象、个人空间美化、网络音乐、交友等。

根据2013年第一季度公布的腾讯财报，即时通讯服务月活跃账户数达到8.254亿，比去年同期增长9.8%；QQ空间月活跃账户数达到6.11亿，比去年同期增长5.9%；QQ游戏平台最高同时在线账户数为920万，比去年同期增长4.5%；增值服务付费注册账户数为1.046亿，比去年同期下降10.1%。腾讯表示增值服务付费注册账户数的下降归结于两个原因：腾讯于2012年第二季度采取的旨在清理包月账户质量的若干举措仍有影响，智能手机用户付费特权与PC端相比推出较慢且无新特权。[①]

2012年3月，腾讯网推出QQ圈子测试，根据用户好友及之间的关系，圈子能够按照生活中的真实关系自动分圈，同时还支持圈内文字与图片的分享等，使其社交网络的智能化水平进一步提升。

（2）原理解析

社区增值业务的成功本质源于社交网络平台的成功搭建。QQ并不仅仅是即时通讯工具，随着其功能的不断扩充，它的界定逐渐模糊，虚拟与现实的社交关系相互融合，这既是拓展人脉、搭建社会关系的桥梁，又是休闲娱乐、提供个人服务的工具。艾瑞分析认为，腾讯目前已经拥有中国最发达的社交网络服务产品线，无论是腾讯朋友、腾讯空间还是腾讯微博都

---

① 参见腾讯公司2013年Q1财报。

拥有极大的用户和市场份额。[①]

社区增值业务是腾讯的支柱性营收，但是，它也存在一定的问题。

第一，高市场占有率下用户黏性与用户渗透率相对饱和，在用户增长缓慢的情况下单纯通过提高市场份额来增加收入是不现实的，须推陈出新，在功能或平台上下功夫。

第二，随着各种社交化平台以及网络工具的兴起，社交功能这一剩余价值被渐渐挖掘殆尽，用户不再满足于社交化这个单一功能，要打通各平台，提供个性化与针对性的深度定向及定制服务。

第三，社区增值业务在移动终端的发展滞后。根据艾媒咨询发布的《2012中国手机应用市场年度报告》显示，截止到2012年12月底，中国智能手机用户数达到3.8亿人，中国移动互联网市场价值不容小觑。然而目前，腾讯社区增值服务的付费用户在智能手机上渗透率较低，大多仍是PC端用户。这是因为腾讯在PC端上所开发的付费用户特权相对完整与健全，而在移动端中的用户特权发展相对滞后，亟待完善。[②]

此外，对于腾讯推出的QQ圈子，也有专家从信息安全角度质疑其用户信息风险。"圈子"产品团队这样介绍其运行原理——QQ圈子中的好友名来自于同一圈子内多数成员对该好友的共同备注名，圈子名也来自于同一圈子内多数成员对该圈子内成员的分组名。如果构不成多数，就不会显示该好友或该圈子。根据腾讯的《软件许可及服务协议》，尊重用户个人隐私信息的私有性是腾讯的一贯态度，腾讯将会采取合理的措施保护用户的个人隐私信息，除法律或有法律赋予权限的政府部门要求或用户同意等原因外，腾讯未经用户同意不向除合作单位以外的第三方公开、透露用户个人隐私信息。艾瑞分析认为，圈子上所显示的信息并非出自每个用户自身主观意愿的正确表达。基于这样逻辑下的服务，其信息迭加和递延其实是在用户不知情的情况下完成的。若将其纳入平台间整合，则用户信息有遭到

① 参见《艾瑞快评：现实与虚拟社交关系的碰撞与融合》，艾瑞网，http://media.iresearch. cn/2/20120323/167365.shtml。

② 参见《腾讯公布第一季度财报，网游业务尽收74亿元》，凤凰网，http://games.ifeng. com/yejiehangqing/detail_2013_05/15/25337920_1.shtml。

恶意利用的风险。[1]

2.网络游戏

（1）内容

腾讯网络游戏包括六大类，即角色扮演、动作游戏、竞技游戏、休闲与平台游戏、网页游戏以及手机游戏，较为知名的游戏包括《穿越火线》、《地下城与勇士》、《英雄联盟》等。从收费上看，腾讯游戏基本采用运营免费、道具收费的收费模式。用户也可通过付费成为蓝钻贵族（腾讯游戏VIP），享受包括手机游戏特权在内的一系列游戏特权，如免费领取游戏礼包、优先进入人满房间、可以剔除游戏房间内玩家等。

2013 年第一季度，腾讯网络游戏收入比上一季增长 19.3%，达到人民币 74.721 亿元。腾讯财报将增长归结于中国市场的收入增加，如主要游戏（《穿越火线》、《地下城与勇士》、《英雄联盟》等）受益于中国春节假期、学生寒假，备受欢迎的重大版本产生了正面影响，以及新自研游戏的贡献增加等。腾讯的国际市场和手机游戏的收入亦出现增长。[2]

不过，从总的来看，腾讯游戏的发展已出现瓶颈，后续增长将会乏力。

（2）原理解析

有关腾讯网络游戏的赢利模式，笔者想谈以下两点。

其一，腾讯游戏的道具收费模式也存在弊端。

腾讯游戏现行的道具收费模式与第一代的点卡收费相对，属于第二代收费模式。与传统点卡收费模式相比，道具收费模式下进入免费的低门槛可以吸引更多游戏玩家，然而道具收费的无上限极大地拉开了付费玩家与非付费玩家在玩游戏时的实力差距，破坏了两个群体间的平衡性，也成为玩家诟病的核心点。[3] 所以，第二代收费模式也是弊端凸显，腾讯目前亟待探索第三代网游赢利模式。

---

① 参见《艾瑞快评：现实与虚拟社交关系的碰撞与融合》，艾瑞网，http://media.iresearch.cn/2/20120323/167365.shtml。

② 参见腾讯2013年Q1财报。

③ 参见《道具收费七年之痒，剖析国内收费模式迷局》，新浪网，http://games.sina.com.cn/zt/shoufei/。

其二，腾讯游戏面临增长瓶颈。

随着国内游戏市场逐渐成熟，腾讯游戏收入增长逐渐缓慢，就未来发展来说，增长已触碰到天花板的腾讯游戏很难再通过提高市场份额来增加收入。对此，腾讯马化腾多次表示这迫使他们要往外看。①

3.电子商务

（1）内容

腾讯的电子商务业务包括自有与投资两个部分。自有部分主要包括拍拍网与财付通，是腾讯为互联网用户提供的在线交易和支付的服务。投资部分腾讯对好乐买、柯蓝钻石等垂直类平台进行收购，以此完整电商布局。

下面分别介绍腾讯在电商方面的具体业务。

腾讯拍拍网（www.paipai.com）是腾讯旗下电子商务交易平台，网站于 2005 年 9 月 12 日上线发布，2006 年 3 月 13 日宣布正式运营，表明腾讯正式进军电商。腾讯马化腾在刚进入电商时就表示，腾讯电商会区别于淘宝等传统方式，与社区契合，强调增加社区的黏度。② 拍拍网在业界首次创新"边聊边买"、"买家与卖家信用分离制度"等，其对 C2C 赋予的新涵义是，沟通达成交易（communicate to Commerce）。根据易观国际数据，拍拍网 2011 年一季度销售额为 142 亿元，落后于淘宝（1276 亿），领先于京东商城（48.1 亿元）；拍拍网 2011 年一季度注册账户数为 4980 万，淘宝为 3.75 亿，京东商城为 1580 万。③ 应该说，拍拍网在市场中长期处于不温不火的位置，难以撼动淘宝。财付通是由腾讯公司推出的专业的在线支付应用和服务平台，其核心业务是帮助在互联网上进行交易的双方完成支付与付款。财付通提供快捷的网上付款（快捷支付、转账汇款、境外支付、支付安全、基金支付）、生活缴费（充话费、水电缴费、还信用卡等）。此外，财付通

① 参见《马化腾：国内游戏放缓增长迫使我们往外看》，和讯网，http://tech.hexun.com/2013-08-02/156757512.html。

② 参见《腾讯创建拍拍网进军C2C》，新浪网，http://news.sina.com.cn/o/2005-09-20/09086990037s.shtml。

③ 参见《腾讯电子商务：企鹅帝国的下一个机会？》，网易，http://news.163.com/11/0826/16/7CD7QP8700014AEE.html。

还提供精品团购、限时秒杀、优惠券等精选优惠给用户，进行促销与营销。以上业务，腾讯均收取佣金。

腾讯还推出移动终端的电商应用，既可以延伸电商平台，又可以通过电商本地化推动和激发用户的即时需求。一个典型的例子是腾讯在 iphone 和 Android 平台推出的 APP "QQ 电影票"，用户通过 APP 查看丰富影讯、影评与电脑简介，并可实时查询本地影院电影排期，享受票价优惠，以 QQ 账号登录后可通过财付通、支付宝、手机银行等方式支付电影票。QQ 电影票支持手机在线选座，购票后用户可以凭借电子兑换券到影院兑换机取票。

另外，腾讯在 O2O 领域也早有布局。随着移动互联网的发展，生活服务类电商逐渐兴起，拥有大量用户的移动终端微信自然成为腾讯在生活服务 O2O 领域的突破口。有业内人士认为基于微信的生活服务 O2O 生态系统尚未建立，而腾讯作为典型的互联网企业，其线下能力并不突出，靠自营无法达成打造生活服务 O2O 大平台的目标，更明智的做法是引入第三方 O2O 企业，采取合作共赢。[①]

（2）原理解析

腾讯的自有与投资业务涵盖 C2C、B2C、团购和第三方支付平台，构成了完整的电商布局，体现了腾讯的电子商务版图。与淘宝等传统电商不同，腾讯电商背靠巨量腾讯既有用户，因此，其电商布局更注重社交网络下的关系营销与用户的黏性提升，可以说这是腾讯电商的一个很大的特色。腾讯打通了电商与社交化软件平台，一方面，用户通过 QQ 等即时通讯工具可以直接进入腾讯拍拍等电商平台，另一方面，电商平台的促销与营销信息可以通过社交化平台进行推送，吸引更多目标受众。

4.网络广告

（1）内容

腾讯广告资源包括视频广告、展示广告、事件营销等。

在广告运作方面，腾讯的特色是提供智能媒介系统与创意优化系统作为广告工具。在智能媒介系统的帮助下，媒介根据广告位推荐列表，查询

---

① 参见《腾讯O2O这些年》，虎嗅网，http://www.huxiu.com/article/18305/1.html。

库存，从而借鉴历史投放经验，找到目标人群，满足不同投放需求，使广告投放更加精准。创意优化系统则通过不同素材对比，自动显示点击率最高的素材，帮助广告主获得更优的点击效果。[①]

（2）原理解析

2013年第一季度腾讯网络广告业务收入为人民币8.495亿元，比上一季度下降10.3%，比去年同期增长57.3%，[②]网络广告业务占总收入比例远低于新浪等老牌综合性门户网站，这表明腾讯与其他综合性门户网站的不同赢利重点。其实，腾讯用户数量巨大，又是社区化媒体，是可以借此把广告业务做得更大的，例如利用社区化媒体的特性设计一些口碑传播、话题传播的广告形式等，效果都会很好。

（三）网易

网易 (NASDAQ: NTES) 成立于1997年6月，在开发互联网应用、服务及其他技术方面，始终保持国内业界的领先地位，与靠即时通讯发家的腾讯不同，网易的特点是依托邮件与游戏延伸布局。从业务板块看，网易的业务主要包括四大部分：在线游戏、无线增值服务、门户网站和广告服务。

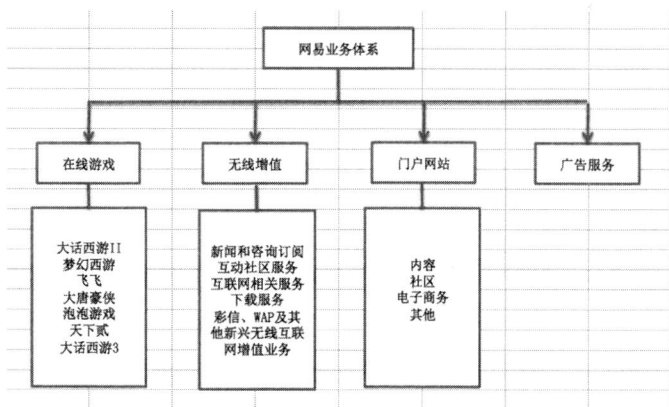

图7—7　网易主营业务结构图[③]

---

①　参见腾讯智慧网站广告资源简介。

②　参见腾讯2013年Q1财报。

③　参见网易网站简介。

近几年来，网易总营收逐年上升。2013年第一季度网易总收入为23亿元人民币，2012年第四季度和去年同期分别为23亿元人民币和20亿元人民币，同比增长12.7%。其中在线游戏服务收入为20亿元人民币，上一季度和去年同期分别为20亿元人民币和18亿元人民币；广告服务收入为1.66亿元人民币(2660万美元)，上一季度和去年同期分别为2.6亿元人民币和1.43亿元人民币；邮箱、无线增值服务及其他业务的收入为6540万人民币，上一季度和去年同期分别为8980万人民币和3963万人民币。[①]

下面具体谈一下网易的赢利模式。

1.电子邮箱

（1）内容

网易电子邮箱业务包括163.com、126.com、yeah.net、vip.163.com、vip.126.com、188.com、专业企业邮箱、免费企业邮箱。其中，会员邮箱与专业企业邮箱需要付费，会员邮箱用户可以享受一次400群发、18G网盘、手机服务等会员特权。专业企业邮箱包括标准版、商务版和旗舰版，不同价位的版本提供不同规格的附件大小、存储容量等。截至2013年3月31日，网络邮箱用户超过5.5亿。

（2）原理解析

免费邮箱赚取用户数量与流量，收费邮箱提供特权赚取增值收入，网易邮箱收费的关键在于是否能给用户提供易用、个性、智能、开放和人性化的邮箱服务。

2. 电子商务

（1）内容

网易的电子商务包括两类：一是电商导购平台与分类电商平台，包括网易房产推出的电商平台房易购、定位于网购优惠平台的导购平台惠惠网以及主推保健品与营养品的网销平台网易保健品等。二是依托邮箱业务作为用户入口的网易优惠券平台。网易优惠券平台于2011年12月上线，网易

---

① 参见网易2013年Q1财报。

优惠券平台对电商企业采取免进场费模式，用户则可凭借邮箱积分换取电商企业的消费优惠，于是在写信、收信等基础上获得了来自各种电商平台的优惠。据介绍，优惠券未来赢利模式可能包括广告费和优惠返点，而今年主要任务是做大规模，还没有营收方面的考虑，除邮箱用户外，网易的游戏、博客、相册、有道等其他业务用户群也可能纳入优惠券平台。[①]

（2）原理解析

在此部分，笔者重点谈一下网易优惠券平台。

网易电商业务曾多次受挫，其进军机票在线销售业务就惨淡收场，旗下奢侈品网购平台网易尚品也在正式开通时间不足一年后关闭。[②] 而依托网易邮箱资源孵化的网易优惠券平台被寄予厚望。

市场调研机构 Hitwise 的数据显示，网易邮箱对电子商务企业的流量转化价值在此前已经有所体现。以 2012 年 1 月为例，网易邮箱是京东商城第二大上游网站页面，其 163 免费邮箱占京东商城所有上游网站贡献量的 2.04%，仅次于百度搜索，贡献率高于淘宝网、开心网、新浪微博、谷歌、QQ 邮箱等。网络优惠券承担嫁接电商企业和用户的平台功能，免进场费模式使电商企业可以免费接入这个拥有庞大用户量的推广平台，获得近乎零成本的流量和用户，这对电商企业而言无疑具有巨大的价值，会带来丰厚的回报。[③]

而且，网易邮箱的用户群和电商用户群高度重合。网易邮箱用户收入较高，年龄集中在 20 ～ 39 岁，这部分用户所占比例为 66.28%，是网购的核心目标用户群。[④] 进入网络优惠券平台的电商拥有了这样的用户群，可谓是进入了有高额回报的市场。

---

① 施建：《邮箱业务作为用户入口 网易重返电子商务》，《21世纪经济报道》2012年4月9日。

② 参见《网易尚品关闭，多方回应奢侈品电商该何去何从》，新浪网，http://cs.sina.com.cn/minisite/news/201201092036.html。

③ 参见《网易借邮箱业务介入电子商务》，中国网络电视台，http://news.cntv.cn/20120410/122337.shtml。

④ 施建：《邮箱业务作为用户入口 网易重返电子商务》，《21世纪经济报道》2012年4月9日。

3. 网络游戏

（1）内容

网易主要提供多角色扮演网络游戏的开发和运营，目前，网易已拥有多款自主研发的网络游戏，涉及 2D、3D、回合制、休闲类等多种类型，如《大唐豪侠》、《梦幻西游》、《泡泡游戏》。在收费模式上，网易旗下多款网络游戏采用时间收费模式。

2013 年 2 月，网易官方宣布旗下《大话西游 2》、《梦幻西游》、《大话西游 3》三款时间收费游戏将正式推出月卡和年卡套餐服务。这是网易 10 年来首次推出年月卡套餐，根据网易游戏公告，首次推出的月卡价格为 60 元、年卡价格为 720 元，各游戏均推出优惠政策配合收费方案的调整。[①]

（2）原理解析

在本部分，笔者重点谈两点。

其一，网络游戏赢利模式是网易营收的法宝。2013 年第一季度，网易在线游戏营收增长 11.3%，网易丁磊表示网易打造的自主研发游戏产品组合凭借良好的势头推动了季度业绩的上升。[②]成绩固然可喜，不过，网易游戏这只是在 PC 端的成功，其在移动终端上的游戏研发仍需加强，毕竟移动化是趋势。

其二，网易推出年月卡套餐，进行了收费模式调整，这次调整引起了玩家的争议。网易给予收费提高的解释是受通胀影响，包括研发、设备、人力、推广及其他结构性成本等方方面面都有所提高，玩家对此反应不一。高投入玩家认为本次改革受迫于全国性物价上涨，可以理解；大部分普通玩家虽然利益受损，但也默默承受，而一部分休闲玩家则选择离开游戏。[③]由此看来，对网络游戏收费的调整，应该谨慎为之，要考虑玩家的承受能力，同时，最好循序渐进，不能一次幅度过大。

---

① 参见《网易调整西游类游戏计费，玩家热议价格提高》，凤凰网，http://games.ifeng. com/netgame/news/detail_2013_02/08/22054310_0.shtml。

② 参见《网易公布第一季度财报，未来将加大手机游戏投入》，凤凰网，http://tech.ifeng. com/internet/detail_2013_05/16/25363959_0.shtml。

③ 参见《从网易游戏收费调整看游戏收费制度对游戏的影响》，新浪游戏，2013年3月。

4．网络广告

（1）内容

网易网络广告位包括网易首页、各频道首页、文章内页、邮箱等，覆盖其门户网站的 8 个经典频道、21 个特色频道及 30 个细分频道。同时，网易提供网络游戏广告位，广告位设置于游戏公告页、服务器选择页、账号密码输入页、人物选择页等页面。

（2）原理解析

广告业务占据网易业务营收第二大的比重。2013 年第一季度广告服务的同比表现持续增长，广告业务营收增长 15.3％。[①] 根据网站信息，在广告服务中第一季度表现最好的行业是交通类、快速消费品类和金融服务类。由此可见，网易广告的经营势头还是不错的。

有关网易的广告值得一提的是网络游戏广告，比如，将广告位设置在用户进入游戏必须经过的页面，这可以确保广告信息的"必读性"，到达率肯定高，效果肯定好。另外，从目前的网络游戏广告发展趋势看，网易的游戏内置广告还可以进一步挖掘。

（四）Yahoo！

Yahoo！（也称雅虎，以下均称雅虎）公司是美国的一家跨国互联网上市公司，是全球互联网服务公司和全球门户网站巨擘。这家门户网站由网络搜索目录发展而来，目前运作全球 25 个网站，包括 18 种语言版本。

雅虎业务主要涵盖通讯服务、在线交易商务服务、内容和媒体服务、广告业务四大方面。

此前，雅虎多年深受业绩下滑的困扰，但其新任首席执行官玛丽莎·梅耶尔上任 5 个月后财务报表有所起色，2012 年全年营收实现 4 年来首度增长。

雅虎 2012 财年营收为 49.87 亿美元，与上年同期基本持平并微增，其中，2012 年运营利润为 5.66 亿美元，不及上年同期的 8 亿美元。雅虎 2013

---

① 参见网易2013年Q1财报。

年第一季度营收为11.4亿美元，比去年同期的12.21亿美元下滑7%；搜索业务营收为4.25亿美元，比去年同期的4.7亿美元下滑10%；其他营收为2.61亿美元，去年同期为2.4亿美元。[①]

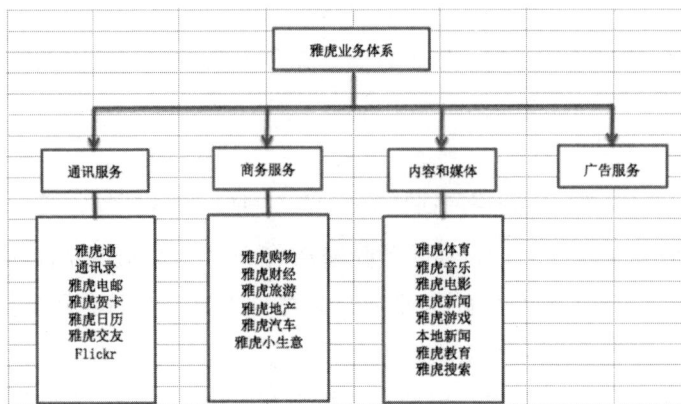

图7—8　雅虎主营业务结构图[②]

下面具体谈一下雅虎的赢利模式，主要如下。

1. 网络广告

（1）内容

2012年，雅虎在美国的广告营收同比增长了3.2%。[③]

雅虎广告业务基于Right Media Exchange系统，包括搜索广告和展示广告两部分。展示广告即传统的品牌广告，雅虎向广告商收费的同时向用户免费展示广告。搜索广告即关键词广告，广告主根据产品或服务的内容或特点确定相关关键词，当用户搜索到广告主投放的关键词时，就会展示相应广告，当有多个广告商购买关键词时，按照竞价排名原则展示，用户点击广告后雅虎按照广告主对关键词的出价收费。[④] eMarketer预测在未来一段

①　参见雅虎2012全年财报。
②　参见雅虎网站简介。
③　参见雅虎2012全年财报。
④　百度百科：《搜索引擎广告》，http://baike.baidu.com/link?url=0oAWsI7shobjFShXjHMlKpB3SckoZeNK6IOiSZRVVCdGRWS-gG-x7DWtQ3。

时间，雅虎搜索广告收入将与展示广告收入差距不断拉小，并逐渐追平。[①]

（2）原理解析

作为老牌综合性门户网站，雅虎仍维持主要依靠广告营收的传统赢利模式，但是，目前雅虎的广告正遭遇强劲的挑战。作为核心业务的雅虎展示广告，主要对手是谷歌和 Facebook。[②]

雅虎在美国展示广告市场中的份额不断下跌，从 2011 年的 11% 跌落至 2012 年的 9%，而在 2008 年雅虎占美国展示广告收入的 18.4%。[③] eMarketer 估计雅虎在美国展示广告市场中的份额今年将跌至 7.7%，2013 年 Google 和 Facebook 在展示广告领域的份额将分别增至 17.6% 和 15.5%（eMarketer：2013 年美国展示广告市场规模将达 177 亿美元）。投资公司 Stadtler Capital Management 总裁凯文·斯塔特勒（Kevin Stadtler）表示，雅虎正在投资开发更多工具，以期根据用户浏览历史展开广告促销，以此提升展示广告业务。[④]

另外，在搜索广告方面，虽然全球搜索广告市场在高速发展，但雅虎市场份额持续下跌，不敌谷歌。

雅虎的首席执行官梅耶尔用广告价格的下降来解释 2013 年第一季度雅虎广告收入的下降。她表示，从运营的角度来看雅虎的流量一直有所下降，不过下降的速率在减缓。雅虎的广告售出率比较稳定，而且还有所上升。雅虎广告价格比去年同期下降了 2%。对于价格下降的原因，梅耶尔表示这里有移动端广告的因素，雅虎需要等移动端用户黏性、广告主需求等情况稳定之后才能调整其价格，即提高价格。[⑤]

总的来说，雅虎的广告业务形势不是特别好，而作为雅虎营收的重要

①　参见《雅虎广告收入增长，但谷歌仍占领市场份额》，Emarketer。

②　参见《Facebook与谷歌施压雅虎广告营收》，新浪网，http://tech.sina.com.cn/i/2011-03-22/08235314850.shtml。

③　参见《Emarketer：2013年美国展示广告市场规模将达177亿》，中国广告网，http://news.cnad.com/html/Article/2013/0422/20130422164514795.shtml。

④　参见《Emarketer上调雅虎销售预期，预计增长3.2%》，腾讯网，http://tech.qq.com/a/20130329/000083.htm。

⑤　参见《雅虎CEO梅耶尔解读第一季财报》，中国信息产业网，http://www.cnii.com.cn/internetnews/2013-04-17/content_1128018.htm。

版块，雅虎必须努力巩固住局面，并找到有效方法实现提升。目前来看，想要提升展示广告市场份额，就必须提升门户网站的价值，提高流量，提升品牌价值，这样才会获得广告主的再度青睐；而搜索广告市场份额的提升则要靠搜索业务的完善，比如能给用户带来更好的搜索体验等。

2. 无线业务

（1）内容

雅虎无线业务指 Yahoo Mail、Yahoo Sportacular、雅虎天气等在内的众多智能手机 APP 应用。

苹果 iPhone 应用开发商 Onavo Mobile 称，6 月份 16% 的 iPhone 用户使用了雅虎研发的应用，这一人数较去年 7 月份相比增长了 8%。如果包括 Tumblr 在内，6 月份，大约有 22% 的 iPhone 用户使用了雅虎的应用。[①]

梅耶尔目前专注移动战略，希望将雅虎核心优势拓展到移动平台。一方面，对雅虎三大产品线进行改版，让新页面都能更好地适应不同的移动终端和操作系统；另一方面，收购一些移动应用公司来拓展雅虎的移动互联网战略，包括移动端产品推荐分享应用 Stamped、基于地理位置的推荐应用 Alike 以及美国轻博客服务 Tumblr 等均被雅虎收购。[②]

（2）原理解析

可以说，雅虎的衰落伴随着 PC 端的衰落、移动端的崛起。目前来看，迎合当前及未来消费者需求的移动互联网业务是亟待雅虎涉足的，而雅虎目前的专注移动的战略，可算是一个正确的发展方向。

目前来看，雅虎通过收购的方式开展移动化战略还是一种比较明智的做法。收购能够避免先期研发的成本，能够快速进入新市场，可以说，是一个比较灵活有效的转型策略。需要注意的是，雅虎的收购应该做好规划，尽量使收购的业务既能体现移动互联网业务未来的发展方向，又能与雅虎的既有资源实行对接，即尽量能够利用上雅虎的既有资源，只有这样，雅虎的转型才更容易成功。目前，雅虎在移动业务发展方面有一些优势资源，

---

① 参见《雅虎将专注移动端》，闪闪互动，http://www.soshow.org/html/94/n-51194.html。
② 参见《梅耶尔掌舵雅虎一年的移动收购》，腾讯网，http://tech.qq.com/a/20130717/018857.htm。

比如雅虎为 iPhone 用户提供默认的股票行情和天气查询服务，这可以将用户带到雅虎搜索页面，是雅虎在移动端获取流量的很好的来源。[①] 这一资源雅虎就应该好好地利用。

①　参见《雅虎高管解读财报：流量与广告价格持续下降》，腾讯网，http://tech.qq.com/a/20130417/000010.htm。

第八章 社交网站赢利模式

一 概念、发展历程及规模

（一）概念

社交网站（Social Networking Site，也被称为 SNS 网站）是以用户现实关系为核心的网站，它通过提供各种平台或工具来协助人们维系或拓展社会人际关系，满足人们的社交需求，用户在社交网站上可以实现信息共享、利用信任关系拓展自己的社会化网络。

简单来说，本部分涉及的社交网站是一种供用户之间交流的网络服务平台。它基于人与人之间的关系延伸而发展，如果说门户网站是信息的汇聚，搜索引擎是信息的分类检索，那么社交网站就是人的聚集，是一个基于"人"的网络化社区。

（二）发展历程

1.全球发展历程

社交网站起源于美国，其理论依据来源于六度分隔理论，即人们通过六层人际关系便可以找到地球上的任何一个人。1995 年，美国出现了校友录性质的 Classmates，可以说是社交网站的雏形。1997 年建立的 Six degree，形式进一步完善，它给用户提供创建账号、加入好友列表以及好友之间相互发送信息等功能，该网站在 2000 年由于经营问题关闭。

真正让社交网站风靡的是美国成立于 2002 年的 Friendster，后来诸如 MySpace、Facebook 等都是模仿其网站设计和功能服务创建的。MySpace 在

2003 年创立，2005 年被美国新闻集团收购后，将网络新闻、博客与社交网站相结合，使之进入更为广阔的发展空间，网站访问量一度超过 Google，成为当时全球最大的社交网站。Facebook 在 2004 年由哈佛大学学生马克·扎克伯格创立，短短 4 年用户数量就突破 6000 万，市值超过 150 亿美元。2008 年初，Facebook 的全球访问量超过 MySpace，成为全球第一大社交网站。Facebook 的成功让人们意识了到这类网站的发展潜力，从而大大小小无数社交网站在全球应运而生。中商情报网数据显示，2012 年全球社交网络用户已超过 14 亿人。①

2. 中国大陆发展历程

国内社交网站的发展历程大致可归纳为三个阶段。

第一个阶段是 2003 年到 2004 年，随着美国 Friendster 的盛行，社交网站在中国诞生，它们大都仿照了 Friendster 的模式。用户通过"寻找朋友的朋友"，建立并完善自己的社交圈。当时，亿友网将社交平台与移动增值服务捆绑，实现了 2000 万元赢利，然而着随 2005 年中国移动 SP 政策的调整，这种成功尝试只是昙花一现。②

这一阶段具有代表性的社交网站有 UUZone、友友网络、亿友网、若邻、Linkist、天际网等。普遍存在的问题包括：用户在线使用率低、网站不能有效吸引新用户、前期透支严重且缺少稳定的赢利模式、营销方式不够灵活等。如今除了若邻、Linkist、天际网仍在艰难维持，大多数站点已经关闭。

第二阶段是 2005 年至 2007 年，由于 MySpace 和 Facebook 的成功，国内社交网站风行起来，发展出对搜索引擎开放（MySpace 模式）和不开放（Facebook 模式）两种模式。网站用户参与区域多为校园、网吧，囊括了大量城市流动人口，覆盖面扩展到三线城市，出现了线下同城约会。

这一阶段的代表网站是 51 网和校内网。51 网 2005 年由个人交友网站转型，致力于网吧营销，现为中国最大的博客社区。平台上包括 51 秀、51 商城和 51 群组等，当前基本实现盈亏平衡。2005 年诞生的校内网（2009 年

---

① Danah Boyd, Nicole Ellison, "Social Network Sites: Definition, History, and Scholarship", http://jcmc.indiana.edu/voll3/issuel/boyd.ellison.html。

② 姚柒零：《SNS发展浅析》，《电信技术》2008年第12期。

更名人人网），目标用户定位于高校人群，仿照 Facebook 采用封闭式注册模式，是这一阶段国内社交网站的成功典范。其他的网站用户数量增长缓慢，仍旧鲜有成功者。

第三阶段是 2007 年底至今，美国的 Facebook、MySpace，德国的 Xing 以及韩国的 Cyworld 登陆中国，与此同时，国内网站不断涌现，虽然大多是复制国外老牌网站，却凭借本土优势力压众多国外网站并推广开来。邀请式注册模式（通过邮件、msn、QQ 等形式邀请新注册用户，便可获得奖励）、社交网页游戏（运行在社交网站内，通过趣味性游戏方式增强人与人之间交互的游戏产品，比如开心农场、"抢车位"等）、站内封闭搜索引擎是这些网站的主要特征。其中，开心网以邀请式注册模式，结合应用游戏组件（如"种菜偷菜"、仿 Facebook 开发的"抢车位"和"朋友买卖"），半年内跻身 Alexa 排名前 100 强。

2009 年，各大网络巨头甚至通信运营商也开始进入该领域，新浪、搜狐、腾讯等门户网站推出了社交平台，阿里巴巴也在淘宝推出了"淘江湖"以拓展商机，而中国移动和中国联通也创建了网络社区。

（三）赢利规模

1.当前规模

根据中国互联网络信息中心（CNNIC）的数据，截至 2013 年 6 月底，我国社交网站网民规模为 2.88 亿，较上年底增加了 1295 万人，增长 4.7%。[1] 5.91 亿网民中，社交网站使用比例为 48.8%，与 2012 年底持平。其中，约六成用户每天都要访问社交网站，属于黏性较高的用户，38.2% 每天访问多次，20.3% 每天至少访问一次。[2]

---

① 中国互联网络信息中心：《2012 年中国网民社交网站应用研究报告》，2013年2月。
② 中国互联网络信息中心：《中国互联网络发展状况统计报告》，2013年7月。

图8—1[1]

社交网站的用户中 20 ~ 29 岁占比最高，达到 34.1%，其次为 10 ~ 19 岁，显示出 10 ~ 30 岁网民对社交网站的使用率明显高于其他年龄段网民。用户个人月收入在 3001 ~ 5000 元、5001 ~ 8000 元的群体占比明显高于整体网民，显示出中高收入网民对社交网站的使用比例高出其他收入群体。[2]

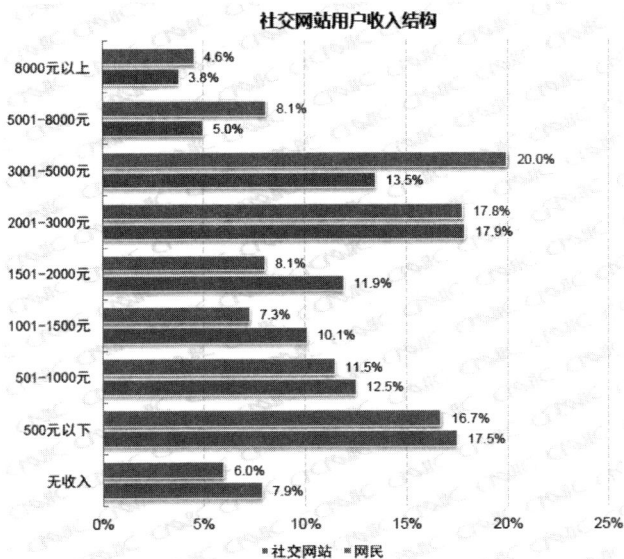

图8—2[3]

---

① 中国互联网络信息中心：《2012 年中国网民社交网站应用研究报告》，2013年2月。

② 同上。

③ 同上。

2.前景

随着社交网站的快速增长，它营建了一个重要的市场环境。其一，社交网站搭建了企业与消费者之间深度沟通的平台；其二，基于用户关系产生的内容，如提问、评价、评定等成为引导消费的重要因素，口碑营销、病毒式营销成为企业营销战略的重要环节；其三，社交网站的快速发展，尤其是手机社交网站的快速发展，开拓了更广阔的互联网增值服务市场空间。易观国际预测，2013年中国社交网站市场规模将达13.28亿，环比增长71%。[1]中商情报《2013—2018年中国社会性网络服务（SNS）行业市场调研咨询报告》预测，到2018年，国内社交网站行业市场规模将达到224.6亿元。[2]

当前传统的实名制社交网站已经走过了高速成长期，即时通信产品功能的丰富及微博的高速发展，都挤压了此类网站的发展空间。社交网站不再是中国网民线下社交关系在线上延伸不可或缺的渠道，因此很难出现新一轮的用户快速增长，未来社交网站需要寻求新的增长空间，如对现有产品的持续创新等，以维持用户的使用黏性。近期网络社区类产品形态不断更新，其中一些产品在短时间内取得良好的成绩，如图片分享类社交应用、基于兴趣的内容分享应用等，这些产品也很快被社交网站整合到自身平台中，然而这种在现有网站上不断叠加功能的做法能够发挥的作用依然有限。

值得注意的是各大社交网站向移动端发展的动作频繁，例如进入移动互联网的蓝海，发布移动社交应用抢占用户，当前主要社交网站厂商都已重点转向该领域，移动类社交产品不断涌现，未来社交网站用户的增长应主要来源于移动用户。[3]

---

① 蒋郝腾：《2018年中国SNS行业市场规模预测》，易观智库，http://digi.hsw.cn/system/2011/04/26/050909039.shtml。

② 参见《2018年中国SNS行业市场规模预测》，中商情报网，http://www.askci.com/news/201305/30/9153184162534.shtml。

③ 中国互联网络信息中心：《2012年中国网民社交网站应用研究报告》，2013年2月。

二 赢利模式

（一）当前赢利模式

各大社交网站逐渐形成自己的赢利模式，如 Facebook "定制广告 + 虚拟礼物 + 收费调查"，开心网 "广告 + 账户收费 + 第三方合作分成 + 虚拟货币"等。中国互联网络信息中心公布的数据显示，我国社交网站约 80% 的收入来自网络广告，15% 来自于会员及各种增值服务收费，5% 来自于其他收入。[①]

总的来说，社交网站的赢利模式主要如下。

1.广告

广告是目前社交网站主要的赢利模式，共有以下四种。

①网页广告

目前社交网站的网页广告主要是出现在网站首页、页面上方与两侧的条幅状动态 Flash 广告。社交网站不同于其他传统网站，用户登录后通常会直接查看新鲜事，关注好友页面，此时位于边角的网页广告并不是被用户所需的有效信息，也不具有强迫性，易被用户过滤。

②定向广告

一些社交网站采取实名制注册，详细记录了用户的年龄、性别、兴趣、文化层次等信息；另一些社交网站如豆瓣网，用户所提供的个性化信息包含其对于商品的选择倾向信息，包括喜爱的影片、唱片，购买的商品等，这种信息最终将展示在用户的个性化页面上，甚至主动推送到用户好友的新鲜事中。根据这些个性化的信息与数据，社交网站可以了解用户的偏好与购买可能性，使其之后的广告投放更有针对性。

2.会员收费

社交网站会员收费通常有两种做法：一种对所有注册会员收费，另一种只对高端会员收费。如百合网，针对 VIP 高端用户收费，收费在 3680 ～ 30000

---

① 中国互联网络信息中心：《中国互联网络发展状况统计报告》，2013年7月。

元不等，会员可以享受更多服务如查看照片、与专业顾问直接沟通等。但据 51.com 和开心网对用户群体有关收费制看法的调查显示，90% 的人不愿付费。[①]

3.虚拟物品销售

在通过免费提供一般会员服务抓住用户、保持社交网站用户数量的情况下，一些社交网站还出售虚拟物品获取收益，类似腾讯 QQ 秀。如人人网的虚拟物品销售有"鲜花物语""酒店大亨"等，结算货币是"人人豆"，"人人豆"的获取除网站赠送外还可以现金购买。[②]

4.信息销售

一些网站针对用户发布特殊内容，以此进行收费，如招募或职位信息，以及一些在自己网站上的问卷调查结果等。

5.与其他企业合作

社交网站还通过开放平台与第三方合作，联合运营，创造并共享价值。比如，允许应用开发企业在其平台上推出自行设计的各类应用程序，最终与其进行收益分成，这一方面比如与游戏运营商合作，推出网页游戏平台，从而与游戏运营商实现收益分成；还有如许可支付运营商直接在社交网站上开展业务，使用户在社交网站上能便捷地借助支付系统进行交易，社交网站由此获得在线交易的佣金分成，等等。

（二）发展趋势

就我国社交网站而言，据 CNNIC 公布的数据显示，目前其赢利过于依赖广告，收益并不理想，多数网站仍处于亏损状态。虽然 51 网尝试了会员收费制，人人网出售增值道具，开心网引入了植入式广告，但相比 Facebook 总体而言收效甚微。[③]

应该说，实名制注册和频繁的信息流动，使得社交网站变成一个大数

---

① 钱文霞：《中国社交网站赢利模式及问题研究》，《商品与质量》2011年第8期。
② 王亮：《SNS 社交网络发展现状及趋势》，《现代电信科技》2009年第6期。
③ 陈德武：《从Facebook辉煌反思国内社交网站困境》，艾瑞专栏，http://column.iresearch.cn/u/ysyycdw/622665.shtml。

据库,而在未来,数据会越来越重要,越来越具有商业价值。丰富且真实的结构化用户数据,在清晰的法规框架下应该可以成为社交网站的产品。这应是社交网站赢利模式的一个未来方向,而且是重要方向。

另外,进一步开放网站平台以吸引第三方加入从而实现分成、发力移动终端等也将在社交网站未来发展中成为很有前途的赢利模式。

(三)评价

社交网站的赢利中也会存在一些问题,比如说用户的个人信息被滥用的问题,用户在注册时,会留下自己的个人信息,尤其在实名注册的网站上,其信息基本是真实的,而这些信息,会被社交网站滥用,比如,直接卖给其他机构或者借此分析用户为营销创造机会,这些,在未征得用户许可的情况下,都是不正当的,而前者直接卖给其他机构,其实还涉及到用户的隐私泄露,这是更严重的问题。

总之,从社交网站赢利模式的角度来看,社交网站会存在为了赢利而滥用用户信息的情况,就这一点来说,应该有相关规律法规进行规范与约束。

三 案例分析

(一)人人网

虽然被指是"中国的Facebook",从赢利模式上看,人人网并未得其精髓。Facebook将主要精力放在网络平台的建设,人人公司则力求多元化发展,网站主要收入来自在线游戏、网络广告和其他增值业务。

2013年5月14日人人公司发布财报。公司第一季度总净营收为4660万美元,同比增45.2%,净亏损310万美元,但较去年同期已大幅好转。通过整理财报,得到人人公司各业务营收占比,数据显示:2012年在线游戏已经成为人人最主要的收入来源,占比达50.2%,网络广告占比为33.7%,糯米网(旗下团购网站)和其他互联网增值业务收入则占比均为 8%。[①]

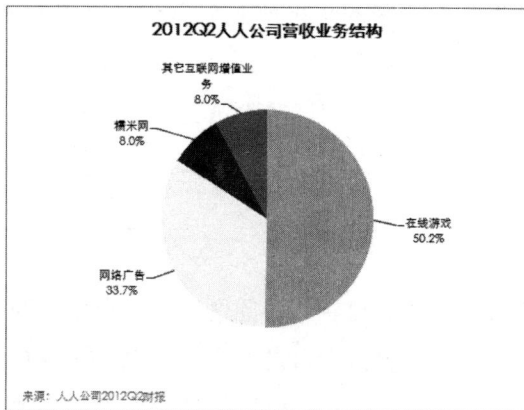

来源：人人公司2012Q2财报

图8—3 [②]

截至 2013 年 3 月 31 日，人人网活跃用户数量达到 1.84 亿人，高于去年同期的 1.54 亿人。[③] 人人网的用户群体主要为在校大学生，白领等"高学历、高收入、高消费"人群，用户每日在人人网上通过新鲜事、日志、相册等的互动高达 43 亿次。以下是人人网的赢利模式。

1.*广告*

（1）内容

2013 年第一季度，人人的网络广告营收为 980 万美元，较上年同期增长 4.7%。[④] 页面广告是网站最基本的赢利方式，人人网站首页上即有各种各样的广告。

我们先从广告形式说起。

在人人网首页的用户状态栏下面有横幅广告，一般以图片形式出现，用户点击图片即会直接链接到广告页面；首页中间，商家在"新鲜事"一

① 杨雪斌：《艾瑞读财报：人人旗下业务多元化 游戏重要性进一步上升》，艾瑞咨询，http://web2.iresearch.cn/sns/20120816/179169.shtml。

② 同上。

③ 中国互联网数据资讯中心：《人人网财报》，http://www.199it.com/archives/114607.html。

④ 同上。

栏下面会以用户好友发布信息的状态发布广告消息，如用户根本没关注过糯米网主页，却会出现"糯米网茶叶专场"这样的广告；首页右侧在"好友推荐""人人网调查""推荐"三个模块下面均设有广告位；首页左侧是人人网的一系列应用，包括用户自定义设置或者用户没设置而由人人网自动添加的"好友档案""天书奇谈"这一类游戏，以及推荐应用"泡泡鱼""红色警戒"，这都是在为游戏商家做广告。

另外，人人网用户在进行好友、公共主页搜索之后，搜索结果显示页面右侧会有三个不同商家做的广告，竖列排放，诸如"新东方""中公网"等教育培训机构等。

图文广告可以借助流量达到宣传目的，植入式广告则与网站的某些服务与产品结合，让用户在不知不觉中强化对该产品等的印象。人人网的植入式广告业务是开展得比较不错的，投放量比较多，而且，它的投放策略也比较有效，比如，在人人网的应用游戏中风行一时的"开心农场"游戏，开发商推出种植乐事土豆的活动，这种土豆在生长期以及收获后都有"乐事"的商标，游戏中土豆卖价较贵，很多用户都乐意种植，在无形中增加了用户对乐事的熟悉度，达到了很好的广告效果。

下面再介绍其具体的广告运作模式。

人人网强调自己是中国最大、最具影响力的社交网站，以实名制为基础，满足用户对社交、资讯、娱乐、交易等多方面需求，活跃用户近8千万，可谓有高价值受众基础；企业可以根据年龄、性别、区域、学校等选择推广投放的对象，人人网把意向客户引导到企业网站，从而向这些客户展示更加丰富的信息、提供更多互动功能，帮助企业达到更好的推广效果。

在人人网广告位之下会有一个链接"我也要出现在这里"，点击进去有四个模块，最大的模块上标明："人人广告，精确到人，覆盖中国两亿用户"。然后是三个小模块，分别是广告投放流程（开通账号、创建广告、注入资金、成功投放）、成功客户分享（列举出几个在人人网投放广告有显著收益的商家）、客户服务及代理合作（列举出咨询热线、代理合作、电子邮箱，以及添加"人人网自助广告说明"），这些信息可让广告主对人人网的广告运作有更多了解。

网站还为广告主提供了自助广告平台，基于社交网站优势，定向投放，按效果付费。广告主只需注册并登陆人人网，进入广告平台，提供其制作的广告创意、确定其投放人群和预算，经网站管理者评估和核算，符合条件便可以注入资金并投放广告了，随后可通过人人网的广告管理平台随时关注广告点击率，从而优化投放计划。在"人人网自助广告说明"页面上，人人网列举出 16 条内容，详细解释、说明了在人人网上做广告的流程和问题，宣传推广了网站作为商家发布广告平台的优势，为吸引更多广告客户打下基础。

对于中小企业而言，只需一次投入几千元作为预付费用，按照广告点击次数，最低 1 元起进行付费（即只对那些点击广告、访问商品网站的流量向人人网支付费用），此方式适很合众多的中小企业开展有效推广。

（2）原理解析

广告可说是"放之四海而皆可"的营销手段，很多领域的赢利模式都有广告的一席之地。网站自然也不例外，尤其在发展初期缺乏其他有效模式时，广告就成了维持网站生存的重要手段，人人网同样未能摆脱这一窠臼。目前，社交网站已拥有较庞大且稳定的用户群体，在赢利模式方面已经有所突破，但依然以广告赢利为主。

我国社交网站发展的年头还不算长，传统的网页广告仍旧占有一定比例。人人网在登录主页的右边大部分位置是广告位，用户在登录上人人账号之后，广告只会出现在网页顶部横幅位置以及右侧的小块位置，由于社交网站的特殊性，用户使用网站主要是为了了解好友最新动态、查看新鲜事和分享自己的生活感受，加上广告不显眼的特点，用户会不自觉地忽略掉其周围的广告，使得这种广告的传播效果大打折扣，经济效益也会受到损害。因此，基于社交网站真实度高、互动性强和用户依赖性强的特点，一些新型的广告，如在应用游戏软件或者网站活动等形式中出现的植入性软广告，或者根据某种特定的兴趣爱好和职业领域所产生的个性化主页从而吸引小众用户产生消费行为的精准广告，它们的发展势头更加强劲，较之传统的硬广告更能产生良好的传播效果。

植入式广告俗称"软广告"，是指将产品或服务及其代表性的视觉符号、内容等，策略性、技巧化地融入各种媒介载体中，通过场景的呈现或情节的表现，让观众在潜移默化中留下对产品及品牌印象的一种广告形式。它具有渗透性较强、较易被受众接受等特点，并能影响甚至改变受众对产品的看法及将来的购买行为。

由于广大用户的持续关注与彼此间频繁的互动交流，网站在短时间内聚集了极高的人气和流量；且在网站上建立的社交关系大多以某一共同特质比如共同的朋友或相似的兴趣爱好为基础，具有较强的用户黏性和互动性，其中蕴涵着极大的营销价值，因此可以通过广告的软性植入，促进产品等的推广传播。

植入式广告巧妙地将产品或品牌信息融入网站组件和游戏等载体，类似于影视剧将产品或品牌信息融入到情景和道具中，被植入的产品或品牌会得到一定程度的突出展示，且用户一般不会对其抱有抗拒心理，往往能够在无形中拉近产品等和用户之间的距离。人人网在抢车位上放置通用汽车雪佛兰系列的广告，与第三方合作的"篮球巨星"游戏中内置了阿迪达斯的广告，在开心农场中植入乐事薯片的广告。一般来说这些内置广告对用户的操作没有太多影响，用户对这种广告比较容易接受，广告效果较好。

2.开放API程序

（1）内容

2012 年前三季度，人人网营收中，游戏营收比重分别为 54.5%、50.2% 和 48.0%，在线游戏已成为人人网的主要营收来源。[①]

国外 Facebook 率先开放了 API（Application Programming Interface，应用程序编程接口），即允许第三方软件开发者开发与 Facebook 核心功能集成的应用程序，从而相互间达到共赢的目的。随后，国内的社交网站纷纷开始效仿，人人网在 2008 年开始开设应用软件接收平台，提供一定量的 API，允许第三方将其开发的 APP（应用程序）放入其中，让网站用户选择使用。

---

① 杨雪斌：《艾瑞读财报：人人旗下业务多元化 游戏重要性进一步上升》，艾瑞咨询，http://web2.iresearch.cn/sns/20120816/179169.shtml。

第一年里就吸引了 1.6 万 APP 作品，最终通过审核正式推出的 APP 超过 2000 个，APP 安装总量高达 1.2 亿人次，掀起以"开心农场"为代表的一股应用游戏热潮，"开心农场"在人人开放平台总安装用户达到 2550 万人，开发者也从 10 人的小开发团队发展成为一个公司。

2010 年 5 月，星巴克在人人网页面上建立"随心拍"主题活动平台，鼓励用户上传照片。一个月的时间内，网站的人均浏览次数达到 632621 次，提交作品 3868 件。星巴克以很小的广告投入，达到了传播品牌核心价值、增加目标人群认同的营销目标。这次社交营销也是利用 API 程序（照片上传、展示以及投票等应用程序）进行将推广活动的成功案例。

一些商家为了宣传产品付款给人人网，通过拥有大浏览量的平台开展有奖活动。如最近在人人网上名为 UNIKLO（优衣库）的品牌应用活动，以"大家一起来排队吧"为口号，用"排队便有机会获得 iPhone4 或 iPad"吸引用户参与，在站内成立品牌主页，并将已获得奖品的用户以新鲜事的方式展示给其他用户，产生互动。

人人网也可以为商家做市场调研，这是一种付费调查。如在用户首页，有"健康有奖小调查"的链接，用户点击之后可进入"Survey 问卷调查"页面完成调查，参与抽奖活动。网站本身存有用户早已填好的个人信息，可节省一般调查的繁琐内容，让调查者更有针对性地快速地获得信息。

以上这些，都是人人网开放 API 而吸引来的应用程序创造了价值，而这些，人人网都可以进行分享。

（2）原理解析

就开放 API 程序而实现赢利这一模式人人网的运作，笔者主要谈三点。

第一，与游戏开发商分成是开放 API 赢利的一个重要途径。

结合中国社交网站行业目前的现状来看，社交网站的主要赢利模式在于广告和应用业务收入两方面。其中在应用业务营收方面，对中国大陆市场来说，用户互联网的免费使用习惯已经养成，除去腾讯和游戏产业在个人用户付费方面的发展较为突出外，其他产业在个人用户付费方面的推进都比较缓慢，因此对于社交网站来说，在个人用户付费方面，游戏是能够快速见到投资收益的一种方式，未来基于人际关系的游戏依然会存在于社交网站中。[①]

以广告和游戏为主的赢利模式仍然是当前社交网站最主要的赢利模式。国内，游戏联合运营模式是人人网最早开始采用的。在这种模式下，第三方运营商提供给网站游戏程序，网站提供服务器、带宽和用户，进行推广宣传、运营和收费。APP 不需其他网站推广，主要通过口碑推荐运营，人人网从第三方收入中获取分成。

广告主愿意在广受欢迎的游戏中投放广告，而对于用户而言，作为玩家在虚拟游戏中获得成功可以得到某种程度的心理满足，为此投入一定的金钱、时间和精力也十分乐意，这种双赢的局面自然可以为社交网站充分利用。国内另一社交网站开心网就借用"偷菜"游戏迅速发展起来。

第二，可以利用 API 平台进行口碑营销以赢利。

口碑营销，顾名思义就是通过用户对产品的亲身体验，使产品形成较高的美誉度，并进行小范围口对口传播的营销方式。据有关数据显示，80%的消费者对口碑的信任度，超过任何其他的信息来源。[②]

网站上建立的社交关系大多以某一共同特质或共同的朋友或相似兴趣爱好为基础，具有较强的用户黏性和互动性；不仅如此，由于大量用户的持续关注与彼此间频繁的互动交流，还在短时间内聚集了极高的人气和流量，使人人网这类社交网站具有着口碑营销的天然优势。

用户更倾向于选择信任的人所推荐的产品与服务，人人网上相互传播信息的主体大都是存在一定社交关系的人，鉴于好友关系的真实性，彼此间具有较高的信任度，信息"口耳相传"的传播效果较好。当用户在所属的社交关系圈内与他人就某一共同感兴趣的话题相互交流沟通时，传播的自发性与主动性得到充分发挥，传播速度也将获得极大的提高。

据中国互联网络信息中心的数据，在我国 44.8% 的社交网站用户会关注品牌或商家的主页，42.8% 的用户会看见有意思的广告图片或视频

---

① 苏然，王芳：《2011Q1人人公司两大主营业务需突破 团购赢利仍待时日》，艾瑞咨询，http://web2.iresearch.cn/sns/20110628/143073.shtml。

② 国廖涛：《SNS能否成为网络营销利器》，《时代经贸》2008年第12期。

后将其分享到社交网站上，27.4%的用户参加社交网站上组织的团购或优惠活动。[①]

由此，利用 API 搭建的平台，除了支持游戏运营商发布程序之外，也可以配合其他商家进行宣传和付费调查活动，最大限度利用网站本身的资源。

第三，要有应对产品生命周期现象的策略。

值得注意的是，帮助网站赢利的第三方应用产品同普遍的媒介产品一样，也具有一定的生命周期，它是指应用产品从进入网站应用平台开始，到被用户市场所淘汰的这一段时间过程。人人网应用软件的生命周期较短，加上其他网站跟风模仿，导致产品同质化严重，更加速了产品生命衰退期的到来。所以，游戏业务需要进一步加大研发和合作力度，有效降低对单款游戏产品收入依赖，并在用户游戏娱乐需求的基础上开发更多的虚拟交易收入，增强互联网增值业务收入渠道和总额。

3. 增值服务

（1）内容

人人网的增值服务主要指针对用户收费，付费用户可以获得区别于普通注册用户的特殊服务。人人网的增值主要包括两个方面。

① VIP 会员

付费成为 VIP 会员后，能获得包括"身份特权"（专属顶级域名、VIP 专属身份标志等）、"装扮特权"（首页自定义皮肤、专属播放器皮肤等）、"功能特权"（好友上线 7000 人，隐身查看）等。不同的付费方式，收费金额不同，用移动手机话费支付，每月会费 20 元；用联通或者中国电信手机话费支付，每月会费 15 元；用网银或者支付宝来支付，每月会费 10 元。

② 礼物商城

根据在重大节日、用户生日时，某些用户会选择在网上送礼以表心意的做法，人人网设置了"礼物商城"，并新增"礼物会员"，有普通礼物全场免费、好友生日自动送礼等特权，每月缴纳 15 元会费。单独选择礼物赠

---

① 中国互联网络信息中心：《2012 年中国网民社交网站应用研究报告》，2013年2月。

送需要有人人豆这样的虚拟货币完成支付，1元人民币可充值一个人人豆。

（2）原理解析

增值服务收费模式被现今诸多社交网站的经营者认为是一种适合的营收方式，即通过向用户收费，从而提供有偿服务以及一些普通用户无法拥有的特殊服务。相关资料显示：依据国外同类社交网站的经验，只要有8%的收费会员，即可实现赢利，①这是一个对社交网站颇具诱惑的数据。

社交网站的会员为获得特权，向网站交纳一定的费用，这类增值服务较多地运用于婚恋、商务或者招聘的社交网站中，而售卖虚拟物品则属于校园类以及娱乐类的增值服务方式。由于有公共的元素和社会关系网，一个人收到虚拟礼物倾向于用回礼来偿还感情负债，网站则通过人与人之间的情感关系来实现收费，这就是为什么我们经常在社交网站看到一朵虚拟的玫瑰花比真花还要贵很多的原因。

"基础服务免费，增值服务收费"，由于社区是由人作为主体组成的，增值服务成功的关键在于服务的差异化，基本的服务是免费的，培养用户的消费习惯，而要获得更高级的服务，就是需要交费的。网站提供的一些基本条件有时候似乎满足不了用户的个性化需求，很多用户愿意自掏腰包购买道具或者虚拟礼物以获得某种心理愉悦。网页游戏"开心农场"中不乏通过支付校内豆来购买道具的用户，据数据统计，该应用目前已经为人人网带来了每周约10万人民币的收入。而且，付费增值服务不仅能获取收入，还能使付费用户成为自己的忠实客户群体。

不过，尽管被经营者们普遍认为是社交网站适合的营收方式，但在免费模式占主导地位的互联网领域，采取这一模式还需要结合自身特点谨慎考虑。婚恋交友类和商务类社交网站更适宜采用这一模式，是因为这两类网站均拥有明确的核心用户群，能为用户提供有针对性的、更具实用性的、符合其需求的个性化服务。

从社交网站的用户基数来看，如果能成功调动用户消费意愿，将是

---

① 参见《中国Web2.0之路:生存还是毁灭》，新浪网，http://tech.sina.com.cn/i/2007-06-14/11051562903.html。

不小的收入来源。目前看，用户收费所需要解决的最主要的问题包括两方面：其一，提供排他性的网络服务，用户只有得到其他网站无法获取的服务和体验，才具备消费的动机；其二，培养用户的消费习惯，不得不承认，用户的付费意愿程度在不同网站的分布是不均衡的（如腾讯，其用户付费习惯的培养上非常成功），如何在用户体验和用户收费间聪明地博弈，合理适度地培养用户的付费习惯，也是需要运营商不断去探索和权衡的问题。

社交网站在推出收费项目时，尤其初期应该采取谨慎的低价策略，保护用户感情，避免剥离黏性较低用户。

4.移动客户端

（1）内容

2012 年 12 月，人人网日活跃用户中，有超过 60% 通过移动端登录。[①]从 2013 年开始，人人网宣布所有产品都将以移动端为中心，大力发展移动业务。网站和主流手机厂商开展合作，将人人移动客户端覆盖到 iphone、Android 和 java 开发平台支持的多款手机上。

通过 WAP 网络，每天已有超过 500 万人通过手机登录人人网的无线平台。利用手机 3G 网络，用户可以直接登录人人网的无线平台或者下载客户端。用户可随时随地同好友进行交流，获得了更多的自主性，同时也为移动运营公司带来了流量收益，当然，最终人人网也会受益。

（2）原理解析

中国社交网站从 2008 年开始迅速发展，到目前为止，已经从用户数量的竞争，逐步转向服务质量、服务内容的竞争。从行业发展的现状来看，平台面临微博的强势挑战，行业整体有效浏览时间正在减少，用户高黏性这一社交领域最大的优势正在受到蚕食。人人网在移动终端展开布局，就是通过合纵连横的方式，从服务内容和服务对象上形成突破，以达到拓宽平台容量、增强平台用户体验与黏性的功效。

在 PC 互联网时代能够称霸的社交网站，面对移动化的浪潮时，在产品

---

① 杨雪斌：《社交服务终端现差异》，艾瑞咨询，http://web2.iresearch.cn/sns/20130506/198962.shtml。

形态和商业策略上做出调整是必要的。首先，与即时通讯软件合作将大大提高信息的传播效率，给用户创造新的价值，如移动化给网站带来了新的发展空间，如基于地理位置的生活服务和陌生交友、照片分享、电子商务、移动游戏等。其次，这有利于挖掘双方平台上的潜在用户，人人网作为以学生群体为核心用户群体的社交网络平台，正在试图拓展自身的用户结构，与移动终端的资源整合恰恰迎合了这样的需求。

综上所述，合纵连横策略能够有效化解社交网络的用户危机，但是一切周边业务的整合都需要在贴合自身社交网络平台特性的基础上去进行，并且以服务于核心业务为主旨，注重合作的融合度和匹配度，如果无节制地添加各类服务，反而会分散用户的注意力，影响用户体验，最终得不偿失。

（二）Facebook

马克·扎克伯格于2004年2月在哈佛大学推出的Facebook，上线后迅速成为全美乃至全世界最大的社交网站。在Alexa全球网站流量排行榜上，Facebook紧随谷歌，已经成为全球第二大互联网应用。[①]

Facebook网站对用户免费，收入来自横幅广告和由商家赞助的小组广告。但同时，网站要求用户实名注册，相应带来了个人用户的信息安全问题以及网站是否会滥用用户数据的疑虑。2012年4月，Facebook宣布用户总数达到9.01亿人，预计年底之前超过10亿。其中有5.26亿人在3月份为每日均上线的活跃用户，4.88亿人还使用过Facebook的移动产品。

2011年，Facebook实现营收37亿美元，而其中85%来自广告。2012年5月18日，Facebook以38美元发行价上市，募集资金160亿美元，市值1040亿美元。但一上市，Facebook就被质疑赢利能力和增长性，股价也因此两天内大跌18%至31美元。虽然不少品牌在Facebook上的营销成绩斐然，但市场对投放在Facebook上的广告效果仍然存疑。就在Facebook上

---

① 李逸平：《从Facebook看SNS的赢利模式》，维普网，http://www.cqvip.com/qk/82362A/201011/35928035.html。

市前，美国第三大广告主通用汽车决定取消总额 1000 万美元的 Facebook 广告预算，理由是其广告点击率过低。市场调研公司 Word Stream 的数据显示，Facebook 广告的平均点击率只有 0.051%，低于互联网行业的平均水平 0.1%，更远低于谷歌 e 的 0.4%。[①]广告主在 Facebook 的"变现能力"弱是不争的事实。这或许能解释为何"众星捧月"的 Facebook 会跌破发行价了。

Facebook 的赢利模式主要如下。

1.广告

（1）内容

Facebook 的广告运作模式有传统的页面广告，还有创新的针对普通用户的定制广告，还有其比较有特点的精准定向广告及广告交易平台。下面分作介绍。

①传统页面广告

传统页面广告可以直接在 Facebook 的网页上购买。在 Facebook 的入口处点击"广告"，跟随指导完成几个简单的步骤，任何有 Facebook 账户的人都能做到，其页面步骤为：注明你希望顾客点击广告链接后所链接到的地址，提供简短的广告词和广告画，注明你的目标客户群体（从如下方面定位：位置、性别、年龄、关键词、教育程度、工作地点、社会地位、利益群体），注明每天你将为每次点击支付的价格。

任何人都可以创建这类简单的页面广告。需要在 Facebook 页面上投放复杂广告的商家可以直接从微软购买。微软是 Facebook 上条幅广告产品的独家代理商，为此微软对 Facebook 注资了 2.4 亿美元。

②针对普通用户的定制广告

2008 年 8 月，Facebook 开启了针对普通用户的定制广告功能。这些广告是专门为一些被选中的知名品牌提供的，它们就像窗口的小零件，能够被用户添加在自己的主页上，因此该用户的朋友们也能看到，人们可以就这些产品交换意见并留下评论。这种特殊形式的广告更像是一种品牌构建器，因其更个性化的特征拉近了用户与该品牌的关系。

---

① 崔晓玲：《Facebook 上市破发 前路不明》，《中国对外贸易》2012 年第 6 期。

③自助式精准定向广告

Facebook 取得的巨大成功无疑是当今互联网行业的一个奇迹，而创造奇迹的关键因素之一就是被命名为"Facebook Ads"的自助式精准定向广告系统。Facebook Ads 是全球网络广告行业第一个自助式精准定向广告系统，正是这套系统让 Facebook 的网络广告营收在短时间内得以大幅度快速增长。

自助式精准定向广告的优势就在于自助与精准。

基于强大的数据系统，网站的广告下单系统基本上以自助式为主，由广告主自定义受众开始，Facebook 会一步一步带领客户设定一系列的参数，譬如根据人口统计特征进行筛选，包括所在地、年龄、性别、性格特质、感情状态、教育程度和工作地等，或者根据兴趣进行筛选，包括宗教、喜欢的活动和品牌等。接下来根据广告主提交广告活动的总预算和每天的预算额，系统会根据广告主设定的受众条件，运算出目标受众群的人数，然后根据广告主选择的广告方式给出建议费用的范围。[①] 这样，广告主可以自行发布广告，不需像其他网站尤其传统媒体那样要进行繁琐的接洽、商谈程序，这无疑给了广告主极大的便利性，节省了交易成本，这样，会吸引很多广告主到 Facebook 这个发布平台上来。

再说精准方面，由于 Facebook 上的用户绝大多数都是真实身份，对于 Facebook 而言，可以清楚地知道每个用户真实信息和上网的轨迹，这对广告主是至关重要的。对于传统的互联网广告，广告主一般要耗费昂贵的成本，在互联网上跟踪用户的行为痕迹，去推测他们的性别、年龄、爱好、消费能力、经常访问的站点。但在 Facebook 上这些信息唾手可得，任何人都可以在自助广告服务里选出有限的组合，比如只对已婚的 35 岁以上、住在香港的女性展示广告，或者只对某城市在某天上班的白领展示广告等。这样，又是真实的信息又能准确地找到，广告投放当然精准。

④广告交易平台

Facebook 还开设看广告交易平台 Facebook Exchange，在这个平台上，

---

① 参见《2012年facebook全球网络广告收入将超50亿美元》，艾瑞网，http://a.iresearch.cn/shujufenxi/20120307/165278.shtml。

通过对用户过去浏览行为的分析，对用户进行身份判断，以此为基础，当发现用户在网上的即时踪迹时，就以此为广告资源，向众多广告主竞价销售，广告主根据该资源竞价，出价高者获得向这个用户的即时情境投放自己的广告。这样的广告交易平台，也实现了投放的精准，同时，因是针对用户的即时情境投放，还能提高广告的被接受程度。

事实上，早在数年之前谷歌就收购了 DoubleClick，并以此为基础推出了其广告交易平台，而 Yahoo 通过收购 RightMedia 也拥有了自己的广告交易平台，另外还有许多其他类型的广告交易平台存在于市场上。相比于几个主要竞争对手，Facebook 的动作晚了很多。同时其广告交易平台有着两个比较明显的特征：一是与谷歌等推出的广告交易平台相比，Facebook Exchange 的媒体资源相对封闭，只有自己的网站；二是由于在使用自身掌握的用户数据上受到法律和舆论上的限制，Facebook Exchange 使用的是记录用户浏览历史的 cookie 数据。

（2）原理解析

在本部分，笔者谈两点内容。

第一，交易平台具有巨大的广告营收能力。

Facebook 的广告交易平台（Facebook Exchange）一端连接广告主方面，一端连接媒体方面，处于这个广告投放过程的中心环节。其最大的优势在于，其整个过程是实时的、透明的、开放的。广告交易平台通过汇集众多媒体，成为巨大的流量交易场所，配合基于用户数据分析的投放，大大提升了展示广告投放的精准度和效率，这使得网站更多的流量可以被利用，每个流量的价值得到充分评估，对媒体来说其收入能得到相当程度的提升。另一方面，广告主通过广告交易平台可以从海量的流量中准确地找到目标受众，不受制于某一媒体，并以竞价方式获得每一次的广告展现，在广告投放过程中掌握了更大主动权，这样的模式大大提升了广告主的投资回报率。之前一直困扰 Facebook 的广告营收潜力的问题，通过这种广告交易平台可以得到很大改善。受到这个消息的影响其股价得到攀升，说明市场对其未来预期也有了很大提高。

另外，再看 Facebook Exchange 与谷歌等推出的广告交易平台相比的两个特征——媒体资源仅限自己的网站以及只使用记录用户浏览历史的cookie数据，针对第一个特征看，Facebook的主要目的还是提升自身广告投放的效率，以吸引更多的广告主；针对第二个特征，说明其用户数据上的优势没能得到充分利用，精准性还有很大可提升空间。就这两点，我们可以把它称为"私有平台"，与谷歌等提供的完全开放的交易平台相区别。

第二，社交网站适宜精准营销。

精准营销是在精准定位的基础上，依托现代信息技术手段建立个性化的顾客沟通服务体系，实现可度量的低成本扩张之路。[①] 广告主希望把投入广告的每一分钱都花在刀刃上，而社交网站凭借自身的天然优势，可以精准锁定有效目标受众，有针对性地进行广告投放，达到事半功倍的营销效果。

一方面，相比以往传统广告营销，社交网站上的广告投放更具针对性和个性化。在社交网站上建立的社交关系大多以某一共同特质或共同的朋友、相似的兴趣爱好等为基础，有着较强的黏着度和互动性，这些具有相同特质的用户聚集起来，便具备了强烈的群分倾向。而用户在社交网站上所提供的个性化信息中，其实就已经蕴藏着对产品或服务的喜好和倾向。这便体现出社交网站一大精准营销价值——消费者细分。对于广告主而言，市场细分就意味着更精准的投放及成本的降低，广告主可以选择与产品或品牌相关的用户群进行广告投放，广告的转化率将有大幅提高。

另一方面，社交网站的实名制注册特征也有助于精准营销的实现。用户注册时所提供的各类真实信息都为广告主的消费调研提供了依据，便于他们发现适合精准营销的用户需求，寻找到符合本公司产品与品牌的目标受众，进而在社交网站上选择恰当的广告投放方式，实现精准受众的广告传播。

而用户在社交网站上注册时，一般都会提供一个属于自己的邮箱地址，广告主还可根据用户的个性化信息，选择符合自己产品与品牌的目标受众，向用户注册时所用的个人邮箱直接发送广告信息，如此的广告投放，命中率为100%，极大地提高了广告营销的效果，也使得广告投放成本的回报得

---

① 百度百科：《精准营销》，http://baike.baidu.com/view/5695.html。

到大幅提高。不过选择直接的邮箱投放这一类型的广告形式，需要注意的是"范围"的掌握，要仔细分析投放用户对于自己的产品或品牌是否具有潜在购买欲。毕竟用户仍然掌握着邮件的阅读主动权，对于不感兴趣的信息可以直接拖入垃圾箱。

2.第三方开发者的平台服务

（1）内容

如前文所述，国内社交网站如人人网等仿照 Facebook 搭建了 API 平台，吸引游戏开发商制作页面游戏等来实现赢利。在实践中，Facebook 则是将此作为重要的营收项目，一直着力建设。

Facebook 在 2007 年 5 月推出了开放平台（Facebook platform），把自己的 API（应用编程接口）向公司外的第三方软件开发者开放，允许第三方将开发的产品和应用在 Facebook 平台上推广。API 允许用户删除默认的 Facebook 软件，然后安装第三方应用软件。一旦用户加入了新的应用，就会在档案页面中以选项形式出现，好友中的人都会收到通知，被告知他已经安装了该应用。平台上大量的第三方工具极大地扩展了 Facebook 的功能和应用，让 Facebook 成为集各种个人网络应用的大成者。其中"我去过哪儿"在 Facebook 上推出三个月即获得了 240 万用户，并被旅行网站巨头 Expedia 以 300 万美元收购。

简单而言，Facebook 就像一个巨大的网店，而第三方开发者就是上面免费租赁店面的商家，兜售自己的玩具，吸引用户来玩。开发者可制作简单的页面游戏，还做网络招聘、机票预定等。所以 Facebook 并不需要直接从注册用户身上赚钱，而是把面向用户的细分垂直领域的赚钱机会统统留给第三方开发者。总归，只要自己的平台足够好，就可以坐收渔利。

另外值得一提的是，Facebook 还于 2011 年 8 月开放了广告接口（Ads API）应用服务，通过在该接口上投放第三方的高效广告管理工具，广告主甚至可以保证数百万营销计划正常运营并实现投放效果的高效优化。到目前为止，Facebook 只为少数有限的第三方广告管理工具供应商提供了准入接口，包括 Techlightenment（近日被 Experian 收购）、TBG Digital（与 Vitrue 达成协作）、Spruce Media、AdParlor 等。此外，Facebook 也建立了广告接口营销项目计划，通过收取广告、页面、广告接口洞察等相关费用来实现赢利。随着更多的第三方工具与服务供应商进入 Ads API 市场，越来越多的当地小型广告主也有望享受低成本的广告优化管理服务。

（2）原理解析

有关 Facebook 对于第三方开发者提供的开放平台服务，笔者谈两点。

第一，Facebook 的该赢利模式具有独特的营销效果，值得好好利用。

北美互联网监测机构 emarketer 的数据显示，商家在社交网站上采取的营销策略中，成功率最高的是开发与品牌相关的应用程序。在调研的 643 个商家中，41.9% 的商家认为在 Facebook 上，"开发相关品牌的应用程序"是最佳的营销方式；而商家常用的定向广告营销，效果并不出众，仅有 27.1% 的商家对其认可。

在品牌渗透和培养用户忠诚度方面，互动性比精准度更有效，所以定向广告虽然精准度高，但其互动性不如应用程序，后者通常需要用户参与，例如品牌小游戏、小工具，具有趣味性和实用性，更能给予用户深度体验，从而对品牌就有较深印象。

所以，Facebook 的这个平台，值得好好利用，以吸引更多的企业来此开发应用以进行营销。

第二，API 广告接口应用成为赢利模式创新的契机。

对于广告主而言，广告接口为其提供了一项针对不同广告计划的"自助管理服务"，广告主可以凭借该项服务自主、灵活地管理广告投放活动，并实现广告效果的最大化，应该说，这样的服务对广告主是有吸引力的，因为广告主没有不希望提高自己的广告投资回报率的。从长远看，提供此项服务的第三方开发商赢利前景应该比较可观。而广告主来得多，不仅 Facebook 可以分成多，同时 Facebook 的用户也会增加，所以，对 Facebook 而言是非常有利的。就这一点而言，Facebook 应该向更多的开发商提供准入接口。

3.线上、线下联动促成消费

（1）内容

SOCIABLE LABS 的 2012 年报告显示，在 1088 名 Facebook 用户中，因

为好友分享而点击进入商品页面的用户占 75%，购买好友分享商品的用户占 53%。[①]

其实，社交网站的用户不仅是内容的消费者，也可能成为网站所引导的线下的消费者。国内社交网站如人人网主要满足个人"线上"需求，而 Facebook 则还实现了线上线下联动促成消费。

Facebook 主要利用粉丝专页实现线上线下联动促成消费。粉丝专页通过和用户的线上互动，提供促销信息，解答使用者疑问，举办粉丝活动，以此来增加用户对品牌的好感和满意度，从而促进社交网站用户的线下购买行为。如台湾 Facebook 上最火的 7-ELEVEN 粉丝专页，除了定期发布新品和优惠信息的电子海报、并与用户就商品使用交流经验外，还会针对用户展开一些活动，如在母亲节推出"我的妈妈是美魔女"的活动，通过上传与妈妈的合照来赢取 7-ELEVEN 正在推广的产品。这样，通过线上情感联系以及线下实在的优惠，增加用户的好感并最终达成消费行为。

另外，Facebook 粉丝专页提供"打卡"活动，用户在粉丝专页按"赞"后，再于实体店内用手机登陆自己的 Facebook 账号，发布带有当前位置的状态信息，就可以获得商家提供的优惠。这种线上发布消息、线下获得优惠并进行消费的行为不仅让用户对社交网络更加依赖，而且商家通过用户在社交网站发布信息的行为，能借助口碑和好友营销使该用户的好友也成为自己的潜在消费者。

由于 Facebook 奉行开放的政策，许多创业公司基于它开展电子商务上的探索，甚至形成了一个专门的术语：F-commerce，用于描述商家通过 Facebook 页面销售产品的商业活动。F-commerce 的活动非常活跃，据为 Facebook 购物交易提供技术支持的创业公司 Payvment 表示，该公司已与 17 万家商户建立了合作，目前以每周 1500 家的速度递增。同时，Facebook 还适时收购一些创业企业促进与电子商务的融合。以下是几个例子。[②]

---

① 参见《艾瑞视点》，艾瑞网，http://web2.iresearch.cn/sns/20120612/174157.shtml。
② 参见《Facebook展现电商平台潜力吸引小型零售商入驻》，新浪科技，http://web2.iresearch.cn/59/20120729/177793.shtml。

eBay 前经理 Danny Leffel 于 2010 年创建了 Yardsellr，根据用户的共同兴趣而将其归入 Facebook 同类社区，当有用户出售一件商品时，就会通知该社区内的用户，点击鼠标即可进行购买。

婴儿用品商店 Baby Grocery Store 在 Facebook 创建了自己的页面，目前产品销量的 35% 由 Facebook 贡献。

当 Facebook 上的好友生日或某个纪念日即将到来时，Karma 移动应用将提醒用户。用户随后可以购买礼品，例如把红酒或巧克力赠送给好友。Karma 与这些礼品提供商合作，并从交易中获得 20% 至 50% 的分成。Facebook 于今年 5 月份收购了 Karma，这笔收购使 Facebook 拥有了一个新营收来源。

以上这三个例子，也属于 Facebook 线上线下联动促成消费的行为。

（2）原理解析

社交网站的活跃用户大部分在 20 ～ 30 岁之间，这也属于网络购物的高消费人群，所以，利用社交网站丰富自己的营销渠道也是电商企业的上佳选择。

社交网站对于电子商务的最大价值是其用户资源。对社交网站而言，和电子商务领域的用户高度重合是其吸引电商企业的最大因素。电子商务交易效率高、方便快捷、价格颇具优势等特点，广受社交网站的核心用户群——年轻白领及高校大学生的青睐。根据艾瑞数据，社交网站用户属性和网上购物、旅行预订的用户属性重合度很高，都以收入在 1000 ～ 3000 元、年龄在 19 ～ 30 岁的用户为核心人群。[①] 因此，社交网站拥有一定消费能力的潜在用户群体，值得电商关注。而且，进一步是，社交网站还拥有天然的市场细分结果——其中的社交关系圈具有明显的群分倾向，还有较强的凝聚力和口碑营销效应，这能够有效地节约交易成本，而这也是任何一个商家所看重的。所以，社交网站应是电商企业非常重要的一个渠道。

而反过来从社交网站的角度说，要认识到自己的这一价值，好好与电

---

① 参见《开心网欲开辟新赢利模式》，艾瑞网，http://web2.iresearch.cn/sns/20100519/115253.shtml。

商企业合作，以创造新的赢利模式。

4.对用户的增值服务

（1）内容

Facebook 用户可以直接付钱购买虚拟礼品，网站每年可收入 3000 万美元，这是很多社交网站比较重要的一种赢利模式，国内同样拥有大量用户的腾讯也利用 Q 币和会员制度获取收入。付费调查问卷是另一种颇具特色的付费服务，Facebook 将网站收集的调查问卷结果提供给那些支付费用的人。

再以 Facebook 邮箱收费服务为例，2012 年底，Facebook 邮箱向非注册用户推付费服务，升级版的电子邮箱服务采用了全新的过滤算法，Facebook 好友、非好友以及非 Facebook 注册用户都可以向指定账户发送信息。为了避免某些匿名信息被误认为是垃圾信息而不能送达，Facebook 在升级版的邮件服务中规定，非 Facebook 用户想要确保自己发出的信息准确到达收件人的信箱中，必须按每条 1 美元的价格缴纳信息费，这与 Linkedin InMail 服务的解决方案类似。[①]Facebook 表示按服务收费将有助于减少垃圾信息，这是鼓励有效传递信息的方法之一。

（2）原理解析

如上所列，所谓增值服务是指在至少不改变原有服务数量和质量的基础上，针对付费用户提供的优于普通用户的产品和体验，对于普通用户来说，仍能获得与之前无差别的服务。

艾瑞调研数据显示，一般的国际上 65.3% 的付费用户首选的付费服务为虚拟物品。另外，调研结果还显示，拓展人脉、发布调研、发布广告等方面的消费需求也同时存在。[②]

人的需求是很多样的，互联网也是一个生存空间，网络用户的需求也会很多样，所以，社交网站可以多发掘自己用户的需求，并根据自己的资源去考虑满足，有新需求，就意味着有新的赢利模式。当然，增值服务还

---

① 参见《Facebook邮箱探索新赢利模式》，163邮箱，http://www.mail163.cn/industry/Facebook.html。

② 参见《SNS运营案例分析》，http://www.iresearch.com.cn/html/consulting/Web2/DetailNews_id_99877.html。

要把握一个原则——社交网站或者任何一个互联网站，流量都是基础性因素，没有流量，网络发展基本无从谈起，所以，增值服务的发展要有一个原则，不能影响流量，比如不能一发展增值服务就全部是增值服务了，没有免费服务了。在互联网上，"免费消费"的观念还是很根深蒂固的，如果发展增值服务影响了免费服务的发展，很有可能侵害用户体验，最终网站的流量就会受损失，这是社交网站在发展增值服务时必须注意的。

第九章　视频网站赢利模式

一　概念、发展历程及规模

（一）概念

网络在线视频是基于流媒体[①]、P2P[②]等技术支持，通过专业内容生产者或非专业内容生产者制作并在网络平台以一定的数据格式发布，可供网络用户在线观看、分享或下载的声像多媒体内容。视频网站则是提供网络视频线上直播、点播、发布、分享、下载等服务功能的网站，包括 web 页面和各类客户端软件。视频网站主流形式按照核心技术条件可归结为两大类别——视频分享模式和基于用户观看需要的视频点播模式。

（二）发展历程

1.全球发展历程

专业视频网站的出现意味着在线视频应用服务进入了新的发展阶段。Web2.0 技术的应用使用户原创成为在线内容的重要来源，视频分享网站应运而生。2005 年 2 月 14 日，三名美国 Paypal 公司前雇员 Chad Hurley、陈

---

　　①　流媒体技术可以理解为网络传输技术与视/音频处理技术的结合，实现了经过压缩处理的线上视/音频资源面向用户下载传输与在线播放同时进行。该技术在用户计算机存储空间内建立缓冲区，用以存储播放前预先下载的视频内容，当网络数据传输速度小于视频播放进度时，缓冲区内存储的视频资源将被使用。
　　②　P2P，即"对等网络"（Peer to Peer）的缩称，参与对等网络的各节点平权，居于无中心结构内，各节点均提供一定空间用以类服务器资源共享。对等网络内传输带宽、存储空间实现扩展，大大提升了信息传输速率与容量。

士骏、Jawed Karim 创办 YouTube 网站，其本意在于打造便于好友分享视频内容的线上空间。在网站创办后短短 15 个月，YouTube 超越同样提供在线视频服务的 MSN Video 以及 Google Video，成为当时全球浏览人数最多的网站之一。

以 YouTube 为代表的视频分享网站的成功引发了业界的高度关注，其所蕴涵的商业价值自然具有强大诱惑力。2006 年 10 月 9 日，Google（谷歌）公司以 16.5 亿美元的价格收购了 YouTube 网站。

在线视频行业的发展潜力也使专业的视频内容生产者意识到了逐渐浮出水面的危机，用户收视渠道的转移，在线使用与消费习惯的形成使得专业、正版内容拥有大量受众人群。也正是在这一背景下，以 Hulu 网站为代表的长视频模式成为又一主流形态。2007 年 3 月，美国 NBC Universal 公司、新闻集团联合创办 Hulu 网站，Hulu 的内容定位围绕传统电视媒体的节目资源、影片剧集及其他来源。依托实力雄厚的媒体集团使得 Hulu 具备其他视频网站难以抗衡的内容优势，进而确立其市场地位。

2009 年，美国主要电信运营商之一 AT&T 推出旗下视频网站并与 Hulu 达成合作协议，使得 ABC、NBC 都成为其内容供应方，还与哥伦比亚时代华纳联合电视网、氧气频道等数家电视机构和制作机构实现了内容合作。运营商高调进军在线视频行业也为实现多屏联动、多网融合提供了可能性，在线视频向多终端覆盖创造出新的商业空间。

在美国，在线视频受众群体规模庞大。相关数据显示，2012 年 7 月，美国有 1.84 亿网民通过各种渠道观看了网络视频，网络视频观看流量来源广泛，既包括专业视频网站，也包括社交网站、综合性网站等。[①]

2.中国大陆发展历程

笔者认为，中国内地视频网站发展历程总体上可以归纳为三个阶段。

2004～2007 年为创始阶段，国外视频网站的成功运作引来国内互联网企业纷纷仿效。大量视频网站涌现出来，部分视频网站吸收海内外风险投资得以迅速扩张。新成立视频网站有的仿照 YouTube 网站以视频分享为主

---

① 资料来源：199IT网，http://www.199it.com/archives/63733.html。

要模式，例如土豆网、优酷网；也有的视频网站以类似 Hulu 网站的长视频模式确立优势地位。

2008 ～ 2010 年为巩固期，2008 年北京奥运会期间，用户对赛事信息的空前关注使得视频网站获得难得的业务扩张机遇。在这一阶段，在线视频行业主体锐减，主要视频网站行业地位得以巩固，尽管大部分视频网站仍未实现赢利，但赢利模式越发清晰。以中国网络电视台为代表的传统广电媒体强势介入新媒体视频领域，多元竞争格局趋于形成。同时，视频网站开始涉足资本运作。2011 年至今为成熟期，在线视频行业集聚度增加，业务模式走向同质化，赢利路径基本稳定，部分视频网站实现赢利。而且，在线视频行业进一步延展，多终端联动成为新趋势。

表9—1　　　　　　　　　国内主要视频网站发展重要事件[①]

时间	事件
2004年11月	乐视网成立于北京中关村高科技产业园区
2005年4月	土豆网开始运营
2006年6月	优酷网创立
2006年6月	酷6网创立
2007年3月	PPStream在业内率先推出视频点播服务
2009年12月28日	中国网络电视台（CNTV）正式开播
2010年8月	乐视网在深圳证券交易所创业板上市
2010年12月	优酷网在纽约证券交易所挂牌交易
2011年4月	腾讯视频上线测试，整合原腾讯播客、QQLive产品
2012年3月	优酷网与土豆网以100%换股方式合并，成立"优酷土豆股份有限公司"
2013年7月	乐视自有品牌互联网电视X60、S40在线发售

（三）赢利规模

1.当前规模

根据中国互联网络信息中心（CNNIC）发布的第 32 次《中国互联网络

---

① 笔者综合百度百科相关词条解释筛选整理。

发展状况统计报告》，截至 2013 年 6 月，我国网民规模达 5.91 亿，半年共计新增网民 2656 万人，互联网普及率为 44.1%。[①]网络视频已经成为主要网络应用形态之一，观看在线视频是用户上网普遍行为。截至 2012 年底，网络视频用户规模已达 3.72 亿，与上年底相比增长 14.3%，净增 4652 万人。2012 年网络视频使用率达 65.9%，较上年底提升了 2.5%，延续了上一年的回升态势。[②]

2012 年我国在线视频行业市场规模为 92.7 亿元。[③]具体来看，广告收入占比达 72.6%，版权分销收入占比为 12.8%。专业人士认为，推动中国在线视频行业发展的主要动力来源于广告，版权分销收入的增长驱动有限，但是未来由于内容自制能力和自制内容比重的提高，自制内容的版权分销将会代替目前已购买版权内容的二次分销，二次分销则主要以合作共享的模式展开，长期来看依然会有一定增长。[④]

2.前景

应该指出，在线视频行业在我国经历将近十年的探索发展，已经初步形成了行业内部以及用户群体普遍认可的赢利路径，部分视频网站逐渐摆脱了依靠风险投资及其他资金来源支撑运行的初期模式，融资渠道进一步多元化，无论是依托内容、平台，还是跨界涉足硬件领域，国内视频网站在赢利路径的选择上各有千秋。笔者认为，即将步入下一个十年的在线视频行业正居于关键节点，一方面既有的成功赢利模式如何持续发挥效能，并结合市场环境的变化顺势调整，另一方面如何把握移动互联网的快速发展、下一代高速移动互联网络的普及应用所带来的机遇，如何顺应三网融合、多屏联动的技术前沿发展方向，均为视频网站不得不重视的问题。狭义网络视频的概念更多地向新媒体视频转变，各大视频网站也表现出了积极的姿态在移动视频领域抢占先机。

相关资料显示，进入 2013 年，在线视频移动端用户月度覆盖规模已突

---

① 中国互联网络信息中心：《中国互联网络发展状况统计报告》，2013 年 7 月。
② 中国互联网络信息中心：《2012 年中国网民网络视频应用研究报告》，2013 年 5 月。
③ 艾瑞咨询集团：《2013Q1 中国在线视频行业季度监测报告》，2013 年 6 月。
④ 参见艾瑞网数据报告，http://video.iresearch.cn/sharing/20130123/191889.shtml。

破1亿大关，同时表现出了稳步增长的势头。2013年3月，在线视频移动端月度覆盖规模达1.2亿人，环比增长4.1%；月度有效使用时长为4.7亿小时，环比增长12.1%；日均覆盖人数达到0.4亿，环比增长3.8%。[①]移动互联网视频应用用户规模、用户活跃度均处于上升通道，受众群体的培育形成带来了将受众规模优势转化为商业价值的可能性，移动互联视频平台将作为视频网站另一个不容忽视的营收渠道。艾瑞咨询的相关研究结果显示，目前投放在适配于移动终端平台上的广告品牌所属行业相对单一。[②]笔者认为，移动端平台广告资源仍有待进一步挖掘，随着移动端平台广告业务运作模式的进一步清晰，这一领域的商业潜力将更加充分地体现。

观察在线视频行业收入构成，不难发现广告收入在总体收入中占据绝对优势比重，诸如版权分销、增值业务等多种赢利方式收入总和仅占约30%。数据预测资料显示，广告收入比重未来数年内在保持基本稳定的同时会略有下降，版权分销与收费增值服务将很有可能成为视频网站营收扩展的两大亮点，其收入贡献度将进一步提升。[③]广告作为视频网站首要赢利路径的地位短期内难以撼动，基于引进内容与自制内容的版权分销营收当前出现了诸多创新形式，增长潜力较大，此外，付费用户消费习惯的固定、付费用户群体规模的增加将使得围绕收费模式的尝试继续下去。

二　赢利模式

（一）当前赢利模式

1.广告

视频网站的广告赢利模式可分贴片广告与定向广告两种。

（1）贴片广告

广告是互联网行业的基本赢利模式，视频网站行业同样遵循媒介二次

---

① 艾瑞咨询集团：《2013Q1中国在线视频行业季度监测报告》，2013年6月。
② 同上。
③ 同上。

销售原理。数据显示，2013年第一季度，我国在线视频行业实现广告收入17.4亿元，同比增长47.9%，2012年全年实现广告收入67.4亿元。视频媒体价值进一步受到认可，广告主加大了视频媒体方面的广告投入。[①]前面提到，对于视频网站而言，用户的注意力至少来自于两个方面：页面空间和视频播放，针对视频网站的广告投放自然围绕这两个方面。

依托视频播放的广告投放具有一定程度的强制关注的特征，广告信息可以出现在视频播放始末各个环节，在一些视频网站，关注广告成为了观看视频内容的交换条件。与此同时，此类广告利用了如视频暂停间隔内的偶然性、零散性的用户受众注意，总的来看用户在接受此类广告信息的过程中居于被动地位。一般而言，视频网站中常见的基础广告形式主要有四种，即嵌入式广告、前置式广告、后置式广告、间隙式广告。

①嵌入式广告（In-stream AD）

嵌入式广告是指占据一定网页空间或视频画面空间，以静态贴附或动态演示的形式呈现的广告内容。一类嵌入式广告将视频本身作为其投放载体，属贴片型广告，用户在观看视频的同时发生对广告信息的注意，广告内容仅引起用户一定时间内的部分注意力，并未干扰视频正常播放与观看，用户可拒绝嵌入式广告，可选择将其关闭。另一类嵌入式广告是网页嵌入式广告，这与其他网站页面广告形式区别不大，如图9—1为中国网络电视台某视频节目播放画面，视频画面下部、左侧、右侧均有嵌入式广告存在，用户可选择将其关闭以免干扰视频观看。[②]

图9—1

① 艾瑞咨询集团：《2013Q1中国在线视频行业季度监测报告》，2013年6月。
② 图片来自央视网。

②前置式广告（Pre-roll AD）

这类广告投放在视频内容开始播放之前，多以动态播放的方式呈现。通常情况下，用户点击观看视频为主动选择行为，但对于前置式广告却只得被动接受，除非用户放弃观看视频内容，否则无法回避前置式广告。国内视频网站大部分内容为免费提供，用户观看免费内容不能带来直接收入，接受广告也可以被视作用户为观看免费内容做出的交换。一些视频网站为增加注册用户或付费用户，承诺这些用户享有免收看广告权限，例如土豆网承诺会员用户享有"全站免广告"待遇。

一些视频网站迫于赢利压力扩大广告资源，表现在前置式广告即为延长广告的播放时间，增加广告播放条数，以此获得更多广告收入。对于广告主而言，受众注意力规模较大的前置式广告当属优质广告资源，广告主支付意愿相对较高。但对于视频网站用户而言，冗长的前置式广告一定程度上降低了用户体验。笔者对主要视频网站前置式广告播放时长进行了统计，部分视频网站前置式广告广告投放时长与视频自身时长存在正相关关系，出于方便观察的考虑，笔者以5分钟左右时长的视频为例进行分析。同时笔者选取部分长视频网站以及综合门户网站视频频道中播映的影视剧集，分析在线影视剧集前置广告播出时长情况。结果显示，对于列入统计的样本案例而言，视频分享类网站5分钟左右的视频平均附带22.5秒前置广告，单集影视剧平均附带42.5秒前置广告。

表9—2　　　主要视频分享类网站前置式广告播放时长数据分析[①]

视频分享类网站名称	前置广告时长（以5分钟左右时长视频为例，单位：秒）
优酷网	30
土豆网	30
酷6网	15
56网	15
平均时长（秒）	22.5

---

① 该表格及以下表格均为笔者整合相关资料做出。

表9—3　　　　　主要长视频网站及综合门户网站视频频道影视剧集前置式
广告播放时长数据

长视频网站名称	单集影视剧（约45分钟）前置广告时长（单位：秒）
乐视网	45
爱奇艺	45
腾讯视频	15
搜狐视频	65
平均时长（秒）	42.5

③后置式广告（Post-roll AD）

投放于视频内容播放结束后，除位置不同外，形式特征与前置式广告并无区别。笔者认为两者在吸引用户注意的效果上存在明显差别，原因很明显，放弃关注后置式广告并不影响视频观看的顺利完成。尽管如此，紧接视频播放完成后的时间在经营实践中依然是重要的广告位置资源。目前视频网站普遍采取系列视频二次选择播放或接连播放的方式，一方面延长用户在线观看时间增加网站流量，另一方面也提供了多次广告播放的时间窗口。例如，视频网站根据用户所观看视频的内容类别特征，提供更多相关视频资源供用户选择观看，或者某视频为某视频系列之一，在该视频播放完成后，网站会自动顺次播放该系列内其他视频。无论何种形式，多数情况下只要发生一次视频播放请求，就将带来与此相对应的广告播放。

④间隙式广告（Mid-roll, Interstitial AD）

图9—2　优酷网视频暂停期间弹出的间隙式广告 [1]

---

[1]　图片来自优酷网。

间隙式广告是指投放在视频暂停期间，一般以覆屏弹出的形式出现，以动态呈现为主，受众对间隙式广告的注意是非强制的。

2013 年 3 月 26 日，互联网研究机构阳狮锐奇集团发布了此前针对受众对视频广告的接受程度的调研结果。这次调研选取了优酷网、土豆网、爱奇艺、搜狐视频、乐视网、PPS、PPTV 等在线视频服务商，选取北京和武汉作为一二线城市的代表，招募 18～45 岁收看网络视频与电视的收视人群，运用神经学研究方法评估电视和网络视频广告的价值和特点。研究发现消费者对视频贴片广告的情绪比较积极，而对电视广告的情绪反应较为负面，即消费者情绪上更愿意接受视频广告，而会对电视广告产生反感。[①]

随着网络视频广告业务渐趋成熟，广告主的广告投放行为更多考虑受众消费习惯与关注兴趣的差异，区隔、定位潜在消费群体已成网络视频广告投放的趋势。另外，广告主与视频网站的合作也越来越多地注重技术手段升级与营销方式创新。

（2）定向广告投放

普通贴片广告投放往往是随机的、非固定性的。广告主投放广告的意愿动机更多地表现在对视频网站平台价值的青睐。视频网站在线视频资源总量、浏览点击量、播放流量等指标均为广告主选择目标投放平台的考量因素。而定向广告投放则与此不同，除了对平台价值的评估外，内容价值同样影响广告主的投放决策。比如有的广告主会选择主题相关性强的视频投放广告，比如自己是青年人喜欢的产品或品牌，则选择青年受众多的视频投放广告。

2.营销合作

视频网站还能为企业提供线上营销平台，成为其营销合作伙伴。有的视频网站与企业共同发起互动营销活动，例如原创品牌广告评选，参与活动的视频网站用户创作品牌主题视频广告，然后作品在视频网站平台展示、传播、评选，这个过程本身即成为品牌推广的途径。

---

① 艾瑞网：《研究发现：视频广告更易受到关注》，http://a.iresearch.cn/video/20130327/195968.shtml。

3.内容产品版权分销

版权内容产品具有商品属性，视频网站从上游供应商购买获得版权内容产品，除在本平台播出使用外，也可以向下游渠道商出售版权产品获得分销收益。笔者认为，版权分销模式要求视频网站有足够的同供应商的议价能力，或通过与上游良性合作关系甚至直接介入上游环节以压缩买进成本，同时挖掘卖出版权产品的附加价值，拓宽分销环节的赢利路径。

从产业链视角分析，根据其在线播出平台的功能定位及其内容产品分销中间环节的市场角色，笔者认为视频网站在产业链中居于中游地位，视频网站同产业链上游主体的互动体现在购买内容产品版权、播出权等附属权利。除了同上游供应商发生关联之外，有的视频网站将业务形态向产业链上游扩展，参与内容生产制作环节，以投资者身份介入。视频网站同产业链下游主体的互动关联主要体现在内容产品渠道分销，分销收益是其收入来源之一，部分视频网站所具备的分销渠道优势同样可以转化为广告价值，内容产品所搭载的广告投放借助分销渠道得以扩散传播，广告传播影响力增强。

4.自制内容商业模式

业界有观点认为，当前视频网站行业正在经历由"UGC内容"向"PGC内容"转型的阶段，专业化内容正在受到更多用户的关注。视频网站借助自制栏目、自制影视剧集、网络微电影等内容产品扩充线上视频资源，与购买视频内容相比，自制内容可有效控制成本并规避版权风险。视频网站自身作为自制内容的发布推广平台，制作者与发布者合二为一的身份使视频网站有条件提供与广告主合作的机会，自制内容从制作到推广全环节能衍生出多种合作形态。

一方面，视频网站拥有对自制内容的初始版权，作为产业链一级供应商和独家版权所有者，视频网站在自制内容版权分销方面占有主动优势，特别是热点自制内容，其版权、播出权市场价格往往较为可观。另一方面，作为内容生产主体，视频网站存在引入品牌合作的可能性，例如有的视频网站通过出售剧集冠名广告位资源、提供广告植入空间等方式获得收益。

5.付费视频业务

通常情况下，视频网站的基础功能面向全网用户，不同的用户在使用视频网站基础功能时没有差别。无差别营销显然不利于忠实受众群体的养成，也限制了视频网站营销手段主动性的发挥。当前绝大多数视频网站采取会员用户制度，成为某视频网站的会员用户意味着有权享有非会员用户无权享有的服务体验，基于会员制度实施的一系列旨在培育用户忠诚度的计划提高了用户平台黏性。会员用户群成为视频网站难以替代的数据库资源，对会员用户群的细化管理也提供了进一步实施数据库营销的可能性。

免费获取内容是广大互联网用户长期形成的使用习惯，有的视频网站推出收费视频服务意在打破免费视频一统江山的格局，借此获取收益。尽管付费模式在形式上并不复杂，即网站用户支付一定费用以获得部分优质内容的观看权限，但对于视频网站而言，"用户付费"四个字可谓牵一发而动全身。这将牵涉到诸多方面，首先是可能出现的用户群流失——用户在各视频网站平台间的转换成本较低；其次在于视频内容质量与综合服务水平的控制，如何使用户支付的费用"物有所值"甚至"物超所值"，这影响着用户的支付意愿；再者，如何压缩视频内容引进成本，平衡内容引进带来的成本增加与付费用户的收益回报同样是一大难点。

（二）发展趋势

截至 2013 年 6 月底，中国网络视频用户达到 3.89 亿，较上年底增加了1678 万人，半年增长率为 4.5%。网民中上网收看视频的比例为 65.8%，与上年底持平。[①]2013 年 1 月，中国在线视频服务用户月度浏览时间达到 56.56亿小时。[②] 在线观看影视剧集、同步直播、UGC 内容等已经成为部分网民习惯性行为。可以预见，在线视频作为主流网络应用形态的地位还将得到巩固，线上信息视频化的趋势仍将持续，随着移动互联网的升级发展以及多

---

① 中国互联网络信息中心：《中国互联网络发展状况统计报告》，2013年7月。
② 艾瑞咨询集团：《2013Q1中国在线视频行业季度监测报告》，2013年6月。

终端的深度整合，视频网站的业务构成将进一步调整，赢利模式也将有所创新。

1.开发移动互联网赢利空间

截至 2013 年 6 月，我国手机网民规模达 4.64 亿，占网民规模总量的 78.5%，① 来自智能移动端的在线视频流量份额增速从 2012 年 8 月的 4.9% 扩大至 2013 年 3 月的 8.2%。② 随着移动互联终端使用的日益普及和无线网络技术的发展，使用移动互联终端观看在线视频的门槛已大大降低，移动互联终端用户对视频网站流量的贡献越发显著。各主要视频网站近来无不强化其移动端业务，同时探索移动端可行的赢利模式。应该说，移动互联视频服务并未形成成熟的赢利模式。目前常见的赢利尝试包括广告投放，以及视频网站与运营商之间的流量收益分成。不过，一些业内人士对多终端布局的赢利前景持乐观态度，乐视网广告营销副总裁刘刚曾表示："乐视网得到众多品牌广告客户的认可，除了拥有海量的独家影视内容，还具有众多同行无可比拟的优势。在多屏领域，乐视网能够全面覆盖 PC、平板、智能手机、电视四大终端，为广告主的广告曝光导流 PC 端、移动端、电视端的大部分受众。"应该说，覆盖多终端的整合品牌推广很可能成为一种有很大发展前景的模式。

2."线上—线下"互动营销模式的推广

"线上—线下"模式在业内被简称为 O2O（英文 Online to Offline）模式。传统意义上视频网站的内容营销更多地停留在线上传播的形式，用户多为被动获取信息，参与度有限。有的视频网站将营销活动从线上扩展到线下，并通过促发线下热点带动线上热度。视频网站的线下营销可以渗透到产业链多个环节，如影视明星见面会、影片首映式等活动，以及同电视台栏目的合作。有的视频网站在线下推出普通观众参与的"点映式""研讨会"等活动，同观众直接交流沟通。一系列线下营销举措提升了视频网站品牌曝光度与影响力，进而带来更多流量等。

---

① 中国互联网络信息中心：《中国互联网络发展状况统计报告》，2013年7月。
② 艾瑞咨询集团：《2013Q1中国在线视频行业季度监测报告》，2013年6月。

3.收费视频模式得到更多认可

收费模式正在得到越来越多的用户认可，相当数量的用户具有支付意愿与支付能力，视频网站收费视频业务用户规模保持稳定增长的态势。研究机构尼尔森中国电信领域高级总监刘晓彬认为，2013 年中国付费网络视频用户规模约 4166 万。[①] 付费用户对于视频网站具有重要意义，付费用户群体的市场价值存在进一步开发的空间。笔者认为视频网站收费模式未来发展的关键在于提升用户体验。目前付费视频内容多为高清影片，技术条件能够保证视频的流畅播放，未来视频网站应进一步优化用户收看体验，特别是互联网电视终端的收看体验，另外在内容引进方面，视频网站需满足付费用户更高消费需求。

4.布局OTT互联网电视，跨领域涉足硬件产品业务

除了移动互联终端，近来备受关注的互联网电视也引来视频网站抢滩登陆，一些视频网站看好互联网电视的广阔前景。互联网电视作为互联网信息接收终端的一种，视听内容的传输无需通过广播电视运营主体，可实现在线数据传输。业界将这种信息传受形态形象地成为"OTT"，即英文"Over the Top"的缩称。有人认为互联网电视为视频网站提供了向产业链下游方向寻求赢利的机会，通过视频发布平台建设，进一步为客户提供高质量视频播放等服务，积累用户群体规模并实现赢利途径的扩展。

值得一提的是，乐视网就将硬件业务纳入到了自己的战略版图。乐视网目前推出了包括超级电视、乐视盒子等在内的多款互联网电视机、机顶盒产品，并开辟出名为 CP2C（众筹营销）的营销模式，自产品设计到售后全环节直抵用户。2013 年 7 月 17 日，乐视超级电视 S40 开始发售，82 分钟后，1 万台库存即被抢购一空。初步估算，乐视 TV 实现现金回流超过 2500 万元。[②]

---

① 和讯网—评论频道：《天翼视讯2013年将坚持"付费+广告"平台化媒体运营》，http:// opinion.hexun.com/2013-01-29/150723253.html。

② 新浪网—新浪科技：《1万台乐视超级电视S40开售 82分钟售罄》，http://tech.sina.com. cn/e/2013-07-17/14548548567.shtml。

(三)评价

在本部分，笔者将简要探讨视频网站运作中出现的负面现象以及可行的管理思路。

1.视频网站运作中的负面现象

视频网站在发展初期，一度成为侵权行为的重灾区，主要表现在视频网站未经著作权人许可，擅自使用视频内容在其平台播放，或者侵犯其他视频网站内容的播出权，业界称这些行为为"盗播"，侵权视频内容类别涵盖电视剧、电影、动漫、综艺节目等。例如，2011年12月中旬，尚未换股合并的优酷网和土豆网曾因"盗播"问题引发争吵，土豆网指责优酷网恶意侵犯其已购得的台湾综艺节目《康熙来了》为期一年的中国大陆独播权，作为回击，优酷网则表示将就百部独有内容长期被土豆网盗播的情况提起诉讼。① 造成这种情况的原因有很多，从赢利角度看，在一些情况下，对于侵权风险与正版引进成本两者，视频网站选择了前者。动机很简单，压缩视频网站内容引进的成本以释放利润空间。侵权行为成本偏低以及行业自律规范的缺失同样是原因所在，由于互联网信息易被复制、流通、扩散，视频网站侵权行为大量存在，难以完全有效追责，事实上造成侵权行为长期持续。

另一种不良现象多存在于视频分享领域，一些用户上传的视频包括非法内容，具有社会危害性。对于此类内容，视频分享网站应当予以过滤，一些视频网站在用户上传完成后加入审核环节，审核通过的视频方可上线。视频网站层面的把关审核是目前控制非法视频内容上线传播的重要一环，但是除遵循社会法律道德底线外，审核尺度与审核标准还需进一步规范。

2.对于视频网站管理的可行思路探究

目前国内在线视频行业格局已经渐趋明朗化，三类主体共存，民营专门视频网站无论是在用户规模、服务水平还是赢利能力上均居于优势。笔者认为，针对视频网站的管理思路不能脱离以下三个原则：分类对待、遵

---

① 韩晓宁：《从版权纠纷看在线视频网站的运营逻辑》，《青年记者》2012年第2期。

循规律、统分结合。

所谓分类对待，笔者认为可以从两个角度进一步解释，首先是从主体归属角度，视频网站有的是独立主体，有的是二级主体，有的同母体联系紧密，管理举措在设计时必须考虑到政策施行在这几类主体上可能出现的效度差异，对于不同类别的主体，管理难度也会有不同。其次是从内容来源角度，视频网站内容来源主要分为以下几类：广电媒体内容、专业制作机构内容、用户原创内容、视频网站自制内容等。笔者认为，管理视频网站的关键在于管理内容，而对于不同内容来源，管理的思路也要灵活处理。上述几类内容真正带来管理难度的在于用户原创内容和视频网站自制内容，当前管理思路主要是视频网站自主审核控制，而对于其他专业内容的管理，一般是现行广播电影电视内容管理机制的延伸。

遵循规律是指，遵循视频网站商业行为规律。视频网站在市场环境中均为平等竞争主体，按照一定的商业规则、商业价值行事，对视频网站的管理必须了解其商业运作特征。视频网站在运作中出现的问题很大程度上是受到商业逻辑的支配，即视频网站为达到赢利目的而采取一些不正当行为。

对于统分结合，笔者认为统一管理与行业自律相结合是可取的思路。视频网站运作体系相对庞杂，在线视频行业内各主体间存在各种互动机制，完全统一的管理举措难以适应行业现状，因此笔者认为，积极推进行业自我约束，支持、规范视频网站主体对用户原创内容、网站自制内容的自主审核，以行业自律作为第一道防线也是最基础的防线。而在制定政策法规等来统一管理方面，应本着尊重行业自主性的原则加以整体把控，应当更加注重促进行业有序竞争，应当完善行业准入、退出机制以及失范惩戒机制等。

三　案例分析

（一）乐视网

乐视网以专业影视剧集为其主打内容，是目前国内领先的长视频网站，成立于 2004 年 11 月。2010 年 8 月 12 日，乐视网成功登陆深圳证券交易所创业板挂牌交易，成为国内首家在 A 股上市的在线视频企业。笔者认为，乐视网在业内各企业普遍遭遇赢利模式困境的形势下，进行了一系列具有开创性意义的探索。乐视网业务寻求跨界发展，目前在平台、内容制作、分销、软件应用、硬件终端等多个领域都有涉足。2012 年 7 月，乐视发布 3D 云视频智能高清播放机 T1；2013 年 5 月 7 日，乐视发布超级电视 X60 和 S40，7 月 3 日正式开放超级电视 X60 市场购买。以视频网站起家，进军硬件市场的乐视成为近来业界关注的一大焦点。

乐视网的赢利模式主要如下。

1.贴片广告

（1）内容

乐视网贴片广告内容主要包括如下两类：一类是普通商业广告，另一类是乐视自主推广信息，自主推广信息既包括乐视旗下硬件产品，也包括现期乐视网热播内容或预告内容。从广告的投放方式来看，广告播放时长与视频内容类别相关，也与视频本身长度有关，在完整的影片剧集前播放的前置式广告时长较长，一般可达 45 ～ 60 秒；在娱乐资讯、体育资讯等短消息视频前，前置式广告时长较短，一般为 15 ～ 45 秒，而在乐视体育播出的某些赛事视频并无前置广告。乐视网付费用户可享有全站免广告观看权限，普通用户则无法关闭视频播放前的广告内容。

（2）原理解析

贴片广告投放的重点在视频播放之前，对于用户而言，广告播放发生在用户产生观看意愿并点击视频播放入口之后，用户被动接受前置式广告信息，由于用户视频观看意愿的存在，因短时间的广告播放放弃视频观看的可能性不大，因此前置式广告当属贴片广告中的"黄金资源"，用户注意效果最佳。

在乐视网前置广告资源位投放的品牌不乏高端品牌，广告主的广告投放需要关注其目标受众群体的属性，乐视网是优质影片剧集在线播放平台，这类内容的收视群体中存在相当规模的主流消费人群，这部分用户为广告主所青睐，可以说，乐视平台的独特价值为其带来了可观的广告收益。

2.品牌特约频道

（1）内容

除普通贴片广告外，乐视网积极谋求与品牌客户的深度合作。乐视网联合诸多知名品牌，例如加多宝、红牛、广汽菲亚特、苏宁、都市丽人、福特、东风风神等，打造品牌冠名观影、观剧平台。

在乐视网首页电视剧、电影栏目位置，用户可以注意到特约品牌展示区域。点击相应品牌即可进入该品牌特约频道，每个特约频道相当于品牌产品搭载于乐视网页面的推广平台，品牌形象内容覆盖全页面，在页面顶部自动播放品牌视频广告。通过品牌特约频道选择点击的影片剧集在正式播放前将播出该品牌前置式广告，在视频暂停播放期间将弹出该品牌间隙式广告。可以说乐视网为特约合作品牌提供了全面覆盖的广告资源空间，用户进入品牌特约频道，随时可以接触到特约品牌信息。①

图9—3 乐视网"红牛劲量剧场"频道页面顶部红牛品牌推广内容（含视频）

图9—4 乐视网"红牛劲量剧场"影片目录

---

① 以下图片均来自乐视网。

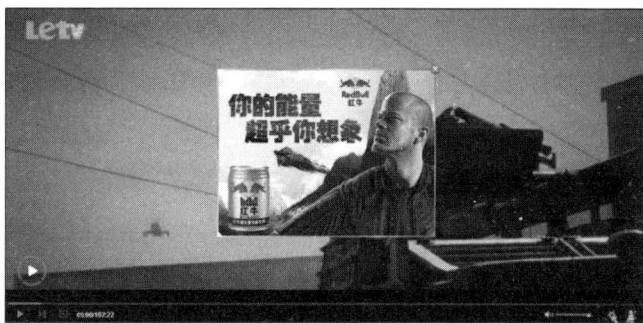

图9—5 乐视网"红牛劲量剧场"剧集暂停播出时弹出的间隙广告

（2）原理解析

乐视网品牌特约频道的推出可以说是优质品牌与优质平台的"强强合作"。笔者认为，吸引优质品牌合作的重要的影响因素在于视频网站内容价值与平台价值。乐视网的海量优质内容资源，特别是正版、热播影片剧集提供了良好的品牌合作空间。特约品牌在乐视网特约频道及相关影片剧集中的全面覆盖，体现出乐视网与品牌客户合作规模较为庞大。乐视网同这些关键品牌客户合作关系的搭建与维持，将为乐视网的收益提供相当程度上的保证。

3.依托热播剧的品牌广告投放——以《甄嬛传》为例

（1）内容

2012 年 3 月 26 日，乐视网与安徽卫视、东方卫视联合首播宫廷情感大剧《甄嬛传》，该剧也同步登陆乐视 TV3D 云视频超清机。该剧迄今已在全国多家卫视频道掀起收视热潮，一度成为舆论热议话题。值得关注的是，《甄嬛传》在乐视网的在线平台首播同样引发空前热度，创造出一系列可观数据。

乐视网以 2000 万元的价格买下《甄嬛传》的网络独家版权。[①] 在《甄嬛传》在乐视网独家上线首播仅仅半个月内，总点击量就已经突破 3 亿，日

① 人民网—IT频道：《乐视网暴涨2.4倍之谜，新一轮"烧钱"故事》，http://it.people.com.cn/n/2013/0715/c1009-22198062.html。

点击突破 3000 万，均创下行业新纪录。①3 个月过后，该剧累计点击量已达到 18 亿次。②可以说，这部影视剧自拍摄阶段就引起广泛关注，豪华的主创团队与演员阵容吊足了观众的胃口，该剧广告价值先天形成高位市场预期。多家品牌广告客户不惜重金投入，竞相争夺《甄嬛传》在线独播广告位资源。超过 10 家品牌广告客户瞄准《甄嬛传》投放广告，其中不乏国内外知名品牌。

总之，乐视网借助《甄嬛传》实现了广告营收的大获全胜。乐视网 COO 刘弘称，《甄嬛传》的成功坚定了乐视网加强大剧独播和自制的战略决策的信心。

（2）原理解析

笔者认为，从上述乐视网围绕《甄嬛传》的系列动作之中，有以下几个方面值得我们关注思考。

首先，视频网站必须重视内容竞争力，"内容为王"的观点在业界应者众多，平台、渠道优势无法取代优质内容带来的吸引力与竞争力。成熟的视频网站需要拥有清晰的内容布局思路，并以此为基础发挥平台优势与渠道优势。此外，视频网站对优质资源的排他性占有是广告营收成功的关键，在乐视网主要体现为大剧独播与有限分销。可以预见，各大视频网站在剧集独播权争夺上将呈现越发激烈的局面。

再者，视频网站的线上影响力与受众群规模将创造可观的市场价值，优质内容与在线平台的结合成为广告客户理想的广告投放目标。

4.版权分销

（1）内容

前面谈到乐视网依托在线热播剧集实施品牌合作的广告投放模式，笔者认为乐视网的赢利模式创新始终无法脱离其平台内优质长视频内容资源。凭借其对优质内容资源的获取、占有、配置，乐视网探索出开创性赢利模式路径。乐视网 2012 年营业收入 11.67 亿元，同比增长 95.02%；归属于上

---

① 腾讯网—数码：《乐视网〈甄嬛传〉连创多项行业纪录 流量最快破3亿》，http://digi. tech.qq.com/a/20120412/001754.htm。

② 北方网—IT频道：《乐视网独家剧〈甄嬛传〉全网流量超18亿》，http://it.enorth.com. cn/system/2012/04/24/009101852.shtml。

市公司股东的净利润 1.94 亿元，同比增长 48.1%，[①] 如此优异的成绩自然引来业界学界对其赢利模式的强烈兴趣。这里笔者将着重介绍乐视网如何向产业链上下游同时进军以寻求收益。

乐视网将内容产品、版权产品中间商作为其产业链定位之一。乐视网通过一系列制作、购买行为，积累了大量在线视频内容资源与版权。乐视网的良好用户口碑、优异的赢利表现以及其在资本市场的运作能力，使其积累了较高的市场信誉。

乐视网将内容产品与版权产品纳入了商业经营的轨道，所遵循的无外"低价买入，高价卖出"的基本逻辑。早在 2004 年，乐视网就已经开始启动，以较低价格购进一批影视剧集填充其内容资源库。乐视网坚持正版战略，这不仅是出于保证其内容品质的考虑，也是有效规避法律纠纷风险的必要选择。大量引进正版剧集内容要求乐视网关注成本控制，据笔者研究，乐视网通过"前期介入"的方式压缩购进成本。具体表现为，乐视网在影视剧集拍摄期间甚至是筹拍期，就以相对低廉的预付款的形式购得成片网络版权，避免了后期围绕版权、播出权的激烈争夺。

在 2011 年，乐视持有热播电视剧的独家网络版权超过 70%，含非独家的网络版权覆盖率超过 95%，并且预先锁定了 2012 年热播影视剧独家网络版权的 50% 至 60% 以及 2013 年热播影视剧独家网络版权的 40% ～ 50%。[②]

乐视网下游分销客户同样不乏国内知名视频网站平台。资料显示，爱奇艺、PPLive、优酷、搜狐视频、迅雷视频、土豆等在线视频服务商均为乐视网重要的版权分销客户。2011 年乐视网版权分销业务收入增长达到顶峰，该年乐视网主营业务收入整体较上年同期增长 151.22%；网络视频基础服务，收入较上年同期增长 206.33%，增长贡献来源在于网络视频版权分销收入较上年同期实现了 571.72% 的增长。[③]

---

① 网易网—科技频道：《乐视网2012年净利润1.94亿元 同比增长48.1%》，http://tech.163.com/13/0307/22/8PDA0OIR000915BF.html。

② 新浪网—科技频道：《乐视网第三季度净利润2900万元增长50%》，http://tech.sina.com.cn/i/2011-10-10/23376158329.shtml。

③ 人民网—IT频道：《乐视网暴涨2.4倍之谜：新一轮"烧钱"故事》，http://it.people.com.cn/n/2013/0715/c1009-22198062.html。

2011 年 1 月，乐视网开始实施"全网贴片"广告计划。这项计划的主要举措为将广告内容同影视剧集内容相捆绑，并将两者作为整体打包分销给下游客户。下游客户购买影视剧集内容即视作允许搭载其上的广告内容展示。由此，乐视网在版权分销中又多了一块收入——向广告主的收费。

（2）原理解析

有人认为，乐视网的版权购买与分销并非是简单的买受交易，也就是说，乐视网通过此举还不仅仅获得了版权分销收入及广告收入。大规模的正版影视剧集引进使得乐视积累起雄厚的版权内容资源优势，这一资源优势可以显现出"长尾效应"，也就是说，大量分散的用户将在长期内创造出相当规模的点击量，稳定支持网站收入；同时，乐视网通过大量引进影片剧集，逐渐形成了对热播剧集的敏锐嗅觉，包括对其市场价值的预估，这将有利于乐视网在"前期介入"环节中拥有更高"命中率"，等等。

然而进入 2013 年，乐视网利润增速却并不尽如人意。在 2013 年一季度，乐视网净利润为 7111.92 万元，以此测算，其二季度净利润同比增速为 7%～30%，远低于往期。2011 年，乐视网版权分销收入同比增速高达571.72%，但在 2012 年，其版权分销收入为 5.55 亿元，同比增 55.9%。[①] 无论是总利润增速还是版权分销收入增速均出现下降趋势，业界有声音怀疑乐视网现有赢利模式后劲不足，营收能力趋近饱和。有分析指出，2012 年以来，网络视频版权市场持续低迷，版权价格大幅下滑。二三线的电视剧网络版权几乎无人问津，只有热播的新片才能保证出售价格。乐视网版权分销营收面临着增长乏力的困境，乐视网如何应对当前状况寻求赢利模式的再次突破，值得我们关注。

5.收费视频业务

（1）内容

乐视网在业内较早推行收费视频运作模式，从创立之初即专注于收费内容，直到 2009 年方才涉足免费内容。视频网站收费业务前景自始至终伴

---

① 人民网—IT：《乐视网暴涨2.4倍之谜：新一轮"烧钱"故事》，http://it.people.com.cn/
n/2013/0715/c1009-22198062.html。

随着争议，对收费模式的质疑多集中在国内用户免费使用习惯以及如何形成免费内容与收费内容的区别。对于后者，版权买断与用户体验差异化可以将收费内容与免费内容相区隔；对于前者，用户的付费习惯需要逐渐培养。乐视网将收费模式作为赢利路径的重要构成。2009 年，付费高清视频所带来的收入达 7400 万元，占乐视全年营业收入的 50%。[①]

目前，乐视网付费内容主要集中在高清正版影片。用户有两种付费方式可选择，一是单次购买观看，二是会员包月。每部影片会提供约 5 分钟的免费观看时长，超出该时长，网站系统会自动提示用户完成付费操作以获得完整观看的权限。非会员用户可选择单次付费观看，每次需支付 5 元。

乐视网显然希望更多的付费用户成为会员用户，这是保持用户黏性的可行方式。乐视网向会员用户承诺多项权限，其中包括 720P 超清制式流畅播放、全站免广告、多终端共享、会员片库不限观看、优惠价格点播观看等增值服务。

另外，乐视网在会员开通定价方面采取了多种灵活策略，在降低付费会员准入门槛的同时，也为消费者提供了更多选择。按照 2013 年 7 月的价格，基础会员仅需单月支付 30 元即可享有大部分会员权限，而开通高级会员资格需单月支付 49 元，但可享有更为多样、优质的会员服务。乐视网激励用户购买长期会员权限，除包月会员产品外，乐视还推出了包括包季度、包半年、包整年、包三年等不同时长等级的优惠促销举措。乐视网定价策略的选择考虑到用户支付意愿与支付能力的差异，保证基础付费用户规模，培育高端客户群体，以扩大经营收入，其促销手段有助于保持用户忠诚度并增加先期收益。用户一次支付即可使用 PC、平板电脑、智能手机多终端观看付费内容，高级会员用户可同时获得通过乐视自有品牌硬件乐视机顶盒与超级电视观看超清内容的权限。总的来说，多终端共享成为乐视付费会员产品的一大亮点。

（2）原理解析

笔者认为，内容资源规模影响着用户观看需求的实现程度，特别是独

---

① 资料来源：http://www.tianjinwe.com/business/gs/201008/t20100821_1525482_1.html。

· 271 ·

家、高清内容，并非所有视频网站都适合开启收费模式。付费视频业务需要精准定位网络用户市场分众，以独家首播内容作为一大吸引点。前面提到，乐视自2004年开始购买引进内容版权，目前已经建立起行业内最大最全的影视剧版权库、行业最全的产业链、行业最广的影视剧明星资源，这成为支持乐视开展收费业务的核心优势因素。据介绍，2011年乐视网拥有40万付费用户，且这一消费群体的规模还在持续膨胀。[①]

收费模式显然分化了受众群体，视频网站可以通过提供增值服务、差别服务、个性化服务等手段维持、扩大付费群体规模，实现这部分营收的稳定增长。付费会员用户是视频网站的优质用户群体，这类群体具备一定共同特征，如学历层次与购买力水平较高，针对这部分群体的精准营销效果良好。应该指出，付费模式目前并未成为视频网站主流运作模式，一家网站的成功经验很难在全行业简单推广，但是这种模式为我们呈现出视频网站突破赢利困境的一种可能路径。

（二）优酷网

2006年6月21日，原搜狐网总裁兼首席运营官古永锵（Victor Koo）创办优酷网。该年正值国外视频网站运作初获成功，国内在线视频行业迅速扩张之时。优酷网很快成为国内领先的视频分享类网站，用户原创内容（UGC）成为优酷网早期主要内容资源。当地时间2010年12月8日，优酷网成功在纽约证交所挂牌上市，成为国内为数不多的开启资本运作的视频网站之一。2012年3月，优酷网与土豆网以100%换股方式完成合并，成立优酷土豆股份有限公司。外界解读此举时，很多都提到了视频网站面临着市值被低估以及赢利乏力的尴尬，而两大网站的合并是激烈的竞争环境所致。

优酷网以"快者为王"作为其产品理念。可以从三个层面理解这一理念：第一是用户体验，流畅的数据传输、清晰的画面呈现、友好的用户界

---

① 新浪网—科技频道：《乐视网引领正版付费视频之路》，http://tech.sina.com.cn/i/2011-03-10/18095270268.shtml。

·272·

面都是争取用户的重要因素；第二是内容提供，除了实时更新的海量 UGC 内容，优酷网及时跟进热点内容，包括在长视频引进、自制内容方面动作频繁；第三是市场敏锐度，无论是在业务扩张还是资本运作，优酷网每次举动都是在市场环境变化的情势下的主动应对。

优酷土豆集团 2013 年第一季度财报显示，其综合净收入实现持续增长，达人民币 5.16 亿元，同比增幅达 21%，这一数据达到了该集团上季度预估上限值。[①]

优酷网的赢利模式主要如下。

1.贴片广告投放

（1）内容

优酷网贴片广告包括品牌广告与优酷自主内容推介等类别。总体来看，前置广告播放时长与视频类别与视频长度相关。前置式广告存在两种形式，一种是仅覆盖视频视窗范围，另一种是覆盖整个页面宽度。优酷网存在大量时长相对较短的用户上传视频，以时长为 5 分钟以内的短视频为例，其前置广告时长约为 15 秒。如果某一用户在较短时间内接连点击多段视频观看，或同一剧集列表的视频内容以连播形式顺次播放，则后续播放的视频有时可能不附带前置广告或缩短前置广告播放时长。

（2）原理解析

优酷网贴片广告投放总体上同其他网站差别不大，遵循互联网广告的一般规律。优酷网存在大量用户原创上传内容，依托这些内容的广告投放需要考虑优酷平台的主流使用人群，广告品牌尽可能契合这部分人群的消费习惯与消费心理。另外，优酷平台大量视频时长相对较短，用户有可能在视频播放完成后接连观看多段同类视频，有些情形下后续播放的视频前置广告时长将被缩短或不进行播放，此举意在避免频繁的广告打扰降低用户体验，有利于增强用户平台黏性，避免用户流失。

---

① 赛迪网—新闻中心：《优酷土豆集团 2013 年第一季度财报解读（1）》，http://news.ccidnet.com/art/1032/20130521/4945405_1.html。

2.优酷网自制内容商业模式

（1）内容

所谓自制内容，是指视频网站自主制作或合作生产的用于线上播放的影视剧集或视频节目，为了适应在线传播需要以及线上用户收看习惯，有的自制内容时长较短，一度火热的"网络微电影"即属此类。早在2008年，优酷网就开始了自制内容的尝试，当年推出了网络剧《嘻哈四重奏》，这是一部反映办公室职场生活的喜剧。也许很多人不曾预料的是，该剧累计播放量突破了亿次大关，2012年2月《嘻哈四重奏》第四季在线开播。

优酷网在涉足自制内容之初就尝到了这种模式带来的甜头。在此之后，优酷网在自制内容方面走得更远。2010年，优酷与中国电影集团、雪佛兰科鲁兹等共同推出"十一度青春"系列影片剧集，网友耳熟能详的《老男孩》正是该系列剧集之一，这部短片融合了青春、梦想、怀旧等元素，在线上线下引起了强烈反响。该剧播放量超过2500万次，成为该年在线视频业界的重要事件。

可以说，经历了《老男孩》的成功之后，优酷网原创内容的运作模式逐渐清晰。网站自制剧也一度成为业内新宠，被多家视频网站仿效。在2011年，优酷推出"幸福59厘米"系列、《赢家》、《父亲》等自制新媒体电影。2012年，优酷网布局"美好2012"新媒体电影计划，在该计划中，由许鞍华执导的《我的路》自2012年4月11日上线9天内，即获得300万次的播放量，网络自制内容的热度仍旧维持在高位。[①]

除了自制影片剧集，优酷网同时推出自制综艺节目《晓说》、《我是牛人》以及资讯节目《优酷娱乐播报》，这些自制节目同样表现不俗，在优酷平台内的点击量已足以同《快乐大本营》、《康熙来了》等王牌综艺栏目比肩。

优酷组建了专业的自制内容生产团队，但在一些内容的制作环节中，优酷也积极谋求同外界的合作。具体来看有如下几种表现：一方面是引入

---

① 参见《视频节目制播合一走向深入，大师微电影〈美好2012〉迎来开门红——优酷指数2012年4月报告发布》，《广告大观综合版》2012年6月。

专业内容制作方或导演制作人员。优酷 2012 年度主打系列微电影"美好2012"，邀请海内外多名知名导演参与系列影片执导，其中包括许鞍华、顾长卫、金泰勇、蔡明亮等。另一方面优酷推出"跨界合作"的尝试，"幸福 59 厘米"系列影片中"跨界"理念得以渗透。2011 年时任优酷副总裁的魏明曾表示："跨界合作让电影拍摄不再高高在上，让很多拥有电影梦的导演，有机会做一些尝试，这是符合互联网本质的精神。"一些并不具有电影制作经验的"非专业人士"同样参与到优酷自制内容生产进程中来，这些"非专业人士"有的是网络名人，比如罗永浩，也有知名作家苗炜。

优酷自制内容的商业模式包括三条路径：其一是将可观的点击量数据转化为赢利，吸引广告主广告投放，广告投放以贴片的形式呈现。其二是寻求赞助商合作，既冠名又给其做植入广告，其植入广告寻找赞助商的品牌理念与自制内容核心诉求的契合点，在自制内容中进行赞助商品牌植入。一个典型案例为，飞利浦冠名优酷系列自制影片"幸福 59 厘米"，飞利浦以生活用小家电产品著称，该品牌强调融入生活、提供便利，与"幸福 59厘米"幸福生活的主题存在一定关联，品牌植入的吻合度较好。其三是非冠名赞助商的品牌植入或隐性广告，这类植入式广告的呈现较为零散。

（2）原理解析

当前各视频网站对自制内容投入的热衷从某种意义上来说是一种无奈之举，视频网站面临着不小的竞争压力。一方面是正版长视频的引进成本偏高，视频网站负担较大。2012 年以来电视剧在线版权经历了"量价齐跌"的局面，但在此之前的 2011 年，搜狐视频以单集 100 万元的价格购得电视剧《沉浮》的网络版权，可见视频网站的成本压力；[①]另一方面在于各大视频网站在内容提供方面呈现同质化趋势，许多视频网站兼具视频分享功能、正版长视频、资讯等内容，而自制剧为视频网站提供了差异化竞争的机遇；再者，一些视频分享网站在自制内容方面表现积极，也可能与视频分享业务趋冷有关。

笔者认为，自制内容是视频网站运作模式具有重要意义的创新。视频

---

① 参见《视频网站的高价版权之惑》，《人民日报》2011年9月20日，第20版。

网站实现了由在线播放平台到集平台、制作者等角色于一体的转换，它降低了视频网站内容引进成本，具有更为灵活的广告营收路径，总之，依托自制内容的品牌合作已成为主流赢利途径之一。

当然，这种模式同样也存在着挑战，问题在于自制内容的在线推广以及广告资源价值。部分视频网站的自制内容很难形成热点，其线上推广效果不佳，与长视频相比，自制内容更多只能地吸纳零散的长尾市场，所以，其受众规模很难做大，从而，其广告价值也难以提高。

3.优酷分享计划

（1）内容

2013 年 6 月，优酷网宣布推出旨在激励用户原创的"优酷分享计划"，以 UGC 内容一举成名的优酷网在近期依旧重视这一业务构成。"优酷分享计划"概括说来包括鼓励原创、寻求优质内容合作伙伴、推广营销三个方面。鼓励原创是这一计划的核心，广告分成收益作为优质原创视频作品的物质回报，成为优酷分享计划创作伙伴的原创视频作者将有机会得到专业帮助。优酷网同时为优秀原创作品提供线上推广支持，为创作伙伴提供推广建议，帮助创作伙伴提升受关注度。

图9—6　优酷分享计划主页[①]

在优酷分享计划中，广告分成是原创视频作者直接获得的经济收益。用户点击观看该原创视频所带来的贴片广告曝光次数是计算分成收益的基

---

① 图片来自优酷网。

础。优酷网特别指出，参与分享计划前上传的视频作品在作者加入分享计划后产生的新的广告播放同样可以计入分成收益的计算指标。优酷网规定："分成计划把原创作品产生的广告收入在扣除销售折扣后的30%反馈给视频创作团队。"

优酷网对参与广告分成的原创作品设定了一些限制条件。原创视频需拥有合法版权或者版权使用权；对于视频体裁，优酷接受的范围包括但不限于：原创动画、微电影、网络剧、创意视频、影视内容混剪、恶搞、配音、翻唱以及原创的音乐电视；另外，优酷明确要求视频不得带有任何明显的广告。除制作有优良视频作品的原创作者可破格申请外，其余用户若希望获得优酷分享计划准入资格，其播客空间规模与作品影响力需达到一定程度，考量指标包括原创视频播放量、关注者人数等。

经济回馈只是该计划的基础构成，优酷网还在此过程中与表现突出的原创作者建立合作伙伴关系，成为"创作伙伴"。创作伙伴将获得题材、编剧、制作建议与指导，优酷也将定期组织伙伴社区活动，提供专业培训支持，增强创作伙伴原创制作能力。创作伙伴发布更高水平作品的同时也就容易带来更多广告分成收益，由此视频网站与原创作者形成良性互动局面。

优酷网还与创作伙伴一同参与原创视频内容的线上推广。创作伙伴可监控视频流量来源，发现流量导入量较高的第三方网站，并针对此进行重点推广，同"粉丝"在线上的交流互动是创作伙伴主动参与的另一推广途径。

此外，优酷网积极支持优秀原创作品的线上推广。优酷网承诺，分享计划的创作伙伴和视频将可以使用搜库搜索直达功能。在对应的关键词下，创作伙伴和视频的搜索结果会以第一排名突出呈现给观众，从而获得更高的播放量。与此同时，加入分享计划的视频，特别是在优酷平台上独家或者首发的视频，将获得频道和首页的推广支持。

优酷分享计划还为原创作者提供更深层次的合作机会，表现优异的创作伙伴将可能成为优酷土豆的签约出品伙伴，获得优酷土豆对其视频的投资。笔者认为此举体现了优酷对原创内容价值的认可以及对优秀原创人才的重视。

（2）原理解析

优酷网并非是业内首个推出此类计划的视频分享类网站。在此之前的2011年8月，同样作为视频分享网站佼佼者的酷6网即已推出"广告分享计划"，基本原理同"优酷分享计划"大体相同。笔者认为，用户激励模式有助于充分调动用户原创潜力，对视频网站来说，可以变数量优势为质量优势。

借助激励机制培育热点原创内容已经成为视频分享网站下一步发展的突破口，依托UGC内容的广告资源价值一直不甚理想，视频分享网站在UGC内容来源及质量控制方面存在更多可以作为的空间。笔者认为，优酷网的用户激励计划较为全面，经济反馈、专业指导与推广支持相结合，给外界留下的印象是优酷不仅仅鼓励优质原创内容，同时培育活跃的、合格的原创生产者群体，这一举措会有长远意义。同时，线上推广支持举措也带来了用户与视频网站双赢的局面，在线推广将为原创作品导入更多点击量，而对于视频网站来说，这意味着其跨平台影响力的提升，由此也会产生收益增量。

（三）酷6网

酷6网以视频分享服务作为其主打业务，成立于2006年，那时正值国内一系列视频分享网站密集创立之际。2009年，知名互联网应用服务企业盛大集团收购酷6网，酷6网遂与盛大集团旗下华友世纪合并，并在纳斯达克借壳上市。2010年8月17日，酷6网在纳斯达克正式以独立名义挂牌交易。酷6网以基于用户原创内容（UGC）的视频分享模式为核心构建其战略布局，在有的视频网站摆脱单一分享模式谋求业务扩展之时，酷6网选择坚持既有UGC分享模式，并进行了一系列探索尝试，这些尝试主要包括用户激励以及网站社交功能的强化。

根据该公司2013年第一季度财报，这一季度公司营收同比下滑34.4%至307万美元。净亏损虽略有收窄，但仍亏损167万美元。[①]有分析认为，业

---

① 凤凰网—科技频道，《酷6第一季度亏损167万美元 同比收窄》，http://tech.ifeng.com/internet/detail_2013_05/28/25812726_0.shtml。

绩的惨淡导致高层的更迭，2013年6月，酷6传媒董事会任命浙江卫视副总监杜昉担任酷6传媒CEO，原CEO施瑜在交接完毕后离职。[①]尽管和其他视频网站相比，酷6网近期业绩表现并不乐观，但这并不妨碍笔者将其作为典型案例分析其运作模式的创新之处。

酷6网的赢利模式主要如下。

1.酷6网"广告分享计划"开启用户激励模式

（1）内容

酷6网于2011年8月推出"广告分享计划"，这一计划被认为同该视频网站强化UGC内容平台定位的目标相契合。"广告分享计划"这一模式可以带来用户与广告主双赢的局面，参与"广告分享计划"的用户可凭借其上传的原创视频获得流量广告收入分成，利益反馈鼓励了用户生产原创视频的行为，进而强化该视频网站的内容优势。内容优势同时可以转化为广告资源价值优势，优质内容的传播扩大了广告覆盖面，提高了广告的受众注意度，这有助于视频网站广告收益的持续增长。根据合作伙伴的不同，酷6提供三种不同类型的合作计划，分别为酷6签约拍客广告共享计划、酷6认证原创者广告共享计划、酷6一般上传者广告共享计划。用户可根据自身情况，选择最合适的广告分享计划加入。

业界曾对这一模式寄予厚望。2011年，影视剧集网络版权价格呈现非理性上涨，以UGC为主打业务的酷6网并未感到过重的成本压力，借助用户激励的方式引入更优质的内容以提高广告资源价值，酷6网的尝试一度让外界看到了其实现赢利的曙光。2012年初，酷6网日视频上传量破20万，并招募超过5000名的签约播客，已奠定在UGC内容上的领先优势。酷6网2011年第四季度财报显示，广告收入持续增长，占该季度总收入的79.2%。[②]

2013年3月，酷6网高调宣布，将推出"原创精英播客养成计划"。这

---

① 中国软件资讯网：《业绩惨淡酷6网CEO施瑜离职 浙江卫视杜昉接棒》，http://www.cnsoftnews.com/html/2013/06/04/internet/1731.html。

② 中广互联：《酷6靠UGC逼近赢利 新模式或成有益借鉴》，http://www.sarft.net/a/41213.aspx。

一计划邀请 10 名业界知名人士加盟讲师团，分"资讯新闻、娱乐八卦、时尚达人"等类别面向普通播客视频上传用户展开专业培训活动。这一计划同"广告分享计划"一同作为酷 6 网鼓励原创精品内容的举措，总之，激励用户是酷 6 网做强以 UGC 为主导的视频分享平台的一大思路。

（2）原理解析

酷 6 网运作赢利模式的内核可以概括为对 UGC 内容价值的尊重。酷 6 网专注于 UGC 业务，其在业内首创的一系列模式可以归结为巩固优质 UGC 内容支持，将优质 UGC 内容带来的流量转化为广告收入。笔者认为，尽管实现了形式上的创新，但酷 6 网的赢利路径仍高度依靠广告主的广告投放。酷 6 网的广告资源高度依赖 UGC 内容，然而 UGC 内容的主流受众群体未必是受到广告主青睐的主流消费群体，所以广告资源价值难说太高。所以，酷 6 网要想凭借 UGC 业务实现稳定赢利，还需要破解多重难题。

2.广告模式的突破——酷6网与UGA模式

（1）内容

UGA 是英文 Users Generate Advertising 的缩称，其内涵为用户参与广告营销活动，这种营销模式可谓酷 6 网在运营初期的一大创举。UGA 模式的基本原理在于基于用户自主上传的 UGC 内容的广告植入，即用户在制作原创视频时植入广告主产品或品牌形象，或自主设计制作广告主广告视频并上传。

（2）原理解析

酷 6 网 UGA 模式在问世之时令人眼前一亮。这一模式具备如下几个突出特征：其一，改变广告传播单向路径，广告信息的制作、发布强调用户主动参与性；其二，视频分享网站及其社交平台内信息的"链式扩散传播""病毒式传播"使载有广告信息的视频内容获得大量用户注意，甚至可以成为社交平台上的热点；其三，用户上传搭载有植入广告的原创视频内容可视作完成了一次广告主品牌的口碑传播——广告内容的制作与发布并非广告主完成，而是依靠一般用户，心理认同使得其他用户对广告的接受度增加，从而对产品或品牌的接受度也增加。

（四）天翼视讯

2011 年 3 月 25 日，天翼视讯传媒有限公司在上海挂牌成立，其前身为中国电信的视讯运营中心。2012 年 6 月 2 日，该公司完成首轮私募，独家经营中国电信旗下的移动视频以及 PC 在线视频业务。截至 2013 年 5 月，天翼视讯移动端总用户数突破 1 亿大关，这一数字比去年同期增长两倍多。[①]

依托移动运营商的在线视频服务近年来进入了人们的视野。笔者认为，运营商坐拥雄厚的技术力量，相对成熟的管理能力，具备一定先天优势。天翼视讯是在线视频业内并不多见的以付费业务为主要构成的视频网站，在免费内容大行其道的环境内，其付费运作模式的收效广受关注。在内容方面，天翼视讯提供包括高清正版影片、微电影、电视剧、综艺节目、直播内容、视频资讯等付费、免费内容，用户可享受优质的在线观看体验。

天翼视讯的赢利模式主要如下。

1.主打收费平台，提供高清观影体验

（1）内容

天翼视讯整合优质资源，推出 TV189 院线高清正版影片在线观看平台。对于网站用户，在线观看高清影片的付费方式有如下选择：其一，单次购买，用户需要支付 2 元即可获得 72 小时内某影片在线观看权限；其二，会员包月订购，用户支付一定费用包月，或以优惠价格开通会员包月套餐，享有更多会员用户权限，其中包括海量内容任意观看（含部分新片、好莱坞大片）、1080P 超清制式画面体验、免除贴片广告等。

支撑付费模式的关键要素在于优质内容资源，前面就提到过乐视网通过版权购买以及参与上游制作等方式以较低成本获得优质内容。拥有运营商背景的天翼视讯在参与内容合作方面展现出较为积极的姿态，天翼视讯成为《中国达人秀》、《中国梦想秀》等大型栏目的 3G 招募站，此外成为《非诚勿扰》、《舞林大会》等品牌栏目的无线互动平台。天翼视讯的内容合作方数量持续增加，截至 2013 年 5 月，天翼视讯共完成 63 家媒体的内容接

---

① 参见《天翼视讯移动端总用户数过亿》，《人民邮电报》2013年5月9日，第1版。

入、52个直播频道的运营接入，新增14家运营合作商，合作伙伴达130家，包括央广、湖南卫视等广电传媒，优酷土豆、搜狐等互联网企业，以及华谊兄弟等上游内容商。[①]

天翼视讯将用户付费收益同产业链上游内容供应商进行分成，良好的合作关系降低了内容引进成本，天翼视讯的市场表现也得到了上游内容供应商的认可。天翼视讯总经理康剑表示："我们与产业链上游是合作共赢的关系，并不是买断关系，不用像传统互联网视频企业那样支付高额的版权费，更有利于视频业务的运营和推广。"[②]

天翼视讯对向产业链上游延伸的计划持审慎态度。就市场上一部分视频网站参与内容制作、介入内容生产环节等行为，天翼视讯对此有着不同的看法："我们从根本上是一个平台，不会自己制作所有的内容，因为这样不利于整个产业链的健康发展。"[③]总之，天翼视讯对产业链定位的把握十分明确，天翼视讯非常审慎地介入内容生产领域，尝试与内容合作方实现互补发展而非直接竞争。

（2）原理解析

天翼视讯正在打造"全国最大的收费内容汇聚平台"，就目前来看，天翼视讯收费业务发展已进入相对成熟的阶段。2012年底，天翼视讯拥有1400万付费用户，经营收入达到5亿元关口，已经实现赢利。[④]尽管业内有观点指出，天翼视讯很大程度上得益于中国电信庞大资源的支持，但是，天翼视讯的表现至少可以证明，付费视频业务也拥有一定市场空间。其实，天翼视讯的成功又把一个老问题重新拉到业界人士面前，即在互联网信息"免费"观念极为盛行的时代，付费到底有没有市场？有多大市场？

从天翼视讯的表现看，付费业务是有市场的。另外，天翼视讯还曾发起一项针对自有用户的调查，结果显示超过56%的用户愿意付费，而且愿

---

① 参见《天翼视讯移动端总用户数过亿》，《人民邮电报》2013年5月9日，第1版。

② 矢野：《"与你同乐"领飞视讯产业——访天翼视讯总经理康剑》，《中国新通信》2012年第1期。

③ 同上。

④ 参见《天翼视讯总经理康剑：将视频收费进行到底》，《东方早报》2012年1月31日，第A36版。

意付费的用户中，超过 60% 的用户愿意付每月 5 元以上的费用。① 尽管并非面向全网发起的调查，但数据表明我国还是存在一定规模的愿意付费观看视频的网络用户，付费也不一定如很多人一贯认识的没有市场。当然，至于有多大市场，这又要看具体的市场主体的运作情况了，比如在视频内容的质量方面以及一些具体的营销手段等。

2.依托移动运营商进行多终端整合联动赢利

（1）内容

天翼视讯以其跨终端平台的优势实现了多来源用户导入。对于手机终端用户，使用天翼视讯平台观看视频内容所发生的费用包括天翼视讯通信费与天翼视讯信息费。前者是因使用中国电信无线网络资源而产生的费用，通称"流量费"，其资费参照中国电信手机上网业务资费标准。后者为天翼视讯业务订制费，属手机运营商增值服务范畴。

天翼视讯的多终端整合联动即会员用户单次付费即可实现 PC、手机、互联网电视三屏联动，享有多终端在线观看权限，这为用户提供了方便，从而能保持用户忠诚度以及吸引更多的用户到来。至于付费方式，用户可使用中国电信手机号码开通付费，也可通过其他在线支付方式付费。

（2）原理解析

就多终端整合联动来说，突破技术壁垒实现 PC 端、移动端以及 TV 端的深度整合，为用户提供多屏联动体验，这为用户收视提供了很大的便利性，对天翼视讯的市场发展极为有利。而能做到这一点，天翼视讯一大难以复制的优势在于其坐拥运营商技术平台。

未来随着 3G、4G 技术的逐渐推广使用以及通信技术的进一步发展等，多终端联动将更为便捷，将为用户提供更为优质的体验。应该说，这对天翼视讯的未来发展是一大有利条件。

---

① 陈华：《天翼视讯给网络视频行业带来的启示》，《中国新通信》2012年第2期。

第十章　不正当收入赢利模式

一　概念、发展历程及规模

（一）概念

不正当收入并不是一个严格的学术词汇。学界对"不正当收入"的定义也不统一，比如有的人把"黑色收入"认为是不法收入，"白色收入"是合法收入，"不正当收入"是介于两者之间的收入。与前者不同，笔者认为不正当收入包括前者的"黑色收入"与"灰色"收入，即凡在互联网上以不正当以及违法手段获取收入的赢利模式都属于不正当收入，目前主要包括网络删帖、发送垃圾邮件、买卖粉丝、网络病毒、刷信誉度、网络推手、色情信息传播等赢利手段。

（二）发展历程

互联网不正当收入始终伴随着互联网的发展。随着互联网技术的更新，不正当收入的赢利模式也在不断变化。在互联网发展的初期阶段，为了吸引网民的注意，各个网站通过"灰色"内容比如色情小说、图片、侵权的软件等吸引用户，用户点击内容进入网站，从而使网站达到较高访问量，然后招揽广告赚取广告费用。在互联网发展的现阶段，灰色地带逐渐拓宽，也逐渐规模化与正式化，形成黑色产业链。比如一些专业的"删帖公司"，通过在网上删去对企业或者个人不利的网络消息，从中获得经济利益。

（三）互联网不正当收入的未来趋势

1.当前规模

2012 年，我国有 84.8% 的网民遇到过网络信息安全事件（网络安全事件包括短信欺诈、个人资料泄露、网购支付不安全等）困扰，总人数达4.56亿，涉及直接经济损失高达194亿元。[①]2011年，钓鱼网站取代病毒木马成为首要安全威胁，全年新增钓鱼网站数量达到45万个。网购木马呈现增长趋势，2011年，金山毒霸网购保镖日平均保护2000万次网购操作，日均覆盖500万网民。另外，电脑病毒转向手机安卓平台，2011年，安卓平台新增病毒数量23681个，受害用户1037万人，其中660万手机用户是在手机论坛或手机安卓市场下载软件时中毒。[②]

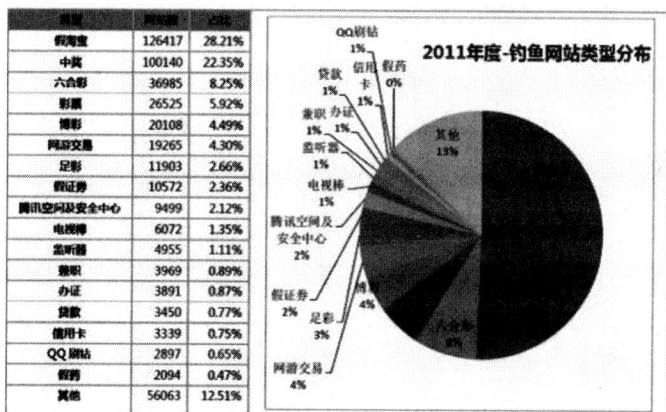

图10—1[③]

2.前景

不正当收入的未来赢利规模不好预测，从目前看，随着技术以及互联网新应用等的发展，不正当收入也应该会随之增加，另外，有关其发展趋势的一个重要影响因素是官方以及行业的管制、打击力度。

---

① 《2012年互联网安全报告》，硅谷动力，http://www.enet.com.cn/article/2013/0116/A20130116230936.shtml。

② 《2011年互联网安全报告》，金山网络，http://www.ijinshan.com/news/20120217001.shtml。

③ 图片来源《2011年互联网安全报告》。

二 赢利模式

（一）当前赢利模式

互联网不正当收入赢利模式虽然形式多样，但主要的有以下三种：一是黑色公关。网站通过删去不利于企业或个人的负面消息（负面帖子、网络差评等）或者给企业或个人增加有利于他们的正面消息，让正面消息覆盖负面消息，从而优化企业或个人在网络上的口碑，维持企业和个人的正面形象。网站向企业或个人收取删帖和增贴的费用，如网络删帖、买卖信誉度、网络推手等。二是变现流量。通过"灰色内容"吸引用户访问网站，从而增加网站的访问量，再通过较高的访问量赚取广告费用。如垃圾邮件、买卖粉丝、色情网站等。三是窃取信息。通过网络病毒、钓鱼网站等偷窃用户个人信息、银行账号密码从而骗取用户钱财或者出卖用户个人信息赚钱。下为详述。

1.黑色公关

（1）网络删帖

① "网络删帖"的发展历程

网络删帖现象存在已久，当人们开始大规模使用搜索引擎，并将其作为主要的信息来源渠道时，删帖也随之产生并且有偿删除网络负面信息已成为一个越来越庞大的灰色"产业"。目前国内网络公关整体市场规模已超过10亿元人民币，其中很大一部分是来自有偿删帖服务，[①]每年"3•15"前后是删帖"生意"的高峰期。在传统媒体时代，无论是报纸、广播还是电视，一经出版播报，就不再被媒体掌握，很难被收回，自然也不存在删除的问题。但在互联网时代，信息以比特流的形式存在于网络媒体的服务器上，使事后的人工回收成为可能。[②]随着自媒体时代的到来，负面消息传播速度

---

① 信海光：《"删帖"怎么就成了个产业？》，艾瑞网，http://column.iresearch.cn/u/xinhaiguang/627745.shtml。

② 同上。

越来越快，删帖的市场需求也越来越大。企业为维护积极正面的企业形象，不惜重金请删帖公司删去不利于它们的言论。

②网络删帖的价格

网络删帖的范围通常包括门户网站、论坛社区、视频网站、知识问答平台、博客、搜索引擎，也会根据客户的特殊要求进行删帖。每个网站收取网络删帖的价格各不相同，不同类型的帖子、不同的服务对象（企业／个人）收取的费用也有高低之分，即使是同一条信息在不同的网站、微博、论坛上均有不同的标价。一般是新闻报道最贵，其余依次是博客日志、论坛帖子、问答知道。门户的新闻删帖价格在 2500～3800 元／条之间，部分价格更上万。有的删帖公司还分快删和慢删服务，慢删需 1～3 个工作日，收费标准是企业的 1200 元／条，个人的 800 元／条，而秒删只需要几分钟到 10 几分钟，最慢 1100 秒，收费标准是 2500 元／条。[①]网站判断删贴费用高低主要以帖子的传播力、热门度和影响力为依据。

③网络删帖的灰色产业链

删帖流程一般为：有删帖需求的企业或个人通过删帖公司网站上的链接联系删帖公司，删帖公司先"诊断"帖子是否可删，并监测其在网上的即时影响力比如有多少门户网站、论坛转载帖子，帖子在微博上的转发量有多大等。在摸清情况后，删帖公司会询问相关网站的工作人员，比如删帖需要多少酬劳。最后删帖公司向客户报价，客户需先交预付款项，待帖子删除后，客户汇来尾款，删帖公司人员再与相关网站的工作人员分成。

删帖公司通常在产业链中扮演中介作用，有时相关网站也会提供专门的删帖服务，企业或者个人可越过删帖公司直接找相关网站删去不利信息。

（2）网络推手

①网络推手的概念及代表人物

如果说网络删帖是通过做减法的方式，删去不利于企业或个人的言论，以维护企业或个人的形象，网络推手则是用做加法的方式，针对企业、个

---

① 谢睿，欧静虹：《网络删帖"灰色产业链"面临严治》，中财网，http://data.cfi.cn/p20120806000409.html。

人或者产品，借助网络精心策划、发布消息，用各式各样能够吸引其他网民注意力的方式，增加企业、个人或产品的知名度和影响力。网络推手是网络推广从业者的代名词，起初以个人工作室的形式存在，近几年发展成专业的网络推手公司，比如以策划干露露事件和凤姐事件闻名的尔玛公司。国内著名的网络推手主要有：浪兄（捧红天仙 MM）、陈墨（捧红二月丫头）、"立二拆四"（成立北京尔玛互动营销策划公司，捧红天仙 MM，制造"封杀王老吉"、"别针换别墅"等网络事件）。

②网络推手的操作方式

一个完整的网络炒作过程通常需要被炒者、策划者、网络写手、网络编辑和网友等五个要素。首先策划者发现有争议的人物或事件（被炒者），联系上被炒者并达成双方合作意愿后，邀请网络写手发表有争议的话题文章，发布到论坛、博客、QQ 群，当话题"成熟"之后，再通过网络编辑制造专题或视频，在大型网站上推广，之后传统媒体跟进报道，将被炒者影响进一步扩大。

③网络推手的收益

以目前收益看，对普通的网络推手付费，行业内的价格为每个回帖 3 到 5 毛，每篇原创文章 5 到 10 元，顾客大多都是通过支付宝，按日支付，网络推手不接受银行转账，[①]而网络推手公司则通常与被炒者平分收益。以凤姐为例，当凤姐成为社会焦点时就可以为广告代言，凤姐一般的出场费能达到一次 10 万元，最红的时候，凤姐一个月能出席四五个活动，光出场费就能赚不下 50 万元，[②]而凤姐的广告代言和出场费收入通常和网络推手公司五五分成。

（3）刷信誉度

①买卖信誉度的发展历程

信誉，顾名思义"信"指诚实守信，"誉"指名誉、声誉。对于一家网店，

---

① 王战龙：《揭秘网络推手背后产业链:红人与策划者平分收益》，腾讯网， http://news.qq.com/a/20100722/000004.htm。

② 邱祎：《揭秘网络推手：为客户量身打造策划 五五分成收入高》，新华网，http://news.xinhuanet.com/gangao/2013−08/22/c_125225523.html。

信誉度不仅是一家网络商店吸引消费者的重要指标，也是淘宝推荐、搜索优先级等相关算法的参考值。衡量信誉度的指标通常为产品质量、发货速度、物流状况、买家态度等。买卖双方交易完成后，买家通常会对卖家的信誉度进行打分。按照每个买家在购买商品后给予卖家的好评度，经过长期积累后，网店才可以慢慢从"红心级"信誉升至"钻石级"信誉，最后为"皇冠级"信誉。信誉度越高，通常意味着卖家的商品受到了越多的好评，也越值得信赖。[①] 由于网店增多，信誉度成为稀缺资源，买卖信誉度的产业由此而生。

②买卖信誉度的价格

信誉度越高，在产品搜索中，卖家的商品和店铺就会排得越前。对于不同的信誉度级别，出售的价格是不同的。如一家淘宝买卖信誉度的网店，"钻石级"信誉的价格为 200 元左右，"皇冠级"则更高。要刷到一颗钻石的信誉度，一般需要制造 251 笔虚假交易，需要三四天的时间。而达到信誉等级后，卖家会要求网店店主支付约好的费用。[②]

③买卖信誉度的操作过程

买卖信誉度的交易整个操作过程大致是：店主通过不同的用户名到该店购物，进行"虚假交易"，完成后即送上好评。如此数次，该店铺的信用度就得到很快提升。卖家通常会组织一些专职工作人员，确认买家要"刷信誉"后，卖家就组织这些人员上该网店进行交易，通过支付宝付钱，但实际上并不要求卖家寄出实物，次日卖家就返还同等金额的费用，再过一段时间，假装这次虚假交易成功、买家收到货品且货真价实，于是上网店发表好评，帮卖家打高分，卖家店铺的信用度由此逐步提升。

2.变现流量

（1）买卖粉丝

①"买卖粉丝"的发展历程

微博的兴起迎来了"人人都有麦克风"的时代，企业和个人开设微博

---

① 杨汛：《专钻网购空子"信誉度"竟被标价出售》，搜狐IT，http://it.sohu.com/20090420/n263511473.shtml。

② 同上。

账号，在微博上传播信息，关注自己感兴趣的人和事，成为他人的粉丝，又让他人成为自己的粉丝。截至2012年12月底，新浪微博注册用户数已超过5亿，同比增长74%。日活跃用户数达到4620万，微博用户数与活跃用户数保持稳定增长。①

在微博中，"粉丝"指关注你微博的人。"粉丝"是英文Fans（狂热、热爱，后引申为影迷、追星族等含义）的音译。"你的粉丝超过一百，你就好比是本内刊；超过十万，你就是一份都市报；超过一亿，你就是CCTV了！"这句话表明粉丝的影响力，也催生了一种新的经济诞生即买卖粉丝。

②"买卖粉丝"的价格

在微博上买卖粉丝的价格因商店标价的不同而有所不同。在淘宝网上有许多出售"微博粉丝"的商店，比如10个粉丝1元钱，不同类型的粉丝标价也不同。在微博上，按照"粉丝"的微博活跃度（发布、转发、评论微博的频率）把"粉丝"分为：活粉和僵尸粉。僵尸粉的特点通常为没有头像、不会发表微博、不会回复他人微博和无人关注。活粉又分为：普通粉丝、高级粉丝和顶级粉丝。"活粉"是人工制作出来的，卖家通常进行人工注册，增加账号。这些作为"活粉"的账号并非当天注册就能当天卖，需要有一定的积累，为了让这些"活粉"账号有一定的经验值，会有专人每天更新微博，回复他人评论等。②普通粉丝、高级粉丝和顶级粉丝由于耗费的时间和精力不同，价格也不同。顶级粉丝本身通常都拥有一定数量的粉丝，价格也是其中最贵的。

在微博中买卖粉丝通常分为两种：第一种为直接销售粉丝，即直接给企业或者个人提供所需的粉丝数量，以粉丝数量计价。第二种为请名人微博为企业或个人直发或转发微博，从中收取费用。所谓直发就是指名人微博为客户做软广告，直接发布客户需要的图文内容。转发指的是，客户通

① 周文林：《新浪微博用户数超5亿》，新华网，http://news.xinhuanet.com/newmedia/2013-02/21/c_124369896.htm。

② 参见《探访微信公众平台加关注推广，揭开如何增加微信粉丝》，新华网发展论坛，http://forum.home.news.cn/thread/119896882/1.html。

过自己的微博发布消息后，公司再通知旗下的名人微博去转发客户的消息。[①]
在第一种"买卖粉丝"的模式里，买卖微博粉丝的价格通常为一个粉丝0.1
元，转发一条微博0.1元，评价20条微博50元。普通粉5元一千、40元
一万；高级粉20元一千、180元一万；顶级粉30元一千、260元一万。通
常粉丝以打包买卖的促销形式出售，如被冠以"高质量、永久粉丝"称号
的商品，促销价格是100人16元。如果要批发，30000个高质量、永久粉
丝的价格高达2399元。[②]

人们还可以专门购买评论和转发，50条评论的价格为20元，100次转
发则花费10元。这里的"评论"是指"全天均匀发布、有内容针对性的高
要求评论"。卖"僵尸粉"主要依靠黑客软件利用网络代理、木马等制造，
不需要过多人力资源。而活粉则需要雇佣"养粉丝"的兼职店员，兼职人
员通过与店家平分买卖粉丝赚得的钱而获得收入。有些兼职人员最多手中
可养活500多个账号，半个月便赚几百元。

在第二种模式中，请拥有100万粉丝的名人微博转发一次的价格为700
元，直发一次价格为1000元。[③]

③ "买卖粉丝"的灰色产业链

买卖粉丝的产业链如图。

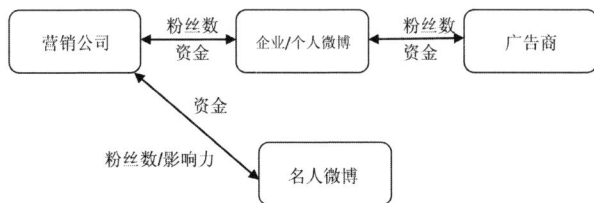

图10—2

① 甄澄：《微博营销形成灰色利益链，买卖粉丝只能是短期手段》，艾瑞网，http://
a.iresearch.cn/new/20110811/146812.shtml。

② 李颖：《淘宝惊现微博粉丝商铺：一元钱可买10个粉丝》，腾讯网，http://tech.qq.com/
a/20100518/000192.htm

③ 陈振玺，李梓畅：《"微博粉丝"原来可以买卖！依据粉丝质量定价》，光明网，
http://politics.gmw.cn/2011-08/11/content_2435082_2.htm。

图中，营销公司把粉丝卖给企业或个人微博，企业或个人又把粉丝数量当作和广告商家议价的筹码，广告商通过粉丝数的多少在微博上投放广告，其中部分名人微博可以通过替营销公司转发微博赚取金钱。

除了出售微博粉丝以外，还有人出售QQ校友、人人网的"人气"，以及专门提供开心农场、QQ校友农场游戏"小号"。此外，如起点文学网和一些博客网站也是主要的"粉丝卖场"。[①]

（2）垃圾邮件

①垃圾邮件的概念、分类及市场表现

我们先看垃圾邮件的概念。

垃圾邮件广义上指凡是未经用户许可（与用户无关）就强行发送到用户的邮箱中的任何电子邮件，垃圾邮件在《中国互联网协会反垃圾邮件规范》中定义为：

收件人事先没有提出要求或者同意接收的广告、电子刊物、各种形式的宣传品等宣传性的电子邮件；

收件人无法拒收的电子邮件；

隐藏发件人身份、地址、标题等信息的电子邮件；

含有虚假的信息源、发件人、路由等信息的电子邮件。[②]

下面我们再看垃圾邮件的类别。

从类型上看，垃圾邮件根据破坏程度，有良性和恶性之分。通常良性垃圾邮件指各种宣传广告等对收件人影响不大的信息邮件。恶性垃圾邮件指垃圾邮件炸弹或附带有病毒的具有破坏性的电子邮件。[③]常见的垃圾邮件类型有：

其一，电子邮件广告，即通过电子邮件发送广告。内容包括赚钱信息、成人广告、商业或个人网站广告、电子杂志、连环信等。自从邮件营销成

---

① 邹捷，钟俊峰：《微博粉丝买卖流行 活跃程度高粉丝每个一元》，搜狐网， http://news. sohu.com/20100908/n274775092.shtml。

② 参见《中国互联网反垃圾邮件规范》。

③ 维基百科：《垃圾邮件》，http://wiki.mbalib.com/wiki/%E5%9E%83%E5%9C%BE%E9%82 %AE%E4%BB%B6，2013年8月13日。

为一种营销手段以来，因为发送邮件几乎是零成本的，所以被各大商家利用，同时，垃圾邮件还有隐秘性高等特点，这都是电子邮件广告铺天盖地的一个重要原因。

其二，电子邮件炸弹，即通过设置一台机器不断地大量向同一地址发送电子邮件，攻击者能够耗尽接受者网络的宽带。

其三，电子邮件病毒，即通过电子邮件传播的病毒。一般是夹在邮件的附件中，在用户运行了附件中的病毒程序后，就会使电脑染毒。

最后，我们看下垃圾邮件的市场表现。

美国互联网安全公司 Marshal 曾在 2008 年做过一项调查，发现每天全球垃圾邮件发送量约为 1500 亿封，占邮件发送总量的 85%。29.1% 的被调查者曾被垃圾邮件吸引而购物，每发送 100 万封垃圾邮件的成本仅 5 美元至 10 美元。[1]

加州大学伯克利分校和圣地亚哥分校的计算机科学家对垃圾邮件的赢利模式进行研究，发现垃圾邮件制造者每发 1250 万封邮件，才有一个邮件回应。但是即使如此，垃圾邮件制造者仍年赚 350 万美元。[2]

②垃圾邮件的具体赢利手段

其一，发送商业广告。

邮件营销是网络营销的方法之一，但是未经许可收集用户邮件地址并大量发送电子邮件的做法并非正规的 Email 营销方法。正规的 Email 营销，应是在事先得到用户许可的前提下，向用户发送的有价值的信息，要考虑用户的意愿和为此付出的费用。美国的垃圾邮件大王珊佛·沃里斯，从 1994 年开始通过发 Email 为多家企业推销各类广告，曾经因每日发送高达 2500 万份电子邮件垃圾，造成大型网络服务商系统不堪重负。虽然垃圾邮件营销的方式遭到否定，但通过垃圾邮件发送商业广告仍是企业商家热衷的网络营销手段。

---

① 李明：《报告称29%网民曾被垃圾邮件吸引而购物》，和讯网，http://tech.hexun.com/2008-08-20/108245371.html。
② 志伟：《研究揭示垃圾邮件赢利细节：年赚350万美元》，新浪网，http://tech.sina.com.cn/i/2008-11-10/22042569172.shtml。

其二，插入恶意程序。

据统计，2011 年第一季度，排名前 10 位的通过邮件传播的恶意程序排行榜中，居首位的程序是 Trojan-Spy.HTML.Fraud.gen。该木马采用欺骗技术，伪装成普通的 HTML 网页，通过钓鱼邮件传播。邮件中会包含指向假冒的知名银行或在线支付系统网站的链接，用户一旦访问，会被要求输入账号名和密码，从而被网络诈骗者所截获。除此之外，来自蠕虫家族的恶意程序占据排行榜上 4 个位置，这类恶意软件的主要功能是收集电子邮件地址，并通过电子邮件传播自身。[①]

其三，买卖用户个人信息。

用户个人信息对于企业、商家实行精准营销至关重要，但是用户个人信息因隐私保护十分难得。垃圾邮件发送者正是利用这一点，通过发送垃圾邮件，获取用户个人信息，再将用户个人信息卖给企业。比如韩国两名程序员，发送了 16 亿垃圾邮件，总共得到了 1.2 万个回复。而作为赢利手段，这两名程序员将这 1.2 万个用户的个人信息卖给其他公司，赚取了 1 亿韩元，大约折合 100 万美元。[②]

（3）色情网站

①色情网站的界定及现状

色情网站是指以色情淫秽为主要内容的网站，通常提供网络色情聊天、色情电影资源下载、一夜情、甚至是违法的"应招"服务。色情网站提供的许多内容明显违反国家法律法规，但由于人有生理等方面的需求，导致色情网站一直屡禁不止。

被称为全球最大的色情网站的 Xvideos，每月的页面浏览量高达 44 亿，而认定身份的浏览量也达到 3.5 亿。截至 2012 年 2 月底，中国移动已累计发现并封堵淫秽色情域名达到 544709 个，国内接入的色情网站仅占 1.2%，境外接入的网站占 98.8%。其中互联网网站占大多数，WAP 网站的比例不

① 孙莹：《安全报告：垃圾邮件借日本地震骗取钱财》，新华网，http://news.xinhuanet.com/it/2011-05/24/c_121451312.htm。
② 齐祖：《发16亿封垃圾邮件获利1亿，韩两电脑工程师入狱》，比特网，http://net.chinabyte.com/183/3060683.shtm。

足 5%。[①]

②色情网站的具体赢利手段

其一，淫秽图片或视频。

利用色情网站传播淫秽图片或视频是最常见的形式，这些网站的直接目的是获取点击量，再通过点击量获取广告资源。

其二，及时通信视频和聊天室。

及时通信视频和聊天室是一种动态传递色情淫秽内容的形式。若淫秽图片和视频只是满足网民观看需求，而视频聊天则可以与真实的人进行互动以满足需求。

其三，"应招"服务。

"应招"服务是一种线下和线上相结合提供淫秽内容和服务的方式。色情网站在网页上提供应招服务的网址，网民通过点击网址，进入"应招"服务的网页选择需要的服务，最后线下与线上分成。

③色情网站的产业链

色情网站通常在较大的色情资源提供站租用一个虚拟空间，通过提供站的内容采集器，采集淫秽内容，建立一个拥有大量淫秽内容的网站，网站通过网民点击色情内容获取点击量，最后通过其受众人数获取广告投放赢利。

3.窃取信息

（1）网络病毒

①"网络病毒"界定及现状

网络病毒是指编制或者在计算机程序中插入的破坏计算机功能或者数据，影响计算机使用并且能够自我复制的一组计算机指令或者程序代码。网络病毒一般具有很强的自我复制能力；有一定的潜伏性、特定的触发性和很大的破坏性。

较常见的网络病毒有木马病毒、蠕虫病毒和后门病毒。木马病毒通过

---

① 万静：《中国移动至今封堵手机淫秽色情网站域名近55万个》，中国电子商务研究中心网，http://www.100ec.cn/detail--6038880.html。

将自身伪装，吸引用户下载执行，从而向施种木马者打开被种者电脑的门户，使施种者可以任意毁坏、窃取被种者的文件，甚至远程操控被种者的电脑。蠕虫病毒是能够利用系统漏洞通过网络进行自我传播的恶意程序。它不需要附着在其他程序上，而是独立存在的。当形成规模、传播速度过快时会极大地消耗网络资源，导致大面积网络拥塞甚至瘫痪。后门病毒通过网络传播，给系统开后门，一般会造成用户信息泄露的危险，同时，它出现在局域网中会使网络阻塞，影响正常工作，从而造成损失。金山毒霸安全中心统计2012年共捕获病毒样本总量超过4200万个，比上一年增长41.4%，电脑病毒感染超过2.3亿台次，比2011年下降14%。报告指出，鬼影病毒、AV终结者末日版、网购木马、456游戏木马、连环木马（后门）、QQ黏虫木马、新淘宝客病毒、浏览器劫持病毒、传奇私服劫持者以及QQ群蠕虫病毒等病毒类型对用户危害最大。[①]

2011年3月由国内安全厂商金山网络发布的《2010—2011中国互联网安全研究报告》公布了国内"十大病毒集团"。这十大病毒集团分别为黄飞虎集团、HYC集团、HY集团、老蛇集团、192集团、GZWZ集团、CL集团、张峰集团、WG集团和安妮集团。报告显示80%的病毒传播通道被这十大病毒集团操纵，这些病毒集团通过多种手段获得了巨额非法收益，按1000个IP访问一次病毒集团可收到6~7元计算，主要的病毒集团每天可感染约30万台PC，大的病毒集团每年收益可高达数亿元。[②]

②网络病毒的生成过程

网络病毒的发展大致分为三个时期，第一时期网络病毒主要依赖网页传播，实施网络攻击；第二时期，MSN、QQ等即时通讯（IM）工具成为传播的第二大渠道，此时"木马""钓鱼"病毒成为主流；第三时期，随着智能手机的发展，智能手机成为网络病毒传播的主要渠道。

网络病毒的产生有一套严密的分工，一般分为四个步骤：首先由核心

---

① 参见《2012年度计算机病毒及钓鱼网站统计报告》，金山网络，http://www.100ec.cn/detail--6092224.html。

② 参见《2010—2011中国互联网安全研究报告》，金山网络，http://www.ijinshan.com/zhuanti/2011report/。

首脑下达指令，其次由黑客程序员制造病毒，随后由工程师搭建出用于埋藏病毒的站点和网页或是在知名网站中推广病毒程序，最后由水军在论坛中进行推广，以诱骗网民。

③网络病毒的非法赢利手段

在实践中，通过网络病毒赢利的手段主要分为以下六种。

第一，网购欺诈。

网购欺诈的操作方式一般是病毒集团在网民电脑桌面生成购物网站的快捷方式，病毒集团通过网民点击赚取流量，按流量计费，1000 个 IP 访问一次可收到 6~7 元，另外就是成单后，按比例分成。其方法是病毒会在用户上网购物的时候弹出一个广告，该广告直接指向某一件商品，如果最后用户网购该商品成交，病毒集团可以获得成交价的 10%~20% 作为提成。还有的会直接将用户引到钓鱼网站，直接盗取中毒用户的财产。

第二，网络游戏陷阱。

网络游戏陷阱主要针对网络游戏玩家，其手法包括下载安装盗号木马、窃取虚拟物品等。另外，病毒集团还通过推广游戏客户端获利，每成功注册一个用户 ID，病毒集团可获取 1.5 ～ 5 元不等的收益。也有的病毒会直接在用户电脑里安装游戏客户端软件，通过这种安装，病毒集团收益可能达到 10 元 /IP。

第三，推销浏览器。

篡改浏览器主页是网址导航站相当普遍的推广方式，病毒集团的手法是，在网民的电脑中毒后，病毒会篡改并锁定浏览器主页，并且用普通方法无法修复，而病毒集团每成功锁定一个可以挣到 1 元左右，目的是将用户引到指定的网站，也有些病毒会修改网民浏览器的收藏夹。

第四，弹窗广告。

弹窗广告主要有两种表现形式，一种是网民上网时，通过浏览器弹出广告页面，另一种是在屏幕右下角弹出窗口。病毒集团通常按弹出广告页面的次数来获取报酬，计价标准一般为 6 ～ 6.5 元 / 千 IP/ 次。

第五，推广软件。

病毒集团推广软件有两种收费方式，一种是只要安装软件就给钱，只要成功在用户的电脑上安装一个软件，病毒集团可挣到 0.2 元；另外一种收费方式是，安装后必须成功激活，即用户使用才给钱，一般的收费标准是，成功使用一个软件，病毒集团可获取 1 ～ 1.5 元的报酬。[1]

第六，手机病毒。

手机病毒是一种新型的网络病毒获利手段，手机病毒产业链每年催生 10 亿元不正当收入。手机病毒的手法是，在手机里一个名为手机保险箱的应用软件中捆绑一个小插件，中了病毒的手机，首先会将手机的 SIM 卡标识等配制信息上传到黑客控制的服务器，然后黑客就可以通过服务器下发手机，控制手机随时给任何号码发送任何内容的短信。2012 年全年新增手机恶意软件就达到 65227 个，同比增长 263%，其中有 28% 用来窃取用户个人信息并从中牟利。[2]

④网络病毒的灰色产业链

病毒集团无论使用哪种手段，其主要目的都是为了产生流量，从中获取利润。而手机病毒主要通过山寨机内置恶意软件或将手机病毒植入 SIM 卡偷窃个人信息，从而"吸费"。

（2）网络盗版

盗版是指在未经版权所有人同意或授权的情况下，对其拥有著作权的作品、出版物等进行复制、再分发的行为。网络盗版，指在网络上进行的盗版行为。

互联网一直以来就是一个版权纷争的"江湖"。在传统环境下，侵权责任方比较好界定，一般都是盗版内容制作商。而互联网环境下，随着 UGC（用户产生内容）的大量生产、信息传播速度加快，侵权责任方可能延及每

---

① 段郴群：《中国10病毒集团被曝光 5种非法手段助收入过亿》，新华网，http://news.xinhuanet.com/2011-03/06/c_121154003_2.html。

② 宁萌：《北京通信行业协会周宝信：移动互联网发展的四点建议》，和讯网，http://tech.hexun.com/2013-06-27/155551964.html。

一个人，①文学、音乐、影视等产业的发展无论在线下还是线上一直受到盗版的侵扰。

据咨询公司 TETA Consultants 称，到 2015 年，非法文件共享将使欧洲文化创意产业损失 2150 亿英镑，将有 120 万个工作岗位由于互联网盗版而消失，仅在英国就会失去 25 万个工作岗位。②

2011 年 MarkMonitor 研究发现提供盗版数字内容和假冒产品的网站每年吸引 530 亿访问量。67% 的被发现有盗版内容的网站与 73% 的被归类为假冒的网站都托管在北美和西欧，盗版和假冒产品给版权持有者带来的损失每年最高达 2000 亿美元。③

（3）钓鱼网站

①钓鱼网站的概念及现状

钓鱼网站是一种网络欺诈行为，通常是指不法分子用各种手段仿冒真实的银行及电子商务等网站，或者利用真实网站服务器程序上的漏洞植入危险的 HTML 代码，以此来窃取用户提交的银行账号、密码等私密信息。钓鱼网站的特点是假冒知名购物网站或品牌官网的身份，欺骗消费者输入账号密码、支付交易资金。

从技术特征来看，钓鱼网站大多使用 cc、tk、pl、info、in、no 等境外域名，99.99% 以上无正常备案；大部分钓鱼网站搭建在境外 IP 上，比例达到 76.25%，基于香港 IP 的钓鱼网站（属于境内）比例也高达 13.23%，使用 VPS 主机（虚拟专用服务器）的情况尤其泛滥。④

根据 360 安全中心统计：截至 12 月 24 日，2012 年互联网上新增与网购相关的钓鱼网站数量达到 39.27 万家（以 host 计算），相比 2011 全年购物类钓鱼网站增长 155%，恶意网址更是高达数百万的量级（以 url 计算）。

① 刘方远：《网络盗版倒逼新交易模式》，21世纪网，http://www.21cbh.com/HTML/2010-4-27/zNMDAwMDE3NDUzNg.html。

② 同上。

③ 吕亚飞：《网络盗版内容每年能吸引530亿访问量》，泡泡网，http://www.pcpop.com/doc/0/622/622254.shtml。

④ 参见《2012年中国网购安全报告发布 钓鱼网站新增40万家》，搜狐网，http://roll.sohu.com/20130104/n362401272.shtml。

②钓鱼网站的赢利手段

钓鱼网站的赢利手段主要有以下三种。

其一，假冒银行网站。

钓鱼网站首先通过发送电子邮件给用户，诱骗用户点击网址进入钓鱼网站设下的陷阱，钓鱼网站此时假冒银行网站要用户确认个人信息或者输入银行账号，由此窃取用户的私人信息。

其二，模仿抽奖网站。

仿造抽奖网站，以中奖为诱饵，欺骗用户填写个人银行账号密码，填写真实身份信息等。

其三，购物类钓鱼网站。

购物类钓鱼网站主要包括假冒淘宝、假药网站、知名品牌官网、手机充值、假票网站（机票/火车票）等。钓鱼网站假冒网上购物平台，诱使用户将钱打入黑色账户。

③钓鱼网站的灰色产业链

建立一个仿真的银行或电子商务网站，通过 QQ、MSN、阿里旺旺等及时通讯工具或 Email、博客、论坛、SNS 网站发送钓鱼网站链接，同时在搜索引擎和中小网站投放广告，用户通过点击网址，被诱骗填写个人信息和银行账号，钓鱼网站从中获取用户个人信息，再变卖个人信息赚钱或者直接诱骗用户把钱转入黑色账户。[①]

（二）发展趋势

就当前来看，互联网不正当收入赢利模式未来主要会有如下两种趋势。

1. 黑色公关、流量变现、偷窃信息仍然是互联网不正当收入的三大赢利模式

互联网不正当收入的未来趋势将"主题不变"但"形式不断翻新"。流量变现仍然是互联网不正当收入市场主要的赢利模式；社交媒体的发展，

---

① 参见《透视钓鱼网站的五大牟利模式和八种传播途径》，新华网，http://news.xinhuanet.com/politics/2010-09/02/c_12510932_3.htm.

企业和个人更倾向于在微博和SNS上做营销，黑色公关产业还会不断扩大；随着对网络个人隐私保护的增加，偷窃和骗取个人信息会变得困难，但是，它的收益规模仍不会小。

2. 针对手机的不正当收入将会增加

根据中国工信部统计数据，截至2013年3月底，中国共有11.46亿移动通信服务用户，比上月增长1.24%，比去年同期增长12.46%。[1] 随着移动互联网的发展，手机用户的不断增加，手机上的互联网不正当收入也将不断增加。一些移动互联网不正当收入模式将继续发展，比如手机垃圾短信，2012年下半年，中国手机用户平均每周收到垃圾短信息10.7条，[2] 还比如手机欺诈电话、手机病毒等也将有所增长。

（三）评价

从经济学角度看，解决和处理需求和供给的关系是互联网经济的主题，而不正当收入也是如此。企业或个人有形象的需求，要抹去不利于自己的言论，"删帖"产业应运而生，黑色公关就形成了产业链。网站需要获取注意力，用注意力资源吸引广告商投放广告，从而获取经济利益，"买卖粉丝"就此诞生。企业想要低成本的广告投入，就有了"垃圾邮件广告"的泛滥，等等。然而不正当收入赢利模式破坏了传统互联网经济的商业规则，主要体现为：窃取个人隐私（网络病毒侵犯、窃取他人信息和银行账号）、影响未成年人健康成长（色情网站）等。

对于互联网不正当收入赢利模式的管理应从技术和法律两个方面入手。

1.技术上的防御

应对互联网不正当收入常见的办法是用技术手段进行防护，比如对付网络病毒，通常使用杀毒软件。金山毒霸从2002版起，为了对付网络病毒入侵即时通讯工具，增加了MSN安全助手模块。在用户通过MSN传输程

---

① 参见《中国手机用户数量达到11.46亿》，比特网，http://telecom.chinabyte.com/460/12601460.shtml。

② 吴卫群：《中国手机用户平均每周收到垃圾短信息10.7条》，比特网，http://sec.chinabyte.com/371/12639871.shtml。

序或文档时，会自动调用金山毒霸的反病毒引擎检测程序或文档的安全性。此外，金山毒霸开发的反网络钓鱼控件，可以有效实现对仿冒 MSN 非法网站的拦截。针对诸如"MSN 机器人""QQ 尾巴"等专门利用 IM 软件进行传播的恶劣病毒，金山毒霸专门开发出专杀工具进行查杀。①

在应对垃圾邮件的问题上，国内十大邮箱服务商之一的时代互联（www.now.cn）推出反垃圾邮件功能 Anti-Spam，Anti-Spam 是一个垃圾邮件在线的实时监控引擎，它能够智能分析邮件的内容及其他网络实时情况来辨认垃圾邮件，并做相应处理，如其内置邮件杀毒系统可以根据用户设置自动杀毒，同时其黑白名单策略能有效防止来自同一个 IP 的垃圾邮件。②

腾讯公司会从技术上防止恶意注册，发现"僵尸粉"后，会直接关闭这个账号。通过技术手段控制"僵尸粉"是目前较常见的方式。新浪微博每天也会通过一套技术手段来甄别、删除一些长期没有活动或同一 IP 地址申请多个微博号码的用户，并且成立专门团队打击各种恶意注册行为。③淘宝网通能过自动寻查功能，根据关键词找到假冒网店进行封杀关闭。

使用技术手段防御网络病毒、垃圾邮件、钓鱼网站、色情网站的入侵，其实是给用户个人计算机和手机筑起一道"防护墙"，虽然技术防护效果显著，如反垃圾邮件功能 Anti-Spam 对垃圾邮件的拦截率达到 99%，但实践中，技术防控与威胁入侵的对抗往往是"道高一尺魔高一丈"。比如虽然各个网站都大力打击"买卖粉丝"的经济行为，但"买卖高级粉丝"的现象依然存在。在淘宝网上，仍然有网店打着"微博推广、微博公关"等招牌，进行虚假粉丝的买卖活动。由于担心"粉丝""微博"等关键词容易搜索被

---

① 小光：《金山毒霸协防微软MSN 推出病毒解决方案》，赛迪网，http://tech.ccidnet.com/art/1102/20070817/1181669_1.html。

② 张传智：《反垃圾反病毒 企业邮箱还你一方净土》，泡泡网，http://www.pcpop.com/view/0/921/921254.shtml?r=27100011。

③ 付航：《微博亟须形成正常产业链》，《经济参考报》，http://jjckb.xinhuanet.com/gnyw/2010-08/31/content_255191.html。

封杀，关键词被改成了拼音标注。[①]

网络病毒、钓鱼网站、色情网站会利用技术防控的漏洞不断发明新的入侵手段，入侵计算机或者手机的代码也会不断更新和变异，让技术防御的手段处于被动地位。

2.法律上的惩处防犯

在目前国内，法律法规对互联网不正当收入的防护管理方面还远不能达到有效的程度。以网络删帖为例，国内目前尚没有专门针对网络删帖的具体法律条文规定，目前还不能界定哪些删帖行为属于非法，哪些属于合法。以已经查出的三起涉及删帖的案件为例，海南案适用的是"非法控制计算机信息系统罪"，广东案适用的是"敲诈勒索罪"，北京百度案则是以"非国家工作人员受贿罪"批捕，此外，有时候"非法经营罪"也可适用于删帖案。[②] 在行政监管上，网络内容管理部门一般只负责管理、清除网站上的非法、不良信息，却不干涉网站对网络信息的管理与清除。总之一句话，法律法规方面对互联网不正当收入的防护管理还不能达到有效的程度。

目前针对互联网不正当收入方面有明文规定的法规或行业规范，则主要有：针对处理垃圾邮件的《互联网电子邮件服务管理办法》，应对"买卖粉丝"的新浪《微博社区公约（试行）》，对付色情网站的《互联网禁止传播淫秽、色情等不良信息自律规范》。下面具体介绍下这三方面的情况。

2006年3月30日起，信息产业部正式施行第38号令《互联网电子邮件服务管理办法》，垃圾电子邮件的治理开始变得有法可依。根据该办法，违反规定随意发送垃圾邮件者的处罚分为罚款和警告两种处分，其中对于一般的违规行为可处以1万元以下的罚款，而对于有商业目的、可从垃圾邮件中获得违法收入的，则可最高处以3万元的罚款。《办法》要求服务商必须关闭电子邮件服务器匿名转发功能，并加强电子邮件服务系统的安全管理，这样，垃圾邮件将不至于变得无从追查。此外，《办法》还要求，带有

[①] 王晶：《虚假粉丝盛行 网络灰色产业链引关注》，泡泡网，http://www.pcpop.com/doc/0/591/591404_all.shtml。

[②] 信海光：《"删帖"怎么就成了一个产业？》，虎嗅网，http://www.huxiu.com/article/8232/1.html。

商业广告内容的电子邮件必须在标题信息前部加注"广告"或者"AD"字样，并为用户提供"订阅"及"取消订阅"两种选择，由用户自行决定是否订阅。③2006 年 8 月，广东省通信管理局依据《互联网电子邮件服务管理办法》，首次对一家发送垃圾电子邮件的公司给予了行政处罚，责令其停止发送垃圾电子邮件，并罚款 5000 元。

再说应对"买卖粉丝"的新浪《微博社区公约（试行）》，新浪微博官方平台曾推出《微博社区公约（试行）》规范微博使用，公约第四章第十一条明文规定，不得恶意通过机器或软件等非人力手段注册微博账号、发布内容或关注他人，经微博官方许可的软件应用除外。

在色情网站的管理方面，刑法第 363 条至 367 条有相关规定。这四条内容是有关制作、贩卖、传播淫秽物品罪的，其中关于淫秽物品的定义是："具体描绘性行为或者露骨宣扬色情的诲淫性的书刊、影片、录像带、录音带、图片及其他淫秽物品。"

总的来说，目前我国对于互联网不正当收入的法律防护管理还存有一定障碍。如果探究其原因，主要有以下几条。

第一，对不正当收入的概念界定尚未明确。

目前，通常把不正当收入界定为是介于合法收入和非法收入的中间地带的收入，而中间地带范围太广，不正当收入的形式又包罗万象，难以细致归类，只有当不正当收入越过界限，涉入非法收入的领域，才能用法律制裁。

第二，不同形式的不正当收入模式破坏程度不同。

比如垃圾邮件，作为电子广告形式对于用户所产生的负面效果较小，但是用垃圾邮件传递网络病毒或者骗取用户钱财，情节会更加严重。

第三，互联网的虚拟性和匿名性使不正当收入的"真凶"很难确定。

虚拟性和匿名性使不法商者处在网络的"暗处"，一时难以找到，这也是难以进行管理的一个原因。

---

① 张莹：《发送垃圾邮件最高可罚3万》，新浪网，http://tech.sina.com.cn/i/2006-08-18/16221093389.shtml。

三 案例分析

（一）互联网的"信息杀手"：网络删帖

1. 内容

（1）百度员工有偿删帖被刑拘

2012年，百度公司社区搜索部、公共事务部、知识搜索产品市场部的4名员工涉嫌与外部人员勾结，对外部人员所提的删帖请求，私下进行了违规的有偿删帖，其中3名员工已被北京市公安局海淀分局依法刑事拘留。另一名员工预谋勾结贴吧管理员收费删帖时，被公司发现而未遂。百度解除4名涉嫌收费删帖员工的劳动合同。

此事一出，百度开始对"有偿删帖"进行严打，除了加强内部员工的职业自律之外，还对非百度正式聘用人员的贴吧吧主行为进行约束。"对卷入收费删帖的吧主，百度发现一例，打击一例，打击任何在百度平台上进行收费删帖的行为。同时，将从制度管理上严堵漏洞，维护贴吧的正常秩序"，并协同公安、工商等部门打击不法分子和不法行为，依法追究不法分子的法律责任。①

（2）广东首例网络删帖敲诈勒索案宣判

广东化州一犯罪团伙通过本地论坛炒作、攻击当地公务员、教师、老板等人，待当事人求删帖时，赚取高额删帖费。2009年底以来，被告人王某权利用采集软件，蓄意在众多网站搜集关于化州市一些单位及个人的负面帖子，并将其转载到自己开设的网站《化州论坛》上，然后注册"蕃茄炒蛋"、"神出鬼没"、"灰太狼"等多个身份，对这些帖子进行炒作，迫使涉事单位及个人支付删帖费后再删除相关负面帖子。

被告人梁某荣则利用《化州论坛》王某权可以删帖这一平台大肆敛财。其儿子被告人梁某新在《化州论坛》上搜集到一些负面信息后，便告诉梁

---

① 申志民：《百度三员工有偿删帖被刑拘》，新浪网，http://tech.sina.com.cn/i/2012-08-05/02397467889.shtml。

某荣，梁某荣再以其茂名《南方论刊》记者身份，主动出面联系涉事单位及个人，收取"删帖费"。每次收到"删帖费"后，梁某荣会根据梁某新与王某权议定的价钱，将钱交由梁某新汇入王某权的银行账户，王某权再将网上的负面帖子删除。据统计，王某权敲诈勒索金额共10多万元，梁某荣、梁某新合伙敲诈勒索金额近5万元。[①]

审判机关认为，被告人王某权、梁某荣、梁某新以非法占有为目的，利用互联网发帖子毁坏他人名誉，再以胁迫的方法敲诈勒索他人财物，其行为已构成敲诈勒索罪，依法应追究3名被告人的刑事责任。

2. 原理解析

口碑通常包括消费者对产品或品牌的认知、态度、情绪、评价及行为，网络口碑同样影响用户对产品或品牌的认知、态度和决策

网络的虚拟性和开放性让更多的消费者在企业营销中的地位已逐渐由被动转为主动，消费者拥有了更多的发言权，并且敢于在网络上发表自己的看法，消费者在线上对企业或者产品的口碑评价会直接影响线下的企业发展或者产品销售。尤其随着电子商务的兴起，用户不用出门就可以在网上购物，而判断产品好坏的重要指标就是来自他人对产品的口碑评价。口碑与舆论常常密不可分，用户对企业或产品的口碑会形成其他人对产品或企业的舆论。一旦舆论形成，就会在用户心中产生一种刻板印象，影响着用户对产品和企业的判断。

（二）互联网的"幕后策划师"：网络推手

1. 内容

本案例是网络推手立二拆四、秦火火涉嫌非法经营被刑拘。

2006年，杨秀宇（网名立二拆四）注册成立了尔玛公司。尔玛公司曾经制造了许多轰动网络的热点事件，比如"别针换别墅""最美清洁

---

① 邓新建：《通过网络论坛炒作虚假负面信息敛财广东首例网络删帖敲诈勒索案一审宣判》，法制网，http://www.legaldaily.com.cn/bm/content/2012-07/24/content_3725562.htm?node=20736。

工""郭美美事件""干露露事件"等。随后秦火火加盟，为提高公司及个人知名度和影响力，二人先后策划和制造了一系列热点网络事件，使自己迅速成为名人。如"7·23"动车事故发生后，故意编造、散布中国政府花2亿元天价赔偿外籍旅客的谣言；还捏造了所谓雷锋生活中的奢侈情节，污称这一道德楷模的形象完全是由国家制造；利用"郭美美炫富事件"蓄意炒作，恶意攻击中国的慈善救援制度，等等。

从2011年7月以来，秦火火编发、转发各类信息3000余条，有造谣，也有传谣，秦火火也被称为"谣翻中国"。其在微博上造谣炒作的方式通常有三种：一是一人发布，圈内人转发，形成一定影响力；二是大V转发；三是花钱购买一定数目的粉丝账号转发。

尔玛公司的主要赢利模式为：先利用谣言引起网民关注，积累起一定影响力，再利用这些影响力，帮助企业营销，实际是把虚无缥缈的粉丝变成了"真金白银"。此外，该公司还一直以非法删帖替人消灾以及查询IP地址等方式赚钱。公司一年的收入有近千万元之多。[1]

2013年8月杨秀宇（立二拆四）、秦火火因涉嫌寻衅滋事罪和非法经营罪被北京警方刑事拘留。[2]

2.原理解析

网络推手实质是消费网民的注意力和情感资源。以网络推手捧红网络红人为例，网络推手根据"物以稀为贵"的道理选择有争议的人物或事件，比如"婀娜多姿"的芙蓉姐姐等，勾起网民的好奇心；又如相貌丑陋的凤姐却扬言要找"高富帅"，从而让网民在论坛和博客里发帖吐槽，这一发帖一回复的过程中，就把被炒者捧红，随后就依靠羊群效应（网民的从众心理），会有越来越多的网民关注被炒者，越来越多的传统媒体主动报道，被炒者就顺利成为网络红人。

网络推手能形成这样一个有规模的市场的另一原因是近年来企业比较

---

① 刘佳：《微博大V灰色利益链：网络推手公司年营收上千万》，艾瑞网，http://web2.iresearch.cn/weibo/20130826/209793.shtml。

② 李涛：《"秦火火""立二拆四"被刑拘 曾制造诋毁雷锋等谣言》，新华网，http://news.xinhuanet.com/legal/2013-08/21/c_117023720.html。

注重促销，目前市场上，企业竞争非常激烈，大家都很注重通过促销拉动销售、获取市场份额，而此过程中又不太注意促销手段的合乎道德法规与否，只要吸引眼球就好，于是，就让网络推手有了发展空间。

（三）互联网的"流氓广告"：垃圾邮件

1. 内容

美国一度是垃圾邮件的第一生产大国。2012年，印度超过美国成为世界第一大垃圾邮件来源，全球来源于印度的垃圾邮件数量占全球垃圾邮件总数的9.3%[①]。实践中，不管是企业还是个人对垃圾邮件的抗争从未间断。如以下案例。

（1）美国"垃圾邮件之王"获罪

2003年，有美国"垃圾邮件之王"之称的网络商人罗伯特·艾伦·索洛韦在华盛顿州西雅图成立"纽波特网络营销公司（Newport Internet Marketing Company）"，公司提供群发电子邮件软件和服务，采用虚假的和伪造的头文件发送大量的商业性电子邮件和使用僵尸网络向收件人转发电子邮件，并从中非法牟利。索洛韦从垃圾邮件中牟利数十万美元，政府已查获他至少4个银行账户。2007年6月，索洛韦受到邮件欺诈、电话欺诈、电子邮件欺诈、情节严重的身份盗窃及洗钱等40项指控，索洛韦最多会被判26年监禁和最多62.5万美元的罚金。[②]

（2）英国一男子不满"垃圾邮件"轰炸起诉获赔偿

英国男子史蒂夫·希金斯的电子邮箱每天都会收到一家名为"珍妮·帕特里克"的厨具公司发出的垃圾邮件，多时一天就有60封。邮件"轰炸"让希金斯不胜其烦，联系珍妮·帕特里克厨具公司提出索赔要求，但遭到对方拒绝，于是希金斯向北安普敦一家小额索偿法庭提起诉讼。

官司审理期间，珍妮·帕特里克公司没有应诉。法庭最终裁定这家公

---

① 参见《印度超过美国成世界第一大垃圾邮件来源》，艾瑞网，http://service.iresearch.cn/email/20120425/170584.shtml。

② 王晓玥：《美国"垃圾邮件之王"认罪 曾发送千万垃圾邮件》，中国网，http://www.china.com.cn/international/txt/2008-03/16/content_12762294.html。

司赔偿希金斯 750 英镑（1157 美元），并支付 60 英镑的（93 美元）法庭审理费用。①

（3）雅虎在垃圾彩票邮件案中获赔 6.1 亿美元

垃圾邮件商希望通过向用户发送伪造彩票邮件信息的方式，欺骗后者使他们相信赢得了雅虎彩票大奖，并以此获得用户的社保账号、信用卡账号等个人信息，然后利用这些信息来进行身份和信用盗窃犯罪。

2008 年，雅虎提起诉讼。判决声明指出，根据纽约普通法，法官认为缺席的被告作为同谋负有个体和连带责任。2011 年 12 月 8 日，雅虎宣布法院已判定其获赔 6.1 亿美元，这 6.1 亿美元的赔偿金中包含 2700 万美元的商标侵权赔偿金和违反美国反垃圾邮件法所带来的 5.83 亿美元赔偿金，雅虎同时还获得了律师代理费补偿。②

（4）Facebook 因垃圾邮件官司赢得 3.6 亿美元赔偿

2009 年 12 月，Facebook 起诉三位嫌疑人劫持 Facebook 用户帐户并大量发送垃圾信息，其中包括波莱姆斯基。波莱姆斯基运营一家名为 PP Web Services 的公司，该公司被指控获得至少 11.6 万名 Facebook 用户的登录信息，并发送至少 720 万封垃圾邮件。

Facebook 称，共接到 8000 多名用户的投诉，有 4500 多名用户因此废止了账户。北京时间 2011 年 1 月 30 日，美国地方法院法官福格尔裁定，波莱姆斯基需向 Facebook 支付 3.605 亿美元的罚金。③

（5）"垃圾邮件斗士"丹尼尔·鲍尔萨 8 年反击垃圾邮件获赔 100 万美元

作为一名营销人员的丹尼尔·鲍尔萨姆，因难忍电子邮箱收到大量垃圾邮件，辞去营销工作，创办反垃圾邮件网站，从 2002 年起，他发起针对

---

① 参见《不满垃圾邮件"轰炸"英一男子起诉获赔偿》，网易，http://news.163.com/13/0624/02/923P71IJ00014AED.html。

② 水声：《雅虎在垃圾彩票邮件案中获赔6.1亿美元》，搜狐网，http://it.sohu.com/20111208/n328274983.shtml。

③ 李明：《Facebook因垃圾邮件官司赢得3.6亿美元赔偿》，新浪科技，http://tech.sina.com.cn/i/2011-01-30/15295148922.shtml。

垃圾邮件发送公司的诉讼，在 8 年间，其获赔超过了 100 万美元。[①]

2. 原理解析

垃圾邮件实质是邮件营销的变异。

邮件营销是常见的网络营销手段之一，邮件营销有三个基本因素：通过用户许可、电子邮件作为信息传递的渠道、信息对用户有价值，而垃圾邮件显然不符合正规邮件营销的条件。

在实践中，垃圾邮件被广泛使用的原因主要有两种。

（1）成本低、精准发送

发送垃圾邮件的成本基本为零，只要有用户的邮箱地址，就可以把信息准确发送到对方的邮箱里。

（2）垃圾邮件的发送依赖于互联网虚拟性、信息传播迅速便捷的特质

互联网的虚拟性可以使邮件发送者假装成用户的熟人，进行邮件欺诈等活动，而许多用户会因为怕误删重要邮件，而被垃圾邮件蒙蔽，从而阅读垃圾邮件，这就实现了邮件发送者的目的。此外互联网可以使信息呈现一对多式的传播，如全球大部分的垃圾邮件来自僵尸网络。僵尸网络通过各种手段在大量计算机中植入特定的恶意程序，使控制者能够通过相对集中的若干计算机直接向大量计算机发送指令。这种信息发布方式，是很迅速便捷的。

（四）互联网的"信息海盗"：网络病毒

1. 内容

（1）HYC 集团靠流量获利

国内第二大病毒集团 HYC 病毒集团从 2010 年 1 月至 2011 年 4 月，在一年多时间里利用病毒入侵非法获利上千万元。他们不是靠获得网民的网银、网络账号和密码骗钱，而是利用获得流量来获取收益。该病毒集团操控着互联网上约 12.67% 的病毒传播。

---

① 刘锴：《美国男子8年反击垃圾邮件获赔100万美元》，搜狐网，http://www.100ec.cn/detail--5582808.html。

HYC 病毒集团是以正规公司为掩护,内部有着严密的专业化分工,核心首脑负责下达指令,由黑客程序员按要求制造病毒,再由工程师搭建出用于埋藏病毒的站点和网页,或是在知名网站中推广病毒程序,并派大量水军在论坛中进行推广,从而诱骗网民。目前病毒集团传播病毒赢利模式主要有七类,包括篡改浏览器弹出广告(计价标准一般为每千 IP6~6.5 元)、在网民电脑桌面生成购物网站快捷方式(按流量计费或成单分成)、修改电脑主页(每个 IP1 元)、下载安装盗号木马窃取虚拟物品、推广互联网软件赚取推广费(每次安装 0.20 元或每次激活 1~1.5 元)、修改浏览器收藏夹、推广游戏客户端(每成功注册一个 ID,1.5~5 元不等)等。根据上述情形推算,每成功感染一台计算机,病毒推广商可立马获得 2 元左右回报,而通过病毒带来的流量,每千个 IP 获得 6 元左右的收益。十大病毒集团已控制互联网上 80% 的病毒下载通道,主要的病毒集团每天可感染约 20 万台 PC。仅流量收入一项,一年就可获利 1.2 亿~ 1.5 亿元。[①]

(2)熊猫烧香病毒肆虐网络,主犯获刑 4 年。

2006 年 10 月,李俊开始制作计算机病毒"熊猫烧香",并请雷磊对该病毒提修改建议。12 月初,李俊在互联网上叫卖该病毒,同时也请王磊及其他网友帮助出售病毒。随着病毒的出售和赠送给网友,"熊猫烧香"病毒迅速在互联网上传播,由此使得自动链接李俊个人网站 www.krvkr.com 的流量大幅上升。王磊主动提出为李俊卖"流量",并联系张顺购买李俊网站的"流量",所得收入王磊和李俊平分。为了提高李俊网站的访问速度,由王磊化名董磊为李俊的网站在南昌锋讯网络科技有限公司租用了一个 2G 内存、百兆独享线路的服务器,租金由李俊、王磊每月各负担 800 元。张顺购买李俊网站的流量后,先后将 9 个游戏木马挂在李俊的网站上,盗取自动链接李俊网站游戏玩家的"游戏信封",并将盗取的"游戏信封"进行拆封、转卖,从而获取利益。

2006 年 12 月至 2007 年 2 月,李俊共获利 145149 元,王磊获利 8 万元,

---

① 刘佳:《 HYC病毒集团每年流量收入过亿 5主犯被公诉》,搜狐网, http://it.sohu.com/20120621/n346166867.shtml。

张顺共获利 1.2 万元。"熊猫烧香"病毒影响了山西、河北、辽宁、广东、湖北、北京、上海、天津等省市的众多单位和个人计算机。被告人李俊犯破坏计算机信息系统罪，判处有期徒刑四年；被告人王磊犯破坏计算机信息系统罪，判处有期徒刑二年六个月；被告人张顺犯破坏计算机信息系统罪，判处有期徒刑二年；被告人雷磊犯破坏计算机信息系统罪，判处有期徒刑一年。[①]

2. 原理解析

网络病毒的实质是写入用户电脑程序的恶意代码，其目的是实现流量变现和信息窃取。

网络病毒的制作需要很强的专业性，此外病毒具有很强的传染性，如熊猫烧香病毒影响了山西、河北、辽宁、广东、湖北、北京、上海、天津等省市的众多单位和个人计算机。网络病毒的目的通常分为两种，第一，变现流量，病毒发送者通过制作病毒、传播病毒、锁定主页、强制修改用户桌面，把病毒带来的流量变现成金钱；第二，实施对用户信息的盗窃，如 HYC 病毒集团依靠下载安装盗号木马窃取虚拟物品、推广互联网软件赚取推广费。

（五）互联网的"人口交易"：买卖粉丝

1. 内容

（1）Twitter 假粉丝卖家日赚 800 美元

美国网络安全公司 Barracuda 的研究员丁桥森（Jason Ding）花费了 75 天的时间，对 Twitter 粉丝黑市的情况进行了深入调查。丁桥森和同事注册了三个 Twitter 账号，然后分别购买 2 万到 7 万不等的粉丝。

调查发现目前共有 58 家独立网站和 20 家 eBay 卖家提供 Twitter 粉丝，绝大部分粉丝是虚假注册的 Twitter 账号。这些"虚假粉丝"平均每个人关注了 1799 个 Twitter 用户，而购买 1000 个粉丝的价格是 18 美元。提供虚假

---

① 参见《熊猫烧香病毒肆虐网络专题》，新浪网，http://tech.sina.com.cn/focus/Worm_Nimaya/index.shtml。

粉丝的卖家，每天可以赚到 800 美元。

另外，这些出售虚假粉丝的卖家，同时也提供虚假微博转发的服务，每千次转发收费从 2.5 美元到 55 美元不等。尽管 Twitter 会关闭确定是虚假的用户账号，但是粉丝卖家很容易做到 Twitter 无法确定真假。①

（2）淘宝微博粉丝买卖 2 角一个

在淘宝网上，一度只要搜索"微博粉丝"就可以找到数十家淘宝店铺，以及详细的价格表，"粉丝"卖价从 1 角到 1 元不等。

淘宝网"乖乖主打店"销售"粉丝"售价为 2 角，并且还出售"全天均匀发布、有内容针对性的高要求评论和转发"，50 条评论的价格为 20 元，100 次转发 10 元。该店主的历史销售记录已达到 500 多笔，信用更是达到了两个钻石级别。

用户下单后，不到两个小时，粉丝立马增加，而且"粉丝"都有头像和所在地。部分店铺为了增加销量，还推出详细的促销活动。如"高质量、永久粉丝"，促销价一般是 100 人 16 元。如果批发，30000 个高质量、永久粉丝的价格达 2399 元。

这些"粉丝"有的是手工注册，有的是用相关软件注册，有的是用黑客软件和制造团队利用网络代理、木马等制造，一些门户网站也会经常检查，一旦被网站确认将会被清除。②

2. 原理解析

粉丝买卖的本质是获取注意力资源。"粉丝"是微博注意力资源的量化指标，用户通过购买粉丝，获取注意力资源，从而将注意力资源转化为经济价值。粉丝注意力的变现有很多种形式，最主要的形式为用户积累粉丝、粉丝数量增加提升微博影响力、利用影响力吸引广告商投放广告赢利，如"糗事大百科"的微博使用者靠软广告挣得的月收入平均为 2 万元人民币。③

① 曙瑾：《Twitter粉丝黑市曝光：假粉丝卖家日赚800美元》，比特网，http://net.chinabyte.com/22/12399022.shtml。

② 韩利：《淘宝2毛钱一个批发微博粉丝2399元可买3万个》，比特网，http://net.chinabyte.com/119/11341119.shtml。

③ 黄莹：《19岁男孩打造微博"糗事大百科"月入2万元》，搜狐网，http://news.sohu.com/20110701/n312166408.shtml。

更常见的形式为用户购买的高级粉丝和普通粉丝为其微博内容（广告）推波助澜（转发、评论其微博，为用户微博做广告），扮演网络水军的角色，增加用户微博的注意力资源，最终通过吸引广告商投放广告赢利。

（六）互联网的"红灯区"：色情网站

1.内容

（1）公安部打击情色网站——"情色六月天"

从 2004 年 5 月起，陈辉开办和经营"情色六月天"网站，租用犯罪嫌疑人张斌在境外的互联网服务器架设论坛。起初，网站主要以传播色情影片、色情文章和色情图片为主。网站下设影视区、综艺区和破解区，各区分设不同版块，内容由论坛会员发表，网站设置管理员、超级版主、版主、助理版主，管理员负责网络的日常管理和会员收费。

网站发展到一定规模，陈辉一边搞网站技术维护，一边提供网站收费账号，收取网站会员注册资金、广告资金。其间，陈辉等人还从事盗窃 QQ 号码、盗窃网络游戏装备等非法行为，从中获利。

为获取更大利润，2005 年 7 月，陈辉又租用了 10 台在美国的服务器，相继开设了"天上人间""情色海岸线""华人伊甸园"等 3 个色情网站，交由虞懿等人管理，并付给他们数额可观的佣金。这 4 个网站既相对独立又相互联系，在全国招募了 20 余名超级版主和版主。

起初，为使 4 个网站扩大"知名度"，他们以免费注册的方式吸收了众多会员。随着入会人数增多，他们便要求注册入会，注册费为每年 199 元、266 元不等，终身会员会费为 666 元，最高达 3999 元。到陈辉被警方查处时，这 4 个网站的注册会员已达几十万人，发帖 900 余万条。由于陈辉已将大部分赃款用于消费或转移境外，其非法获利的情况难以完全统计。2005 年 10 月 11 日，警方依法将这 4 个网站关闭。[①]

---

① 武敌，胡靖国，董劭：《色情网站"情色六月天"覆灭记》，新华网，http://news. xinhuanet.com/video/2005-12/26/content_3969316.htm。

（2）中美查获全球最大中文色情网站联盟——"阳光娱乐联盟"

2002 年 1 月，中国福建出境人员王勇在美国建设了"99 情色"网站，随后又通过加盟、收购等方式，将互联网上用户量最大的 48 家中文淫秽色情网站纳入其管理范围，形成全球最大的中文淫秽色情网站联盟"阳光娱乐联盟"。

该联盟含淫秽色情信息板块千余个，淫秽色情信息上亿帖，其中有 18 个网站涉及儿童色情信息。国内警方一度打掉该联盟在境内发展的网站管理员、版主近千名，但由于该网站建设者及服务器均位于美国，致使该联盟没有被根本取缔。

2010 年 4 月，公安部与美国联邦调查局就这起案件正式开展跨国警务合作，最终抓获联盟建设者王勇，同时抓获在境内负责洗钱和维护网站的 10 余名犯罪嫌疑人。[①]

2．原理解析

从本质上说，需求决定供给，人的生理需求也是导致色情网站屡禁不止的原因之一。

色情网站有很强的隐蔽性，开设者将服务器设在国外，以逃避国内公安部门的打击。而色情网站之所以屡禁不止，主要也跟人的生理需求有关，色情网站正是抓住男女最原始的生理需求这一点进行非法赢利。实践中，它们除了提供色情图片浏览、色情电影下载，还提供色情聊天等，另外，一些非法情色交易也是色情网站的业务。从色情网站存在与发展的复杂性来说，打击色情网站还任重道远。

---

① 邢世伟：《中美摧毁全球最大中文色情网站联盟 会员超千万》，中国电子商务研究中心网，http://www.100ec.cn/detail--5924486.html。

第十一章　网络营销赢利模式

一　概念、发展历程及规模

（一）概念

网络营销同义词有网上营销、互联网营销、在线营销、网路行销等，这些词汇说的都是同一个意思，就是以互联网为主要平台开展的营销活动。具体地说，网络营销是指组织或个人基于开放便捷的国际互联网络，对产品、服务等所做的一系列推广活动。网络营销是互联网的一种功能，也是一种随着互联网的发展而刚出现的新型的商业营销模式

（二）发展历程

相对于互联网发达国家，我国的网络营销起步较晚。从 1994 年至今，我国的网络营销发展大致经历了三个阶段：传入阶段、萌芽阶段、应用和发展阶段。进入 2004 年后的中国网络营销获得了多方位快速发展，并且表现出新的特征，简单来说可以表述为新型网络营销概念和方法受到关注。具体地说，随着"web2.0"概念逐渐被认识，出现了一些网络营销概念，如博客营销、RSS 营销等，这些新型网络营销方法正逐步为营销主体所采用。自从 2002 年"博客"（BLOG）的概念在国内出现以来，利用博客来开展网络营销的实践尝试早已开始，部分博客网站开始提供企业博客服务，为企业网络营销增加了新的模式，微博出现后，新浪微博等平台又如法炮制。除此之外，网络事件营销、网络话题营销、网络病毒式营销等新的网络营销手段已在实践中逐渐显示出强大的威力。

（三）赢利规模

1.当前规模

中国互联网络信息中心（CNNIC）发布的《中国互联网络发展状况统计报告》显示，截至 2013 年 6 月底，我国网民规模达 5.91 亿，半年共计新增网民 2656 万人。其中，手机成为网民增长主要来源。就全球范围看，2012年，全球网民总数量已接近 20 亿，将近全球总人口的三分之一。[①]就 2012 年的网络营销现状来看，2012 年网络营销衍生了各种营销方式，总体网络营销的趋势向社会化、整合化方向发展，并且逐渐进化到内容营销阶段。此外，中国企业在网络营销领域的投入正在加大，2012 年比 2011 年有所增长，整个涨幅在 50% 以上。

目前，网络营销有两大领域比较引人注目，即微博营销和移动网络营销。

根据互联网数据调研中心 DCCI 公布的"中国首个微博用户市场图谱"，2010 年底，我国互联网微博累计活跃注册账户数突破 6500 万个，2011 年突破 1 亿。[②]截至 2012 年 12 月底，我国微博用户规模为 3.09 亿，较 2011 年底增长 5873 万，增幅达到 23.5%，[③]2013 年国内微博市场将进入成熟期。微博用户群体的不断扩大，给微博营销提供了充足的赢利空间，伴随着"全民微博时代"的到来，网络营销也进入了"微博营销时代"。

无独有偶，移动网络营销的赢利规模随着移动互联网技术的发展也在不断扩大。中国互联网协会发布的《中国互联网发展报告（2013）》称，2012 年移动营销市场规模为 63.5 亿元，较 2011 年增长 162.4%，2012 年 4个季度中国移动营销市场规模均保持 20% 以上的环比增长。[④]《中国互联网络发展状况统计报告》显示，截至 2013 年 6 月底，新增网民中，使用手机

---

① 参见第32次《中国互联网络发展状况统计报告》，中国互联网信息中心(CNNIC)，2013年7月。

② 参见《中国首个微博用户市场图谱》，互联网数据调研中心(DCCI)，http://mfiles.sohu.com/it/weibobaogao.pdf，2011年。

③ 数据来源：和讯网—科技频道，http://tech.hexun.com/2013-01-15/150183758.html，2013年1月15日。

④ 参见《中国互联网发展报告(2013)》，中国互联网协会，2013年7月。

上网的比例高达 70%，规模达 4.64 亿，较 2012 年底增加约 4379 万人，高于其他设备上网的网民比例。[1] 这表明手机上网对互联网普及的促进作用很大，已成为目前互联网增长的主要来源。移动网络营销当前赢利规模可观，可以预见其将成为网络营销的赢利主力。

2.前景

综合数据来看，世界互联网规模不断扩大、网民数量不断增加，网络营销的规模必将不断扩大，尤其是新增网民中手机等移动互联网用户明显增加，这将为网络营销提供新的空间，开辟新的领域。目前，智能手机产业蓬勃发展，市场研究机构 NPD 发布的报告显示，2013 年全球智能手机出货将达到 9.37 亿台，比 2012 年的 7.23 亿同比增长 30%，并首次超过功能手机出货量。[2] 随着智能手机的高度普及，各种移动端口纷纷成为营销主体抢占的"新战场"。

另外，互联网数据中心（DCCI）发布数据预测：互联网在 2013 年前后，以规模、份额等关键指标，终于成为主流化媒体，网络广告营销市场 2013 年有望达到 1033 亿元的规模，2014 年将超越电视成为第一屏、第一终端、第一媒体、第一营销通路。[3]

综上，笔者认为，网络营销前景会比较美好。

二 赢利模式

（一）当前赢利模式

网络营销当前赢利模式主要有如下几个。

1.网络事件营销

网络事件营销是事件营销（Event Marketing）的一个专业分支，是企业

---

① 参见第32次《中国互联网络发展状况统计报告》，中国互联网信息中心(CNNIC)，2013年7月。

② 数据来源：http://it.21cn.com/itroll/a/2013/0521/07/21764818.shtml。

③ 数据来源：http://info.1688.com/detail/1092353741.html。

等主体主要以网络为传播平台，通过精心策划，实施可以让公众直接参与并享受乐趣的事件，并通过这样的事件达到吸引公众注意力，改善与公众的关系，塑造自身良好形象，以谋求自身的长久、持续发展的营销活动。

网络事件营销一般有两种模式，分别为借力模式（借势）和主动模式（造势）。借力模式是利用时机，结合当下的社会热点，将社会的关注度逐渐转移到企业等主体身上，属于"顺势而为"；主动模式则是利用各种传播手段将企业等主体的事件进行扩散，从而吸引社会的关注度。

2.病毒式网络营销

病毒式营销是一种常用的网络营销方法，常用于进行网站推广、品牌推广等，病毒式营销利用的是用户口碑传播的原理，在互联网上，这种"口碑传播"更为方便，可以像病毒一样迅速蔓延，因此病毒式营销成为一种高效的信息传播方式。由于这种传播是用户之间自发进行的，因此几乎是不需要费用的网络营销手段，因此，病毒式网络营销具有传播速度快、覆盖率高、成本低等特点。

3.网络话题营销

网络话题营销主要是运用网络的力量以及网民的口碑，让某事物成为网民谈论的话题，就此形成关注以达到营销推广的效果。这里的话题，可能是有意制造的，也可能是受众引发的；可能是紧紧围绕网络内容本身的，也可能是派生衍射出来的；可能具有普遍社会性，也可能是群体性、小众性的。

4.社会化网络营销

社会化网络营销就是利用社交网站、博客、微博等互联网平台来传播和发布资讯，从而达成营销目的一种营销方式，一般社会化网络营销平台包括社交网站、论坛、微博、博客等。

5.网络视频营销

网络视频营销指的是企业等主体将各种视频短片以各种形式放到互联网上，达到一定宣传目的的营销手段。网络视频广告的形式类似于电视短片，平台却在互联网上。"视频"与"互联网"的结合，让这种创新营销形式具备了两者的优点：它具有电视短片的种种特征，例如感染力强、形式内容多样、"肆意"创意等，又具有互联网营销的优势，例如互动性、主动传播性、传播速度快、成本低廉等。

（二）发展趋势

综合近年来互联网的发展和新的媒介形式的出现，以下网络营销的发展趋势或将成为可能。

1. 微营销，大效果。

微信是腾讯旗下的一款语音产品，是当前比较火爆的手机通信软件，支持发送语音短信、视频、图片和文字，可以群聊。2013年1月21日，微信的腾讯官方微博发布"微信，2011年1月21日发布第一个版本。在距离2周年几天之际的今天，达到3亿用户"。[①] 在2012年3月底，微信用户才超过1亿大关，从2011年1月21日推出到达到3亿规模的用户量，微信仅仅用了两年的时间，可以预知2013年之内微信将成为移动端拥有最多用户的社交通讯工具。

微信具有很强的及时互动性，无论你在哪里，只要你带着手机，就能够很轻松地同你的客户进行很好的互动，微信一对一精准推送信息的形式更能形成一种朋友关系，如此等等。基于微信这些优势，借助微信平台开展客户服务营销将成为继微博之后的新兴网络营销形式。

2. "意见领袖型"网络营销。

企业家、企业的高层管理人员大都是意见领袖，他们的观点具有相当强的辐射力和渗透力，对大众有着重大的影响作用，会潜移默化地改变人们的消费观念，影响人们的消费行为。"意见领袖型"网络营销的一个例子：小米手机创办人雷军利用自己强有力的微博粉丝，在新浪上简单地发布关于小米手机的一些信息，就得到更多小米手机关注者的转播与评论，于是就能在评论中知道消费者是如何想的，从而了解消费者的需求。

可见借助影响力巨大的意见领袖和知名人士进行网络营销，将极大提升营销效果，这将成为网络营销的发展趋势之一。

---

① 腾讯微博—微信：http://t.qq.com/p/t/244301088926765，2013年1月15日。

3.大数据网络营销。

大数据，即巨量资料，营销主体通过收集数据、分析数据，在短时间内便能掌握市场最新的一手资料，并以此制定企业接下来的推广和发展路径。特别是面对网络上海量的用户，实时完整的数据能起到很关键的作用。比如可以了解到用户是如何获知您的产品，是用什么搜索引擎进入到您的网站的，浏览产品的次数，购买的付款方式，甚至能分析出不购买的原因等。大数据时代的到来使得未来的市场将更多地以人为中心，主动迎合用户需求，提高精准营销，大数据网络营销也将成为网络营销发展的一大趋势。

（三）评价

1.网络营销的优势利用

相较于传统的营销手段，网络营销有其明显的优势。网络媒介具有传播范围广、速度快、无时间地域限制、无时间版面约束、内容详尽、多媒体传送、形象生动、反馈迅速等特点。

同时，网络营销还有两大比较突出的优势。

第一，网络营销具有交互性。这是互联网媒体的最大的优势，它不同于传统媒体的信息单向传播，而是信息互动传播，这样能实现交流的深入、了解的深入，从而实现有效营销。

第二，网络营销具有针对性。通过提供众多的免费服务，网站都能建立完整的用户数据库，包括用户的地域分布、年龄、性别、收入、职业、婚姻状况、爱好等。这些资料可帮助营销主体分析市场与受众，有针对性地制订营销计划，从而取得理想的效果。

以上都是网络营销的优势，营销主体可以好好利用。

2.网络营销的风险规避

网络营销具有风险，互联网的匿名性、隐蔽性会直接影响受众对营销内容和形式的信任度。营销主体在进行网络营销的过程中产生的诸如虚假交易、侵犯消费者隐私权、网络欺诈、网络垃圾邮件、网络色情、信息无效等现象，会严重阻碍着网络营销的发展，也使网络营销具有多重风险。

其中，这些年来比较突出的是网络恶意营销和网络营销的诚信危机。要合理有效地规避风险，就要求管理者对网络营销进行有效控制。

（1）网络恶意营销与诚信危机

网络恶意营销主要表现在三个方面："网络推手的网络炒作""网络打手的恶意攻击""网络擦手删除负面消息"①，其中网络炒作最为典型。网络炒作利用网络媒体，通过"网络推手"发动"网络写手"对个人或者企业进行正反两方面的评论，其中最典型就是"网络水军"群体，"网络水军"的大量炒作不仅急剧增加网友关注度引来相关媒体报道，甚至有可能影响事件的发展进程。网络恶意营销降低了互联网的公信力，制造虚假网络舆情，使网络舆论环境浑浊不堪。

除了网络恶意营销，网络营销中的诚信危机也屡见不鲜。网络营销中的诚信问题主要体现在"发布虚假信息""不能正确对待负向口碑""攻击竞争对手"三个方面。②网络诚信危机将大大影响网络舆论环境、网络公信力，对营销主体长期良好形象的建立也有百害无一利。

（2）网络营销风险的有效控制

针对网络营销中频现的诸如网络恶意营销、网络营销诚信危机等的风险，对其进行最大可能的风险控制，有助于规范网络营销的相关行为，净化网络营销环境。而这，目前主要需做到以下几点。

第一，明确"传递价值"理念。

要有效掌控网络营销，就要首先改变观念，"网络不是一个'索取'的工具而是'给予'的平台"。③网络营销的内容和形式对目标群体越有价值，对其的掌控力也就越强。网络营销以满足目标群体需求、赢得满意和忠诚、提高营销主体形象为目的，不仅仅满足商业赢利，还包括目标群体的心理、信息获取、沟通、归属等需求。网络营销主体要认识到这一点，要走出狭隘的"商业赢利""向网络索取"的理念，要认识到自己是在创造"价值"。

---

① 秦雪星：《从蒙牛陷害门谈网络恶意营销的形成与危害》，《新闻爱好者》2012年7月。

② 于莲：《网络口碑营销中的诚信问题及解决途径分析》，《中国商贸》2012年。

③ 张化文：《如何做好微博营销》，《中小企业管理与科技（下旬刊）》2011年第4期。

第二，提高网络营销的专业化水平。

随着网络营销的兴盛，越来越多的营销主体已经注意到网络营销的重要性，然而目前我国网络营销的专业水平普遍较低，一些较大规模的组织内部并没有专业从事网络营销的人员。要合理运用网络营销赢利，就要全面提升网络营销的专业化水平，建立健全一整套的网络营销流程和操作方案。以网络营销中的微博营销为例，看似短短百余字的一则微博，对于网络营销主体而言其实撰写难度非常高，需谨慎推敲以免留下负面问题。而一旦出现负面问题，要及时控制局势，跟进处理。

第三，加强行业自律体系的建设。

中国的网络营销发展相对滞后，网络营销这一行业的相关建设并不完善，行业自律体系就很不健全。以网络口碑营销为例，"欧美的网络口碑营销是非常规范的，以网民的身份发布厂商言论、代表某个利益集团发言，捏造事实在网络上传播，在海外是不可思议的"。[①]有关行业自律方面，美国有一个专门的机构——美国口碑营销协会（WOMMA），该协会专门对网络营销中的网络口碑营销活动进行监管。因而，加强行业自律体系建设，以规范行业行为，是促进网络营销健康发展的重要手段。

第四，建立和完善网络营销的管理机制与法律规范。

"网络营销伦理把公平正义、公正偏私、诚信虚伪等作为评价网络营销者的营销行为准则和营销行为规范。"[②]在虚拟网络空间中，人们可以畅所欲言并且不需要对自己的行为和语言承担实际责任，这与现实空间大相径庭。因而传统营销伦理的规范作用不再完全适用，这就决定了网络营销在伦理上和在相关法律规定上要有更高的要求。

法制化是网络营销得以健康发展的关键之一。尽管我国已有《互联网信息服务管理办法》、《互联网电子公告服务管理条例》等一系列的法规，但这些法规主要是针对网络本身的，关于网络营销等的却较少，有关网络营销甚至是电子商务的立法还比较滞后，没有一个比较完整的法律体系。[③]

---

① 于莲：《网络口碑营销中的诚信问题及解决途径分析》，《中国商贸》2012年。
② 张惠珍：《浅析企业网络营销运作中的伦理建设》，《科技经济市场》2010年1月刊。
③ 侯伟亮：《互联网的法制之轨》，《中国市场》2011年3月刊。

因此，相关立法执法部门应吸收和借鉴国际上比较成熟的经验，建立并完善相关的法律法规，对网络营销进行规范，确保网络营销的安全，树立社会对营销领域的信心。

三　案例分析

（一）网络营销创造的《中国好声音—The Voice of China》收视奇迹

1.内容

《中国好声音—The Voice of China》（以下简称《中国好声音》），是由浙江卫视联合星空传媒旗下灿星制作强力打造的大型励志专业音乐评论节目，源于荷兰节目《The Voice of Holland》，于 2012 年 7 月 13 日正式在浙江卫视播出。

《中国好声音》的一大特点是在第一阶段中采用"导师盲选"的形式。在最初的学员选拔阶段，明星导师背对学员，仅选择声音，不受其他任何因素的干扰。如有导师在学员演唱时按下选择按钮，则标志着学员被该位导师纳入旗下。这一环节在考验学员唱功的同时，更是多位明星导师决判力的大比拼，当有多位导师同时选择同一学员时，选择权便握在了学员自己手中，此时导师间的"你争我夺"将是非常有趣的看点。在节目初期，刘欢、那英、庾澄庆、杨坤四位著名歌手作为明星导师选拔优秀的"好声音"学员。

节目播出之后迅速走红，一度微博评论和转发量高达 12 亿，网络点击量突破 13 亿人次，每期平均收视率为 4.032%，单期最高突破 6%，均创省级卫视全国第一。在国内影视行业比较低迷的时期，《中国好声音》创造了收视"奇迹"，并位居新浪"2012 年度十大传媒事件"之首。

2.原理解析

（1）网络话题营销："故事"推动关注

《中国好声音》的营销策略中，最突出的是网络话题营销。从节目开播以来，有关节目本身、好声音学员、导师等的话题便紧随而来。话题营销主要是运用媒体的力量以及消费者的口碑，让媒体的产品或服务成为消费者谈论的话题，就此形成关注以达到营销推广的效果。这里的话题，可能是节目生产商有意制造的，也可能是观众引发的；可能是紧紧围绕节目本身的，也可能是由节目派生衍射出来的；可能具有普遍社会性，也可能是群体性小众性的。[①] 对于电视娱乐节目的话题营销，就是就节目设置相关话题或利用自然形成的话题，通过多种媒体渠道传播给受众，让受众关注该节目并产生情感反应，继而向他人或群体扩散该节目。

《中国好声音》的每个学员都有自己的故事，每个故事都是一个话题。如节目播出之初，选手的身份先引起了很大的质疑，徐海星讲述父亲的故事，却引发很多网友指责其是借悲惨故事来宣传自己，关于徐海星是否借父亲炒作的全部讨论竟超过82万条。[②]

以学员李代沫为例对事件营销进行分析，图11—1为学员李代沫2012年7月至11月的百度用户关注度统计图。

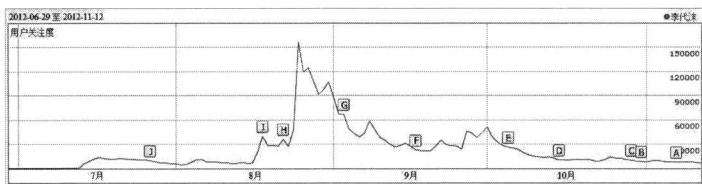

图11—1　李代沫网络关注度趋势图[③]

从指数图来看，网民对李代沫的关注度有几个高峰，那么这几个关注高峰都发生了什么？上图的高峰分别对应了以下的事件：7月17日，李代沫翻唱《我的歌声里》，表现堪称完美，引起轰动。8月5日，曲婉婷起诉李代沫侵权。8月18日，《中国好声音》在节目中详细介绍李代沫侵权风波。8月25日，李代沫被淘汰，被质疑消极比赛。8月28日，李代沫被传同性恋。

---

①　百度百科：《话题营销》，http://baike.baidu.com/view/2369211.htm。

②　参见《〈中国好声音〉微博策略：明星吃喝 卡准时间》，http://hebei.sina.com.cn/news/interview/2012-11-16/181417252.html，2012年11月。

③　数据来源—百度指数：http://index.baidu.com/main/word.php?word=%C0%EE%B4%FA%C4%AD。

9月8日，李代沫献唱《二次曝光》主题曲。

可见，一个个单独的"故事炒作"联系起来形成合力，促使李代沫的关注度居高不下，迅速走红，这些事件更是一步步将《中国好声音》的收视率推向高峰。李代沫只是《中国好声音》众多学员中的一个，几乎所有的"好声音"学员都有自己的"故事"，没有故事就没有话题，也意味着你就没有关注度，也意味着电视台没有收视率。这些故事都伴随着各种争议：黄勇被质疑为"富二代"，徐海星被质疑装纯，吉克隽逸被质疑身份造假，李维真被质疑王子身份及传闻被亿万富婆包养，那英怒斥剧透及对媒体代表发飙，张玉霞临时遭节目组换歌落败以及遭假冒羽毛球国家队队员侮辱，杨坤与丁丁私情，吴莫愁离奇发挥晋级等。

网络话题的炒作和广泛传播，让《中国好声音》一次次登上各大媒体的头条，一次次成为网民讨论的对象，这样的网络话题营销，也相当程度上成就了席卷全国的"好声音"风暴。

（2）网台联动营销：网络营销对电视节目进行深度开发

互动性强是网络媒介最显著的特征。当电视与网络相融合时，传统电视的单向性传播特征被打破。"互动的实质是思想的交换，其过程要在信息传递与反馈中形成一个封闭的回路，其结果能使互动双方在思路、想法、运行效果、市场效益上实现螺旋式上升。"[①]互动性的节目给受众的参与提供了广阔的平台，这种全新的传播方式一改传统电视媒体单向传播的老面孔，让受众在参与和互动中体验愉悦，得到最大限度的释放和满足。

传统的网台联动形式主要是网络播送电视节目的内容，这种"播送"往往限制于电视节目本身，类似于"重播"和"回放"，这在很大程度上改变了传统电视的线性传播特点，观众可以通过网络电视的观看来实现同步收视和异步收视的兼容。

但是，这样的传统"网台联动"采买模式带来两个主要的问题：第一，导致视频网站之间的内容严重同质化，直接导致对用户而言缺乏差异化而形不成自己的优势；第二，视频网站与传统电视台之间是一种竞合关系，

---

① 李磊明：《新时期媒体的联动和互动探微》，《中国广播电视学刊》2004年12月。

如果自身没有"真材实料"的内容，无法提升话语权和竞争能力。

基于传统的网台联动形式构建的基础和存在的问题，《中国好声音》开创了新的网台互动营销策略。在《中国好声音》原版《The Voice》的节目模式中，在正式比赛环节播出前，有5～10分钟网络直播互动环节。电视内容播完后，《The Voice》的官方网站直播互动环节会再次开启。这个模式不可能原封不动地照搬到中国，根据中国国情，结合网友和模板的特性，原版的网络直播环节进行了一番本土化改造。

每期《中国好声音》播完之后，网络上都会有很多针对选手的质疑之声，这就需要一种全新形态的节目方式来承载展现。网络于是就成为了深挖"故事"的主导力量：网站纷纷开始制作与《中国好声音》相互映衬的衍生产品，利用网络平台答疑解惑、发掘深意，而非简单地重复电视内容。例如，爱奇艺仅用了3天的时间，就找到了适合独家平台播出的最佳"出口"——短小精悍的访谈类节目《酷我真声音》，对电视节目进行了全新角度的挖掘与延伸。在《中国好声音》的网台互动营销中，网络不是电视节目的简单复制，而是对电视节目进行深度开发与价值挖掘，这就拓展了资源价值，进一步挖掘了平台融合的空间。

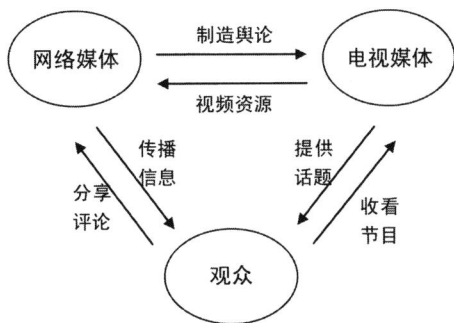

图11—2 《中国好声音》网络互动营销模型[①]

（3）资源整合营销创新：打造立体网络营销

《中国好声音》的播出获得了巨大的经济和社会效应，这也吸引了大批

---

① 改编自网络：http://www.cxyclub.cn/n/3655/。

的网站的加入。众多的视频网站、微博网站、互动论坛，成为了摇旗呐喊的主力军，而这些都被浙江卫视资源整合收归旗下。在营销方面，《中国好声音》利用网络传播速度最快的微博进行社交媒体传播，通过设置热点话题、爆料，还通过电视与微博等的联动，让《中国好声音》成为一个社会性热点话题，从而更有效地把观众拉回到电视屏幕前，使观看《中国好声音》几乎成了一种流行文化。

《中国好声音》网络营销的微博营销尤为突出，利用明星微博的裂变效应和有争议性的话题，给节目的播出造势。《中国好声音》启动之初，"微博女王"姚晨就转发了微博，评论道："《中国好声音》提炼了生命中那些最有价值的东西：积极，乐观，真挚，勇敢。"姚晨在当时的粉丝数就有2389万，按照专家的说法，虽然不能具体估算出"大V"姚晨这条微博对好声音的口碑影响有多大，但可以看到的是，在她之后，很多"大V"也转发了支持好声音的微博。微博关注评论好声音的名人还有很多：冯小刚、陈建州、张靓颖、李湘、王珞丹，还有央视的名嘴张泉灵，这些名人在微博上的的粉丝数加起来超过3亿人次，虽然不能简单地说可以直接影响到3亿观众，但即使打个对折，他们也确实为"好声音"做了效果强大的推广。

更加值得注意的是《中国好声音》官方微博和百度贴吧在网络中的持续互动，包括比赛视频片段集锦、网友对选手的评价转发、选手及导师微博的转发评论，等等，使节目更具互动性，同时也激发了观众讨论节目的积极性，诱导了网友对节目内容的讨论。而最后"中国好声音巅峰之夜"的现场8万人更是体现了节目与观众的互动性。《中国好声音》的每一期节目都会引起微博和现实生活中人们的讨论，这种大量的、高频率的讨论导致很多人因为所处环境中人们都对"好声音"进行讨论而也去关注、收看《中国好声音》。

在节目的宣传上，《中国好声音》的一大亮点是全媒体联动实现地毯式密集宣传，特别是注重运用网络媒体。《中国好声音》在新浪网、搜狐网、腾讯网等知名门户网站中都有相关的专题页面进行宣传，《中国好声音》还特别选择利用微博进行节目宣传，利用微博的传播优势最大限度地传递节目相关信息。

（4）优势分析："好营销"带来"好收益"

《中国好声音》的"给力"网络营销带来了网络关注度和广告投放量的巨大收益。这足以体现网络营销综合手段运用所蕴涵的巨大商业价值和宣传优势。根据百度指数对用户关注度和媒体关注度的统计，7月13日首播后的一周，《中国好声音》在百度的"日用户搜索关注度"最高达到了651056次，比开播前一天的3851次，涨幅高达168倍。而第二期节目播出后，百度"日用户搜索关注度"更达到1344092次，比开播前一天涨幅高达350倍。搜索与《中国好声音》相关的新闻，找到约4880000篇。①

PPS实时流量统计显示，《中国好声音》的点播高峰出现在浙江卫视周五直播结束后，并一直持续覆盖到周六全天。就8月中旬，PPS平台上四期《中国好声音》的总点击量就已经突破6500万，单期最高点击量破1200万。②

第一季《中国好声音》已经结束了1个多月，第一季曾创下的6.109%的电视收视率奇迹更是让它从"好声音"一跃而成为广告商竞相追逐的"好生意"。《中国好声音》的冠名费达到了8位数，远超《中国达人秀》第一季的2300万元和第二季的5000万元，大概在8000万到9000万元之间。③

（5）劣势及完善策略

《中国好声音》的劣势主要有如下两个。

其一，《中国好声音》这档斥巨资引进的电视选秀节目首期结束了三个多月的选拔，落下了帷幕。而节目的总决选虽然声势浩大，但是却没有延续前期的好评如潮，而是遭到了各方炮轰。投票不透明、广告过多、主持人突然消失、后台大混乱等新闻，让节目备受争议。当然，从节目播出时话题就始终伴随着，这是节目组的策略，也的确给"好声音"增加了关注度，但学员们的各种状况、导师们的种种传闻都给"好声音"蒙上了一层阴霾。受关注固然好，但"好声音"也会被不断积累的负面话题所影响。

① 数据来源：《百度指数—中国好声音（第一季）》，http://index.baidu.com/main/word.php?word=%D6%D0%B9%FA%BA%C3%C9%F9%D2%F4%B5%DA%D2%BB%BC%BE。

② 数据来源：PPS网络电视，《PPS中国好声音点击破6500万创综艺节目新高》，http://www.pps.tv/about/6/566.html，2012年8月20日。

③ 数据来源：新浪网—音乐频道，http://ent.sina.com.cn/y/2012-07-27/17133696663.shtml，2012年7月。

就这一问题，可从采取的完善举措是：规范学员，加强"话题"管理。网络话题营销中的争议性话题往往出自"好声音"学员本身，这些话题的出现在提升知名度的同时也会造成"内幕"和攻击性消息的不断涌出，从而对节目本身的公信力和声誉造成不良影响。因而在学员方面应进行一定规范，以对"话题"的产生加强管理，减少给节目带来的不必要的负面影响。

其二，荷兰版的《The Voice》与观众的互动十分活跃，节目播出期间，会有观众不停地在网络上进行评论，节目进程中也会有演播室负责人读出网络评论的环节。这就很好地将电视节目与网络平台的营销活动结合起来。反观《中国好声音》的网台联动稍显不足，比如选手跟粉丝的互动就很少，基本上只是在天涯或者贴吧里有些与粉丝之间的互动。

因而完善后台，加强台网联动，充分发挥网民的主动性并让他们积极参与到节目的讨论中来，是提升节目网络营销效果切实可行的途径。

（二）《致我们终将逝去的青春》病毒式网络营销

1.内容

电影《致我们终将逝去的青春》（以下简称《致青春》）是赵薇的导演处女作，影片改编自著名作家辛夷坞的同名小说。2013年4月26日，该片首映日票房已经超过4500万元，破了《泰囧》的首日票房纪录，最终票房累计近7.11亿。[①] 是什么使一部没有大腕、投资仅6000万的《致青春》取得国产片票房过7亿的佳绩？无独有偶，2011年有一部中小成本电影《失恋33天》在中国电影市场上也创造了票房神话，上映仅仅4天票房就突破了亿元大关。实际上，早几年前《杜拉拉升职记》、《亲密敌人》、《将爱情进行到底》、《让子弹飞》等影片营销中都能见到网络营销的身影。可以说，无论是中小成本电影还是大片都不能轻视网络营销的商业价值。

中国中小成本电影的发展一直举步维艰，众多中小成本电影由于先天不足——没有大导演、大明星的参加，也没有大投资，由此很难被观众青睐，有的甚至都难以在影院上映。当然，先天不足不是理由，电影最终还

---

① 数据来源：《〈致青春〉票房近7.1亿 超〈画皮2〉居内地第四》，http://www.m1905.com/news/20130528/655338.shtml，2013年5月28日。

是要获取市场的成功，获取收益。而由于先天不足，所以，后天的补足就非常重要，而营销、尤其是强有力的营销，就是后天补足的一项必须举措。纵观《致青春》的市场成功，网络营销功不可没，而网络营销中的病毒式营销和话题营销则尤其给力。

2.原理解析

（1）粉丝和微博大"V"形成网络营销的"生产力"

《致青春》的官方微博自从开机之前就建立了，在一年两个月的运营时间里，总共发了微博 2409 条，几乎记录了电影筹拍、开机、制作、上线的全过程。官方微博自从开通以后，日均发微博 5.3 条，但自从进入推广周期以后，微博的数量急剧上升，公映当天达到了最多的 50 条。[①] 这么早时间的介入，可以在更早的时间里，让网友对此片有一个概念，由此逐步地积累口碑。在这 14 个月里，《致青春》一共积累了 18 万的粉丝，这 18 万的粉丝，成为电影爆发的 18 万个火种。[②]

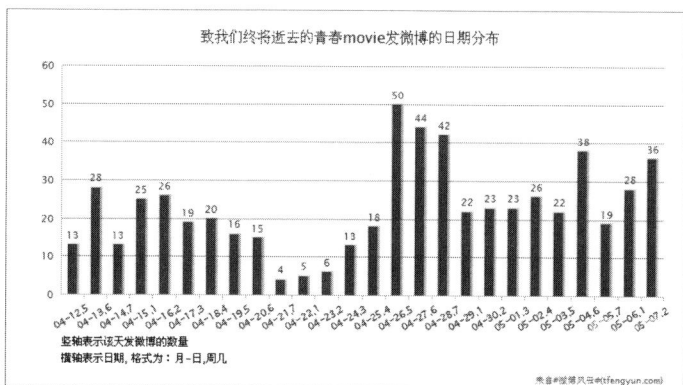

图11—3　《致青春》官方微博发布数量监测[③]

①　参见《〈致青春〉：一场引爆社交网络的周密策划》http://bbs.kafan.cn/thread-1565494-1-1.html。

②　同上。

③　图表资料："微博风云榜""致我们终将逝去的青春movie"账号检测，http://www.tfengyun.com/user.php?source=search&screen_name=%E8%87%B4%E6%88%91%E4%BB%AC%E7%BB%88%E5%B0%86%E9%80%9D%E5%8E%BB%E7%9A%84%E9%9D%92%E6%98%A5movie。

二八定律说，"微博上80%的影响力是由20%的人创造的"，微博的影响力很大程度上是由20%甚至2%的大V所左右的。而在《致青春》社交网络营销中，动用的大V力量着实不少，赵薇的圈内好友纷纷前来助阵不足为奇，让大家始料不及的是连商业圈的史玉柱、草根圈的天才小熊猫、文化界的张小娴、宗教界的延参法师都参与了微博营销。据不完全统计，几个参与转发的微博大V，区区24个账号，粉丝总数已经接近3.7亿，可见背后的宣传团队力量有多大。

当然，赵薇在微博推广中起了中流砥柱的作用。另外，依靠赵薇的私人关系，由王菲演唱的电影主题歌，也为电影加分不少。在剧中，韩庚虽然只是个龙套的角色，但是利用其超高的人气，还是为影片吸引了不少关注度。文章、何炅、黄晓明、陆毅、王珞丹、韩红等赵薇好友的助阵，王长田、徐铮等光线系的力推，再加上杨澜、张小娴、延参法师、史玉柱等在外围发力，可以说，"微博大V"的作用十分突出：一是起到了引导作用，引导用户参与到话题的讨论，二是让用户在不同时间、不同地点都能获取到电影的信息，脑中时刻都有电影的信息在活动。

在电影微博营销中，参与电影拍摄的导演、演员、制片人等公众人物的言行潜移默化地影响着"粉丝"的倾向。[①]在电影拍摄及上映阶段，导演和剧组成员通过微博发布电影拍摄花絮等内容，其发布的信息呈几何传播，对数以千万计的粉丝产生了影响，最终吸引大家走入影院观看。不难看出，以微博为主要阵地的网络营销策略让影片的宣传呈现病毒式传播的态势。

在《致青春》影片的网络营销中，病毒式营销让人们在不知不觉中就接受某些信息，并且不自觉地去为其宣传，粉丝和加"V"微博用户无疑成为网络营销制胜的关键生产力。

（2）网络话题营销主打"青春怀旧"招牌

清华大学影视传播专业的尹鸿教授曾说："电影不仅是制作出来的，也是营销出来的，在某种意义上，营销甚至比制作还要重要，营销学所谓的AIDA理念，也成为电影营销的策略选择。"AIDA是四个英文单词的首字母：

---

① 范玉明：《电影微博营销方式研究》，《东南传媒》2012年6月刊。

A 为 Attention 即引起注意，I 为 Interest 即诱发兴趣，D 为 Desire 即刺激欲望，最后一个字母 A 为 Action 即促成购买。在营销学上的含义是：一个成功的广告信息或销售人员必须把客户的注意力吸引或转移到所销售的产品或服务上，使客户对其产品产生兴趣，并促成客户做出购买行动。电影营销的 AIDA 就是让消费者关注影片，并产生观看的兴趣，最后完成对影片和其衍生品的消费。话题制造是实现 AIDA 最好的方式，对于片方来说有话题要抓住话题，没有话题要制造话题。①

　　光线传媒资讯事业部副总裁刘同表示，一部电影在上映前，其官方微博是没有太大用处的：没有粉丝、没有口碑、没有影响力。这个时候，往往需要借助一些大 V 用户的宣传，并制造类似于 #青春回忆# 等互动性较高的话题，带动网友参与，并在社交媒体上掀起一股热议风暴，从而提高电影知名度。时尚达人吴威也表示，电影的社交营销，起决定作用的并不是官方的主动营销，而是由电影延伸开来的话题、演员、故事、拍摄花絮等因素。如果这些元素都能符合用户深层次的需求，便能激发用户自动传播，而这种通过社交平台的传播，范围更广，成本更低，可信度更高。

　　《致青春》的网络话题营销可以体现在两个方面，一是题材和投放时间的选择极大契合网民需求从而引爆网络话题热点，二是导演赵薇"亲自出动"制造网络话题。

　　《致青春》选择了 4 月 26 日上映，都不是传统意义上的"情人节""暑期档""贺岁档"的热门档期。这样做最主要的原因是跟网络热点相结合，跟网友的情绪相契合。《致青春》顺应了大学生毕业、怀念青春这一热点话题。五一前后的这个时间阶段，正值大学毕业季，大学恋情、怀念青春的话题本来就很热，在这个阶段把很具有话题性的《致青春》投放市场，就好像在干燥的森林里投放了一粒火种。甚至可以说，在这个时间节点，网友需要这样一部怀念青春的电影。网友边看电影，边会想到自己的青春时光，观看电影、谈论电影成为这个时间节点重要的精神消费。所以，这个时候，可能这个电影本身好坏并不重要了，重要的是这部电影已经融入到

---

① 宋洁：《电影营销中的创意思维》，《电影评介》2007年第19期。

网友的情绪中去。《致青春》用良好的影片形象，以怀念青春的形式来展开对受众的"包围攻势"，通过在新媒体网络的覆盖实现了对网友的宣传以及与网友的互动，大大提高了影片的关注度。

导演赵薇"亲自上阵"制造话题不啻为《致青春》网络营销锦上添花。电影上映前期，赵薇曾参加《说出你的故事》这个节目，节目现场好友黄晓明的到访无疑又是观众的一大谈资，他们俩带我们一起去追忆曾经的青葱岁月，引起了广大的七零、八零、九零甚至是零零后的感慨，节目过后，微博、人人、QQ 等社交网站纷纷扩散着一个"有一种感情叫赵薇黄晓明"的段子。在几个含 # 有一种感情叫赵薇黄晓明 # 微博中，@新浪综艺大概转发 13315 次，@精彩电影大概转发 9917 次，@壹周猫眼秀大约转发 4096 次，这 3 个十级到百万级的微博文案完全一致，可以基本判定为同一营销推广出口投放的产物。早在 3 月 12 日，当事人黄晓明祝赵薇生日快乐并同时"致青春"的微博，共转发大约 52359 多次。[①]"有一种感情叫赵薇黄晓明"网络话题营销的成功为《致青春》的上映赚足了观众和良好的口碑。

（3）电影网络营销的优势及应注意之处

用"粉丝就是生产力"来形容网络营销的优势是十分恰当的。《致青春》用良好的影片形象，以怀念青春的形式来进行对受众的"包围攻势"，通过新媒体覆盖实现了与网友的互动，形成了一个庞大的微博矩阵，由这个矩阵加上话题再加上各大排名靠前的草根微博的转播和推荐，所形成的力量在微博上无疑是巨大的。利用网络低成本的营销方式，提高了影片的关注热度。

实际上，《致青春》原小说的粉丝以及电影主创的粉丝在网络上自发为影片进行了宣传，据影片主要投资方介绍，该片在宣传发行上总投入不过1000 万元，而免费的微博营销为影片节省了很大一部分投入。

---

① 数据来源：网易—财经频道，《〈致青春〉：赵薇如何通过社交网络包围受众》，http://money.163.com/13/0429/17/8TL5N91H002526O3.html，2013年4月29日。

表11—1 近年来小成本电影成本、票房统计[①]

电影名称	总成本	营销成本	票房
《致我们终将逝去的青春》	6000万元		7.11亿元
《泰囧》	5000万元	2500万元	12.66亿元
《北京遇上西雅图》	3000万元		5亿元
《失恋33天》	800万元		3.6亿元

对于中国的小成本电影来说，网络营销不仅可以极大地减少营销成本，而且其宣传能量之巨大，宣传效果之佳往往让小成本电影获得多出成本数倍的票房收入。实践中，网络媒体营销等新形式的营销手段正在成为中国小成本电影的主要营销手段。

最新数据统计，2012年中国影视公司电影营销费用总投入达到24亿元，同比增长20%，预计2013年电影营销市场规模将达到28亿元。[②]可见，电影的营销越来越成为影响电影成功的重要因素。根据艺恩研究数据统计，电影新媒体营销市场在2011年达到1亿元，相比2010年同比暴涨150%，2013年该市场有望达到3.5亿元，占总体营销市场的8%。[③]

2011年，曾创下3.6亿元票房佳绩的电影《失恋33天》是国内最具里程碑意义的网络营销成功实例，回顾该片的网络营销策略，离不开以微博为代表的自媒体传播的网络营销新思维。同样的，《泰囧》、《北京遇上西雅图》之类的小成本电影，无一不是在网络上引发话题讨论和网民的持续关注，从而获得很高的关注度。网络营销的种种优势在国产小成本电影的营销实践中，可谓得到了比较扎实的验证。

可以说，《致青春》的网络营销既取得了良好的口碑又赚足了票房，可谓是一次成功的网络营销。对于电影的宣传来说，网络营销应该占据多大的比重？《致青春》的宣传方、麦特文化传媒总裁陈砺志说："在一部电影成为案例性作品的时候，营销是不应该邀功的，营销始终应该隐身于幕后。

---

① 根据综合网络电影票房统计数据制作。

② 数据来源：http://www.chinadaily.com.cn/hqpl/zggc/2013-05-27/content_9142553.html。

③ 艺恩咨询：《2013年中国电影营销费用或达28亿》，http://www.199it.com/archives/116048.html，2013年5月21日。

轻视营销，曾经是中国电影商业化的误区；过度夸大营销的作用，是当下烂电影求生的误区。比如《致青春》，我觉得成功的核心是赵薇，没有她孙悟空的 72 变就失去根基，怎么变都是只猴子。一位导演，才是一部案例性作品的前提。"[①] 可见，网络营销固然好，但也不应过分夸大其作用。决定一样商品是否能够畅销的是商品本身，即其给人们提供的价值和人们对这种价值的认可度。优质的内容与社交媒体的有效融合，才能满足消费者的需求。在巧妙利用网络营销手段的同时，做足内容产品本身、打造好口碑才是最好的营销。

（三）从"聚美优品代言体"看网络话题营销

1.内容

2013 年，一则 2 分钟左右的宣传片在电视上悄然走红，随后引起了网络上的追捧热潮。这则国内化妆品网上特卖平台聚美优品的 CEO 陈欧亲自参演的宣传片，由于其中充满正能量的广告词而受到观众的欢迎，该广告因陈欧的出演和广告词中"我是陈欧，我为自己代言"而被称为"陈欧体"或"代言体"。除了广告片本身在网络上爆红，各种改编版的"高校体""城市体""行业体"等也迅速蹿红。

"代言体"："你只闻到我的香水，却没看到我的汗水；你有你的规则，我有我的选择；你否定我的现在，我决定我的未来；你嘲笑我一无所有不配去爱，我可怜你总是等待；你可以轻视我们的年轻，我们会证明这是谁的时代。梦想，是注定孤独的旅行，路上少不了质疑和嘲笑，但，那又怎样？哪怕遍体鳞伤，也要活得漂亮。我是陈欧，我为自己代言。"

"代言体"句式："你有××，我有××。你可以××，但我会××……但那又怎样，哪怕××，也要××。我是××，我为自己代言！"

"代言体"的成功网络话题营销，几乎不花费成本就在很大程度上提高了聚美优品的品牌知名度和影响力，可谓是一次成功的网络营销。

---

① 金鹰网—资讯频道：《〈致青春〉成功引发网络营销探讨》，《南方都市报》2013年5月10日，http://www.hunantv.com/p/20130510/0517465850.html。

2.原理解析

（1）网络话题营销核心在具有传播性的"话题"

话题营销主要是运用媒体的力量以及消费者的口碑，让广告主的产品或服务成为消费者谈论的话题，以达到营销的效果。顾名思义，话题营销的中心便在于"话题"，出色的具有传播性的话题能够给目标受众留下深刻的印象，并且能通过多种形式激发受众内心对话题所预设的传播目标的认同度和好感，它与硬性的语言推销不一样。"代言体"能够在短时间引发大量的网络话题，出色且具有传播性的话题必不可少。

聚美优品利用网络平台，以低价位、高折扣的正品化妆品为宣传点，将目标客户群体锁定在80、90后甚至70后广泛使用网络的年轻群体。这些消费者，有强烈的追求自我完美、展现美丽自我的意愿，但尚在奋斗中的他们却往往手头拮据，往往背负着各种巨大的压力。在锁定宣传受众后，聚美优品基于目标客户群背负着压力追求美好，甚至是在压力之下遗忘了梦想的特点，为消费者讲述了一个在职场奋斗前行的故事，既道出了当前年轻人所遇到的困难，也展现了年轻人的理想与憧憬，从而引发公众尤其年轻人自己的广泛共鸣。

网络话题营销策略中有一项"F4"策略，该实战模式由赢道营销顾问机构总策划邓超明于2008年创建。"4"为4项推动网络营销的指标，包括：F1：媒介的覆盖量与传播量、重要媒体推荐位置；F2：推广内容的创意质量、吸引力及产生的品牌、产品传播力；F3：目标受众的浏览量、参与互动的数量；F4：搜索引擎的抓取量与重点关键词的搜索页表现。

F4策略中的"推广内容的创意质量、吸引力及产生的品牌、产品传播力"道出了网络话题营销中"话题"质量的重要性。聚美优品这则广告的成功之处就在于道出了在职场中奋斗的年轻人内心的呼唤，广告以片段的形式展现了年轻一代考学、工作、恋爱等一系列经历，让观众仿佛回到了自己的当年，期间穿插着"你只闻到我的香水，却没看到我的汗水""梦想注定是孤独的旅行，路上少不了质疑和嘲笑"等励志的广告词，特别是陈欧最后击碎玻璃的那一刹那，仿佛是对困难宣战，令人振奋不已。可以说，聚美优品的这则广告是以梦想之名来讲述奋斗故事，唤醒了大家内心深处的梦想和回忆，很容易引起消费者的心灵共鸣。聚美优品的广告在社交媒体上形成热门讨论话题，包括上千万粉丝的名人以及普通用户，都来参加了讨论。

（2）病毒式微博营销：两个媒介场景的实现

网络话题营销最常见的传播平台就是社会化媒体，社会化媒体抛出一个话题，可以采用幽默形式、恶搞形式、争议形式、社会热点形式等，由此会使更多的人去关注乃至对这个话题产生一定的讨论，相关的产品和服务也由此会受到更多的关注。聚美优品"代言体"广告采用了病毒式话题营销的手段，在网络上制造容易引起公众兴趣的传播内容，最终实现了公众自发性的品牌传播。

在网络营销中，值得一提的是"代言体"广告利用微博等社交媒体营销，很好地达成了微博营销中两个媒介场景的实现，即宏观场景和微观场景。[①]从微博为受众塑造的"社会大场景"来看，"代言体"的微博裂变式传播能取得成功的原因就是一个帅气80后老板敢于挑战自我，直面社会冷嘲热讽的励志故事。这样一个"草根英雄"的出现，让很多和他有同样梦想的人获得了极大的共鸣，而陈欧这一平民英雄形象的出现无形中就为受众构筑了一个"励志、自信、草根英雄"无所不能的"社会大场景"。在微博构建的这样的社会大场景道出了当下80、90甚至70后面临的严酷社会环境，和在这种环境之下勇敢追求梦想、坚持信念的毅力和决心。由此立刻引起广大用户的关注和热议，在微博上引发转发热潮，有网友表示，聚美优品广告片向其传递了一个积极乐观、勇敢向上的处世态度，给予了自己无限的正能量。

在微博构建的"集群小场景"中，不少人发布了类似"比马云更牛的电商CEO""80后创业英雄""和陈欧一起战斗"等富有煽动性的言论并通过网络广泛转发得到大面积传播，从而形成了一个集群小场景。广告播出之后，奥运冠军孙杨、主持人何炅、艺人韩庚等分别在新浪微博上转发、

---

① 马海：《浅析媒介情境理论下的微博营销——以电商网站"聚美优品"广告裂变式传播为例》，《新闻研究导刊》2013年3月。

评论该广告视频。拥有 2400 万粉丝的何炅说："我承认，有点感动。"聚美投资人徐小平也在转发微博时评论："非常精彩，非常深刻，反映了这个时代的声音。"即便不算聚美优品公司官方微博及员工账号的贡献，做最简单的估算，孙杨、何炅、韩庚、徐小平这四个人的粉丝数相加就已超过 7000万。去掉重复的粉丝及不活跃的账号，这则广告真正吸引到的群体也是异常庞大的。陈欧称这次并没有做太多"推广"方面的投入，但收效显然已经达到目的。截止到 12 月 13 日，这支广告在优酷上的播放次数已经超过 370 万次。[①]

在聚美优品的网络话题营销策略中，利用微博的特性进行话题的制造和传播，并创造出了社会大场景和"集群小场景"，而代言体的网络传播正是利用了宏观场景和微观场景的互相渗透达到了最佳的共赢局面。

（3）话题营销的形式创新和内容延展性

"不烧钱，不电商"一度为普遍现象，直到经济危机后资本撤退，原有的做大规模——获取融资——再做大规模——再获取融资的模式瓦解，消费领域垂直型电商的生死存亡已经成为了业界的流行话题，优胜劣汰已经开始，那些纯粹投资驱动的电商往往在新一轮的营销大战中处于了劣势。

陈欧曾经在微博上表示"营销的本质在于创新而不是砸钱"，并以为自己代言的实际行动生动诠释了这一理念。同时陈欧认为，"让消费者具有良好的服务体验和让消费者信任是做化妆品 B2C 最重要的一个环节"。聚美优品这次的广告取得巨大的成功，除了内容上引起目标消费者的共鸣，运作上借助社会化网络进行病毒式营销之外，还有一个值得企业家和营销人注意的亮点是其以 CEO 而非明星出演广告，这种新颖的网络营销形式在形式上让人眼前一亮。

所谓 CEO 营销，就是借助网络、书籍、演讲、活动等传播方式宣传CEO 的成长经历、管理风格、社会责任等方面的特点和优势，塑造和提升CEO 的个人品牌形象，以进一步达到提升营销主体知名度、美誉度的营销

---

① 数据来源：《聚美优品：引爆"两分钟"》，http://www.gemag.com.cn/12/31102_1. html，2012年12月。

策略。通过策划、传播、整合 CEO 自身各方面的优势资源，塑造一个出色的个人品牌形象，对营销主体来讲，具有长期性和稳定性的营销传播效果。聚美优品的 CEO 营销，使其广告费用得到控制的同时却让品牌获得了较大的知名度。

具有传播性和延展性的网络话题要想在网络话题营销中具有更好的营销效果，这就需要话题能够适应网民的传播心态。如果仅仅是广告内容充满正能量、有名人鼎力推荐，"代言体"也不会像现在这样红遍网络。最能解释"代言体"如此受到热捧的一个重要原因是其在网络中掀起的一场改编热潮。正是因为广告词形成了朗朗上口的句型能够让广大网民"填空"——"你有××，我有××。你可以××，但我会××……但那又怎样，哪怕××，也要××。我是××，我为自己代言！"从而使这个句型可以应用于各种或励志或吐槽的情景，用"代言体"造句一时成了时尚游戏。其实，凡是模仿陈欧体的都在不知不觉中为聚美优品积攒了巨大的关注度。这种改编热潮，让人不禁联想到几年前因凡客诚品的广告文案而流行起来的"凡客体"。而比凡客诚品更高明的是，聚美优品甚至没有花重金借助明星来增加影响力，仅仅靠 CEO 的本色出演和友人客串就实现了广告的病毒式传播。

（4）优劣评价及完善策略

聚美优品"代言体"的营销成功，是网络话题营销优势的一大体现。创造适合网络传播、符合目标受众心理需求、简单、"百搭"、朗朗上口的"代言体"，配合 SNS 等网络平台的传播功能，成功实现了"病毒"的大范围深层次营销传播。网络上随处可见的各式"陈欧代言体"都无疑增加了聚美优品的曝光率和影响力，这种从受众需求出发制造话题、创新性的网络话题营销形式，已然成为聚美优品品牌形象的一部分，推动其品牌价值和影响力持续提升，直接为聚美优品创造了订单量激增 150% 的巨额销售成果。

当然，话题营销也存在一定劣势。一个话题的抛出，得到了多方面的宣传，形成了"热"度，但如果没有后期话题跟进，则"热"度会逐渐下降，最终会淡出公众视线。因此，须要有后续话题的支持和跟进。一个具有引爆点的话题还有很多后续话题的跟进，才会有持续效果。聚美优品在实践中也存在后续话题跟进不力的问题，因此应该有所补足。

（四）电商网络价格战中的网络事件营销

1. 内容

2012年8月14日，京东商城CEO刘强东两条微博点燃电商争霸导火索，其后包括苏宁、国美等多家电商高层在微博中回应了刘强东，一时间电商行业硝烟弥漫，新一轮电商大战拉开序幕。京东董事长刘强东通过微博宣布说："我为什么要打苏宁大家电？因为苏宁大家电毛利率高达25%，也就是你去苏宁店里购买一台5000元左右的冰箱，苏宁要赚你1250元，而京东只加150元就可以卖！只有大家电才有足够的价格战空间，其他品类即使便宜也就几元钱的事，没意思！要打就几百几百元的降！"[①]后又发布微博表示："京东在全国招收5000名美苏价格情报员，每店派驻2名。任何客户到国美、苏宁购买大家电的时候，拿出手机用京东客户端比价，如果便宜不足10%，价格情报员现场核实属实，京东立即降价或者现场发券，确保便宜10%。"[②]

当天下午苏宁易购执行副总裁李斌对此做了回应称，苏宁易购包括家电在内的所有产品价格必然低于京东，任何网友发现苏宁易购价格高于京东，苏宁易购都会即时调价，并给予已经购买者两倍差价赔付。晚上，国美副总裁何阳青对外宣告国美也加入这场价格战——"国美电器网上商城全线商品价格将比京东商城低5%"[③]。再随着当当、易迅等企业的"乱入"，遂演变为整个国内电商行业的混战。2012年9月，国家发改委认定电商价格战欺诈，需要严惩，商务部称将制定规则。

此次电商的价格混战可以划归为网络事件营销的范畴。从事件的策划、

---

① 刘强东：新浪微博，http://weibo.com/1866402485/yx9gMyW31?mod=weibotime，2012年8月14日。

② 同上。

③ 网易科技频道：《国美电器：网上全线商品比京东低5%》，http://tech.163.com/12/0814/22/88TBTS2K000915BF.html，2012年8月14日。

组织和操作的过程中，可看出"电商网络价格战"中网络事件营销所起的关键性作用。

2.原理解析

（1）借势与造势：借助网络主阵地，病毒式宣传升级

网络事件营销是指机构利用网络平台，通过策划或利用具有一定新闻价值的事件，来吸引网民、媒体、渠道商、消费者或者社会第三方团体等的兴趣与关注。作为事件营销来说，具备新闻效应、观点评论、客户关系管理等多项内容，是快速提升品牌知名度与美誉度的有效手段。

本次电商价格战中，京东商城CEO利用个人微博发布的"约战"信息可谓挑起战争的导火索，也是网络事件营销中主动"造势"的体现。从事件本身来看，在8月14日，也就是价格战正式开启的前一天，京东商城CEO刘强东在个人微博上发表了数条"约价"信息。

图12—4为刘强东在8月14日发布的微博，该微博的转发量/评论量两者合计超过40万，这为8月15日电商价格战的正式开打做好了传播铺垫。16日苏宁易购执行副总裁李斌在微博上表示，他们将追加5亿元，降价覆盖全场商品，电脑、手机统统纳入。而京东商城CEO刘强东同时表示："没有耐心陪着苏宁10元10元地降价了，今日上午11点到12点，直接发放大家电优惠券，相当于每件便宜300到500元，一步到位。"

> 从明天上午九点开始，京东商城所有大家电价格都比苏宁线上线下便宜！并且无底线的便宜，如果苏宁敢卖1元，那京东的价格一定是0元！买大家电的人，不关注京东必吃亏！
> 2012-8-14 16:52 来自新浪微博　　　　赞(1211) | 转发(184002) | 收藏 | 评论(28060)

图11—4　京东商城CEO刘强东微博截图[①]

最初由京东商城与苏宁易购引发的电商网络价格战，演变成一场由京东、苏宁易购、当当以及国美和苏宁实体店一起加入的"混战"、博口水战、线上线下对掐战。由京东商城造势的网络事件营销带来的"降价秀"

---

① 参见刘强东新浪微博，http://weibo.com/1866402485/yx8lHtxmB?mod=weibotime，2012年8月14日。

让电商们赚足了人气，几家电商的网站流量明显上涨。

在网络事件营销的实施过程中，传播策略是非常重要的一个环节，其好坏直接影响到事件营销的效果。在电商价格战中，网络是最主要的营销阵地，吸引以网络为主的门户媒体。

在形成了"事件"后，电商主动寻找在网络上传播力最强的意见领袖，筛选出最适合话题传播的土壤，可以是微博，也可以是社交网络，也可以是门户网站等。之后，就要用尽一切手段，吸引网友眼球，让人们参与到话题的讨论中来，以迅速提升事件的关注度，形成大规模扩散。

京东、苏宁、国美等电商巨头在价格战中，充分利用了微博这一社交平台。微博用户的身份形形色色，有企业家也有平民，在微博上开战、发言，就是在社会各界引起广泛关注。电商官方微博、CEO、主要负责人一条微博就会有很大的转发量，竞争对手当然也不会默默无声，在微博上回应，这样事件就扩大化，吸引更多人的关注。

网络事件营销中的微博营销部分，是扩大影响力和关注度的初级步骤。但是。仅靠微博的传播，不仅会造成事件的影响力传播效果有局限，而且在事件的深度上也难以有效拓展。"电商价格战"这一事件本身具有较强的社会性和争议性，借着前期微博论战的营销效果，加入门户网络媒体的重量级参与，就可以从深度和广度加深宣传效果，进一步扩大事件的影响力。8月15日，在微博"约价"后正式开始价格战的第一天，京东CEO个人微博所产生的力量开始显现颓势，然而就在这一天，真正对大众产生传播影响的是各门户网站的网络专题，可以发现，几乎所有的门户网站均对此事进行了专题报道，如图11—5、图11—6。

图11—5　新浪科技：电商价格大战网页专题①

---

① 新浪网—科技频道：《京东挑起电商价格大战》，http://tech.sina.com.cn/i/jgdz/。

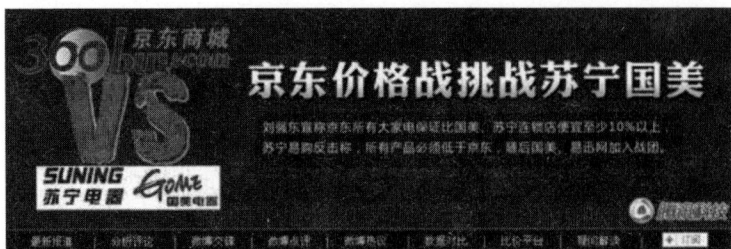

图11—6　腾讯科技：电商价格大战网页专题[①]

　　自从价格战以来，京东、国美、苏宁、当当的 CEO 的各种或大或小的言论爆出，即使是一句普通的话在特殊时期也会被网络媒体深度挖掘。网络媒体聚焦专题报道是宣传的主要途径，不用大肆播广告，只是稍微透露下自己的动作和想法，就能引得媒体关注，让媒体自愿和主动地为自己的营销造势。网络微博"约价战"开始升级为系统的、整合的、有逻辑、有观点态度的网络专题报道，门户媒体成为了草根"微博"的网络营销的沉淀池和扩散器。

　　这场以微博"约价"为导火索、门户网站跟进深度报道是网络事件营销层层推进的一个正例。在网络事件营销的层层推进的过程中，微博等自媒体与门户网站等专业网络平台的结合能够对事件营销起到促进作用。微博的两大特点不容忽视，一是内容的"大尺度"，很多具有冲突性、尖锐性的问题都能予以体现。电商价格战是互相"叫板"的、具有冲突性的事件，微博的"包容性"使得冲突事件有了得以传播的条件。在微博平台上，很多品牌、企业领导人都拥有百万甚至千万的粉丝，以如此庞大的粉丝为基础，个人是可以产生很大的影响力的。上文中京东商城 CEO 的个人微博即在整个传播过程当中，起到了"最初闪亮"的效果。同时，作为门户网站来说，在得不到最新鲜的新闻之后，他们会非常注重网络专题，作为深度报道的重要载体，门户网站的专题报道是网络事件营销具有长久生命力必不可缺的手段。

---

　　① 腾讯网—科技频道：《京东价格战挑战苏宁国美》，http://tech.qq.com/zt2012/360buypk/。

（2）优势分析：网络事件营销可以迅速提升知名度与美誉度

对于电商而言网络事件营销可以迅速提升品牌知名度。根据苏宁电器提供的数据，截至 2012 年 8 月 15 日 18:00，苏宁易购网站访客数比去年同期增长了近 10 倍，页面浏览量增长了 12 倍，苏宁易购的流量涨幅达到惊人的 706%，而整体销售规模则同比增长了 10 倍。国美的涨幅同样不小，达到了 463%；京东的涨幅虽然不如苏宁易购和国美，但也有 132% 的高涨幅。[①]其次，将企业品牌与事件进行有机结合，有助于提升品牌的美誉度，并且通过捆绑热点事件，展开社会营销，有利于塑造营销主体的社会公众形象。

由图 11—7 的数据统计可以清晰地看出，经过网络事件的策划和传播，本次电商价格战的三大主体京东、苏宁、国美的 7 月日均微博提及量相较于 8 月 15 日（价格战开战）当天的微博提及量有巨大的差别：京东、苏宁、国美官方微博 2013 年 7 月的日均提及量分别为：84435、27031、20440，而 2013 年 8 月 15 日当日的微博提及量为 1750688、1497873、759553。微博提及量的迅速飞涨足以体现电商价格战在短时间内就给交战各方赚足了网络人气和关注度，迅速提高了知名度。

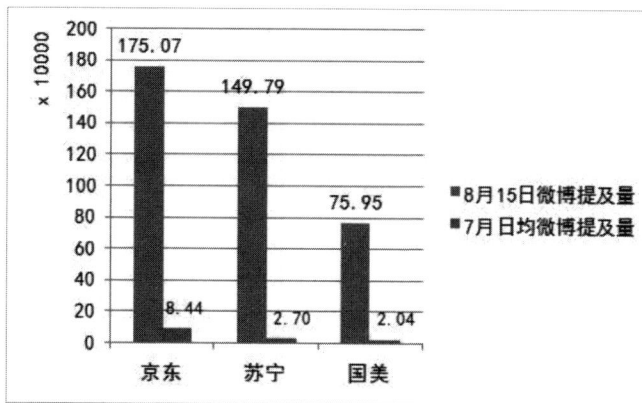

图11—7　京东、苏宁、国美微博提及量对比[②]

---

①　数据来源：《价格战蔓延至苏宁国美实体店》，《新京报》，2012年8月17日，http://www.bjnews.com.cn/finance/2012/08/17/217267.html。

②　参见新浪微吧：《信息图：用数据看电商大战》，http://weiba.weibo.com/10224/t/yAulA8yN2，2012年9月5日。

图 11—8 所示为电商网络价格战中新浪微博粉丝对京东、苏宁、国美三大电商的微博态度。对于京东、苏宁、国美而言，粉丝正面评价分别为315756、266948、124224，负面评价分别为 97795、96307、49947；正面评价占总评价比例分别为 76.35%、73.49%、71.32%；负面评价占总评价比例分别为 23.65%、26.51%、28.68%。电商网络价格战中微博粉丝对该行为的正面评价在七成左右，而负面评价不到三成。此外，根据中国互联网数据中心（CNNIC）调查社区对电商大战的调查数据显示，这场电商大战几乎吸引了所有网民的眼球，其中，有近四成的网民表现出参与的意愿。可见，在这次电商网络价格战中网民对电商的行为正面评价较高，也说明了此次网络事件营销对电商的品牌美誉度是一次提升。

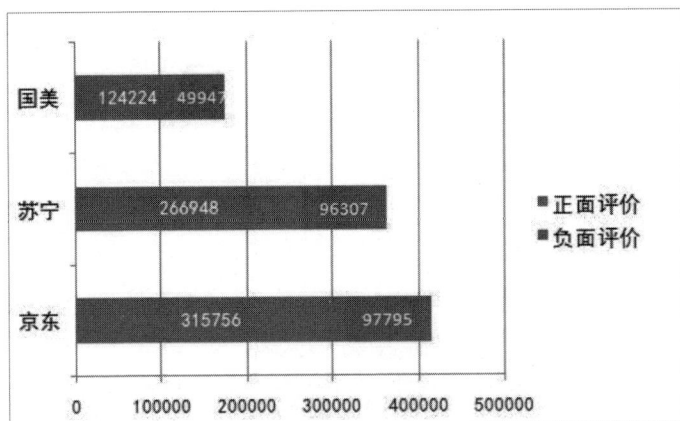

图11—8　京东、苏宁、国美价格战中粉丝态度[①]

有业内相关人士表示："这场价格战的最大意义在于，培育了电商市场和网购人群，争取了更多用户资源转向线上市场。以前可能网购消费者年龄段集中于 15～35 岁，而现在通过价格战将这年龄层次进一步扩大，达到15～45 岁。"表面上拼价格和销量的电商网络价格战，实质是巧妙运用了网络事件营销手段来实现改变消费者消费习惯和争夺市场资源的本质目标。

---

① 参见新浪微吧：《信息图：用数据看电商大战》，http://weiba.weibo.com/10224/t/yAulA8yN2，2012年9月5日

（3）劣势分析及完善策略：诚信是网络营销活动之本

京东此次发起的"三年零毛利"的价格战被巨人网络董事长史玉柱在微博指为"三星期的公关活动"而已。电商大战吸引了巨大的社会关注，这次的"价格战"属于"约架"而不是"遭遇战"，就说明各方事先都有了充分的准备而不是草率行事。根据新浪网对网民发起的一项投票调查显示，截至 8 月 18 日 18 点，认为此次京东、苏宁、国美三家的价格大战是宣传噱头的有 37000 多票，比例超过 53%，而认为是货真价实的网民仅有8.6%[①]。国家发展与改革委员会相关部门经过对事件中的三家主要企业进行调查，得出的结论是电商大战存在价格欺诈，并列出"四大罪状"：虚构原价、未履行"零毛利"承诺、标明无货实际有货、重合商品少，发改委将对三家企业进行处罚。

有网友总结电商价格战的"五大忽悠罪"[②]："B2C 商城惯用忽悠手段1——降价后马上显示没货；B2C 商城惯用忽悠手段 2——真正特价的时候总是与你无关；B2C 商城惯用忽悠手段 3——猛降价的前提是猛涨价；B2C 商城惯用忽悠手段 4——满 200 送 200 真会送你 200 元？B2C 商城惯用忽悠手段 5——购物先领券只能用坑爹来形容。"可见，在电商使用网络事件营销的手段进行营销活动的过程中，如果超过了应有的"度"而转向恶性竞争、名不副实，那么再好的网络事件营销策略也只能是"搬起石头砸自己的脚"，降低营销主体的社会评价，由此产生的信任危机有可能会将营销主体的信誉推至深渊。

此次电商网络价格战中暴露的网络营销的诚信问题，对电商利用网络营销手段进行价格竞争的行为来说是一个提醒。电商网络营销作为一种市场营销的长期手段，其目的不应该是博眼球、做噱头，这种靠虚假宣传等不诚信的手段来吸引消费者眼球的行为，不仅侵害消费者权益而且也会对营销主体的信誉和形象造成打击。2010 年修订实施的《价格违法行为行政

---

① 参见《圈地利器？竞争底线？事件营销？"三问"电商价格战》，《经济参考报》2012年8月20日。

② 光明网—IT频道：《盘点电商价格战五大忽悠罪》，http://it.gmw.cn/2012−12/25/content_6142898.htm，2012年12月25日。

处罚规定》的第七条规定："利用虚假的或者使人误解的价格手段，诱骗消费者或者其他经营者与其进行交易的，责令改正，没收违法所得，并处违法所得 5 倍以下的罚款；没有违法所得的，处 5 万元以上 50 万元以下的罚款；情节严重的，责令停业整顿，或者由工商行政管理机关吊销营业执照。"[①] 电商之间的网络营销行为应遵循诚实守信这一市场经济的基本原则，拒绝恶性价格战，合理使用网络营销手段，获得消费者对营销主体的品牌信赖的同时也将净化网络营销环境。

[①]　参见《价格违法行为行政处罚规定》，2010年修订。

第十二章　搜索引擎赢利模式

一　概念、发展历程及规模

（一）概念

搜索引擎 (Search Engine) 是指根据一定的策略、运用特定的计算机程序从互联网上搜集信息，在对信息进行组织和处理后，将其展示给检索用户的技术系统。[①]

搜索引擎包含多种类型，以谷歌、百度、搜搜等搜索引擎运营商为代表的全文搜索引擎，是目前应用最为广泛的主流搜索引擎。全文搜索引擎通过从互联网中提取各个网站的信息，建立起自己的数据库。当用户检索时，全文搜索引擎在数据库中检索出与用户查询条件相匹配的记录，并按一定的排列顺序将这些记录为用户呈现出来。这是全文搜索引擎的一般工作原理。

（二）发展历程

搜索引擎诞生在互联网迅速发展的背景下。互联网发展初期，网站相对较少，查询需要的信息也相对容易。但随着互联网的快速发展，网页数量以及网络信息呈现出"爆炸式"的增长态势，用户想要在海量信息中找到满足自身需求的信息，就变得愈加困难。在这种状况下，为解决用户检索困难的检索工具——搜索引擎便应运而生了。

---

① 中国互联网络信息中心：《2012中国互联网络发展状况统计报告》。

1. 全球发展历程

1990 年，加拿大麦吉尔大学的三位学生 Alan Emtage、Peter Deutsch、Bill Wheelan 为搜索分散分布于各个 FTP 主机中的文件而发明了 Archie。Archie 的工作原理与现在的搜索引擎很接近，因此它被视为现代意义上的"搜索引擎鼻祖"。1994 年 4 月，由美国斯坦福大学的两名博士生，美籍华人杨致远和 D.Filo 共同创办的雅虎公司，使得搜索引擎真正走进了人们的生活并带领搜索引擎进入高速发展时期。

从技术角度上看，搜索引擎的发展经历了三代。

第一代搜索引擎以人工分类的目录分类为主，代表厂商是雅虎。发展初期，搜索引擎公司并没有发现有效的赢利模式，同时由于搜索引擎技术的"垄断性"和"不可复制性"，导致其开发成本较高，不少公司很难专攻搜索引擎市场。这造成了大多公司不得不选择"门户"与"搜索"两手抓的模式。这种模式形成了正面竞争的格局，搜索引擎开发出来以后不能卖给别人，因为别人就是你的竞争对手，开发出来以后只能自己使用，这不符合软件大众化的经营模式，而自己又耗费了大量的人力物力，得不偿失，[①]这最终导致"门户"与"搜索"之间的分流。许多公司选择放弃搜索引擎而专做门户网站，比较典型的就是雅虎公司。门户网站的大量建立标志着第一代搜索引擎的终结。

第二代搜索引擎是使用关键字查询技术的搜索网页，最具代表性的是谷歌。谷歌公司在搜索技术上做出了较大的突破，更重要的是谷歌为搜索引擎找到了较为有效的赢利模式。

第三代搜索引擎是基于自然语言搜索的智能搜索引擎。它能够将搜索引擎技术与人工智能相结合，使返回结果更智能，更富有针对性。

2. 中国大陆发展历程

搜索引擎在中国的起步时间稍晚但发展迅速。2000 年 9 月，谷歌推出中文版；2001 年 9 月，由原 Infoseek 工程师李彦宏创立的百度开始独立运

---

① 焦玉英，金世发：《搜索引擎的发展及赢利模式研究》，《情报理论与实践》2006年第5期。

营中文搜索引擎网站。紧随其后，各大门户网站如搜狐（搜狗搜索）、新浪（新浪爱问）、网易（有道搜索）等都推出了自己的搜索引擎，即时通讯商腾讯（腾讯搜搜）和杀毒软件商奇虎360（360综合搜索）旗下也相继推出了搜索引擎业务。

（三）赢利规模

1. 当前规模

近年搜索工具的渗透率持续提升，搜索作为互联网最大入口之一的地位已毋庸置疑。CNNIC（中国互联网信息中心）的最新报告显示，截至2012年底，我国搜索引擎用户规模为4.51亿，较2011年底增长了4370万人，年增长率为10.7%，在网民中的渗透率为80%。无论是搜索引擎的用户总规模，还是年增长率，国内搜索市场的喜人发展态势一览无遗。[1]

同时，随着近年来互联网的迅速发展，网上信息量呈爆炸式增长，曾经是早期互网最主要应用的搜索引擎再次让公众对之刮目相看，成为近几年互联网上最重要的工具之一。根据艾瑞咨询公司近期发布的调研数据显示，2012年中国搜索引擎企业营收全年规模达280.7亿，相比2011年增长48.6%，高于中国网络广告市场整体46.8%的增幅。2012年，中国网络经济市场规模达3850亿元。

艾瑞咨询最新数据显示，2013年，中国搜索引擎市场规模在经历了第一季度的小幅回落后，第二季度有较大幅度回升。2013年第二季度中国搜索引擎市场规模达到92.8亿元，环比增长25.1%，同比增长35.3%，与上一季度增幅持平。艾瑞分析认为，搜索市场规模回升主要受到几方面因素的推动，如春节过后流量的回升、奇虎360搜索的快速商业化等。但同时，宏观经济的疲软，PC端流量的饱和，以及移动搜索变现能力的限制仍然是当前困扰搜索市场发展的长期因素。

---

[1] 廖剑锋：《搜索市场混战难改大局 LBS 或成行业赢利新突破口》，《通信信息报》2013年2月27日。

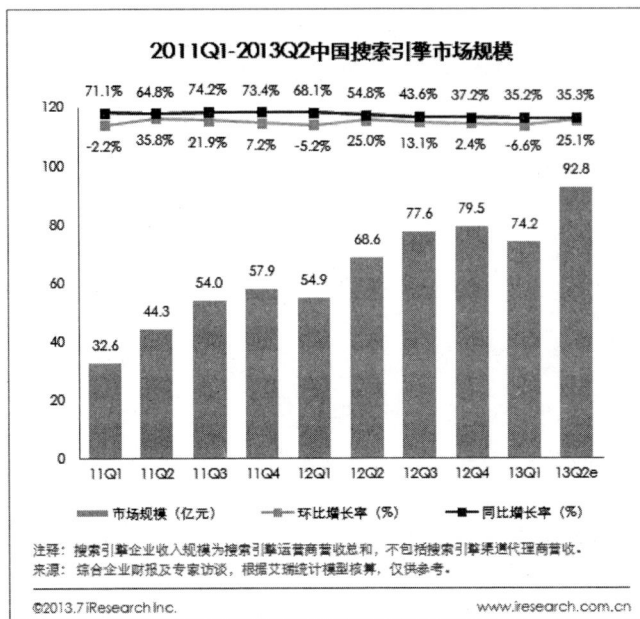

图12—1 2011Q1—2013Q2中国搜索引擎市场规模[①]

2. 前景

艾瑞咨询根据 2012 年数据指出，总体来看，中国搜索引擎市场状况良好，具备较高的发展潜力。对中小企业客户的拓展和品牌客户市场的挖掘将进一步提升市场的活跃客户数量及 ARPU 值，推动搜索市场保持较为强劲的增长。此外，由于 360 搜索的正式商业化，奇虎 360 的总营收将纳入中国搜索引擎企业总营收；百度或将爱奇艺收入合并进财报，这些变化将推高 2013 年搜索引擎企业营收的整体增速。但当前 PC 端搜索引擎流量向移动端迁移的态势明显，而移动搜索流量变现能力弱于 PC 端，其广告主群体也有待培育，一两年内移动变现困局将持续影响搜索企业的营收，这一因素也将使搜索市场增速趋缓。[②]

艾瑞分析预计，2013 年中国搜索引擎企业总营收预期增长 49.3%，营

---

① 艾瑞网，http://search.iresearch.cn/portal/20130730/206741.shtml。

② 同上。

收规模将达到 419 亿元。预计到 2016 年，中国搜索市场规模将达到 811 亿元；而 2013 年中国搜索引擎广告业务收入规模预计将达 348 亿，同比增长预计将为 35.9%。预计到 2016 年，其市场规模将达 673 亿元。[①]

二 赢利模式

搜索引擎虽诞生较晚，但发展迅速。众多搜索引擎你方唱罢我登场，或被取代或被收购，除了技术方面的原因，也与它们的商业模式息息相关。如果一家搜索引擎公司没有找到适合自己的、行之有效的赢利模式，那就很难在日益激烈的行业竞争中立足。下面，笔者梳理一下搜索引擎的赢利模式。

（一）当前赢利模式

总的来说，搜索引擎的赢利模式主要如下。

1. 搜索技术提供

搜索引擎发展初期，搜索技术提供模式是搜索引擎企业最主要的赢利模式。在发展初期，有名的搜索引擎企业只是搜索技术提供商。搜索引擎运营业务作为门户网站的附属，为当时互联网主流门户网站、企业和政府机构网站提供搜索技术，并获取技术服务费。[②]

搜索引擎有较高的技术要求，这导致了一些其他类型的网站（如门户网站）或公司（如快消品公司）并不适宜将大量人力、财力、物力花费在搜索引擎的自主研发和运营之上，但他们可以直接从大型搜索引擎公司购买搜索技术，从而满足其自身需求。

搜索技术的转让主要发生在较大门户网站、大型公司、政府部门和搜索引擎公司之间，转让金额一般较大。例如百度就曾向硅谷动力、新浪等

① 艾瑞网，http://search.iresearch.cn/portal/20130124/191961.shtml。
② 王知津，潘颖：《中文搜索引擎商业模式比较：以百度和谷歌为例》，《图书馆工作与研究》2012 年第 11 期。

门户网站提供搜索技术服务并获取技术服务费。谷歌也曾在早期将搜索技术使用权出让给雅虎、网易等门户网站以及思科、宝洁、美国能源部等跨国企业和政府机构网站，按照搜索的次数收取相应的技术使用费。[①]

2. 广告

总的来说，搜索引擎的赢利模式有多种，但主要仍以广告赢利模式为主。广告赢利模式包含关键词广告模式、竞价排名模式、搜索引擎网站联盟广告模式等。

艾瑞咨询 2013 年 1 月 24 日发布的数据显示，2012 年中国搜索引擎企业总营收中，关键词广告收入占比达 76.5%，联盟展示广告占比达 14.6%，导航广告收入占比为 5.3%，其他广告收入 3.4%，非广告收入占比 0.1%。

从上述数据不难发现，关键词广告是搜索引擎企业最核心的业务，关键词广告收入的多少对搜索引擎企业的表现起到决定性作用。但艾瑞分析预计，随着以百度为首的搜索企业越来越多地涉足其他领域，以及奇虎 360 等主营其他领域业务的企业进入，其他广告收入和非广告收入在搜索引擎企业营收中的占比会有所增长。

下面具体介绍搜索引擎网站的广告模式。

（1）关键词广告

关键词广告模式是目前最为主要的一种赢利模式。如前所述，关键词广告收入占比达 76.5%。

关键词广告的基本形式是当搜索引擎用户利用某一关键词进行检索时，在检索结果页面会出现与该关键词相关的广告内容。[②]例如某企业主注册了一个关键词，当用户在使用搜索引擎检索该关键词时，该企业的网站链接以及部分广告展示内容就会出现在返回的结果页面上，其主要形式为文本广告。

为不影响用户的正常检索，保证用户能够在搜索结果中快速寻找到自己想要的结果，关键词广告一般会被单独放置在网页的某个区域，用户可以

---

① 王知津，潘颖：《中文搜索引擎商业模式比较：以百度和谷歌为例》，《图书馆工作与研究》2012年第11期。

② 同上。

自由地选择看或不看。

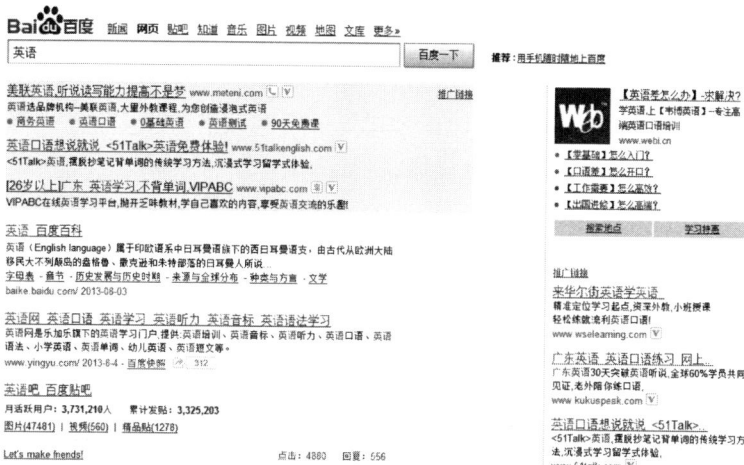

图12—2　百度对"英语"这一关键词的返回结果①

上图为通过百度搜索"英语"得到的界面，可以看到，页面上方灰色区域为关键词广告链接。

（2）竞价排名广告

竞价排名模式最早是由雅虎的子公司 Overture 于 2000 年首先应用的。这种赢利方式推出以后很快成为搜索引擎行业的主流。在国内，竞价排名模式由百度率先使用，而后众多搜索引擎纷纷开始采用。

竞价排名实际上与关键词广告的赢利模式很相似，不过其不同之处在于其广告主推广信息是作为搜索结果与其他信息一起推出，而关键词广告则是被作为广告信息在另外的地方放置。

在竞价排名模式的操作过程中，当多个商户选择了同一个关键词时，搜索引擎用拍卖机制来决定展示时各推广信息的排名。这个拍卖机制要求推广商户为每个关键词设定一个最高点击出价，搜索引擎会将这个出价作

---

① http://www.baidu.com/s?ie=utf-8&bs=%E8%89%BE%E7%91%9E%E7%BD%91&f=8&rsv_bp=1&rsv_spt=3&wd=%E8%8B%B1%E8%AF%AD&rsv_sug3=3&rsv_sug=0&rsv_sug4=395&rsv_sug1=1&inputT=4423。

为重要因素计算出各推广信息的排名。① 出价越高排名越靠前，也就越容易被搜索者点击查看。

竞价排名的收费方式是"按点击付费"，即免费展示推广信息，当有需求的用户点击推广链接时才计费，无点击不收费。以百度为例，一般情况下，百度的单次点击价格计算公式为：每次点击价格 ＝（下一名的出价 × 下一名的质量度）/ 本关键词质量度 +0.01。百度竞价排名中的质量度简单地说是指网民对参与百度推广的关键词及其创意等的认可程度，由点击率、相关性等多个因素决定。

（3）固定排名模式广告

固定排名模式，是指在用户进行关键词搜索时，广告主将出现在关键词搜索页面中的固定位置。固定排名模式在流程上与竞价排名模式异曲同工，不同之处主要在于广告主的排列顺序是固定的。②

在固定排名模式下，当用户搜索关键词时，购买该关键词的网站链接将会展示在搜索结果页面中的固定位置上。展示的具体位置也由各个购买者竞价购买，其位置在合同期内固定不变。如果用户所购名次之前的位置未售出，则排名位置会逐个向前移动。

（4）搜索引擎网站联盟广告模式

搜索引擎网站联盟是关键词广告模式的进一步延伸。这种模式下，搜索引擎的角色更像是连接企业（广告主）与联盟网站之间的桥梁。其运作方式为：搜索引擎通过对用户搜索行为的分析，将企业广告投放到合适的联盟网站上，如果用户点击了相应的广告，该联盟网站即可从搜索引擎运营商那里获得相应的广告收入。百度网盟以及 Google 的 AdSense 广告即为此类赢利模式的代表。

在内容网站数量繁多的网络环境下，搜索引擎网站联盟可以较为有效地实现企业主与网站之间的双赢。一般来说，面对海量的网站，企业主较

---

① 焦玉英，金世发：《搜索引擎的发展及赢利模式研究》，《情报理论与实践》2006年第5期。

② 王知津，潘颖：《中文搜索引擎商业模式比较：以百度和谷歌为例》，《图书馆工作与研究》2012年第11期。

难明确广告投放网站，而搜索引擎能够通过分析网民的自然属性（地域、性别）、长期兴趣爱好和短期特定行为（搜索和浏览行为），帮助企业主锁定目标人群，从而进一步锁定合适的投放网站。而另一方面，加入搜索联盟的网站可通过展示此类广告将网站流量转化为收入。

（5）传统展示广告

即通过网站的流量吸引一般的展示广告，这也是互联网或所有传媒最传统的广告模式。

3. 搜索引擎增值服务模式

增值服务模式已经被腾讯 QQ 广泛采用，并且证明了这是一种较为成功的互联网企业发展模式。腾讯凭借免费即时通讯软件形成庞大的用户群，然后依靠向其中 1% 的人群提供增值服务而获利，例如 QQ 秀红钻贵族（10 元／月）、QQ 空间黄钻贵族（10 元／月）等。

对于搜索引擎运营商而言，搜索引擎广告模式已被证实是一种成功的模式，但是当这一赢利模式运作成熟，搜索引擎运营商的增长空间将随着搜索引擎市场的增长而增长，当搜索引擎市场增长触顶时，这种赢利模式上的获利将达极限。为了持续发展，百度与谷歌等也在不断创新赢利模式，增值服务收费就是它们不断尝试的一种。近年来，百度、谷歌等搜索引擎运营商都相继推出了不同的增值服务，如百度文库部分文档的付费下载等。

（二）发展趋势

从技术层面上来看，个性化、智能化是未来搜索引擎主要的特点，未来的搜索引擎必然更关注为用户提供个性化的"定制"服务与更为智能与人性化的搜索体验。同时，随着技术的进一步发展，特别是移动终端上的快速发展，搜索引擎的赢利模式也可能打破"广告一统天下"的局面。搜索引擎赢利模式的发展将有以下两点值得予以重视。

1. 移动搜索将快速发展

根据艾瑞咨询发布的《2012 中国手机应用市场年度报告》显示，截至 2012 年 12 月底，中国手机网民规模已达到 4.5 亿人；中国智能手机用户数达到 3.8 亿人；中国移动互联网市场产值达到了 712.5 亿元，较上一年增长 82.8%；预计 2013 年增长率为 47.4%，市场产值将超过 1000 亿元。中国互联网信息中心 (CNNIC) 的相关报告显示，在用户触网时长相对固定的情况下，用户开始从 PC 向移动设备过渡，无线搜索正在分流 PC 搜索流量。[①] 毫无疑问，移动互联网将成为互联网领域下一个发展重点。同时，随着移动互联网时代的到来，移动搜索服务的需求正逐渐凸显，移动搜索表现出极大的发展潜力。

移动搜索作为移动互联网的重要入口，已成各大搜索引擎运营商的"兵家必争之地"。相较于传统 PC 端相对垄断的局面，移动搜索领域竞争激烈，没有哪一家拥有绝对优势。百度仅领先半个身位，宜搜、搜搜紧追不舍，360、盘古，云云等新锐势力也暗暗发力。[②] 在移动搜索市场，各搜索引擎运营商可以说是从同一起跑线出发，每一家都拥有颠覆 PC 端传统格局的机会。中搜总裁兼 CEO 陈沛语表示，这是因为在 PC 互联网时代，用户只有几个简单入口，但在移动端，打开每个用户的手机，都可以看到有好几屏 APP，每个 APP 都是一个独立的入口。因而，原先传统 PC 互联网上的成功产品，可能面临着被移动互联网颠覆的危险。

另外，基于移动搜索平台的语音搜索、图片搜索等都呈现出了较强的发展态势。

（1）语音搜索

在互联网语音搜索技术下，用户只需说出自己的搜索查询想法，而不必手动键入，相关程序通过对语音进行智能分析后，就能进入检索器检索出用户需要的相关信息，并通过语音方式表达出来，这样的搜索模式被称为语音搜索模式。[③]

2011 年美国苹果公司在 iphone4s 智能手机中推出的语音控制功能——

① 赵志伟：《国内搜索引擎整合谁能弯道超车？》，《中国电子报》2013 年 3 月 1 日 10 版。

② 严莉涵：《移动搜索领域现战国纷争，个性化智能化将成主流》，《通信信息报》2013 年 1 月 2 日 B11 版。

③ 王知津，潘颖：《中文搜索引擎商业模式比较：以百度和谷歌为例》，《图书馆工作与研究》2012 年第 11 期。

Siri，将语音搜索的发展带入了高潮。它能够智能分析用户提出的问题、搜索资料、语音回复短信、添加日历、查找路线等。

除了苹果的 Siri，微软也于 2013 年公开演示过其 Bing（搜索引擎）的全新语音搜索技术。在嘈杂的环境中，Bing 的语音识别速度可达到 0.43 秒。谷歌对语音搜索也非常重视，早就推出 Google Voice，并提出在未来，用户将无须手动输入，而其疑问将通过与机器对话等形式被直接识别。百度也在 2012 年就已将语音搜索集成在其手机应用中。据悉，百度目前语音搜索贡献的流量在其整个移动搜索流量中占比已超过 10%。[①]

（2）视觉搜索

省去"输入"这一步骤的"视觉搜索"实质上为"以图搜图"。建立了大量图片库的搜索引擎基于一定的算法和数据，通过对搜索图像的识别与解析，将与搜索图片相关的信息返回给搜索用户。相较于传统的文字搜索，视觉搜索省去了"输入"这一环节，并且在搜索过程中能更好地结合用户发出搜索行为时的场景。

例如早在 2009 年，谷歌就推出了一款名为 Google Goggles(谷歌护目镜)的移动应用，能让用户用图片进行检索。用手机拍一座教堂、一座雕塑或者一个餐馆，等待图像识别软件在几秒钟之内扫描完毕，随即该软件就能提供这处地方或这件物品的所有相关信息。[②]

移动设备的拍照功能可以与视觉搜索很好地结合，例如二维码实际上就可借此进行视觉搜索，但依靠二维码进行搜索只能说是视觉搜索的初级形态，我们毕竟不能在所有的东西上都标注上二维码。因此，未来的视觉搜索必然是朝着"即拍即索"的方向发展。

2. 社会化搜索也将拥有发展机会

早在 2004 年，社会化搜索的概念就已经被行业观察者所提出。与传统的搜索引擎相比，社会化搜索呈现的搜索结果是由使用者在社会化媒体上

---

① 庄春晖：《百度加码移动搜索研发"语音搜索应被提到第一"》，《东方早报》2013年5月3日A35版。

② 罗超：《视觉搜索是移动搜索的未来？》，虎嗅网，http://www.huxiu.com/article/12449/1.html。

的朋友和朋友圈的行为及活动决定的。举个例子，你要买本书或者找个饭馆吃饭，在具有社会化搜索功能的搜索引擎上，除了常规的搜索结果，你还可以找到你在社会化媒体（如 Facebook、Twitter、开心网、人人网、新浪微博等等）上的朋友对于这本书或者这个餐厅的评价。[①] 与传统的综合搜索引擎相比，社会化搜索的一大特点是"从熟悉的人那里搜索信息"，即通过搜索用户信任的社交圈而过滤不可信任的内容。

近年来，传统的综合搜索引擎运营商都不断地在自己的产品中添加"社会化"因素，如百度较为经典的产品——百度贴吧，实际上就具有一定的社会化性质。但在社会化搜索领域，最受关注的仍是社交类网站，例如美国社交网站巨头 Facebook 进军搜索领域的动作就尤为引人注意。Facebook 创始人兼 CEO 扎克伯格在 2012 年 9 月的 TechCrunch DisRupture 大会上说："我们每天基本都会收到 10 次查询请求，我们甚至都没有尝试做搜索。"可以看出，用户已经开始自发地利用 Facebook 进行搜索了。扎克伯格没有披露 Facebook 推出搜索服务的具体时间表，事实上关于正式进军搜索领域，Facebook 并非没有先兆。2012 年 8 月 23 日，Facebook 开始在搜索结果中正式加入赞助广告信息。用户在 Facebook 平台上进行搜索时，搜索列表里可看到广告商投放的针对性广告内容，并可链接到广告主在 Facebook 上创建的页面。[②]

为何 Facebook 进军搜索领域如此引人关注，或者说，社会化搜索为什么会成为新的发展趋势？答案即是用户关系。Facebook 可以利用这种用户关系把每一个人的喜好摸索得更加清楚，从而推送出最适合用户的搜索结果。而传统搜索引擎，例如谷歌，只能通过不断提高技术来预判用户搜索意图。[③]

反观国内拥有 4 亿用户、覆盖 70% 的智能手机、同时在线人数超过 1.9

---

① 张松：《Facebook专利，预见社会化搜索引擎的未来》，《数字与缩微影像》2013年第1期。

② 冯海超：《Facebook蠢蠢欲动 社会化搜索处于爆发前夜》，《互联网周刊》2012年9月24日。

③ 张飒：《Facebook做搜索怎么样 扎克伯格挑战谷歌》，艾瑞网，http://column.iresearch.cn/u/zhangsa2012/629887.shtml。

亿的移动终端 APP——微信。如果微信也不安寂寞加入移动搜索领域，又会对中国的搜索行业产生怎样的影响呢？

对此，上海金融学院兼职教授董应群指出，与各大搜索引擎相比，微信除了已有庞大用户基数之外，还拥有一些独特的优势：

其一，用户可识别。只有登录了微信账号之后才能使用相关服务，不论注册信息是否实名，至少对于腾讯来说，这些微信用户的搜索行为是可——识别和区分的。这一优势为日后的行为追踪分析和个性化精准匹配奠定了基础。

其二，社交网络融合。微信的好友关系本身就是一种社交网络，用户的好友必然是该用户认识的人，信任度自然远超陌生人。因此，借助社交网络分析，向用户提供相关提示能够显著地提升用户的搜索体验和信任度。

其三，微信的用户特征数据连续而清晰。作为一款几乎每天都被使用的工具，微信可以连续地追踪分析用户的诸多特征。例如在沟通和朋友圈分享中主要涉及哪些主题、与哪些人互为好友、主要在与谁沟通、通常在什么时段在哪些地区使用微信等。这样的资源将使得搜索服务方有可能为用户提供更为个性化、更加精准的搜索结果，从而给与其良好的使用体验。

其四，搜索要素多元化。除了基于关键词的搜索之外，微信至少还能实现语音搜索、基于自身位置的周边搜索等功能。[①]

除此之外，笔者认为，微信已具有较好的搜索技术基础，例如目前风靡的二维码搜索，即为前文中提到的"视觉搜索"的典型代表。

因此，与 Facebook 一样拥有强大用户关系的微信，其进驻移动搜索领域的潜力也不容小觑，微信搜索可能会带来一种全新的赢利模式。

（三）评价

搜索引擎已成为人们互联网生活中必不可少的工具，就目前数据来看，搜索引擎在互联网市场创造了大量的财富，但同时也伴随着许多问题，以

---

① 董应群：《如果微信搜一搜，将会动谁的奶酪？》，艾瑞网，http://column.iresearch.cn/u/dongyingqun/657129.shtml。

下几方面，是搜索引擎企业在发展过程中需要着重注意的。

1. 注重用户体验

目前来看，搜索引擎企业赢利模式的核心特点是"免费的搜索服务 + 广告收入"。由于用户基本已形成较难改变的免费使用习惯，这决定了广告收入不得不成为搜索引擎运营商最为依赖的收入。任何一个搜索引擎运营商不管单独或综合采用前面所述的哪种赢利模式，基本都遵循一个简单的"规则"：即希望利用免费的搜索体验来吸引大量的用户流量，然后推出广告进而赢利。按照这条规则来看，搜索引擎实际上充当的是"用户"与"搜索结果"（企业主的广告或称之为"推广链接"）之间的桥梁。但是，如果搜索引擎运营商一味地追求高广告收入，就极易导致对用户利益的侵害。这种侵害主要表现在以下几个方面。

（1）虚假广告信息与违法链接

较之传统媒体和网络媒体等其他广告形式，搜索引擎的关键词广告价格非常低廉，操作简单，投放效率较高、针对性强且广告效果明确，但关键词广告也存在着虚假和恶意广告问题。目前来看，国内搜索引擎运营商对申请关键词广告服务的企业主的资质审查并不是十分严格，这种情况下，就极易导致一些虚假广告的产生。其次，还存在着搜索引擎运营商为获得广告收入，故意对一些不正当网站"放水"的情况。例如，在2008年11月16日的央视新闻中，央视曝光了百度竞价排名的一些内幕——百度内部员工在做竞价排名时，只用价码去衡量排名的先后，而且还帮助一些不符合国家规定的药品网站蒙混过关。这样做的结果就是，消费者得不到准确的就医信息，甚至会在虚假信息的引导下上当受骗。[①]

上述案例中，百度实际上是为不正当或者违法网站提供了链接。在实践中，违法链接也是搜索引擎发展过程中的一大问题，违法链接主要包含与关键词不相关的虚假营销链接、缺少相关证照的非法经营的网络链接以及违禁宣传链接等。目前来说，针对搜索引擎运营商提供违法链接的法律责任认定仍然存有争议。目前理论界的通行观点是，搜索引擎运营商不是

---

① 赵翔：《百度与Google运营模式的比较研究》，河南大学硕士学位论文，2009年。

广告发布商，而是网络服务提供者，因此不能完全按照《广告法》的相关条款（参见附录《广告法》第27条）对其进行责任认定。而《侵权责任法》第36条第3款规定："网络服务提供者知道网络用户利用其网络服务侵害他人民事权益，未采取必要措施的，与该网络用户承担连带责任。"因此，可以看出，搜索引擎企业有义务对申请关键词广告的企业主或网站进行必要的资格审查。

（2）干扰用户自然搜索结果

搜索引擎对用户自然搜索结果的干扰主要表现在竞价排名这一模式上。竞价排名模式自应用以来就饱受争议，一方面，这种赢利模式给搜索引擎及广告主带来了极大的好处，一方面，它遵循"价高者得"的原则，会造成对用户自然搜索结果的干扰，从而影响到用户的搜索体验。

2. 保护用户隐私

如今，互联网隐私已成为公众普遍关心的问题之一。搜索引擎能通过Cookie技术对用户的网络行为进行记录，可以说，搜索引擎甚至能够描绘出每一个搜索引擎用户的"真实图景"。特别是随着移动终端的高速发展，越来越"个人化"的移动搜索掌握用户信息的能力进一步增强，因此，保护用户隐私的问题亦愈发重要。目前，我国法律尚欠缺对互联网Cookie技术的相关规定。因而，在此阶段加强网络隐私权法律建设以及加强行业自律就显得尤为重要。搜索引擎运营商应当加强对含有个人隐私内容的信息的核实与过滤，并坚决避免非法收集与利用用户个人信息。

3. 避免侵权

2008年大众交通（集团）股份有限公司和上海大众搬场物流有限公司分别以"大众"文字商标专用权人和"大众"商标被授权使用人的身份，以商标侵权和不正当竞争作为诉讼案由将北京百度网讯科技有限公司及两家相关在线技术公司告上法庭。法院经过审理认为：百度公司提供的"竞价排名"和"火爆地带"等网络营销推广业务作为一项新的互联网业务，与传统的广告模式区别很大，因此百度不承担发布虚假广告的责任，而是构成商标侵权的帮助侵权行为，"百度公司未尽到合理的注意义务，三家被告主观上存在共同过错，客观上共同给两原告造成了经济损失，因此认定构成帮助侵权行为，应当就该侵权行为共同承担消除影响、赔偿损失的民事责任"。①

近年来，关于"搜索引擎运营商侵权"的法律纠纷时有发生。侵权问题是由搜索引擎的链接技术而引发的。链接技术可以说是互联网组织信息的基本方式。正是由于链接在互联网的不同页面及网站间建立了联系，用户才能够"跳跃"式地访问储存在不同服务器中的信息。②需要注意的是，搜索引擎的运作原理即是为搜索用户提供链接。但如果链接技术不当，则很容易导致侵权问题的发生。搜索引擎的侵权问题主要表现为商标侵权与版权侵权。根据《侵权责任法》的相关规定，搜索引擎运营商的侵权行为一般被认定为间接侵权。由于链接的作用一般是向用户提供通道，以使其方便、快捷地从一个页面转向另一个页面，设链者自己并未有直接侵犯他人权益的行为，涉嫌侵权的内容通常是由被链者提供的。链接技术引发的侵权通常是间接侵权，其中又以"帮助侵权"为主要类型。③因此，搜索引擎运营商也需要承担一定的责任，对企业主以及网站进行必要的资质审查是搜索引擎运营商避免陷入侵权纠纷的重要举措。

三 案例分析

（一）百度——行业领军者

2013 年 2 月的国内搜索引擎市场显得尤为热闹。先是阿里巴巴旗下阿里云搜索正式上线，产品包括网页、资讯、图片和地图；紧接着，微软必应（Bing）宣布调整其在中国的战略和切入点，重点满足中国用户的英文搜索需求，并加强与中国本土搜索引擎的合作，广泛合纵连横，以期提高在中国搜索市场的占有率；随后 360 搜索与即刻搜索合作，全面接入国家食品药品监督管理局的药品查询数据，联合运营网络曝光台以及食品安全栏

① 孙彤飞：《竞价排名的法律问题研究》，北京化工大学硕士学位论文，2011年。
② 张铮：《搜索引擎行业存在的法律问题及其规制》，《法制与社会》2010年第12期。
③ 同上。

目；谷歌为返场中国做出了准备，上线团购目录"谷歌时惠"，通过了中国的 ICP 牌照年检。再加上搜狗由收购变为被收购的传言、百度收购 91 无线，国内搜索引擎市场可以说是风起云涌，竞争尤为激烈。[①]

易观智库数据显示，2012 年全年中国搜索引擎市场规模为 287.9 亿元，环比增幅 53.6%；搜索引擎用户规模达 4.51 亿，网民渗透率达到 81%。市场份额方面，百度以 72% 位居第一，360 搜索以 10.5% 位居第二，搜狗以 7.95% 排名第三，谷歌以 4.8% 排名第四，搜搜以 3.5% 排名第五。

可以看出，在硝烟弥漫的中国搜索引擎行业，百度仍牢牢占据第一的位置，其行业领军者的地位短期内仍无人动摇。

百度 2000 年 1 月创立于中国北京中关村。2005 年 8 月 5 日百度在 NASDAQ 成功上市，同时在 Alexa（一家专门发布网络世界排名的网站）排名中超越新浪，成为第一中文网。

截至 2012 年 5 月，百度在 Alexa 网站排名中位居第五。目前，百度作为中国人最常使用的中文网站，是全球最大的中文搜索引擎，同时也是全球最大的中文网站。百度收录的中文网页数量已经达到 2000 亿个，其中所包含的信息量相当于 1800 座中国国家图书馆。如果全国每人每天读一本书，大概要用 7000 万年的时间才能读完。百度每天响应来自 138 个国家和地区的 60 亿次搜索请求，平均每个中国网民每天使用 12 次百度。[②]

百度以搜索起家，随着近年来的发展，百度早已不是一家仅提供搜索服务的互联网企业。其产品及服务涉及面逐步拓宽，涵盖搜索服务、导航服务、社区服务、游戏娱乐、移动服务、站长与开发者服务、软件工具等多个方面，但其中最为人所熟知的仍是百度搜索。

百度在中国首创竞价排名商业模式。此后，国内其他搜索引擎企业多效仿百度采用竞价排名模式。可以说，百度是国内"竞价排名"模式的代表。而随着近年移动终端的快速发展，百度也在积极谋求进入移动搜索市场。因此，以下主要选择这两个方面进行分析。

---

① 秦海波：《搜索市场战火重燃》，《经济日报》2013 年 2 月 27 日。
② 曾灵华：《百度：全球最大中文搜索引擎是怎样炼成的》，http://chn.chinamil.com.cn/jsjz/2013–01/29/content_5200010.htm。

百度旗下产品				
新上线	天空游戏	百度阅读器	百度移动应用	百度分享
	百伯			
搜索服务	百度网页搜索	百度视频	百度MP3	百度地图
	百度新闻	百度图片	百度词典	百度常用搜索
导航服务	HAO123	百度网站	百度团购	
社区服务	百度百科	百度空间	百度文库	百度MP3音乐掌门人
	百度知道	百度贴吧	百度搜藏	百度经验
	百度选车	百度身边	百度旅游	百度新知
游戏娱乐	百度游戏	百度应用	ting!	百度娱乐
移动服务	掌上百度	百度手机输入法	百度快搜	百度·易平台
	百度手机地图	百度手机浏览器	贴吧客户端	百度手机音乐
站长服务	百度开放平台	百度站长平台	百度统计	百度联盟
	百度推广	百度广告管家	百度数据研究中心	百度搜索风云榜
	百度指数			
软件工具	百度浏览器	百度影音	百度Hi	百度工具栏
	百度输入法	千千静听	百度浏览伴侣	百度软件
	百度电脑管家			
其他服务	百度翻译	百度寻人	百度公益	百度盲道
	百度老年搜索	百度专利搜索	百度教育网站搜索	百度文档
百度旗下	爱奇艺	有啊	百付宝	百度乐居
	天空下载			

图12—3　百度旗下产品[①]

1. 从“百度推广”看竞价排名

（1）内容

2009年12月1日，被称为“凤巢系统”的“百度推广专业版”取代运行了8年之久的原搜索营销平台——“百度推广经典版”。百度推广经典版因其采用的“竞价排名系统”而知名，但竞价排名模式在其发展过程中争议不断。在这样的背景下，2009年4月，百度推出了凤巢系统。

百度搜索营销一直是百度收入的顶梁柱，占其总收入的99%。[②]2001年9月百度搜索正式起用竞价排名系统，这一系统也打造出了百度以竞价排名系统为核心的关键词广告赢利模式。但是，竞价排名模式在为百度带来可观收入的同时，也对其造成了大量的负面影响。

“凤巢系统”之前的竞价排名系统中，企业主的出价是广告发布位置最为主要的决定因素，换话句话说，其遵循的是“价高者得”的原则。2008

① 百度网：《百度知道》。

② 邱静：《百度凤巢时代的隐忧》，《三星观察》2010年第2期。

年 11 月 15 日及 16 日，央视连续两天进行报道，指出"百度"竞价排名存在黑幕。百度被指竞价排名过多地人为干涉搜索结果，存在垃圾信息，又涉及恶意屏蔽等问题。竞价排名甚至被指是"勒索营销"，引发了公众对其信息公平性与商业道德的大量质疑。面对不断的质疑，百度开始逐步弃用竞价排名系统，升级至"凤巢"系统。

与原搜索推广平台相比，凤巢系统最大的改变在于放弃了单一竞价排名模式，广告主的出价不再是决定广告位的唯一因素，广告质量好坏成为另一个决定因素。此外，百度方面称，凤巢系统在广告投放和管理上为广告主提供更个性化、精准化的工具。[①]

表12—1 　　　　凤巢系统与原百度推广系统的主要区别[②]

面向对象及对比项目		凤巢系统（百度推广专业版）	原系统（百度推广经典版）
对广告主来说	竞价方式	出价+广告质量评分	出价高者居前
	竞争对售出价	不可见	可见
	广告差异投放	可分时、分区域、分IP投放	不可
	关键词匹配方式	关键词数量多、广散匹配	统一提供
对于网络受众来说	广告位	页面左侧上部推广区 页面左侧自然搜索结果区域 页面右侧广告专区	页面左侧自然搜索结果区域 页面右侧广告专区
	第一页自然搜索结果	保留6～10个自然搜索结果	有可能全部被竞价结果取代

目前，根据百度推广自身介绍，其推广链接的单次点击价格计算公式为：每次点击价格 =（下一名的出价 × 下一名的质量度）/ 本关键词质量度 +0.01。其中质量度主要反映网民对参与百度推广的关键词以及关键词创意的认可程度，由多个因素决定。如点击率，即推广信息的点击次数 / 展现次数，越高越好。高点击率说明网民兴趣大、关注度高。还有相关性，简单讲即关键词与访问 URL 页面的相关程度，相关性越高越好，等等。

① 邱静：《百度凤巢时代的隐忧》，《三星观察》2010年第2期。
② 同上。

质量度体现的是相对水平，是随时变化的，如果竞争对手都在优化，而自己没优化，就有可能会退步。

（2）原理解析

升级到凤巢系统的百度推广实际上仍采用的是竞价排名模式，只是相较于原先的竞价排名方式，升级后的百度推广将广告质量纳入到排序的考量之中。这是百度面对质疑所做出的改变，但实际上"竞价排名"与"点击付费"仍然是百度推广运营的根本。升级后的百度推广一定程度上保证了推广信息的质量，并且通过特别标明"推广链接"和在特定位置展示，减少了推广信息对自然搜索结果的干预，提升了用户体验。

下面，笔者重点谈一谈竞价排名服务的优劣势所在及完善策略。

①优势所在

首先，竞价排名服务给网络时代的企业主带来了极大的好处。"眼球经济"时代，广告主要尽可能在第一时间、首要位置引起网络用户的的注意，竞价排名服务满足了广告主的这种需求。其次，竞价排名服务实际上仍是通过推行关键词广告来获取收入的一种赢利模式，因而它同样具有关键词广告的优势，即能瞄准目标消费人群，实现具有更强针对性的广告投放。再次，相较于其他类型的网络广告，以文字链广告为基本形式的关键词广告价格相对便宜，且"展示免费，点击收费"的方式也大大降低了广告费用，因此，竞价排名模式往往受到自身实力有限的中小企业的青睐。最后，竞价排名对用户也有一定益处。当用户的搜索需求与企业主的供应相契合时，竞价排名就能够较为及时与快速地满足用户与企业主的需求。

②劣势所在

竞价排名的劣势主要在于如下几点。

其一，干扰自然搜索结果

竞价排名的主要原则是付费高者排名靠前，因此，企业主的出价是决定其排名的最重要因素。如果企业推广链接不明显标注并与自然搜索结果严格区分开来，就必然会对自然搜索检索结果的排序产生影响，干扰用户的正常搜索体验。就像大多数的学者专家所认为的，搜索引擎的竞价排名会将太多的商业因素引入检索结果的组织过程中，很有可能使得原本相关度不高的网站信息排名靠前而让相关度高的网站靠后，这将会在一定程度上降低结果的相关度。也就是说，收费排名给访问者带来的结果有可能是不真实的，搜索引擎的结果排序难保其公正性，难保不带来大量垃圾。①

而这种情况极易导致搜索引擎陷入一种恶性循环中。当搜索用户无法通过搜索引擎检索到满足自身需求的信息时，就会对搜索引擎检索结果的准确性、相关性产生怀疑，从而对搜索引擎产生负面印象，而这种负面印象最终会影响到搜索引擎自身的用户量，最终影响搜索引擎的广告收入。

另外，当搜索引擎企业只为追求广告收入，将企业出价作为唯一决定因素，给予一些非法网站、不正当网站或虚假广告较高排名时，对消费者以及搜索引擎服务商本身都会产生极大的危害。

其二，损害公平性。

当竞价排名下的推广链接未与自然搜索结果严格区分开来时，对于没有申请搜索引擎竞价排名服务但却拥有较大相关度的网站来说，搜索引擎的排序结果就会显得不公平。对于一些公益性网站以及学术信息类网站来说，这种情况尤为突出。一般来说，排名越靠前，用户点击与浏览的可能性越大，而那些没有申请搜索引擎竞价排名服务并且相关度较高的网站则会因排名靠后而失去用户点击浏览的机会。

其三，难避免"误点"与"恶意点击"。

竞价排名模式的收费方式为"点击付费"，企业主必须为每一次点击付费，因而"误点"以及"恶意点击"会给企业主带来较大的损失。搜索引擎中的"恶意点击"主要分为三种，一种是搜索引擎运营商为获取广告收入而进行的点击，第二种是行业竞争者实施的恶意点击，另外一种是搜索引擎网站联盟加盟会员为获得广告收入而进行的恶意点击。针对恶意点击，目前大多数搜索引擎运营商将其视为无效点击，无须付费。

③完善策略

为克服不相关信息、虚假信息、非法信息对自然搜索结果的干扰，搜索引擎运营商需要不断完善竞价排名机制，绝不能将企业主出价作为唯一

---

① 文炯：《搜索引擎之竞价排名研究》，《江西图书馆学刊》2006年第1期。

考量因素；同时，搜索引擎运营商还需对申请竞价排名的企业主进行必要的资质审查。以 Google 为例，为保证检索结果与用户检索的关键字具有较强的相关性，它对客户选择关键字以及填写信息的规定和审核都相当严格。

除此之外十分重要的一点是，广告推广链接应当与自然搜索结果严格分开，以保证用户不会被误导。2001 年，美国的消费者团体 Commercial Alert 向美国联邦贸易委员会（Federal Trade Commission）提出申诉，控告一些搜索引擎运营商没有向消费者告知搜索结果中夹杂了广告，涉嫌违反联邦贸易委员会法（FTC Act）。2002 年 6 月，FTC 在致搜索引擎运营商的公开信中明确指出，搜索引擎基于竞价排名的那部分搜索结果展示属于广告。为了让用户找到他们真正需要的信息，搜索引擎运营商必须把广告性质的搜索结果与自然搜索结果区分开，对前者予以清晰且显著的标明。[1]

总得来说，竞价排名模式为搜索引擎运营商的赢利做出了重大贡献，但其"以企业主出价"作为主要考量因素的特点也决定了它有一些无法避免的硬伤。因此，从长期发展角度来看，搜索引擎运营商绝不能仅仅依靠竞价排名模式，不断创新赢利模式才是关键。

2. 百度抢滩移动搜索市场

（1）内容

2013 年 7 月 17 日，中国互联网络信息中心正式发布 2013 年上半年的《中国互联网络发展状况统计报告》。报告指出，传统搜索和新闻仍保持稳步发展，但网民的搜索行为正在大量转向移动搜索，移动搜索成为搜索企业未来新的增长点。[2]

对于传统搜索引擎巨头来说，移动搜索领域成为不能放弃的重要阵地。各大传统搜索引擎纷纷在移动搜索领域排兵布阵，而百度自然不能落后。7月 31 日，百度 CEO 李彦宏通过内部邮件宣布晋升百度移动云事业部总经理李明远为副总裁，晋升之后李明远仍负责百度移动业务。在未进行工作调

---

① 李明伟：《论搜索引擎竞价排名的广告属性及其法律规范》，《新闻与传播研究》2009年6期

② 中国互联网网络信息中心：《CNNIC发布第32次"中国互联网发展状况统计报告"》，http://www.cnnic.net.cn/gywm/xwzx/rdxw/rdxx/201307/t20130717_40663.htm。

整的情况下直升副总裁，这清晰地表明，百度对移动互联网的重视程度更高，移动战略在百度内部重要性提升。[①]2013年，百度频频出击，主要通过以下几方面的举措抢滩移动搜索市场。

①资本手段布局移动互联网[②]

2013年3月，百度斥资1亿美元并购本地服务搜索平台爱帮网，全盘接收爱帮网业务，重点是爱帮"全网通"等App版商业产品、商户和地面推广团队。

2013年5月7日，百度宣布3.7亿美金收购PPS视频业务，并将PPS视频业务与爱奇艺进行合并，PPS作为爱奇艺的子品牌继续为视频用户提供更优质的服务。

2013年6月，去哪儿网获得百度战略投资3.06亿美元，百度成为去哪儿网第一大股东，占股60%

2013年7月16日，百度宣布收购网龙旗下91无线网络有限公司全部股权，购买总价为19亿美元。而19亿美元的收购总价，也使得此次收购案成为中国互联网有史以来最大的并购案。

②终端预装抢占先机

在2012年4月第一季度财报会议上，百度CEO李彦宏称80%的新出厂Android手机已经预装百度搜索。[③]

③抢占移动入口

2013年7月16日，百度宣布收购网龙旗下91无线网络有限公司全部股权，购买总价为19亿美元。91无线旗下应用平台在国内市场位居前列，囊括ios应用和Android应用。

百度收购91无线显示了其在抢占"移动入口"方面的大举措，收购91无线之后，包括91手机助手和安卓市场这两款受欢迎程度很高的APP分发

[①] 参见《百度的野心：占据三大移动入口仍要继续突击》，南方网，http://tech.southcn.com/t/2013-08/02/content_75339957.htm。

[②] 孙杰：《2013年 看李彦宏如何利用资本手段布局移动互联网》，艾瑞网，http://search.iresearch.cn/portal/20130717/205362.shtml。

[③] 项立刚：《从百度报告看中国移动搜索》，艾瑞网，http://column.iresearch.cn/u/xiangligang/633156.shtml。

平台被收入囊中，这能够让百度成为 APP 最重要的分发渠道。[①]

（2）原理解析

在本部分，笔者分析两个内容，一是百度抢滩移动搜索的意义，二是移动搜索的优势及目前所遇到的问题。

①百度抢滩移动搜索的意义

目前，百度在移动端的举措更靠近传统 PC 端的渠道流量模式，在移动搜索尚没有找到较为有效的赢利模式时，百度似乎更注重于抢占更多的移动入口。

业界普遍认为，抢占入口即意味着抢占渠道与流量，而流量又可以说是其他赢利模式特别是广告模式的基础。"入口"指最常寻找信息、解决问题的路径，如前所述，在传统 PC 端，门户网站、浏览器、导航网站（如 Hao123 等）、即时通讯工具（如 QQ）以及搜索引擎本身是互联网的主要入口。与 PC 端不同，在移动端，打开每个用户的手机，都可以看到有好几屏 APP，每个 APP 都是一个独立的入口，抢占移动入口在开拓移动搜索领域显得非常重要。

②移动搜索的优势及所遇到的问题

下面，笔者谈一下移动搜索的优势。

虽然移动搜索可以说尚处于早期发展阶段，但不可否认的一点是，在移动互联网平台上，搜索引擎会发生根本的改变。个性化的搜索体验、即时、随地、智能的服务、社会化的信息互动和分享是移动互联网的发展方向。语音搜索、图像搜索、基于地理位置的搜索等，将成为未来移动搜索的技术创新点，而用户最终会享受到移动搜索的便捷和智能。[②]移动搜索必然会成为搜索引擎企业下一个重要的竞争平台。

从营销角度看，移动搜索相较于传统 PC 端的搜索引擎，具有以下几个优势。

第一，"个性化"增强广告的精准性。

---

① 参见《百度的野心：占据三大移动入口仍要继续突击》，南方网，http://tech.southcn.com/t/2013-08/02/content_75339957.htm。

② 参见《谁能抢占移动搜索制高点》，《经济日报》2013年5月7日。

移动终端的"个人化"决定了其搜索必须是个性化的搜索，如中搜总裁陈沛认为，移动搜索引擎"甚至只为一个人服务"。而传统 PC 互联网的搜索，实际上是一个通用搜索，它的结果是给所有人的，并不区分用户是谁。所有的排序算法是最大限度地满足大多数用户可能的需要，而不是每个用户真正的需要。[①]

移动搜索的个性化更利于搜索引擎掌握不同用户的个体特征，能够描绘出更为精确的用户"图像"，更为精准地了解用户的需求，进而能够向不同的用户推送更适合的搜索结果。而这对于广告商来说则更为重要，移动搜索的个性化能够增强广告的针对性，带来更好的广告效果。而对于依靠广告赚钱的搜索引擎企业来说，这意味着更多的广告投放。

第二，"即时化"搜索提高广告的针对性。

随着移动技术的发展，用户可以实现即时搜索。特别是移动端的图片搜索，使得搜索引擎可以根据用户搜索的信息判断其当前的情境，从而针对用户身处情境投放广告。这样，广告的针对性就更强，效果无疑更好。

第三，"社会化"有利于开展社会化营销。

未来的移动搜索将不仅是一个信息获取的入口，也是一个信息分享的平台。当每个人都有自己的个性化定制时，具有相同关注的人群自然会形成一个内容分享的"圈子"。[②]移动搜索的这样一种社会化属性使其能更容易地锁定目标人群，大家的信息分享还具有口碑效果，传播效果更好，这些都是社会化营销的功能所在。所以，移动搜索还有利于开展社会化营销。

最后，我们再谈一下其目前遇到的问题。

目前来说，虽然移动搜索的发展表现出强劲的势头，但还是没找到较为合适的赢利模式。

例如，百度总裁李彦宏就曾在接受采访时表示，虽然自 2012 年四季度起，移动搜索量占百度总搜索量的比例就不断突破历史最高水平，但移动

---

① 参见《谁能抢占移动搜索制高点》，《经济日报》2013年5月7日。

② 同上。

流量尚未给百度带来"有意义"的收入。① 同时业界人士普遍表示，移动搜索应当探索不同于 PC 端的赢利模式。如中搜总裁兼 CEO 陈沛认为，移动搜索不能照搬 PC 互联网的模式。

移动搜索不能完全依靠广告，过多的广告会引发用户反感。移动终端例如手机一般被用户视为"私人空间"，过多的广告容易让用户因"私人空间"被打扰而心生不快。同时，不同于 PC 端的小屏幕、更高的技术要求、每个搜索结果页上应该放置多少广告、如何展示广告信息以及如何追踪转化率等问题，也是移动搜索在发展过程中需要攻克的难题。

总之，目前移动搜索还存在着一些尚待解决的问题。

（二）360搜索——行业黑马

1. 内容

2012 年 8 月 16 日，360 搜索正式上线，其产品包含网页、新闻、影视、音乐、地图、图片、百科等多项内容，力图为用户带来更安全、更真实的搜索服务体验。

据 CNZZ 数据中心统计，在 2013 年 2 月 14 日的搜索市场占有率中，360 搜索的市场占有率上升到 15.21%，而百度的市场占有率跌至 61.37%。② 从市场占有率来看，360 搜索无疑是搜索引擎行业内的一匹黑马。伴随新功能的不断完善，360 搜索的商业化大幕也正在逐渐拉开。根据艾瑞咨询最新数据显示，2013 年中国搜索引擎各运营商中，百度当前营收占比达 81.4%，较上季度略有上升。谷歌占比 13.1%，搜狗占比 3.3%，搜搜占比 1.3%，与上季度基本持平，而 360 搜索第二季度的营收占比为 0.8%。

艾瑞分析认为，当前中国搜索引擎市场营收份额结构基本保持稳定。360 商业化进程较快，营收份额增长迅速，但总体占比仍然较小，暂未对搜索市场营收结构造成强烈冲击。

在目前搜索引擎行业赢利模式基本向百度看齐的状态下，360 搜索能否

---

① 庄春晖：《百度加码移动搜索研发"语音搜索应被提到第一"》，《东方早报》2013年5月3日A35版。

② 黄娜：《360搜索商业化提速吹响渠道代理商集结号》，《深圳晚报》2013年1月23日。

走出一条不同于百度的赢利道路，这确实值得期待。

总的来说，360搜索的运作有以下几点值得注意。

（1）让搜索更安全

360搜索从发布以来，一直强调"将打造更为安全的搜索引擎"。360公司总裁齐向东曾表示，360致力于成为搜索市场的重要参与者，致力于建立一个安全的、有效竞争的搜索市场。360进入搜索市场，在实现商业化的同时，承诺让"推广链接归推广链接，让自然搜索归自然搜索"，严格区分推广链接与自然搜索结果，既能够提供安全、真实的搜索结果，又能够提供性价比更高的搜索推广服务。[①] 奇虎360董事长周鸿祎在接受采访时曾说道："360搜索有着自己的安全优势，尽量杜绝钓鱼、欺诈网站，让人们不再上假药贩子的当，不再受虚假广告的骗。未来还会效仿谷歌商业化模式，区分自然搜索结果和推广链接，并以综合搜索开放平台为用户提供多样化选择。"[②]

（2）走不同道路，不采取"竞价排名"模式

360此前表示，360搜索致力于让搜索更真实。搜索是一个需要持续投入和积累的服务，360希望为用户提供更值得信任与更加安全的搜索服务体验。目前，360公司已经开始对搜索的商业化系统进行公测，并希望自己能够探索出不同于国内同行的搜索商业模式。奇虎360总裁齐向东表示，360搜索的商业化绝不会采用目前市场上的"竞价排名"方式，在搜索结果页面中，360将制定严格的标准，将广告推广和内容进行鲜明地区分，并设定条数限制。[③]

（3）与谷歌合作，广告模式向谷歌靠近

360搜索引擎自上线以来，已经先后推出了移动、图片、音乐搜索等多种垂直搜索，其中音乐搜索主要与搜狗合作，而地图则与高德地图合作。

---

① 黄娜：《360搜索商业化提速吹响渠道代理商集结号》，《深圳晚报》2013年1月23日。

② 参见《周鸿祎发布声明：建设一个安全、干净、有效竞争的互联网搜索市场》，福布斯中文网，2012年08月29日，http://www.forbeschina.com/review/201208/0019651_3.shtml。

③ 候继勇：《奇虎360商业化秘密起步:首次召开代理商大会》，《21世纪经济报道》2013年7月22日。

奇虎360董事长周鸿祎在发布360搜索时就曾经向媒体表示，360会自己做网页、视频、新闻和问答搜索，但地图、MP3、购物等搜索可能采取与谷歌、搜狗甚至微软合作的方式，原因是精力不够。①

2013年1月，360正式确认了与谷歌合作的消息，两者的合作主要集中在Adwords方面。

另外，奇虎360董事周鸿祎还表示，即便以后360搜索进行商业化，也不会把广告混在搜索结果中，让用户分辨不清，而是会单独标注出来，"我们做商业化的原则就是网民要有知情权，要标注出哪些是广告，哪些是结果。"②

奇虎360并非第一次与谷歌合作，在此之前，360浏览器曾采用谷歌搜索作为搜索选项之一，但在奇虎360推出了自己的搜索引擎后，就更换使用了自己的产品。

（4）构建搜索联盟

奇虎360董事长周鸿祎曾表示，渠道对360搜索发展起到很大的帮助作用，但光有渠道不够，如果搜索体验不好，用户还会离去。360搜索要建一个搜索联盟，让更多垂直搜索、垂直内容能够加入，让用户能搜到更多东西。③

2013年8月2日，360与网易有道联合宣布在搜索业务上达成新的战略合作。从即日起，360搜索将为有道搜索提供技术支持服务，用户在使用有道搜索时，搜索结果将由360搜索提供，在页面的右上方将会有"360搜索提供技术支持"标注。360和网易有道之间的合作由来已久，从2009年12月开始，有道搜索就引入360的"云安全"网址库来进行搜索结果的对比，帮用户识别挂马网页和钓鱼网站。在去年8月，360搜索上线后，网易有道也在360搜索、浏览器、网址导航等多个产品中为360用户提供词典和在线

---

① 李斌：《360搜索启用独立域名和品牌》，《京华时报》2012年9月1日。

② 贺骏：《360新推独立搜索域名 挑战百度老大地位》，《证券日报》2012年9月21日，http://www.ccstock.cn/finance/hangyedongtai/2012-09-21/A914484.html。

③ 赵志伟：《国内搜索引擎整合谁能弯道超车？》，《中国电子报》2013年3月1日，第10版。

翻译等服务。①

360称，本次与网易的合作是在以往合作基础上的一次升级，未来360搜索将会作为技术支持方给有道搜索提供搜索结果、特型搜索结果展示等服务，网民在使用有道搜索时将会得到和在360搜索一样的搜索体验。双方本次合作将包含网页、新闻、图片、视频等多个搜索服务产品，但不涉及资本层面及广告业务。②

此前，360搜索已与即刻搜索合作，全面接入国家食品药品监督管理局的药品查询数据，联合运营网络曝光台以及食品安全栏目，该合作项目已于2013年2月24日上线。360希望借助即刻搜索手中良好的政府资源开辟新的市场，同时拓展自己在搜索市场中的特殊领域。而近两年持续亏损的即刻搜索面临赢利压力，急需找到新的市场突破口。两者一拍即合，整合各自优势资源，以期取长补短。③

2. 原理解析

目前，360搜索的商业化进程正在加速进行，但显然尚未形成明朗的赢利前景。目前来看，360搜索仍处于技术筹备阶段，其主要收入仍然依靠的是传统的广告模式，而其特点是，360搜索声明不采用"竞价排名模式"，目前采用的是谷歌AdWords广告模式。谷歌Adwords广告为关键词广告的代表，与百度相比，其推广链接一般位于搜索返回页面右侧的单独区域，不混合在搜索用户检索的自然搜索中。Adwords广告模式同样包括竞价机制和点击付费机制，企业主的排名由付费额度和被点击的频率共同决定。与竞价排名"价高者得"的思路不同的是，Google的Adwords广告模式鼓励企业主制作质量精良的广告，排名也更注重广告的质量。可以说，不管是推出"更为安全的搜索服务"，还是选择谷歌广告模式、构建搜索联盟，可以看出"注重用户体验"一直是360搜索所着重强调的。

---

① 参见《网易与360战略合作：360为有道提供搜索结果》，新浪科技，2013年8月2日，http://tech.sina.com.cn/i/2013-08-02/16218600890.shtml。

② 同上。

③ 赵志伟：《国内搜索引擎整合谁能弯道超车？》，《中国电子报》2013年3月1日，第10版。

目前来说，依托于 360 浏览器、网址导航、安全软件这一具有广泛用户基础的"金三角"，360 搜索在流量等方面表现出强劲的势头，但所采取与谷歌广告相类似的广告赢利模式能否取得成功，以及能否有新的赢利模式出现，还有待观察。

参考文献

1. 伍康希 :《传媒整合营销理论与实践》, 暨南大学出版社 2010 年版。

2. 张辉锋 :《传媒经济学 : 理论、历史与实务》, 人民日报出版社 2012 年版。

3. 刘婧一 :《新环境下的电视节目营销》, 中国传媒大学出版社 2007 年版。

4. 喻国明 :《传媒经济学教程》, 中国人民大学出版社 2009 年版。

5. 倪云虎, 张小蒂 :《网络经济》, 高等教育出版社 2008 年版。

6. 魏晶泫 :《网络游戏产业发展战略》, 清华大学出版社 2008 年版。

7. 向勇, 官建文主编 :《快乐消费的文化底色——网络游戏评论文集 No.1》, 人民日报出版社 2012 版。

8. 中华人民共和国文化部 :《2012 中国网络游戏市场年度报告》, 2012 年。

9. 敬佳琪 :《企业网络营销道德规范问题研究》,《合作经济与科技》 2010 年第 10 期。

10. 王颖 :《中国网络游戏赢利模式研究》,《北方经济》2010 年第 12 期。

11. 乌家培 :《网络经济及其对经济理论的影响》,《学术研究》2000 年第 1 期

12. 肖兰 :《网络游戏赢利模式发展趋势浅析》,《商场现代化》2011 年第 5 期

13. 尚慧 :《中国网络游戏产业发展现状研究》, 河南大学研究生硕士学位论文, 2009 年。

14. 王琦 :《我国网络游戏产业的赢利问题研究》, 首都经济贸易大学硕士学位论文, 2009 年。